日本比較法研究所翻訳叢書
57

# 法学における冗談と真面目
法学書を読む人へのクリスマスプレゼント

ルードルフ・フォン・イェーリング 著
眞田芳憲・矢澤久純 訳

SCHERZ UND ERNST
IN DER JURISPRUDENZ

VON
RUDOLF VON JHERING

笑いながら真実を語る
Ridendo dicere verum

中央大学出版部

装幀　道吉　剛

№ 41.　　　　　　　　　**Dritter Jahrgang.**　　　　　　　　　1861.

# Preußische Gerichts-Zeitung.

## Organ des Deutschen Juristentages.

Redacteur: **C. C. E. Hierſemenzel.**

Erſcheint an jedem Mittwoch und Sonntag und iſt durch alle Poſtämter und Buchhandlungen zu beziehen.

**Berlin, den 26. Juni.**

**Preis:** vierteljährlich 1 Thlr. incl. Poſtaufſchlag reſp. Botenlohn.

Mit dem 1. Juli d. J. beginnt ein neues Vierteljahrs-Abonnement auf die „Deutſche (bisher Preußiſche) Gerichtszeitung." Der vierteljährliche Abonnementspreis beträgt 1 Thaler incl. Poſtaufſchlag reſp. Botenlohn. Alle Poſtanſtalten und Buchhandlungen des In- und Auslandes nehmen Beſtellungen an. Die **Haupt-Expedition** befindet ſich in Berlin Jüdenſtr. No. 28 bei **C. Janſen**, in Leipzig bei **Rob. Frieſe.**

Der Fortlauf der Nummer- und Seitenzahlen unſerer Zeitſchrift wird durch die Titel-Aenderung nicht unterbrochen werden; die „Deutſche Gerichtszeitung" wird alſo nicht mit No. 1 und Seite 1, ſondern mit No. 43 und Seite 169 beginnen. Am Schluſſe des Jahres wird für die beiden Quartale der Preußiſchen und der Deutſchen Gerichtszeitung ein gemeinſames Titelblatt des Inhalts: „Deutſche (früher Preußiſche) Gerichtszeitung 3. Jahrgang" nebſt Regiſtern ausgegeben werden.

Um Irrungen vorzubeugen, wolle man gütigſt bei der Beſtellung unſerer Zeitſchrift ſich ausdrücklich der Bezeichnung: „**Deutſche, früher Preußiſche Gerichtszeitung**" bedienen.

**Die Expedition der Preußiſchen Gerichtszeitung.**

---

## Vertrauliche Briefe über die heutige Jurisprudenz.

Von einem Unbekannten.

### Vorwort.

Die folgenden Briefe gehören zur Zahl derer, welche mit der Abſicht geſchrieben ſind, nach Tode des Verfaſſers gedruckt werden ſollen, und zwar nicht erſt nach dem Tode des Verfaſſers, was ſich nur berühmte Leute herausnehmen dürfen, ſondern bereits bei ſeinen Lebzeiten, wozu ſich ein gewöhnliches Menſchenkind verſteigen darf, wenn es ſonſt einen Verleger oder Redacteur findet, der gutmüthig genug iſt, Papier und Druckerſchwärze daran zu wagen. Faſt alle Wiſſenſchaften, Künſte, Gewerbe ſind bereits in Briefen behandelt, wir beſitzen chemiſche, botaniſche, philoſophiſche, muſikaliſche Briefe u. a. Nur unſere arme Jurisprudenz, das Aſchenbrödel der Wiſſenſchaft, iſt mir gewöhnlich leer ausgegangen und ſteht in der Zeit mindeſtens 20 bis 30 Jahre zurück, indem Briefe noch nicht ein einziges Mal zum Gegenſtand von Briefen gemacht iſt.[1] Für ſie ſcheint man ſich mehr für eine andern modernen Form verſprochen zu haben, der des Geiſtes. Seitdem Montesquieu mit ſeinem auf l'esprit des lois die Bahn gebrochen, hat es nicht an Lichte gefehlt, welches den Geiſt des römiſchen des, preußiſchen u. ſ. w. Rechts deſtillirt haben und für einige wenige Silberlinge jedem Liebhaber feilbieten, und, wenn die Mode uns fo gut will, werden wir gewiß noch den Geiſt des katzenelnbogenſchen Landrechts, churheſſiſchen Staatsrechts und ſonſtige Geiſte und Geiſter erwarten können.

Ich meinerſeits greife zu der anſpruchsloſeren Form des Briefes, und wenn ich auch ſonſt kein Verdienſt beanſpruche, ſo iſt es wenigſtens das, die Form des Briefes zuerſt auf die Jurisprudenz übertragen zu haben, um in „Nebenſtunden," wie der herrſchende Ausdruck jetzt iſt, ihm Bedenken, Erörterungen, unvorgeſchriebenen Formen, in des—

---

[1] Es iſt dies allerdings ſchon geſchehen. Unſere Zeitſchrift ſelbſt brachte in ihrem erſten Jahrgange (No. 34 vom 28. Sept. 1859) juriſtiſche „Reiſebriefe." In neueſter Zeit werden der Wiener „Gerichtshalle" und „Tribüne" gleichfalls juriſtiſche Reiſebriefe. — Anmerk. der Redaction.

---

nen ein geſetzter Juriſt ſeine Gedanken an die Oeffentlichkeit bringt, an die Seite geſtellt zu haben.[1] Und wäre die Jurisprudenz noch viel trockener, als ſie es iſt, ſollte ſie ſich nicht z. B. bie Rechte des ſchwachen Geſchlechts nach preußiſchem Landrecht, die Privilegien der Kaufmannen nach römiſchem Rechte, und ſonſtige intereſſante Themata in einem Brief ſchreiben laſſen, in wohlbeſtallter Kreisrichter, Obergerichtsanwalt und ſelbſt in Oberappellations- und Geheimen Obertribunalsrath in ſeinen Nebenſtunden zur Hand nehmen dürfte, ſtatt letztere, wie der ſelige Reichskammergerichtsrath Cramer in Wetzlar, zur Abfaſſung von 100 und achtzehn „Nebenſtunden" zu verwenden? Zwar, wie die verehrliche Redaction dieſes Blattes -e verantworten will, meine Briefe in eine „Gerichtszeitung" aufzunehmen, iſt ihre Sache, ſie hat die Rebacteurverantwortlichkeit, ja ich werde ſogar, um mich des beengenden Gefühles, daß ich für eine Gerichtszeitung ſchreibe, völlig zu entſchlagen, für mich beim Schreiben ſtreng den Gedanken feſthalten, daß ich nur an den Redacteur ſchreibe, den keinerlei Verantwortlichkeit, ja ich werde ſogar, um ihn dieſe meine Unbefangenheit nicht zu beeinträchtigen, werde ich mich auch im ſtrengſten Incognito halten, eine Form des Auftretens, die wie von dem Herrn und reiſenden Glückrittern, ſo bekanntlich auch von Schriftſtellern nicht ſelten an den Grünen ausgeübt wird; nur der Herr Redacteur, wiſſen, welche Mühe Sie hatten, die natürliche Scheu eines der Feder ſo wenig gewohnten Mannes, wie ich, vor dem öffentlichen Auftreten zu überwinden, ſei ich, der es erfüllt ſein kann, ſeine vom Staate mit 600 Thlr. jährlich zu beziehen hat, ſtatt lediglich auf Aktenauszüge und Urtheilsentwürfe, auch auf ſolche Allotria wie juriſtiſche Briefe zu verwenden. Um doch in einem ganz kleinen deutſchen Staate vorgeſehn, mir die ſchriftſtellernde Kreisrichter das doppelte Arbeitspenſum zugetheilt erhielt, und lediglich Kammerdiener des Juſtiz-Chefs zu ſeiner Verbreitung geſunden haben, die Meinung zu verbreiten, daß der Unterrichter bloß ſeinen Acten verſchwendet....

---

[1] Siehe die vorige Anmerkung.

—

**Die Redaction.**

---

ben müſſe, und erſt der Appellrath allenfalls zu ſchriftſtellern anfangen dürfte. Angeſichts des großen, von dem erſten Juriſtentage über ganz Deutſchland verbreiteten Publikums dieſer Blätter fordere ich Sie alſo feierlichſt auf, das Geheimniß ſtreng zu bewahren, durch ſich in unbewachten Momenten, welche bei einem Redacteur überhaupt möglich ſind! Wir es verſprechen, ſo finde Sie allein Schuld, wenn außer Ihnen auch mit ſelbſt, der Geheimniß bewahrt, nennt Niemand den Verfaſſer. Eben auch darum, um Sie gegen indiscrete Fragen zu ſchützen, habe ich die Form der Briefe gewählt, denn wer wird ſo zudringlich ſein, ſelbſt der zweite December reſpectirt, veranlaſſen zu wollen, nachdem Sie mir die ſtrenge Bewahrung reſſelben öffentlich, wie ich Sie hiermit zu thun bitte[1], in der Note gelobt haben?

Nur mit einer Seite bin verſtatten Sie mir, im Schleier des Geheimniſſes zu lüften, und zwar in Form einer Anekdote, die, Ihnen nicht unbekannt ſein wird. In Berlin erſchien bei einem Hofmannsball unangeladen mehrere Stunden hindurch entwickelte dort einen Durſt und Appetit, wie beide ſonſt Perſonen, ſelbſt in einem Ballen Zutritt haben, noch, eigenthümlich zu pflegen. Unglaubliche Quantitäten Mandelmilch, Limonade, Wein, Kardinal nebſt den entſprechenden Beigaben waren auf dieſe Weiſe in der Maske verſchwunden, bis man auf die Idee gerieth, mit ausnahmsweiſer Verlegung der Maskenfreiheit dem Inhaber dieſes phänomenalen Appetites und Durſtes zu conſtatiren, um unter der Maske einen Soldaten von der Schloßwache entdeckte, der beſuchte vierzehn war, welcher dieſer Durſt und Appetit geſtillt hatte. Inwiefern Sie dieſe Maske des „Unbekannten," der dieſe Briefe ſchreibt, in ähnlicher Weiſe verwenden wollen, iſt Ihre Sache; jedenfalls reichen meine Kenntniſſe auch, um alle die Briefe zu ſchreiben, die ich ſchreiben will, und um mich vollſtändiges Bild der heutigen Jurisprudenz zu entwerfen.

Nun erſuche ich Sie nach dieſem Vorworte, das zugleich den Pakt darſtellen möge, den wir vor der

---

[1] Geſchieht hiermit. — **Die Redaction.**

Augen des Publikums mit einander abschließen. Ich schreibe meine Briefe nur, wie Lust und Laune sie mir eingeben, werde mich also weder an eine Zeit binden, noch irgend eine systematische Ordnung dabei beobachten. Dagegen bedinge ich mir Maskenfreiheit aus, d. h. das Recht, mit meinen Scherzen und Angriffen Niemanden zu verschonen; finden Sie, daß ich zu weit gegangen, so legen Sie immerhin in einer Note Verwahrung ein oder streichen Sie, was Sie Lust haben.

Anbei erhalten Sie den *ersten* Brief.

## Ueber die civilistische Construction.

Sie kennen den hinkenden Teufel, der die Dächer abdeckte und seinen Schützling in die Geheimnisse der Zimmer blicken ließ. Lassen Sie mich einmal seine Rolle übernehmen und Ihnen die Studirzimmer unserer juristischen Theoretiker zeigen. Bei nächtlicher Weile und Lampenschein, zur Seite das corpus juris, diesen Schacht civilistischer Weisheit, sehen Sie hier die Träger der Wissenschaft des gemeinen Rechts emsig beschäftigt. Was treiben sie? Ich möchte eine Wette eingehen, daß die Hälfte derselben, wenigstens die Jüngeren, die Hoffnung Deutschlands, augenblicklich *construirt*. Was ist construiren? Vor etwa fünfzig Jahren wußte man noch nichts davon, man „lebte harmlos und in Freuden, und das Geschoß war auf Pandektenstellen nur gerichtet." Aber das hat sich gewaltig geändert! Wer sich heute nicht auf die „civilistische Construction" versteht, der möge nur zusehen, wie er durch die Welt kommt; so wenig wie eine Dame heutzutage ohne Crinoline zu erscheinen wagt, so wenig ein moderner Civilist ohne Construction. Von wem sich eigentlich diese neue civilistische Mode herschreibt, weiß ich nicht, nur so viel ist mir bekannt, daß Einer sogar dies Construiren selbst wieder construirt und eine eigene Anweisung dazu gegeben, ja sogar zur Vornahme dieser Arbeit ein höheres Stockwerk der Jurisprudenz angelegt hat, welches danach den Namen der „höhern Jurisprudenz" erhalten hat.[1] In der untern Etage wird die gröbere Arbeit verrichtet, da wird der Rohstoff gewalkt, gegerbt, gebeizt, kurz — interpretirt, dann aber kommt er in die obere Etage, in die Hände der civilistischen Künstler, die gestalten ihn, geben ihm künstlerisch-civilistische Form. Haben sie diese gefunden, so verwandelt sich jetzt die leblose Masse in ein lebendiges Wesen; durch irgend einen mystischen Vorgang wird demselben, wie dem Thongebilde des Prometheus, Leben und Odem eingehaucht, und der civilistische Homunculus, d. h. der Begriff, wird *productiv* und begattet sich mit andern seines Gleichen und zeugt Junge.

Sie begreifen, daß Alles auf jenen civilistischen Gestaltungsakt, auf die Construction, ankommt; geschieht bei ihm ein Versehen, setzt man die Beine z. B. an den Kopf, die Nase hinten und, was unser einer hinten trägt, ins Gesicht, so ist es mit der ganzen Herrlichkeit vorbei. Kein Wunder also, daß diese des Schweißes der Edlen werthe Aufgabe alle Kräfte in Anspruch nimmt und daß die Erfindungskraft und Combinationsgabe unablässig bemüht sind, die verschiedenen Stücke bald so, bald so zusammenzusetzen, und ich will Ihnen jetzt an einigen schlagenden Beispielen die Mühseligkeit der Arbeit veranschaulichen.

Zu den widerhaarigsten „Rechtsfiguren",[2] die mit einer wahrhaft dämonischen Störrigkeit behaftet sind, gehört vor allem die *Correalobligation*. Wünschen Sie die Literatur des gemeinen Rechts über sie? Sie würde eine ellenlange Note füllen.[3] Den Theologen kann der Begriff der Dreieinigkeit nicht mehr Kopfzerbrechen verursacht haben, als unsern Juristen der dieser civilistischen Zwei- oder Mehreinigkeit. Ist es *eine* Obligation mit mehren Subjekten oder enthält sie gleich viel Obligationen, als Subjekte? Gehen Sie herum und halten Umfrage, wer nicht an diesem Problem laborirt, zählen Sie die schlaflosen Nächte, die dasselbe den Jüngern der Wissenschaft verursacht hat. Mir schwindelt der Kopf, wenn ich mich in diese Literatur vertiefe, und je mehr ich davon lese, desto wirrer wird es mir, und wenn ich einen praktischen Fall zu beurtheilen habe, so werde ich seiner nur dadurch Herr, daß ich alles, was ich je über Correalobligationen gehört und gelesen, gänzlich vergesse. Zwischen ihnen und den sog. solidarischen Obligationen soll ein ganz gewaltiger Unterschied bestehen, etwa wie zwischen einem Thier auf zwei und auf vier Beinen. Aber fragen Sie unsere civilistischen Zoologen, worin sich denn diese Verschiedenheit praktisch äußert, wenn man den Vierfüßer und Zweifüßer vor den Pflug spannen will — ich glaube, die meisten werden Ihnen die Antwort schuldig bleiben und sich damit entschuldigen, daß die Zoologie mit dem Pflügen nichts zu schaffen habe. Aber darin eben liegt das Uebel, daß die Jurisprudenz zu einer Zoologie hinaufgeschraubt wird, während sie doch die Kunst ist, mit dem civilistischen Zugvieh zu pflügen.

1) *Ihering* in seinem Geist des römischen Rechts Bd. 2 S. 385 ff. und in seinen und Gerber's Jahrbüchern Bd. 1 Abth. 1.

2) Ausdruck von *Kuntze*.

3) Seit 1857 sind nicht weniger als drei *Bücher* über die Correalobligation erschienen: von *Helmolt* (1857), *Fitting* (1859), *Sambaber* (1861), der vielen sonstigen Besprechungen dieser Lehre in Abhandlungen, Recensionen 2c. ganz zu geschweigen.

Einmal bei der Obligation, will ich derselben noch einige interessante Probestücke der Construction entnehmen. Wie stellen *Sie* Sich die Obligation vor, d. h. die „Rechtsfigur", das „logische Gebilde" derselben? Darüber zerbrechen Sie Sich nicht den Kopf, antworten Sie; Sie kommen auch so aus? O Sie Glücklicher oder, würde Mancher sagen, Sie Bemitleidenswerther! Die Obligation kann gedacht werden als Recht *auf* die Handlung oder *an* der Handlung; dort richtet sie sich gegen die Person, hier umspannt sie als ihr Object die Handlung selber. Ja, man hat auch noch *die* Möglichkeit, sie als Recht *über* die Handlung zu denken. Nun wählen Sie! Sie werden sagen, wie kann man an einer Handlung, die noch nicht ist, ein Recht haben? Bevor sie vorgenommen wird, existirt das Object des Rechts nicht, und wenn sie vorgenommen wird, d. h. mit dem Moment der Erfüllung der Obligation, ist das Object sofort wiederum untergegangen. Fragen Sie *Puchta*, wie der es sich gedacht hat.[1] Andere machen Ihnen ein ganz ähnliches dialektisches Kunststück vor. Die Erbschaft wird von Vielen als das Recht an der Persönlichkeit des Verstorbenen definirt. Man sollte nun glauben, daß sie das in keinem Momente mehr wäre, als wenn der Erbe sie antritt, denn erst jetzt ja entsteht dessen Recht an der Erbschaft. Nein! weit gefehlt, jetzt hört die Persönlichkeit nach Manchen auf — ähnlich der Wolke, die sich bei der Umarmung in Nichts auflöst — während andere und namentlich auch Puchta so human sind, die Persönlichkeit des Erblassers in der des nächsten und aller folgenden Erben bis ans Ende der Welt fortleben zu lassen, womit die pythagoreische Seelenwanderung oder, wenn man lieber will, die persönliche Unsterblichkeit vom juristischen Standpunkt aus verwirklicht sein möchte!

Sie müssen wissen, daß ich damit wiederum ein civilistisches „Phänomen" und einen höchst beliebten Gegenstand der Construction berührt habe (man nennt es hereditas jacens), und wollten Sie eine Note daran wenden, um Sich die Literatur mittheilen zu lassen, Sie würden staunen über den Reichthum civilistischer Kraft, der sich daran bethätigt hat. Wie wenig weiß doch oft unser Einer, was er thut! Da nimmt er in aller Unschuld ein Inventar über einen Nachlaß auf, in dem er auch die Rechte und Forderungen des Erblassers aufführt, ohne zu bedenken, daß dieselben ja ohne Subject nicht existiren können und daß, wenn er sie dennoch als fortdauernd annimmt, er eben damit auch den Erblasser als fortdauernd setzt, folglich nicht sowohl sein Vermögen, als ihn selber inventarisirt. Gegen den Gedanken, sich den Nachlaß ohne den in ihm fortlebenden Erblasser zu denken, empfindet aber ein civilistisch geschulter Geist ungefähr dasselbe Grauen, wie jeder Denkende gegen den Gedanken, sich das Weltall ohne Gott vorzustellen. Es liegt etwas Erhebendes darin, daß der Todtengräber sowenig wie die Seele, eben sowenig auch die juristische Persönlichkeit unter seinen Spaten bekömmt, letztere vielmehr mit dem Tode als verklärter Geist, frei und entfesselt von allen irdischen Banden, eine neue und höhere Stufe ihres Daseins beschreitet. Freilich für gröbere Naturen, die nur glauben, was sie sehen können, existirt dieser Geist nicht, aber sie selber existiren auch für die Wissenschaft nicht; ihr Standpunkt ist ein längst überwundener.

1) *Puchta* Pandekten §. 219.

Gerade mit dem Begriff der Persönlichkeit hat die moderne Wissenschaft ihre kühnsten und erhabensten Gedanken-Evolutionen ausgeführt, und es ist bewundernswürdig, wie sie durch geschickte Verwendung dieses Begriffes es verstanden hat, die leblose Materie zu durchgeistigen und juristisch zu beleben. Jener Zustand, den Schiller in seinen Göttern Griechenlands besingt, wo alle Gegenstände, die *uns* bloß als Objecte der unbelebten Natur erscheinen, die Quellen, Bäume, Höhen 2c. von göttlichen Wesen bewohnt waren — jener Zustand ist auf dem Gebiete der Jurisprudenz reproducirt und es fehlt mir bloß das Talent Schillers, um ihn gebührend zu besingen. Aber selbst in Prosa verfehlt er seinen Effekt nicht!

Sehen Sie jenes alte Dach, von dem der Regen auf des Nachbarn Grundstück träufelt? Wofür halten Sie dasselbe? Für ein altes Dach. Gewiß, allein sehen Sie den Glanz der juristischen Persönlichkeit nicht, der sich wie ein elektrisches Licht über dasselbe ergießt? Lassen Sie es Sich sagen, was es ist; das alte Dach ist *eine juristische Person*,[1] denn das Dach ist das Subject der Traufgerechtigkeit.

Sehen Sie dort bei Ihrem Banquier eine Schublade voll von Staatspapieren, Aktien 2c.? Die werden Sie wiederum für Eigenthumsobjecte halten. Fehl geschossen! Lassen Sie Sich von einem unserer Theoretiker[2] belehren, daß es juristische Personen sind! Das Subject eines Papieres auf den Inhaber ist das Papier selbst, — es ist der civilistische Münchhausen, der sich selbst beim Schopf aus dem Morast herauszieht — Ziehender und Gezogener zugleich, Subject und Object. — Construiren Sie mir einmal den juristischen Vorgang, wie Sie ins Theater gelangen. Sie haben, antworten Sie, ein Billet gekauft und abgegeben, welches zum Eintritt berechtigt. Das ist keine Construktion! Als solche läßt sich nur folgende denken: Das Billet berechtigt den „Inhaber als solchen", „der Inhaber als solcher" aber ist etwas Abstractes, eine gedachte Persönlichkeit, eine juristische Person, und wenn Sie mittelst des Billets ins Theater gelangen, so geschieht das nur darum, weil Sie diese juristische Person repräsentiren; eigentlich hätte letztere selber hinein sollen, hätten sämmtliche Billets ihre Plätze einnehmen müssen. Danken Sie der Theater-Direction, daß sie hier Repräsentation zuläßt!

Sie werden es jetzt auch nicht mehr überraschend finden, daß jenes Ehepaar, welches sich der äußern Betrachtung als Mann und Weib darstellt, für die Construction der ehelichen Gütergemeinschaft zu *einer* juristischen Person harmonisch zusammenschmilzt, für welches Opfer an Persönlichkeit die Frau unter, d. h. in Umständen dadurch entschädigt wird, daß ein neuerer Jurist[3] den nasciturus zum Rang einer juristischen Person erhebt, wobei freilich nicht gesagt ist, ob, da das römische Recht sich auf drei nascituri gefaßt zu machen befiehlt, alle drei eine separate oder eine Triple-Gesammt-Persönlichkeit genießen sollen. Jedenfalls ist dadurch das menschliche Leben zwischen zwei juristischen Personen in schönster Weise in die Mitte gebracht; den nascitu-

1) *Böcking* Pandekten Bd. 2 S. 212.

2) *Becker* (Jahrb. des gem. Rechts von Becker und Muther Bd. 1. S. 292): „Das Papier selber ist das fragliche Rechtssubjekt, Gläubiger . . . Jeder Inhaber erhält gleichsam als jus possessionis die Befugniß, dies Recht, das nicht sein Recht wird, gegen den Schuldner geltend zu machen. Der Inhaber wird, wenn man so sagen will, Vertreter des Papiers und kann die demselben zuständige Forderung eintreiben."

3) *Rudorff* in der von ihm besorgten Ausgabe von *Puchta's* Pandekten §. 114.

rus und die hereditas jacens, und die juristische Person dürfte man darnach als die Ursubstanz bezeichnen, aus der die menschliche Persönlichkeit sich bildet, und in die sie sich wieder auflöst.

Nachdem alte Dächer, Staatspapiere u. f. w. sich in den Kreis der Personen gedrängt haben, kann man es dem Menschen wahrlich nicht verdenken, daß er seinerseits sich aus dieser Gesellschaft wegsehnt, zur Noth selbst um den Preis der Verzichtleistung auf die Ehre der Persönlichkeit.

Und in der That hat ein neuerer Jurist[1]) ihm dazu den Weg gewiesen, indem er die Freiheit als Eigenthum am menschlichen Körper auffaßt, wodurch denn der von den genannten leblosen Objecten verschmähte Eigenthumsbegriff am Menschen wiederum zu Ehren kommt. Und warum sollte er es auch nicht? Ob die Natur oder ein Zahnarzt mir einen Zahn einsetzt, der Zahn steht in meinem Eigenthum; der Lockenkopf, der sein Haar einem Friseur, der Verbrecher, der seinen Cadaver einem Anatomen verkauft, beide müssen, um an dem Objekt einem Anderen das Eigenthum übertragen zu können, dasselbe vorher selbst gehabt haben, und was ist der ganze Mensch anders, als die Summe seiner sämmtlichen Körpertheile, der Persönlichkeit der von den genannten leblosen Objecten anderer, als das Eigenthum an ihnen? Es war einem österreichischen Rechtsphilosophen[2]) vorbehalten, mittelst höherer Anschauung jenes Recht, welches Posa vergebens von Philipp II. forderte, zu deduciren: die Denkfreiheit. Der Mensch hat das Eigenthum an den Sprachwerkzeugen"; um sie benutzen, d. h. um sprechen zu können, muß man denken (was beiläufig gesagt dem Bücherschreiben nicht immer gilt), folglich hat man auch das Recht zu denken.

Um das Gleichgewicht wieder herzustellen, hat man für den Eigenthumsbegriff, den man von der Sache auf den Menschen übertragen, das Umgekehrte mit dem Begriff der Obligation gethan, indem man ihn, der nach natürlicher Vorstellung eine Person als Schuldner voraussetzt, auf die Pfandsache anwendet und das Pfandrecht als Obligation an einer Sache definirt. Es ist mit der Epoche der juristischen Construction eine Unruhe, der Wanderlust in die juristischen Begriffe gekommen, keiner fühlt es mehr auf dem Platze aus, auf dem er seit Jahrhunderten gestanden, man giebt ihm den Einbruch, als spielten die „Kämmerchen vermiethen."

Das Eigenthum fühlt sich nicht mehr befriedigt mit seiner „vollen rechtlichen Herrschaft über die Sache", es verlangt die „Recht an der Bestimmung der Sache" zu sein,[3]) den leer gewordenen Platz nimmt eine Servitut ein, indem sich zu einem „Eigenthum an einzelnen als selbstständige Sachen fingirten Eigenschaften einer fremden körperlichen Sache" gestaltet.[4])

Für die damit geschaffene künstliche Sache spielt uns aber die wirkliche Sache den Streich, daß sie sich nicht mehr dazu verstehen, dem Eigenthum als unmittelbares Objekt zu dienen, als letzteres vielmehr nur die negative Verpflichtung aller Nichtberechtigten übrig läßt, das Eigenthum nicht zu verletzen, und sich damit begnügt, blos taktisches oder praktisches Objekt zu sein.[5])

Einen eigenthümlichen Anfall von Widersetzlichkeit hat auch das Pfandrecht aufzuweisen, indem es sich in einer neueren Schrift über Pfandrecht[6]) von seiner Form als Recht kaum emancipiren will sich, wie es angeblich zu Gajus und Ulpians Zeiten der Fall gewesen sein soll, hinter die Pfandklage bei dem stecken wollen. Es macht gegenüber einen wahrhaft wohlthuenden Eindruck, wenn Begriffe, die es sonst nicht nöthig bilden, sich der juristischen Construction zu fügen, freiwillig sich bereit erklären, und in ihnen es nicht genug Sterbliches beschieden sind, die Hoffnung, sich in dem Maaße fügsam erweisen hat, daß sie nicht blos, wie schon die alten Rö-

---
[1]) Gangerow.
[2]) Schnabel (Professor in Prag) Naturrecht.
[3]) Girtanner in den Jahrbüchern für Dogmatik von Gerber und Ihering Bd. 3 S. 83.
[4]) Elvers die römische Servitutenlehre.
[5]) Kieruff Theorie des gem. Civilrechts. Bd. 1 S. 155.
[6]) Bachofen das römische Pfandrecht Bd. 1.

mer, einen Verkauf der Hoffnung (emtio spei) tennen, sondern neuerdings auch ein „Recht auf Hoffnung",[1]) ja sogar ein „Pfandrecht[2]) an derselben" gewonnen haben. Es ist damit zugleich für diesen ersten Brief ein so versöhnender Abschluß gewonnen, daß ich sehr gegen mein Interesse handeln würde, wenn ich denselben durch weitere Zusätze stören wollte.

---

## Ueber die Instruktion der Bagatellprozesse.

Erörterungen aus der Praxis über Formen und Geschäftsgang gehören der Regel nach nicht in diese Blätter. Ausnahmen werden aber zu gestatten sein, wenn die Wichtigkeit des Gegenstandes dazu Veranlassung giebt, oder wenn, wie hier, ein merkwürdiges Entgegenstreben des Gebrauchs gegen das Gesetz, ja gegen den Vortheil aller Betheiligten sich der Beobachtung aufgedrängt. — Die Vorbereitung der Rechtsstreitigkeiten zur richterlichen Entscheidung nach der Gerichtsordnung war weitschweifig, mühsam und zeitraubend, dennoch läßt sich nicht läugnen, daß sie bei guter Behandlung den Stoff mit großer Sicherheit ordnete, und für große und verwickelte Sachen deshalb manchen Vorzug hatte, dagegen war sie offenbar für Bagatell-Prozesse, wo Zahl schon die geforderte Ausführlichkeit unmöglich machte, oder wenigstens brauchbar.

Die neuere Gesetzgebung hat jenes alte Verfahren beseitigt, ohne es mit Niemand in den Sinn kommen, einen größeren Prozeß noch in alter Weise zu instruiren. Um so seltsamer ist, daß jenes Verfahren grade dem im Bagatell-Prozesse sich fast überall die Macht noch erhalten hat. Man nimmt eine Klagebeantwortung auf, läßt über die Gegenerklärung des Klägers, dann wieder über die Beklagten folgen, und fährt so fort, bis man es genug meint, es ist genug; die Erlaubniß des Gesetzes, nur Resultate niederzuschreiben, lediglich dahin benutzend, die jene Erklärungen möglichst abgekürzt und unvollständig ins Protokoll zu bringen. Wir sehen dieses Verfahren bei aller weitläufigen Schreiberei ist, und wie sehr es aller Haltung und jedes Systems entbehrt, erhellt von selbst. Und doch hat das Gesetz für dieses Verhandlungen ein reises System aufgestellt, ein System, welches die Parteien sichert und zugleich für den Richter bequem ist. — Alles freilich unter der Bedingung, daß er nun geistige Arbeit nicht scheut, die einzelnen seitigen Behauptungen sich vollständig zu vergegenwärtigen und zu ordnen.

Die wenigen betreffenden — sehr bekannten, aber von Vielen stets unberücksichtigt gebliebenen gesetzlichen Vorschriften sind folgende:

1. Tit. 2. Abschnitt) des Gesetzes vom 1. Juni 1833 (2.

Auf die Klage wird ein Termin zur Beantwortung und weitern mündlichen Verhandlung beraumt.

§. 51 der Instruktion vom 24. Juli 1833:

Der wesentliche Unterschied zwischen dem Verfahren bei Gerichten, welche im Kollegium, und welche kein Kollegium bilden, ist der, daß im zunehmenden Protokoll dem ganzen Hergang, jedoch nur im Resultate zu protokolliren hat, daß jede Verhandlung den historischen Theil des abzufassenden Erkenntnisses bildet.

§. 28 des Gesetzes vom 21. Juli 1846, daß in Bagatellsachen nach der Vorschriften des Tit. 2. Abschnitt der Verordnung vom 1. Juni 1833 zu instruiren sei.

Die Regeln für die Instruktion der Bagatell-Prozesse treten hieraus deutlich genug hervor: Der Richter hört die Beantwortung der Klage und alle folgenden Auslaßungen der Parteien vollständig, das Protokoll aber faßt er in der Art ab, daß er den Prozeß zu Grunde liegenden unstreitigen Thatsachen übersichtlich erzählt,

---
[1]) W. Sell, bedingte Traditionen S. 18 Note 3.
[2]) Puchta Pandekten §. 210 No. 2.

die Darstellung der streitigen aber in Form von Streitfragen anschließt, bei deren jeder die Beweismittel angegeben werden. Die Sache ist so sicher und einfach, wie möglich, wer aber eine nähere Instruktion für dies Verfahren fordert, der findet sie sehr ausführlich in den Vorschriften des einen Titels der Allg. Ger.-Ordn. über den sog. Status causae et controversiae, namentlich in den §§. 26 bis 40 — selbstverständlich mit der Abänderung, daß alle Protokolle, welche der Aufnahme des Status vorangingen, jetzt gänzlich wegfallen, ihren Inhalt lediglich im Gedächtniß des Richters zu haften hat.

Wir haben zur Verdeutlichung die weitläufigen Protokolle in drei Bagatell-Prozeßakten, wie sie uns eben zufällig vorlagen, aus der Nothwendige Systeme umgearbeitet, und fügen sie hierunter als Beispiele bei. Wir hätten gern die Protokolle selbst daneben gestellt, konnten aber nicht daran denken, für diese ausgedehnten Schriftstücke hier Platz zu finden, und dürfen hoffen, daß der Unterschied sich auch ohne eine diesseitige Gegenüberstellung in die Augen fallen wird.

Es versteht sich von selbst, daß auch hier aufgestellte Regel, wie jede andere, ihre Ausnahmen hat, nur müssen diese auf das Nothwendige beschränkt werden. Eine solche nothwendige Ausnahme tritt hauptsächlich ein, wenn der Kläger oder sein Vertreter auf die Klagebeantwortung sich nicht sofort erklären kann, indem dann alle dings die Klagebeantwortung niedergeschrieben werden muß, weil sie die Grenze für die Einwendungen bestimmt (§. 14 der Verordn. vom 1. Juni 1833 und §. 29 der Instruktion vom 24. Juli 1833) und ganz unzulässig sein würde, in einem Termine verhandelte nicht niederzuschreiben, sondern etwa das Fixiren durch die Schrift zum folgenden Termine anzusehen. Wiederklagen und andere besondere Protokolle noch für einen zweiten, dritten Termin nöthig machen, hier aber ist zuletzt das Gesammtresultat oder Verfahren in der vorbeschriebenen Weise übersichtlich zusammenzufassen. Die Erfahrung zeigt, daß Ausnahmen dieser Art im Ganzen wenige vorkommen, sich vielmehr die Mehrzahl der Bagatell-Prozesse in einem Termine bis zur Beweisaufnahme durchführen läßt. Dem Richter wird jedoch, wer daran gewöhnt ist, die gesetzliche Form zu beobachten, eine Menge von Schreiberei mit einem Male erspart, auch wenn es das etwas größere geistige Anstrengung reichlich aufzuwiegen, welche das gesetzliche Verfahren dem nur Gewohnten anfänglich kostet. Die Vortheile unseres Systems sind für die Parteien und für Alle, die neben oder nach dem Richter mit der Sache zu thun haben, liegen auf der Hand, und muß man jedem Juristen von ganzem Herzen die Beobachtung der gesetzlichen Vorschriften auch für Bagatell-Prozesse gewöhnt werden, wozu hierzu Schritt dienlich sein möchte, als abgemessene Bagatell-Prozesse von ihnen nach dem gesetzlichen Systeme umarbeiten zu lassen, weil hierbei jeder Denkende für die Vorzüge des Letzteren klar erkennen muß.

Beispiele: 1. Verhandelt zu ic. In der Sache A. wider B. u. C. erscheinen: der A., die Verklagten B. u. C. Schriftliche Klagebeantwortung wird übergeben, auf deren Duplikat den A. behandelt. Die mündliche Verhandlung ergab folgendes Resultat: Bei der Kaufgeldbelegung der der Subhastation des G. schen Gutes zu N. N. liquidirte Kläger eine eingetragene Forderung, die übrigen Gläubiger, namentlich die T. schen Minorennen, widersprachen der Auszahlung. A. verzichtete auf den Widerspruch der T. schen Minorennen, weshalb die Gelder an B. sofort, C. nach der Klagebeantwortung in deren Widerspruch gewonnen wurden. B. den Klagebeantwortung vertreten, und wurden ihnen die Kosten auferlegt. A. will die Kosten außergerichtlich, B. und C. weiter nicht haben, und fordert sie im gegenwärtigen Prozeß verwendeten Kosten von 18 Thlr. 5 Sgr.

Preußische Gerichtszeitung, Jahrg. III, Nr. 41, 26. Juni 1861, S. 161-163.
所蔵：Universitäts- und Landesbibliothek Darmstadt

## 凡　　例

1　本書は, Rudolf von Jhering, Scherz und Ernst in der Jurisprudenz : eine Weihnachtsgabe für das juristische Publikum : Ridendo dicere verum, Unveränderter reprografischer Nachdruck der 13. Auflage, Leipzig 1924. - Darmstadt : Wissenschaftliche Buchgesellschaft, 1992 の邦訳である。
2　原書では巻末に補遺が三つ付されているが, イェーリングの手になる「第4版はしがき」に従い, 本書では, 本来挿入されるべき箇所に移動した。
3　原書の注は各頁毎に注番号が付されているが, 本書では各部毎に連続番号とし, 各部の末尾に置いた。
4　訳文中の丸形括弧（　）は, 原則として, 原書のままである。
5　第一部においてブラケット［　］が使われているが, これはイェーリングが初出時にはなかった文章を挿入する際に付しているものであり, 本書でも原書のままである。なお, 逐一, 指摘はしないものの, 第二部ではイェーリングは初出時になかった注を付け加えているが, これをブラケットで囲むことは行なっていない。
6　訳文中の亀甲〔　〕内の語句は, 邦訳するにあたり, 理解を助けるために付け加えた方が良いと考えられる語句を訳者が挿入したものである。原語を挿入した方が良い箇所は, 訳語のすぐ後に原語を掲げた。
7　亀甲付の上付き数字は, 説明を加えた方が良い語句についての訳注番号を意味し, 訳注は本文末に一括して置いた。
8　原書でゲシュペルト体活字は, 本書では**太字**でこれを示した。
9　本書第三部にあるイタリック体の語句は, 原書ではイタリック体となっていないが, 読みやすくするために訳者がイタリック体にしたものである。
10　各頁両側の7ポイント・下線付きの数字, 例えば 78 は, 原書の頁数を表わすものである。

11　原則として，本文中の引用文献は邦訳したものの，原注の引用文献は原名のままで掲げた。それは，文献名を邦訳することは無意味であるばかりか，文献の利用を不便かつ困難とするからである。

12　本書巻末の索引は，原書に付されているものをもとにして，読者の便宜のために新たに作成したものである。索引の頁数は，本書の頁を示している。

## はしがき

　本書の意図については，読者が本書自体から判断していただきたいと思う。本書は，四つの部からなり，その中の最初の二部のうち，私が今になって第二部のために付け加えた短い追加文（あるロマニストのお喋りⅣ　民事訴訟における騙し細工，232頁以下）より前までの部分は，何年も前にすでに二つの雑誌に発表されたものである。第一部は，「**匿名氏による今日の法学についての親展の書簡**」という表題を付して，プロイセン裁判所新聞，後にドイツ裁判所新聞に匿名で出されたものであり（ベルリン，1860-1866年），第二部は，「**あるロマニストのお喋り**」と題して，ウィーンの法律新聞（第9巻[1]，ウィーン，1880年）に私の名前を表に出し発表されたものである。第一部に関して執筆者が私であることの秘密は，最初は守られており，そして私もその書簡の中で私自身を皮肉ることで（7頁及び80頁）その秘密を守ろうとしていたのだが，後に破られてしまった。私も会員になっているウィーンの法学協会のある懇親会の場で，私は多方面の人々から，この匿名氏の書簡を続けることを勧められた。そして，私はそこに同席していた法律新聞の編集者たちにそれを続ける旨の約束をしたのである。ところが，その約束を私が果たしたのは，何年も経ってからのことであり，しかも要望に沿って私の名前を出した上でのことであった。このようにして，「あるロマニストのお喋り」が生まれたのである。

　別々の形で二つの刊行物として出版するよう，多くの方々から勧められていた。しかし，私はこれよりも大きな真面目な仕事，すわなち2巻からなる私の『法における目的 Zweck im Recht』を通じてあの二つの文章を精査し，新たに付け加えて量を増やし，一層効果的なものとするために，ちょっとした合間の時間を使う権利を手に入れたと考えられる時まで，出版を延期することにしたのである。

私はこの仕事を進めるために直近の2ヶ月を費やした。そして，私は今では，もっと大きな仕事に当てる時間が奪われたという犠牲の責任を負うことができると考えている。

　最初の三つの部は「冗談」に，最後の部は「真面目」に当てられている。四つの部がいずれも同じ目的を追求するものであることは，読者の誰に対しても隠されてはいない。すなわち，これらの「冗談」は「真面目」を一層効果的なものにするという，まさにそのことを目的とするものである。冗談というものは，すべてがそうだというわけではないが，その中には，冗談に対する純粋な喜びだけが生み出すものもたくさん存在している。しかし，全体として見れば，読者は，私が望んでいるように，冗談も本書においては真面目な意味を持っているという印象から逃れることができないであろう。この冗談は，最初の瞬間には，読者が笑うという効果だけを上げているとしても，笑うという効果に続くいま一つの効果がなければ，私は，本書の狙いは間違っていたと見ることになろう。

　　1884年11月19日　ゲッティンゲン

　　　　　　　　　　　　　　　ルードルフ・フォン・イェーリング

# 第4版はしがき

　本書のこの版は，第3版までの内容に変更を加えてはおらず，ただ末尾に若干の補遺を付け加えたにすぎない。私はこれらの補遺を，本書中の挿入されるべき箇所に繋げて入れることができなかった。それは，本書の初版が刊行される時に出版社によってステロ版に組まれていたからである。このような次第であるので，読者は該当箇所に（最初の付録は137-174頁の次に，次の付録は175-232頁の次に）続けて読んでいただきたい。本書をステロ版に組んだことにより，出版社にとっては書籍の価格を以前（8ないし9マルク）と比べて著しく低廉にすることが可能となったのである（3ないし4マルク）。こうした廉価は，書籍が学徒の間に，以前のような高価であったときと比して幅広く普及することに役立つことになったであろう。

　1891年10月14日　ゲッティンゲン

　　　　　　　　　　　　　　　ルードルフ・フォン・イェーリング

# 法学における冗談と真面目

目　　次

凡　　例

はしがき

第4版はしがき

# 第一部　匿名氏による今日の法学についての親展の書簡

　　第一信　序論，民法学の構成 …………………………………… 3
　　第二信　法学における思弁的方法，
　　　　　　フシュケ，ラサール ………………………………… 15
　　第三信　実務への参加，試験，
　　　　　　教科書に従った判決 ………………………………… 30
　　第四信　第三信の続論 …………………………………………… 48
　　第五信　法学教育及び試験の改革についての
　　　　　　フォルクマルの提案 ………………………………… 63
　　第六信　文献，執筆への外的強制 ……………………………… 88

# 第二部　あるロマニストのお喋り

「序論」としての編集部宛の書簡 ……………………………………117
ローマ法史からの幻想 …………………………………………………123
　　Ⅰ　無主物先占の権利——今昔 ……………………………………123
　　Ⅱ　古代相続法の鼠捕り ……………………………………………132
　　　　補　遺 ………………………………………………………163

編集部宛の書簡 …………………………………………165
　　Ⅲ　古代ローマの民事訴訟における富者と貧者 ……………167
　　　　補遺Ⅰ　神聖賭金による法律訴訟の起源——神審 ……………218
　　　　補遺Ⅱ　所有権に対する違法行為と人身に対する違法行為を
　　　　　　　　理由とする古法の罰金額における富者と貧者 ………238
　　Ⅳ　民事訴訟における騙し細工 ………………………………254

# 第三部　法学の概念天国
　　　　ある幻想 ……………………………………………279

# 第四部　再び地上で
　　　　いかに改善さるべきか……………………………365

　　訳　　　注

　　訳者あとがき

　　索　　　引

# 第一部

# 匿名氏による今日の法学についての親展の書簡

# 第一信[1)]

　以下の書簡は，印刷されることを意図して書かれたものです。しかも，この書簡は著名な人にのみ許されているような，筆者の死後に至り初めて印刷が許されるようなものではなく，むしろその筆者の生存中にすでに，このために紙と黒インクの提供を辞さないほど気前のいい出版者ないし編集者が見つかるならば，通常の人でも身の程を忘れて印刷できる類(たぐい)のものなのです。ほとんどすべての学問，芸術，生業がすでに書簡で取り扱われており，私たちは化学の書簡，植物学の書簡，動物学の書簡，音楽の書簡等々を手にしております。可哀想なことに，私たちの法学，すなわち学問の灰かぶり姫だけが，毎度のごとく何の分配にもあずからず，時の流れのままに20年ないし30年は遅れてしまい，私の知るところでは，書簡の対象となったことなど，いまだかつてただの一度もありません[(1)]。法学に対しては，これとは違った近代的な形態，つまり**精神**という形態からもっと多くの幸福が期待されていたように思われます。モンテスキュー Montesquieu が『法の精神 De l'esprit des lois』をもって道を開いて以後は，ローマ法の精神，プロイセン法の精神等々を蒸留し，これを少しばかりの銀貨と引き換えに，誰彼かの区別なく愛好家に対して売りに出すような人々がいなくなることはありませんでした。そして，そのような流行が蔓延すれば，私たちはきっとさらに，カッツェンエレンボーゲンラント法 katzenellenbogensches Landrecht の精神，ヘッセン選帝侯国国法 kurhessisches Staatsrecht の精神，その他の精神，そしてまた精神，精神といったものを期待できるようになるでしょう。

　私個人としては，書簡という謙虚な形態の方を選び取ることにします。いつもは勲功を求めない私ではありますが，少なくとも書簡という形態を初めて法学に転用したことは功績と言えましょう。それ以外にも，書簡という形態について，慎重な法学者が自己の思想を世間に持ち込むときに使用する，

かの「閑暇，法的考察，論究，私見」という形態[2]及びその他の受け継がれた形態と，これを同列に扱ったことも功績と言えるでしょう[3]。そして，もし法学が現在のものよりもはるかに無味乾燥なものであるとするならば，例えば，プロイセンラント法による女性の権利について，またローマ法による愚者の特権について，さらにまたその他の趣味深いテーマについて書簡が書かれるようなことはなかったのではないでしょうか。このような書簡であっても，立派な地位にある郡裁判所裁判官 Kreisrichter，上級裁判所弁護士 Obergerichtsanwalt が，そして高等裁判所顧問官 Oberappellationsrat 及び最高法院枢密顧問官 Geheimer Obertribunalsrat でさえ，閑暇の折には手に取ることもあるかもしれません。彼らは，ヴェツラルの故帝室裁判所顧問官クラーマー Cramer[4]がしたように，百余巻もの『閑暇 Nebenstunden』を執筆するために閑暇を使うようなことはしないのです。実は，本紙の尊敬すべき編集部に私の書簡を「裁判所新聞」に掲載することの責任を負う意志があるように，それは編集部の問題であって，私にはいかなる責任もありません。いやそれどころか，私は，自分は**裁判所新聞**のために書いているという心の窮屈さを完全に払いのけるために，執筆時には，自分は編集者だけに宛てて書いているのであって，その先のことは自分とは何の関係もないのだという立場を厳格に保持したいのです。まさにこうした心の安らぎが損なわれないようにするために，私はまた匿名という，すなわち，物を書く場合に貴紳や旅泊の冒険家がするように，またよく知られているように，文筆家もしばしば，しかもそれ相当の理由から選ぶこの手の形態をどんなことがあっても維持したいのです。編集者氏よ，私のような，ペンにあまり慣れていない人間が公衆に向けて物を書くとなると物怖じするのは当然のことですし，こうした物怖じを克服する私のために，あなた自身がどのような苦労をされたのか――このことをあなたは知っておられます。あなたはまた，毎年600ターラーという，かなりの金額が国家から支払われている時間を，訴訟記録の要約や判決起案だけに使うのではなく，法学の書簡といった戯れ事のためにも使うということが，どんなに冒険的なことか――これもまたご存知でいらっしゃ

います。従って，私は，第１回法曹大会[5]以来ドイツ全域に広がった，本紙の偉大なる読者高賢を目の当たりにして，あなたに秘密厳守を強くお願いしたいのです。編集者のもとで人の目に触れない瞬間が生じ得たとして，そのような時であっても〔秘密を固く守っていただきたいのです〕。秘密が暴露されれば，あなたが一人で責任を負うことになるでしょう。というのは，あなたと私の他に誰一人としてこの筆者が誰かということを知らないわけですし，私自身はこの秘密を守るわけですから。あなたを不躾な質問から守るというまさにこのために，私は書簡という形態を選択したのです。というのは，私がお願いしたように，あなたが読者を前にして私に秘密厳守の旨を注の中で誓った以上[2]，12月２日〔のルイ・ナポレオンによるクーデターの時〕[6]でさえ敬意が払われた信書の秘密をあなたに侵害させようとしつこく迫る者がいるでしょうか。

とはいうものの，秘密のベールを剝がすことについて書くことを，しかもあなたが知っているはずである逸話という形態で書くことを，私にお許し下さい。ベルリンで宮廷仮面舞踏会が行なわれた際，何時間も何時間も続けて，同じ仮面がビュッフェに現われ，その場で，その舞踏会への入場が許されている人々であれば普通は決して素振りにも見せない，飲んだり食べたりの食欲を露骨に見せつけたのでした。途轍もない量の扁桃乳，レモネード，ワイン，カルジナルが，そこに付いてくる付け合わせともども，こんな調子で仮面の中へと消えていったのです。そこで，ついに一同は仮装者の自由を例外的に侵害して，この並はずれた食欲の持ち主を突き止めようと考えました。すると，仮面の下から宮殿の護衛兵が現われ出てきたのです。この男は，なんとこのようにして喉の渇きを癒し，食欲を満たしていた14人目の男だったのです。あなたがこの書簡の執筆者である「匿名氏」という仮面を，どの程度まで同じように利用しようとしているのか——これはあなたの問題です。いずれにしても，今日の法学の完全な見取図を描くのに必要な書簡すべての執筆を可能とするということになると，私の知識は十分ではありません。

さて，私たちが読者高賢の目の前で締結する契約をも意味しているこの前

書きで，もう一つ〔言っておきます〕。私は，気の向くままに書簡を書くだけですから，時間の拘束はありませんし，体系的な整序に気を付けることもいたしません。その代わり，私は仮装者の自由，つまり誰に対しても容赦しないで冗談や攻撃を浴びせる権利を留保しておきます。私が遣り過ぎたとあなたがお考えになるときは，いつでも構わずに注の中で異議を出したり，あるいは線を引いて削除して下さい。

同封した**第一信**をお受け取り下さい。

## 民法学の構成について

あなたは，跛の悪魔[7]をご存知ですね。屋根を取り払って，自分の子分に部屋の中の秘密を覗かせるあの悪魔です。一度私にその悪魔の役をやらせて下さい。そして，あなたに私たち法学の理論家の書斎をご覧に入れましょう。夜分，ランプの明かりの下で，脇にはローマ法大全——つまり，民法学の叡知のこのような深淵——が置かれているこの場所で，普通法学の担い手たちが熱心に仕事に励んでいる姿を，あなたは見て取ることでしょう。彼らはどんな作業をしているのでしょうか。賭けてもいいですよ。彼らの半分は，少なくともドイツの期待の星である若手は，目下，**構成を行なっています**。構成って何ですか。それについては，50年ぐらい前にはまだ何も知られておらず，人々は「純真に喜びの中で生活をしており，矢の的と言えばパンデクテンの章句でしかなかったのです」。しかし，それは今では全く変わってしまいました。今日，「民法学の構成」に精通していない者は，自分の世過ぎをどうしようかということしか考えていない者なのかもしれません。今日のご婦人がクリノリンスカート[8]を穿かないで人の前に姿を現わすことがないのと同様，現代の民法学者が構成を行なわないということはないのです。民法学者のこうした新しい流行が，一体，誰から始まったものなのか，私はこれについての知識を持ち合わせていません。ただ，次のことだけは知っております。すなわち，ある者がこの構成すること自体をさらにまた構成し，こ

れについての彼独自の指示を与え，いやそれどころか，この作業を行なうために法学に対して一段高い階——これにちなんで,「高次の法学」という名称が与えられています[3]——を付与したということです。そこの下の階では，荒っぽい作業がなされており，そこでは，原料である皮はしなやかにするために叩かれ，鞣され，染色され，要するに——解釈がなされているのです。それから上の階へ行き，皮を型どる民法学の技工たちの手によって，それに技巧的＝民法学的形態が付与されます。その技工たちが，そのような形態に出くわしたならば，その時，生命のない塊が生ある存在へと変化するのです。何かあるミステリアスな事象によって，プロメテウスの粘土像[9]のように，生命と気息がそこに吹き込まれ，民法学のホムンクルス[10]，つまり概念は**繁殖力を増し**，同等のものと交尾して，子どもを造るのです。

すべては，民法学者によるあの皮を型どる行為，つまり構成によっていることを，あなたはお分かりですね。この作業の際に間違いが起こると，足が頭についていたり，鼻が後ろにいったり，私たちであれば背にあるものが顔の面にきたりして，完全な物にはならず，つまり奇形児ができあがってしまうのです。だから，高貴な人々が汗を流すに値するこのような任務には，全精力が求められねばならず，その独創力及び組み合わせ能力となると，ある時はこのように，またある時はあのようにと，絶えず，様々な事情を組み合わせようと努めているのであって，そんなことは別段驚くべきことではありません。私は，今からあなたに，幾つかの適切な例を用いて，この作業がいかに骨の折れるものであるかを具体的に示してみることにしましょう。

悪魔的としか言いようのない頑なさがとり憑いている，非常につむじ曲がりな「法的形象 Rechtsfiguren」[4]の一つとして，とりわけ**共同連帯 Korrealobligation**が挙げられます。それについての普通法の文献が欲しいですって。文献を示していたら，長ったらしい注が必要になるでしょう[5]。今日の法学者は2組に分類することができます。つまり，共同連帯について書いている人々と，それについては何も書いていない人々です。三位一体の概念は神学者の頭を悩ませていましたが，二者一体若しくは多数者一体の概

念は，それ以上に私たち法学者の頭を悩ませています。それは複数の主体を持つ**一つの債務**なのか，それとも，一つの債務が主体の数と同じ数の債務を含んでいるものなのか。あちこち歩き回って，この問題で苦しんでいる人がいますか，と質問してみてごらんなさい。学問の若手がこの問題のために眠れなかった夜が幾晩あったか，数えてごらんなさい。私は，これらの文献を読み耽っているだけで頭がくらくらしてきます。それについて多く読めば読むほど，私の頭は混乱してきて，実際の事件について私が判決を下さなければならないとなると，共同連帯についてこれまでに読んだり，聞いたりしたことすべてを完全に忘れてしまわないと，その事件の解決なんぞはできないでしょう。共同連帯と，いわゆる連帯債務との間には，例えば2本足の動物と4本足の動物との間にあるような，著しい相違が存在すると言われています。しかしながら，一体こうした違いは，四足動物と二足動物を犂の前に繋ごうとする場合に，実際上どこに現われるのですか，と私たちの民法的動物学者に聞いてごらんなさい——大抵の学者は，あなたに返事などせずに，動物学というものは犂で耕すこととは何の関係もないんですよ，と言い訳をするでしょう。このテーマについて論じたある著者に対して，私が彼の論文のこのような欠点を指摘したところ，彼からは次のような回答が返ってきました。つまり，こうです。この問題の実際的側面については基本的に私の研究の対象の外にあるもので，私は学問的側面に対象を限定して論じたのです，と。題材全体の実際の適用可能性を基本的に無視した法学の書物——これは，予め針の回りを計算していない，技術の粋を尽くした時計の仕組みのようなものではありませんか！ ここにこそ悪の中の悪があるのです。つまり，法学は〔実際には〕民法的家畜で畑を耕す技術でしかすぎないのに，何やかやと細工の限りを尽くして動物学の高みにまで祭り上げられてしまうという悪が[6]。

債務について触れていますので，私はそこから構成というものの幾つかの興味深いサンプルを引き出してみることにしましょう。**あなたは**，債務というものを，つまり債務の「法的形象」，「論理的構造」をどう考えていますか。

そのことで悩んだことはありません，とお答えになるのですか。頭を悩ませなくてもやってゆけると仰(おっしゃ)るのですか。なんとお幸せな方でしょう！　あるいは多くの人が言うように，哀れむべき方ですね。債務というものは，行為**を求める**権利 Recht **auf** die Handlung として，又は行為**に付着した**権利 Recht **an** der Handlung として考えることができます。前者の場合には，債務は人に対して向けられており，後者の場合には，債務の客体として行為自体を含んでいます。さらに，債務を行為**の上の**権利 Recht **über** die Handlung と考えることも可能です。さぁ，選び出してみましょう。あなたは，行為がいまだ存在していないのに，どのようにして行為に付着した権利を持つことができるのですか，と質問されることでしょう。行為がなされないうちは，権利の客体は存在していません。そして，行為がなされる時に，つまり債務の履行の瞬間に，即座にその客体は消えてしまったのです。**プフタ**に，どうしてそんなふうに考えたのか聞いてごらんなさい[7]。その他の人々は，全く類似の詭弁的手品であなたを誑(たぶら)かすことでしょう。相続というものは，多くの人によって，被相続人の人格に付着した権利と定義されます。すると，人々はこう思うでしょう。すなわち，──相続が権利であるのは，相続人が遺産を相続する瞬間のその時だけである。なぜなら，相続する時になってようやく，相続財産に付着したこの権利が発生するのだからと。ところがどっこい，しまった！　多くの人によれば，この時には〔被相続人の〕人格が消えているのです──まるで抱こうとすると消えてなくなる雲のように。他方で，他の人々は──特にプフタはそうなのですが──人間味溢れる人たちだったので，被相続人の人格を次の相続人，そして後世のすべての相続人の人格の中で，この世の終わりまで生存させ続けました。こうして，ピュタゴラスが説いた霊魂の転生が，あるいはそう言いたければ，人格の不死性が法学の立場から現実のものとなるというわけです！　露店で箱に詰めるとき，一つの箱の中に別の箱が入っているように，1人の人が他人の中に組み込まれるのです。私たちの誰もが，私たちの中に，無限に細小化された，アダムの相続法的一部をいまだに有しているのです。各人一人ひとりが，相

続法によってこれまでの人類全体を共に支えていかなければならない民法版アトラス[11]なのです。

　以上で述べたことで，私がまたもや民法学の「現象」と，人々に非常に好かれている構成の一つの対象（休止している相続財産 hereditas jacens と呼ばれています）に言及していることに気付いていただきたいのです。そして，文献を示すために注を注ぎ込みたいとお望みならば，あなたは，〔先に述べたテーマの〕構成に従事した民法学者の力の豊穣さに吃驚することでしょう。しかし，私たちのような立場にある者は，自分が何をしているのかを知らない場合がいかにしばしばあることか！　私たちは，被相続人の権利や債権をも記載する，遺産についての財産目録を無邪気に作成しますが，〔そのときに，〕これらの権利は主体なくしては存在し得ないだとか，いやそれでも自分がこれらの権利を存続しているものと仮定すると被相続人の生存も続いているものとされ，その結果，自分が目録に記載するのは被相続人の財産ではなくて，むしろ被相続人その人なんだなどといったことは考えないのです。遺産の中で生存し続けている被相続人を欠く遺産を考える思想に対しては，民法学の教育を受けた精神は，神のいない宇宙を想像する思想に対して宗教的本性が持つのとほとんど同じような恐怖を感じるのです。墓掘り人が，自分のシャベルの下に霊魂を埋めることができないのと同様，法的人格を埋めることもできず，むしろ法的人格はと言えば，神々しい精神として死とともに自由になり，地上のあらゆる拘束から解放されて，自己の存在の新しい，かつ一段高い段階へと歩みを進めるというところに何か崇高なものが存在しているのです。勿論，自ら見ることのできるもののみを信じるという，どちらかと言えば粗野な人々にとっては，このような精神は存在しませんが，学問の方もそのような人々の存在を対象としていないのです。

　現代の学問は，まさしく人格概念によって非常に大胆かつ壮大な思想進化を実現しました。そして，現代の学問がこの概念を巧みに使うことによって，いかに生命のない素材を霊化して法的に生気を与えることを心得ているかは驚嘆すべきことです。シラー Schiller が，**私たちの目には**単に生命のない自

然の客体としてしか現われないすべての対象，例えば，泉，木々，丘等々に神が宿っているという「ギリシアの神々 Die Götter Griechenlandes」[12] の中で讃えているあの状態――この状態が法学の領域で再生されています。ただ私には，その状態に対しそれに相応しい賛嘆の詩を作れる能力，シラーのあのような能力が欠けているだけの話です。ところが，シラーは散文においてさえ人々の魂を揺り動かさずにはおかない力を持っているのです！

　あなたは，隣の土地に雨が滴り落ちているあの古い屋根が見えますか。その屋根をどう思いますか。古い屋根だと思います。確かにそうですね。でも，その屋根一面に電気の光のように降り注いでいる，法的人格の輝きは見えないでしょうね。それが何であるか，私の話をお聞き下さい。**古い屋根は法的な人なのです**[8]。なぜなら，その屋根は雨垂れ滴下権の主体なのですから。

　あなたは，あそこにある，あなたが取引している銀行家の引き出しに国債証券や株券等が溢れているのが見えますか。こうした証券を見て，あなたはここでも所有権の客体と考えるのではないでしょうか。その考えは間違っているのです。それらの証券も法的な人であることを，私たち理論家の１人[9]から教えてもらいましょう。無記名証券 Papier auf den Inhaber の主体は，証券自身なのです。――これじゃあ，民法版法螺(ほら)吹き男爵ですね[13]。自分自身の髪の毛を引っぱって，沼から抜け出したというのですから，引っぱる人が同時に引っぱられる人になる，つまり主体であると同時に客体でもあるのです。あなたが劇場へ入る法的過程はどのようなものか，私に構成してみて下さいませんか。あなたはこう答えるでしょう。私は入場の権利を与えてくれる入場券を購入して，手渡しました，と。それでは構成になっていませんよ！　それを構成するとすれば，次のように考えるしかないのです。すなわち，――その入場券は「所持者自身」に権利を与えますが，その「所持者自身」というのは何か抽象的なもの，つまり想定された人格，法的な人です。そして，あなたがその入場券を使って劇場の中へ入る際に，それが可能であるのは，あなたがこの法的な人を代理しているからに他なりません。本来ならば，この法的な人自身が中へ入るべきだったのです。入場券ですべての座

席が占められていなければならなかったのです。劇場管理当局に感謝しようではありませんか，ここで代理が許されていることを。

　今となっては，あなたはもう驚かないでしょうけれど，外観は夫と妻として現われるあの夫婦が，夫婦財産共同制 eheliche Gütergemeinschaft を構成するときには一体化して一人の法的な人になります。そのことによって妻が受けた犠牲は，事情により，つまり妊娠していれば，近時の法学者によって[10] 胎児 nasciturus が法的な人というランクに高められることによって，その補償がなされることになります[11]。その際，ローマ法は三つ子〔の誕生〕を覚悟するよう命じていますが，〔三つ子の場合〕その3人が，一つずつ別々の人格を形作るべきなのか，それとも3人合わせて一つの人格をなすことになるのかは，確かにはっきりしていません。いずれにしても人間の生命は，このようにして2人の法的な人の間で，つまり胎児と休止している相続財産との真ん中にあって極めて華麗な色彩を帯びることになるのです。このことから，その法的な人は，人間の人格形成の源であるとともに，再びそこへ溶け込んでいくところの根源的実体と呼ぶことが可能となるものとなるでしょう。人間の肉体的存在は，人という一段高い存在形態，すなわち法的人格としての純精神的・非物質的な存在形態の間を通り過ぎていく中間的状態にすぎないのです。

　古い屋根，国債証券等々が人格の仲間の中に押し入ってしまった以上，人間自身がこの集まりから出たいと思っており，いざとなったら，人格という誉れを放棄するという代償を払ってでもそこから出たいと思っている，ということを悪く取ることは絶対にできるものではありません。そして事実，近時のある法学者は[12] 自由というものを人間の肉体に対する所有権と捉えることで，そのような人間に対して進むべき道を示しました。自由をそのように捉えることで，先に挙げた無生物の客体によって軽蔑されていた所有権概念が，再び人間に対して名誉を手にすることになるのです。どうしてそうでなければならないのでしょうか。もともと生えていた自分の歯であれ，歯医者に埋め込んでもらった歯であれ，その歯の所有権は私にあります。自分の

髪の毛を床屋に売る巻き毛頭の人や，自分の死体を解剖学者に売る犯罪者はいずれも，他人にその客体の所有権を譲渡することができるためには，予めその所有権を自分で持っていなければなりません。そうであるなら，人間全体は，肉体の個々のすべての部分の総体以外の何ものなのでしょうか。そしてまた，人格は，肉体の個々のすべての部分に対する所有権以外の何ものなのでしょうか。このような見解を用いて，ポーサ Posa 侯爵がフィリップ 2 世 Philipp II に対して要求したものの，その要求は満たされなかったところの権利，すなわち思想の自由[14]を演繹することは，オーストリアのある法哲学者[13]の手に委ねられました。人間というものは，「音声器官に対する所有権」を持っているのです。ところが，人間がこれを用いるためには，すなわち話すことができるためには考えるということをしなければならず（ちなみに，このことは，ものを書くときには，本を書くときでさえ，必ずしも当て嵌まるとは限りません），従って，考える**権利**をも持つのです。こうしたシュナーベル理論 Schnabeltheorie を耳にしてからというもの，私は，考えるということが保障された法的根拠に基づいているということを感じるようになりましたし，この活動が，もはや事実上行なわれるのではなく，法的に行なわれるということも知りました。そしてまた，この時以来私は，自分は汗をかく権利，食べたものを消化する権利，痒いときに掻く権利等々を持っているということも知りました。私がこういった動作をするときは，私の肉体に対する私の所有権を行使しているにすぎないのです。これからも著作権の法的根拠を問題視することは，全く学のない人だけがやることです。それは，音声器官に対する所有権に基づいているのです。

　所有権概念が物から人間に転用された後に，バランスを取り戻すために，債務概念によって逆のことが行なわれました。自然の観念によれば，債務者として**人**を想定している債務が，担保物に転用され，担保権が物に義務を負わすことと定義されたのです。法的構成の時代とともに，動揺，放浪欲が法的概念の中へやって来ました。もはや誰一人として，数百年来存在していた場所に居続ける者はおらず，まるで「椅子取り遊び」をしているかのような

印象を与えています。所有権は，もはや「物に対する完全な法的支配権」では満足せず，「物の**運命**を決定する権利」であることを求めているのです[14]。その空いた場所を取って代わるのが役権であって，役権は「他の有体物が持っており，そして独立物の振りをしている一つ一つの属性に対する所有権」として，自らを誇示しているのです[15]。

しかしながら，以上のようにして作られた人工の物をめぐって，実際の物は私たちに対して悪戯をします。つまり，自らを直接的客体として所有権に奉仕するものであるとはもはや理解しないのです。むしろ，所有権の方が所有権を侵害しないというすべての無権限者の消極的義務を本質とすることになるのです[16]。

似たような反抗の発作を，担保権も起こします。というのは，担保権は，担保権についての近時の文献[17]において，**権利**としての形態から自らを解放し，いわゆるガイウス Gajus やウルピアヌス Ulpian の時代にはそうであったとのことですが，担保の**訴え**の背後に身を隠そうとしたからです。それに対して，いつもだったら法的構成に従う必要がない諸概念が，自ら進んでそうすることに同意したことは本当に心地よい印象を与えます。そして，死ぬべき運命にある私たち人間に授けられている最も高貴な財貨の一つ，すなわち**希望**というものが意の儘になるということが明らかになるのであって，私はこのことにいくら賞賛しても賞賛し過ぎることはありません。しかも，その意の儘になる程度たるや，すでに古代ローマ人が知っていたように，私たちは希望売買 emptio spei を知っているばかりでなく，近時は「希望に対する権利」[18]をも知っていますし，それどころか「希望への担保権」[19]をも手に入れるにまで至っています。この希望への担保権によって，新たな生命という「希望」を宿しているご婦人方のためにも，彼女たちの状態にとって適切な法的観点が解明されることになるでしょう。胎児に対しては，すでに別の方法で法的配慮がなされています（14頁注〔注11のこと〕）。

以上で，この第一信は終わります。しかし，あまりにも穏便な終わり方になりましたので，もし私が今後とも手紙を書き続けることでこうした終わり

方にならないようにしようと思えば，私は，真っ向から私の関心とは反対の行動をとることにいたしましょう。

# 第二信[20]

あなたは私の名前のことで再三，尋ねられていますが，それは**私には**名誉なことですし，同様に，あなたがこの秘密を本当に忠実に守って下さっているということで，**あなたにとって**もそれは名誉なことだと思っています。確かに，私は，あなたがこの秘密を今後も守って下さることを望んでいますが，とはいえ，私は匿名のヴェールを少しばかり上げることぐらい何も恐れてはいません。以下，あなたに私の法学者としての経歴を述べることにしましょう。もしかすると，私の知人の誰か一人ぐらい，その経歴から私を当ててしまう者がいるかもしれませんが。

　私の人生の中で，私がいまだ若々しい感激をもって，学問の乳房とまでは言いませんが，私の師である**プフタ Puchta** の弁舌に魅せられていた[21]あの時代は，なんと素晴らしかったことでしょうか。その時代に，プフタの口を通して，ガイウス Gajus，パウルス Paulus，ウルピアヌス Ulpianus，そしてさらにもっと多くの，ローマ法大全の大小の予言者のことどもが日々話されたので，その結果，名前という点で，彼らは私にとって，師プフタを除いて，現代のすべての法学者よりも馴染みの深いものとなっていました。あの感激のお蔭で，そしてプフタが毎日毎日，私たち聴講者にパンデクテンの章句——実際，私たちの中で〔後に〕これに当たってみた人は，ほんの僅かしかいませんでしたが——を与えてくれた際のあの執拗さのお蔭で，私は早いうちからローマ法大全を我が物とすることができました。また，私は若者らしい含羞（はにか）みと神秘に満ちた恐怖——この恐怖は，こうした古代の豚革装丁の本によって私の心を隅から隅まで支配していたのです——を克服し，この民法学の叡知——もっともこれは，当時すでに私の知人たちの間では実務に役

立たないとの非難がなされていたものですが——の真っ暗な深淵の中に，大胆にも足を踏み入れることができたのです。知人たちと一緒にマンティウス[15]の歌声に耳を傾ける代わりに，私は独り，部屋に入り，問答契約 Stipulationen，遺言，ティティウス Titius，マエウィウス Mävius，アウルス・アゲリウス Aulus Agerius[16]，さらにまたそれ以外の名前で，パンデクテンやガイウスが取り上げている法律事件の舞台に登場する人物の訴えの中に，私の喜びを探し求めていました。私が水を汲み，喉の渇きを癒していた源泉は，**法源**でした。クロルの冬園[17]などへは行かずに，私は図書館に通いました。そして，帰路につくとき付き添ってくれたのは，ウルピアヌスの断片であり，ガイウスの法学提要等々であり，ただ**使い古された**だけの巨大さでした。私は，ますます**この**連れ合いの方が，私の仲間たちという連れよりも私にとって相応しい連れだと感じていき，ローマ法の魔力がますます私に絡みついてきました。そして，ある日突然，私の将来は学問に捧げられるのだということが，私の魂の前にはっきりと姿を現わしたのです。——〔この時，〕将来の理論家の生命が宿されたのです。

すでに私の心の中では，理論的創造の衝動が芽生えていました。グラスの中のシャンパンのように，理論的な諸業績へと至る着想の気泡が私の内部で泡立ち，浮き上がっていました。呪われた法文 lex damnata[18]の解釈，クィントゥス・ムキウス・スカエウォラ Quintus Mucius Scävola[19]の生涯や著作，拘束行為 Nexum，犬に関するペスルニア法 lex Pesulania de cane[20]，再出頭保証問答契約 Vadimonium，保証人 Praedes，採光〔を妨げない〕役権 servitus luminum——いかに多くの，そして非常に魅力ある問題が，私の周りを飛び回っていたことでしょうか。その時，私の悪しき守護神が，私にとって実に宿命的なものとなるあるテーマに付着して，そこからいつまでも離れないように仕組んだのです——その課題のため，危うく私は理性を失いそうになりましたが，その課題は，私にとって非常に痛みを伴っていたものの，結局のところ，ほんの僅かな損失，つまり私の理論家としての将来の損失を生じさせたにすぎませんでした。

何ぴとも，一部を遺言により相続させ，一部を無遺言により相続させて死ぬことはできない Nemo pro parte testatus, pro parte intestatus decedere potest。

この僅かな言葉が，私の人生の転換点となったのです。この言葉がなければ，今頃，私の名前は，すぐに整理され，ぽいと捨てられてしまうような書類の中などではなく，不滅の学理的著作の上に登場していたことでしょう。平凡で，ありふれた法学者の魂には，あの法文が内に孕んでいる問題の深さ，あるいは高さについての理解が完全に欠けているのです。**ヘーゲル Hegel** が生まれ，そして法学者たちの間での彼の弁証法のヴィンフリート[21]の役割をしていた**ガンス Gans**[22]がヘーゲルの弟子になって初めて，法学者たちに次のことが知らされたのです[22]。すなわち，「実在する精神の把握が問題となるときに，理性は無駄骨を折る」〔Gans, a.a.O. Bd. 2, S. 453〕が故に，哲学的思索のみがあの法文を究明することができると。あの法文は，「ローマ相続法の全思想」を含んでいるのですが，この思想こそローマ史全体の思想であり，抽象的な一般性と人格との対立，厳格な原理と自由の原理との戦いであったのです。「その運命は，互いに相手を非難するに至る――家族と個人の権利は，〔二つの〕敵対する勢力という立場にあり，両者のいずれもが他方を打ち負かさなければならず，両者の統合及び宥和は相互の弛緩の結果でしかない」〔Gans, a.a.O., S. 458〕のです。

私は，この思想の崇高さに感動したのですが，同じテーマについて**フシュケ Huschke** が書いたある論文[23]によってもっと感動を覚えるに至りました。その論文で私は初めて，ローマ法そのものが持っているその理解力の高さと，私という人間の限られた力量に気付くことになったのです。このフシュケ論文は，私の人生に決定的な影響を及ぼしたので，私は僭越ながら，その論文の主要部分をお伝えしなければなりません。

「人間が死ぬと，彼の人格は人格的権利とともに宗教法の中へと移行し，マネス神 Dii Manes となる。それに対して，彼の財産法上の人格は，依然として人定法 jus humanum の中に残り，相続財産 hereditas を構成する。それ

故に，相続財産は，それが現実の人格から分離された財産法上の人格であり，そしてそれ自体一つの物を構成するという点でのみ生きている人格とは別物なのである。」

　この文章では，この著作者はいまだに片足で大地に立っているのですが，次いで，彼はさらに，その片足で大地から身を引き離し，勇敢な飛行船操縦士のように上へ上へと上昇し，抽象の世界へ，陶酔した精神に地上を思い起こさせるものはもはや何一つとしてない世界へと上昇して，純粋な，澄み切った思想エーテルの中で遊泳するのです。地上においては正気の事象である相続は，今や彼にとってはすでに「家産の財産法的繁殖」なのです。「生殖が，個人の存在若しくは種の存在を〔同〕種の新たな成員へと渡していくことであるのと同様，家産の財産法的繁殖は，財産という形でのみ力を持っている個なる存在を，他の個なる存在へと渡していくことである。前者は，人間の生命の絶頂(アクメ)の時にあたり，後者は，人間の生命の終末にあたる。生殖は，死にゆく種であり，相続は，死にゆく個である。種が，子孫の中で死んでゆくのと同様，個は，相続人の中で死んでゆく。しかし，財産法的存在は，通常の存在に劣らず生きたものであるので，相続もまた，この財産法的存在それ自体が——精子のように——離れると同時に，新しい人格の中で受け入れられるとしか考えられ得ない。何となれば，もし両存在が離れ離れになったとすれば，渡されたものは，もはや生命あるものではなくなってしまうからである。これは，離れたけれど受胎されなかった精子が，生殖を引き起こし得ないのと同じことである。相続は，すでに死亡した者を前提とし，従って生命のないものであるので，家産 familia にのみ関係し，もともと相続財産には関係し得ないものなのである。」

　フシュケが，相続財産は一体どのようにして**相続され**得るのかという問題を提起するとき，それは，結局のところ，先ほどの感銘を掻き乱すものであり，実際の諸問題を伴う現実の世界を見失わない程度の高さまでしか，その著作者は上昇しなかったということを示しているにすぎません。もし彼が相続開始の可能性について完全に否認していたならば，私たちはそれを哲学的

な，大胆不敵な行為と見たことでしょう。彼は，先の難問を以下のように解決しています。「被相続人が家産として後に残すもの，それは，相続人の側から見れば相続財産なのである。」

これから，若干の省略，特に鵞鳥(がちょう)の足 Gänsefüße〔引用符のこと〕を省略することにお許しをいただきたいと思います。というのは，鵞鳥の足という名前からしてすでに私は，何か不愉快なものを感じますし，それに，このような深遠な思想を鵞鳥の足で囲むことに，なおのこと躊躇(ためら)いを感じるからです。家産と相続財産は，見方によって，同じものであるとともに，同じものではない。両者は，客体に関しては同じものであり，見る方向の点で異なる。その客体は，被相続人の財産の自由 Vermögensfreiheit である。しかし，現在が，過去を締めくくるものであると同時に，将来を始めるものであると見られねばならないように，つまり，現在が，過去の方を向いている諸要因とともに，すなわち**完全に**将来へと移行していくように，被相続人が家産として後に残す財産の自由もまた，相続人によって相続財産として把握される。しかし，相続人がその相続財産それ自体を手に取ることによって，彼は同時に，それを家産として手に入れる。従って，相続財産もまた何ら生命のないものではなく，むしろ蘇生を切望している生命のない部分の側面——同時に，己の背後に家産という生命のある部分を持っている側面であるにすぎない。

先に暗示しておいた影響を私の人生に及ぼしたのは，まさにこの最後の件(くだり)です。そして，フシュケ論文が私にとって，私の理論家としての経歴への進路を永遠に断ってしまった遮断棒となったのは，まさにこの最後の件があったからなのです。この最後の件を究明すること，半分は生物界に，半分は無生物界に属している，つまり前から見ると相続財産で，後ろから見ると被相続人である——朝は4本足，昼は2本足，夜は3本足であったスフィンクス[23]の存在に相応しい対応物である——ところの相続財産の，あの謎めいた形象を理解すること，これこそ，私が私の知力の限りを尽くして解こうと試みた課題でした。私が白昼に，見方によって別の物となるような，例えば，ある面から見ればスプーンであるが，別の面から見ればフォークであ

るような，日常生活上の様々な品物を持ち出すことによって想像しやすくする——これは何度か成功したように思います——ことに骨を折っていると，夜には，夢の中であらゆる比較照合やあらゆる感覚的連結点を嘲笑っている相続財産の幻想的な像が，私の目に見えてきたのです。そして，その像の背後には，まさしくスフィンクスの姿をした，その像の思慮深い原像が現われ，私がその謎を解かなければ，以前スフィンクスがいつも行なっていたように，私を奈落の底に投げ落とそうとする姿が見えてきたのです。かつて，私は不安でたまらないある晩に，その謎を解いたと思いました。その手触りは，生命がなく，冷たく，じめじめしていました。しかし，私が勝ち誇って相続財産を我が物としようとしたとき，相続財産がぴくぴく動き出し，その幻影は生命あるものとなり，上体を起こして，私に強烈な一撃を加え，次のような言葉を残して私から跳ね返っていったのです。「この馬鹿者めが，相続財産の実体を手で摑めるとでも思ってるのか。お前が理性の鎖をぶっ壊さないうちは，俺を眺めることなど絶対にできないぞ！」

　翌朝，私は，荒々しい幻想の中で非常に激しい熱に身を震わせて病床にいました。医師たちは，これは単なる脳炎なのか，それとも発狂したのか——私を襲った奇妙な病気の形態について訝（いぶか）っていました。彼らは，それが特殊法的な譫妄（せんもう）であるとは予想もしなかったのです。当時，私がいかに長い間苦しんでいたか，そしてさらに，病気から回復しつつある私が，相続財産又は家産という名前が出ただけでいかに冷や汗を出したことか，あなたはご存知でしょう。次いで，医師たちが私に，治りましたよと言ってくれたとき，彼らは私に，私の博士論文の続行を永遠に禁止し，自分の理性を大事にしたいのであれば理論家になるのはお止めなさい，と言ったのです。私はこうした助言に逆らうことはできませんでした。というのは，先に述べたガンスの主張——「実在する精神の把握が問題となるときに，理性は無駄骨を折る」——の真実性を，私は恐怖を覚えるぐらい身に染みて思い知らされていたからです。

　このようにして，私は相続財産と理論に別れを告げました。上記の論文を

私が研究する中で，私は，「何ぴとも，一部を……」原則の真の基礎を説得力をもって展開するまでには至りませんでした。すなわち，「誰かある人が自ら相続人を指名するとき，**この**行為を行なうのは，**この**〔相続人と同じ〕人である。従って，相続人指名行為においては主体と客体が一体化している。家産が自分自身を相続人に承継させようとし，家産が自ら自分自身を相続する。故に，遺言者と相続財産 Erbschaft が分化していないとすれば，次のような結果となる。すなわち，相続財産が客観的に区分され得ないのと同様，相続財産と合体している主観的意思も区分され得ず，従って，他人の意思との競合は排除されているという結果である。」

悩み苦しんでいたあの時代のことは，長い間，私の背後に退いていたので，私は，あの時代についての記憶は完全に消えてなくなったと思っていました。ところが，先日，私がローマ相続法についての最新の著作（**Vering**, Röm. Erbrecht in historischer und dogmatischer Entwicklung, Heidelberg 1861）を手にしたとき，私の中でその記憶が再度ますます強烈に甦ってきたのです。

私がそれを読んだ時どんな気分になったかは，宝籤(たからくじ)を持っていて，どうせ当たらないと思って投げ捨ててしまったら，後になってその宝籤で最高の賞金が当たっていたという人でしか理解できないものであったでしょう。どういうことかと申しますと，この著者が述べている考え方は，私がすでに持っていたものであり，もしそれがもとで理性を失うのではないかという呪われた恐怖感のあまり，私がその考え方の完成と公刊を思い止まることがなかったならば，今頃は，彼の名前ではなくて，私の名前があの著作の表紙に躍り出ていたことでしょう。彼が相続財産について述べていることは，ある一人の医師だけが熱譫妄と名付けることのできた，あの高められた精神活動の状態の中で，私が思っていたことと全く同じものだったのです——もし私が私の独り言を書き留めるために速記者をベッドの脇に置いていたら，あの著者はわざわざ苦労をしなくても済んだのではないでしょうか。

彼が完全に使い古された「相続財産 hereditas」という表現に代えて，フシュケがまだある程度含羞みながら用いていた「家産 familia」という表現

を常用語として使ったのは，正しいことです。そのものが同じものであるとしても，この新しい名称は，お粗末な昼食にディナー Diner という表現を使用する場合とほとんど同じように，そのものに全く別の鮮やかさを与えてくれるのです。こうして，それは高尚なものとなります。すなわち，庶民的イメージ，つまり市民的生活の領域から排他的な上流社会の領域へと格上げされるのです。そして，この門外漢を，特有の無知の感情と，学問の進歩についての賛嘆の念が無意識的に襲うのです。誰かが彼に，「債務は，ローマ法によれば主体から切り離され得ない」という命題を，債務は主体と離れることなく結合しているんですよ，と言って説明してあげようとすれば，こうした類語反復に彼が大いなる敬意の念を抱くことはほとんどないでしょう。しかし，その著者が「法的人格である家産は，債務によって**絡み合わされて**，権利が付与されたり，義務を負ったりしていた」(101頁注2) と説明するとき，これは，明らかに全く別の効果を作り出すことになります。要するに，この「不死の存在」(89頁) である家産は，相続人に対して，「被相続人の取引能力 commercium」(88頁) を，つまり「被相続人の私的権利能力」(103頁) を与えるのです——〔このことは，〕制限権利能力者である相続人が，その制限された権利能力と交換して，被相続人の一層良い権利能力を手にする場合には，その相続人にとって計り知れない奉仕となります。それに引き換え，私たちのような者が相続財産の利点と考える財産の供給は縮まっていって，無になるのです。この人格は，「あらゆる自由，あらゆる生物，そして法的に人格という性格を有しているものすべて」と同様，**不可分**です。そして，「(自分自身を粉々にすることなく) 光線をありとあらゆる方向へ放射している，分割されない一つの太陽」までもが，その光で，「家産」の不可分性という暗闇を明るく照らし出さなければなりません (108頁)。この表現は幸運にも，(相続財産 Nachlaß と家産という) 二重の意味を持っているので，事実また，次の二つのことが極めて容易となります。すなわち，第一に，「相続人が，死者の家産を受け入れ，そしてそれに応じて被相続人と最も緊密な関係の中へ入ることによって，相続人が**家族の一員**と看做される」ということを証明す

ること（115頁）が極めて容易になり，そして第二に，ローマ**家族法**の特色の中でローマ相続法全体のための鍵を見つけることができるのと同様，相続法の概念及び本質から明らかになる，休止している相続財産の擬制的人格の**「自然必然性」**を見つけることも，これまた極めて容易になるのです。

　私が，私の実際の職業においてすでに相続財産によって与えられたすべての試練から身を守ったと思っていたとき，運命の悪戯でしょうか，私は，いつも新刊書を持ってきてくれる本屋を通してある著作を入手しました。その著作は，今まであなたに述べてきた私の人生のエピソードをようやく文字通りに終結させてくれ，しかもその上，それを読み進めることによって，私は禍に満ちた運命の力の戯れが持つ戦慄に悉く身が震え，自分の人生の謎に満ちた神秘を認識するに至ったのです。この著作は，近頃，ライプツィッヒで**フェルディナンド・ラサール** Ferdinand Lassalle という偽名で出版された『既得権の体系 System der erworbenen Rechte』という本の第二部でして，『歴史的＝哲学的発展におけるローマ相続法及びゲルマン相続法の本質 Das Wesen des römischen und germanischen Erbrechts in historisch=philosophischer Entwicklung』という表題が付されています。

　私はその著者をこの目で見たことはありませんが，彼のことは私自身のことと同じぐらい，よく知っています。なぜなら，私が彼を宿していたのであり，私が心血を注いで彼に授乳していたからです——彼は，他でもない私なのです——私の分身なのです！　あなたも，ホフマン Hoffmann が『悪魔の霊液 Die Elixiere des Teufels』の中で書いている身の毛もよだつような物語[24]を，やはりご存知でしょう。〔彼はそこで〕人間の中にある二つの性質の，心理的に極めて奥深い思想を扱っており，それらのうちの片方が他方から身を引き離し，そして片方の魂の中では単に罪深い感情として，つまり思想として現われるものを行為として生命あるものにするために，分身として顕現した姿をとるのです。精神錯乱に陥った修道僧のあの破廉恥な行状，修道士メダルドゥス Medardus のあの幽霊のような姿，あの身の毛も弥立つような瓜二つの人物との出会い——今になって，どうして5年来，抗しがた

い戦慄に私が襲われ続けていたのか，それがようやく分かったのです——こうした分身の悲劇が，私のところで繰り返されたということなのでしょう！私が叙述したあの恐ろしい夜に，つまり，単なる**理性的**思考の敗北について後悔に打ち拉（ひし）がれて，自分の寝床に仰向（あおむ）けになっていたあの夜に，私は，まるで私の脳から軟膜若しくは大脳が無理やり引き抜かれてしまったかのような，刺すような痛みを感じたのです。その時，私から剝ぎ取られたものは思弁的思考力であり，今現在，私の名前ではなく，フェルディナンド・ラサールという偽名を名乗っている私の分身だったのです——私のもとに残ったもの，以後私に植物のような生活を送ることを余儀なくさせたもの，それは，貧弱にして無味乾燥で，偏狭な理性でした。私の分身は，このような理性の軛（くびき）を私に残すことでその軛から自由となり，そして事物の**本質**のみを認識できる器官を持ったのですから，私の分身のところで相続財産の約束が現実のものとなり，そして相続財産が私の分身のところで正体を現わしても，それは別段驚くべきことではなかったのです。盲人が，長い夜が明けて視力を手に入れた時のように，私の分身も，自分の視力について，そしてあの相続財産の壮観さ——私の分身に姿を見せ，しかもその姿を見せたのは**初めての**ことであったのですが——その壮観さについて歓喜の声を挙げています。というのは，「単にあれやこれやではなく，むしろローマ相続法**全体**と全く同様に，個々の点も，今日に至るまで**例外なく**完全に誤解され，かつ認識されないできたのであり，今なお解明されるに至っていない秘密であった」（8頁）からです。アレクサンドリアのクレメンス教父[25]さえもが，ローマの握取行為による遺言（他者を通じての個人の精神的継続）の本質に対して，「すべての法学者を一纏めにした場合よりも**一段と深い**理解を示していた」（152頁）。「ガンスもまた，相続法の**経験的把握**の魂をいまだ十分に浄化していなかったので，相続法の精神を把握し損なわざるを得なかった」（11頁）。フシュケの場合は言わずもがなです。なぜなら，彼の上記著作は，「概念的な思考をせずに，その概念に近づくための，思考力の最大にして最も賞賛に値する骨折りの一つであり，従って，極度に緊張した**思考力**の省察の持つ永遠の

運命——それは，概念に最接近したと思われる度ごとに，いつもその概念を完全に取り違えて影を抱いているといったようなものである——を，分かち持っている」（488頁）からです。その著作は，「羽がないのに飛ぼうとする人間の絶えることのない試みに，すなわち，〔高く飛べば飛ぶほど〕重みを増して足元へ落下せざるを得ないジャンプに似ている。これこそ，檻の鉄棒に対する思考力の休むことのない衝突であるが，思考力は金属音をたてるだけで，これらの鉄棒を揺り動かすことすらできない」（495頁）。この著者が私から離れる前に耐え抜かねばならなかった苦痛や苦悶の記憶が，いまだ彼のところに残っていたとすれば，先の状態をその著者よりも良く知っていた人が他にいたでしょうか——このことを，私はあまり疑っていません。それは，彼によれば，自主権者たる地位 Suität とともに与えられて「存在している意思の統一（相続人と被相続人の）が，直接与えられたものとして子宮の中にまで入り込み，その人格の存在の始まりにまで遡って人格を捉えることができる」（240頁）とされているだけに，なおのことです。だからこそ，思考力に対するあの燃えさかる憎しみ，思考力に対するあの絶対的な軽蔑〔があるのであり〕，しかも，それと同時に，思考力の本質のあの精確な知識があったお蔭で，その著者はフシュケの著作を徹底的に分析することを通して，「いずこにおけるよりも法的素材の中で専ら**荒れ狂っている**思考力，それも——ローマの没落以来——昔から**荒れ狂っていた**思考力の生理学への貢献をする」（514頁）ことができたのです。最も大きな空間に分散しているため最小量となった，このような法的オート Od[26] をも感じ取るために，その著者がいかに驚くほど発達した器官を持っているかは，次のような事情がこれを如実に物語っています。それは，彼がフシュケ論文を選び出したのは，まさにフシュケ論文を手掛かりにフシュケの「死体解剖」を行なうためであったということ，そして**この**著作者の思考力がすでに，彼にとっては「最高のもの」と思われ，「その著作者の鋭い洞察力がこの上なく天分豊かで，かつ最も理にかなったもの」と思われていたということ，それがその事情の意味するものであったのです。すなわち，彼は，彼によって発見された3種類の

思考力のうち，3番目の，しかも最高の種類の思考力がフシュケに帰することを認めています。ラサールは，次のように述べております。「思考力には三つの種類がある。第一のものは，常に事物の一側面のみを見ているものである——これは，**狭い思考力 beschränkte Verstand** である[24]。第二の思考力は，事物の**両面**を見るためには十分発達しているけれども，両面を**交互に**見るにすぎず，**同時**に見ることは決してない，そういう思考力である。これは，**啓蒙された，発達した**思考力である。この思考力は，事物の両面を交互に見るだけであるため，事物の矛盾を感じ取ることはなく，従ってこの世のことに満足して，とりわけ自分自身に満足して暮らしており，事物の各側面を別々の隅に置いて，別の面を使ったり取り出してくる度ごとに，元の面のことは完全に忘れている。**極めて稀で**，しかも**最高**の思考力は，事物の両面を同時に見ることができ，しかもまさにそれ故に事物の矛盾をも感じ取る思考力である。これは，事物の矛盾を感じ取るため，自己の呵責を生み出し，それ故まさにこの最高の思考力に対して自ら懲罰を加えるのである」（この懲罰については，この著者は，いまだ思弁的修道士メダルドゥスとして私の中に宿っていた時にこれに耐え抜かなければならなかったものであっただけに，これを描くに実に感動的で，真実に迫った描写が可能となるのです。）——「その思考力は，事物の中の矛盾を贖うことができないので，その矛盾を少なくとも言葉とともに消し去ろうとする。そして，あの荒々しい，言葉の狩猟を始める。〔だが〕言葉の理解がどんなにぼやけたとしても，その良心の奥底から新たに，前に認識されていた矛盾の甲高い嘲笑がその思考力に向かって鳴り響くのである——その思考力は，矛盾の拷問柱を，あっちへ引っぱり，こっちへ引っぱりすることでますます深く自分の体に突き刺していく——そして，その思考力が最後ついに息途絶えながら，汗びっしょりになり，震えながら，馬鹿げた狩猟を断念しなければならない時，その思考力を規定するものは不可能な課題に対する**絶望**だけなのである……」[27]——要するに，私が先に述べたあの晩の，私と彼の殉難そのものなのです。

　この著者は，思考力の精確な生理学的知識を持っていたお蔭で，この毒素

を彼の著書から遠去けることに成功し，そのために，私は全部で608頁あるその著書のいずこからもその痕跡の一つだに発見することができませんでした。彼が実定法学者らの持っている器官では相続法の真の理解などは不可能だとしているにもかかわらず，「〔本書の〕最初の20節を読んだだけでも，相続法をものにすることができるという**絶対的な**確信を抱かない者は誰もいなかっただろうということ，そしてその確信はますます揺るがしがたい確実性になっていくであろうということを」，実定法学者らに対して「**請け合う**ことができると思っている」ときには，それは，私の主張を確認しているだけなのです——最初は盲目であると宣告された実定法学者であっても，ものを見ることができるはずなのです！

　では，あなたがこの作品のタイトルでもある「実定法と法哲学との和解 Versöhnung」[25) を理解するための器官を備えているかどうか，試してみましょう。

　「歴史の上で，キリスト教によって宣告された主体の**無限性**より先行しているものは，主体が有する別の**もっと外面的な**無限性，主観的意思である（すなわち，これは，223頁によれば，**自分自身の意思の存在としての別の人格**を置く可能性であり，意思同一性であり，主観的な意思の不死性である）。これこそ，ローマ相続法及びローマ精神一般を意味するものである。**ローマの不死性は遺言である**（23頁）。遺言というのは，主体の無限性がどのようにしてローマ精神に現われ，そしてどのようにしてローマ精神によって征服されてしまったのかという方法である。純粋な意思の自由，すなわち抽象的内面のこの勝利によって，ローマ精神は，もっと深い，もっと抽象的な，キリスト教精神の内面にとっての直接的弁証法的前段階に至ることが可能になった。そのローマ理解における精神的不死性は，キリスト教の不死性の直接的前段階である」（223頁）。意思は，他の人格を自己の継続者かつ担い手とすることによって有限性を克服する（25頁）。——遺言の真の意義は，遺産についての処分という点にあるというよりは，むしろ意思の継承者を創出する点に——意思の連続を生み出す点にある」（28頁）。この著者にとって，財産は，あまりに

も些細なことであるため、〔彼によれば〕「遺言者は、相続人に対して彼の**財産**ではなく、たとえ両者が一体となっていようとも、彼の意思を承継させる（承継されるものが財産であるとしても、意思の付属物としての性質を持つにすぎない）」が、他方で、反対の考え方によれば、「財産がその人格を飲み込んでしまったとする」(17頁)。それ故、その著者もまた (116頁)、握取行為による遺言の場合、「相続人が取得するのは、財産でもなく、物でもなく、被相続人の意思の主観性である」としています。そのため、遺言の中で定められた最近の無遺言相続人が、無遺言相続によって、すなわち遺贈に拘束されずに相続財産を手に入れるために、遺言による相続を放棄するときでも、法律上このことが禁止されるのは、受遺者のことを顧慮するからではなく——「これもまた、欺罔であり、虚構である」——遺言者のことを顧慮しているからなのです。すなわち、遺言者が「自分に最も適した、自ら明確に定めた**意思の維持**」を獲得するためなのです (245頁)。というのは、そもそも無遺言相続権というものは碌なものではありませんし、無遺言相続権と遺言相続権との関係について、前者が本来的なものであり、後者が逸脱したものと捉える通常の見解は、「全くもって根本的な最大の誤謬」なのです (27頁)。真の関係は、まさに正反対です。すなわち、本来的なもの、通常なものが遺言であり、「無遺言相続権は、個人の意思と同一のものとして、この仮定された意思としてのみ現われる。すなわち、自己の、表明されない個人意思を捕捉するものとして現われる」(暗黙の意思 voluntas tacita) (386頁)。自権相続人 suus は、無遺言相続人には属し**ません**——彼は、遺言相続と無遺言相続との中間物であり、意思の同一性の直接性 (251頁)、又は「概念的に言えば、生きた遺言」(403頁) なのです。最近の宗族が相続の放棄をした場合に、親等や順位の承継 successio graduum et ordinum が起こらないのは、思弁的に必然的なことです。というのは、「相続するのは個人ではなく、**こうした意思の構成という思想**であり、個人は、その思想の時宜を得た代表者である限りにおいて、相続する」(421頁) からなのです。古法に定めているところの、自権相続人に属する息子の遺言黙過と、孫男又は娘の遺言黙過との効果における

差異もまた,「古い市民法のほとんど驚くべきほどの思弁的結論にとっての非常に見事な証明の一つ」(261頁) です。なぜなら,例えば,娘もまた,確かに,「父権に服する者としては父との**意思同一性**であり,直接この関係の中にいる者としては**直接的**同一性である——しかし,その同一性は,息子の場合のように父との**全体的**同一性というわけではない」(257頁) からです。

検討は,もう十分でしょう。もしかすると,遣り過ぎてしまったかもしれませんね。最後に,今まで述べてきたことから,教訓を引き出すことをお許しいただきたいと思います。私はそれを,二つの命題で纏めてみましょう。

**1．古いローマ相続法は,思弁的思考が現実化した領域でした**。ローマ法が規定していようとしていまいと,ローマ法が持っていようと持っていまいと,ありとあらゆることは思弁の道の上で展開されていたのです。そして,これについて一言も私たちに語られていなくても,ラサールは,先験的な道の上でこれを発見したことでしょう。性的成熟とともに遺言能力が発生するということ (「遺言をしたり,子どもを造ったりする時に行なわれるのは,自我の創造に他ならず,前者の場合は,**精神的に随意**の創造であり,後者の場合は,**自然的**創造である[165頁]」。だからこそ,testiculi〔睾丸〕とtestari〔遺言する〕といった親近性ある言葉が使われたのです。),**自主権者たる地位** (「従って,Suität〔自主権者たる地位〕という**これまで謎めいた**ものであったこの規定語に付与されている意味が,思弁的概念から何の手を煩わすことなくたやすく繰り広げられるとき,それは,思弁的概念の勝利である」226頁),息子・娘・孫男の遺言黙過の効果,**最近の宗族の相続権**,親等や順位の承継の排除,要するに,後の法により修正されたものを除いて——修正する場合には,勿論,「すべての思弁的な相続法概念が破壊され,人間味のある公平の中に没落する」(158頁) のを見ることに覚悟を決めなければなりません——あなたのお好きな制度を挙げてみて下さい。どれをとっても,一度,「相続法を覆っていた感性のヴェールを捲り取り,そしてその純粋な魂を,物質的なものを通じて透明な現象にする」(5頁) ことに成功した者にとっては,赤子の手を捻るような事柄なのです。

ところで,もう一つの教訓は次のものです。

2．**思考力**には，思索というものが持つこの極めて崇高な啓示に対する**理解力**が完全に欠けているということです。例えば，思考力は（たとえそれが第三の思考力であるとしても），いまだに乳飲み子の段階にある孤児の双子の片方が死亡し，他方が無遺言相続により相続したとき，この事象が思弁的に，以下のような構成を受け入れていることを，どのように理解するつもりなのでしょうか。意思の不死性，すなわち意思の連続性を渇望している被相続人は，無言の意思行為（暗黙の意思，上記）によって彼の兄弟を「自分の意思の存在」と定めたのです。「一般的意思」の助けを借りてはいるものの，このようにして彼が「有限性を克服し」，彼の隣で乳を吸っている，代理人を通して彼によって生み出された意思の担い手に感謝の眼差しを向けた後，彼は，安らかに永遠の眠りにつき，満ち足りた気分で実体的な元素の中へと戻っていくのです。

　私が次のように述べるとき，私はこの著作者が完全に賛同してくれるものと確信しています：**思索というものは，健康な人間の思考力が止むところで始まる。思索に没頭することができるためには，思考力を有していなかったか，又は思考力を喪失してしまっていなければならない。**二つの選択肢のうち，どちらがその著者に当て嵌まるかは，私と彼とはもともと同一人物であったということについての私の叙述によって，明らかとなっています。と同時に，あなたは今となっては，私の思弁的片割れがフェルディナンド・ラサールとなって私から離れ，思考力という半分だけが私のところに残されて以来，なぜ私が理論に対する欲望を抑え，実務へと身を投じることを余儀なくされたのか，これでお分かりになったことと思います。次の手紙では，実務における私の経験や体験について書くつもりです。


## 第三信[26]

　あなたは，昨年，近時の法学について2通の手紙を書いた（昨年の裁判所

新聞41号[28]と85号に載っています）無名氏のことを，まだ覚えていらっしゃるでしょうか。

　本当なら，私は，あなたが私のことなど忘れてしまって，私の手紙を印刷に回さずに編集部の屑籠に投げ捨ててしまうという仕打ちを受けたことでしょう。

　私の長い沈黙の理由については，私に聞かないで下さい。その釈明が求められたときは，私は，オーストリア郵便局で発生した最新の抗弁のうちの一つであるカラブの抗弁 exceptio Kallabbiana，ドイツ語にすると，手紙が途中で奪われたという抗弁 Einrede der unterschlagenen Briefe を口実にしようと，考えを巡らしていたかもしれません——〔これは，〕無精な手紙の書き手にとっては19世紀の実に貴重な発明の一つですね[27]。

　あなたが私の最後の手紙の開封に労を惜しまなければ，法学の中の思弁的方法を私から保護するための注を手紙に付けた（私はあなたに，そうする権限を与えたことがありましたよね）ことがあることに，あなたご自身お気付きになることでしょう[28]。私は，デンマーク政府がシュレースヴィヒ＝ホルシュタイン問題でオーストリア及びプロイセンと友好関係にあるのと同じように，あなたの注と友好関係を維持することは可能でしょう。つまり，そのことによって私の気持ちが動揺するようなことはなくなるのです。とはいえ，私たち2人の間に実際に見解の相違が存在すれば，その場合に限って，そのための心を固めておくことにしましょう。でも現実には，見解の相違は全くありません。私があの手紙の中で克服しようとしてきたことは，思弁的方向そのものではなくて，むしろ思弁的方向が誤った道筋に踏み入っているという，そのことなのです。そして，そうした後者のことなどはあなたもこれを擁護することはしないでしょう。ところで，私はこの機会をうまく利用して，後者の傾向の最近の主張者である **F. ラサール** が，これを実現するために戦いの場に持ち込んだ見事な才能を公平に取り扱うことにしようと思います。もし私がそのような才能を備えていれば，手紙を書くなどということよりはもっと適切な手を打つことができたでしょう。私は，数年後には現在，最高

の法学者の一人となるところだったのです。あまり才能に恵まれていない人たちにとっては，まさに秀才たちが通常，誘惑されるような危険は，全くないのです——断崖に姿を見せることができるのは，アルプスカモシカとアイベックスだけであり，羊は駄目なのです！　もっとも，それには一つの要因が加わります。それは，そのような危険に見舞われるのは理論家だけであり，実務家は見舞われることはないということです。常軌を逸した思想を熟成させるためには，書斎の静謐と寂寥が必要なのであり，事務所の中ではそのような思想は育たないのです。個人が生まれつきそのような思想にどんなに愛着を持っていようと——実務の中で数年もすれば，まるで手に負えないアイベックスも役に立つ，馴(じゅん)致された家畜となるのです。そして，アイベックスが国家公務員となって，郡裁判所裁判官，市裁判所裁判官，ラント裁判所裁判官及び高等裁判所裁判官，そして言わずもがなの高等裁判所顧問官という形で国家が名誉充足の用意をしている頂点の一つを年功法に従って攀(よ)じ登ることができたら，アイベックスも満足するのです。弁護士にしても，生まれながらにして法学改革者であるとの感情を眠らせないような者や，依頼人が残してくれた，思いがけなく手に入れた余暇を人類の幸福のために使うような者は，ごく稀にしか現われません。実はこうした人々こそが，驚くほど多数の俗物法律家たちに対し世界史の諸思想を野性的な荒々しい力で投げつける者なのです。おそらく，私が法学の領域を遍歴している道程の中で，現代の法学の巨人たちに見られる，このような一風変わった遊び方を些か詳しく解き明かす機会が，私に与えられたのでしょう。しかし，そこに至るまでには，私の前にはまだまだ多くのことがあります。というのは，私がそれぞれ専門の本来の学者たちに対して上位を譲るという点で，あなたと私との間には見解の一致があるからです。

　ロラン[29]とバヤール[30]が，自分の手で剣を鍛造しなければならなかったとしたら，おそらく，彼らは英雄として世界に名声を轟かせる代りに，無名の刀鍛冶として死んでいったことでしょう。彼らの手柄多き生涯の可能性は，当時の武具師らが彼らからあの労苦を引き受けたことよって開かれたの

です。こうした考察から引き出される教訓はこうです。すなわち，もし私たち実務家が，私たち自身の手で私たちに必要な理論的武器を製造しなければならないとすれば，つまり私たちがバシリカを編集したり，ガイウスを見付け出したり，ローマ法大全の注釈をしたり，パンデクテン概説を執筆したりしなければならないとすれば，私たちは，準備作業そのものを行なわずしては本来の職務を遂行する状態に立ち至ることはないでしょう。正義の剣を**振る代りに，私たちは剣を槌で打ったり，研いだり**しなければならないことになってしまうのです——バヤールとロランの剣は，私たちのところでしばし時間を必要とすることになったでしょう。そうは言っても，やはり私たちは，私たちをあのような労苦から解放し，そして理論家たちの絶え間ない創作によってかの準備作業の定期的な進捗の世話をしてくれる神の摂理に対し，感謝の心を十分に捧げることはできません。〔さらにまた，〕分業の法則は，このように適用される場合でも，大いなる成功を約束してくれるものなのです。なぜなら，一方で私たちが，私たちの力すべてを，私たちに与えられた課題に旺盛かつ完全に捧げ，そして私たちのところに残った余暇を，狩り，ホイスト，政治等々に使うことができるからであり，他方で，理論家たちに対しては，彼らが専ら**自分たち**の課題に取り組むことで名人の域に達することを可能にするからです。正義の剣は，彼らの手の中で理論的砥石により鋭利なものとなったのです。大多数のカミソリが羨ましがることといったらないでしょう。その剣を使えば，一本の髪の毛を縦に裂くことができるのです。ですから，それの使用法に十分熟達していない人は，それを手に持つ前に，怪我をしたり，自分の皮膚を剥いでしまい，剣をどこへ向けても，怪我のもととなり，出血を引き起こすのです。この剣が，当事者にとって恐怖の対象となることが稀ではなく，そして経験乏しい裁判官がそれを不器用に動かすことによって，かなりの数の当事者が訴訟全体の敗北を甘受しなければならないということになるのですが，そうしたことは別段驚くべきことではないのです。

　人が刀鍛冶を非難して，刃物の扱い方を心得ていないことを刀鍛冶のせい

にしてはならないのと同じように，理論家が正義の剣を取り扱う術を心得ていないことから理論家に非難を浴びせるべきではないでしょう。各人が全部をなさねばならないのであれば，分業は，一体何のためにあるのでしょうか。研ぎ師は，刃物を**研ぐ**から研ぎ師なのであり，理髪師は，それを使って**ひげを剃る**から理髪師なのです。それが，然るべき状態であって，それで両者とも繁盛しているのです。さもなければ，2人とも，ヘボ職人のままでいくことでしょう。刀鍛冶にひげを剃らせる者は，皮膚を剥がされて，この世に別れを告げることになっても，その責任は自分で負うのです。理髪店で，将来の理髪師を刀鍛冶のところに見習いに行かせないのは，勿論，当たり前のことなのです。ところが，まさにこの点で，私たちの職業は，今挙げたような職業と異なります。つまり，私たち実務家も，理論家のところに見習いに行っているのです。もっとも，ここに，ある種の弊害があるのであり，こうした弊害を目の前に置くことが目下の手紙の目的なのですが，もし私が私の課題に対して尊大で，大袈裟な名称でも探し出そうとするならば，それは今日における理論と実務の関係です，とあなたに申し上げることになるでしょう。「今日における」という補足部分を付け加えると，あなたは，次のように推測されるのではないでしょうか。それは，私がそのような言葉を付け加えることによって，過去における両者の関係は別の形態をとっていたことを示唆しようとしているということ，しかもその場合，古代ローマでは法学が没落して初めて今日の意味での大学教授，つまり純粋理論家が出現したのですが，その古代ローマを念頭に置いているのではなく，むしろ，私がその言葉で対象としているのは，私たちよりも一世代そこそこ前の時代のことだということです。以前からの私たちの著名な理論家はすべて，同時に熟達した実務家でした。法科大学判決団と参審裁判官職が，彼らに対して，普段なら最上級裁判所でしか見つからないような，豊富で，しかも種々様々な実際の研究材料を提供していたのです。実際の知識のこうした源泉は，確かに，今日において完全に枯渇しているわけではありませんが[29]，以前と比べると非常に乏しくなりました。さらに，これに拍車をかけたのが，今日の法学が歴史学

派とともに体験した躍進——これは確かに法学を一層法源の研究へと引き入れはしました——が，法学をますます実務から遠去けたという事情であったのです。

　私が，上記のテーマを然るべく，つまり学問的な形態で余すところなく論じなければならないとすれば，私は力不足のためにそれを断念せざるを得ないでしょう。その代わりに，私が得意とし，前回の手紙で思弁的法学について論じた際にすでに一度用いたことのある形態，すなわち，私が理論と実務のあの対立が私の些細な人生の中でどのように顕著になっていったかを描写したときに使った形態を選択したいと思います。太陽，月，そして星屑が，ほんの少しの水鏡にも映るわけですから，今日の法的天空に起こる諸現象もまた，ありふれた一実務家の取るに足らない人生行路の狭い鏡にも映ることでしょう。

------

　よく知られていますように，法律家の人生は二つの時期に分かれます。学生時代，すなわち種蒔きの時代と，実務生活の時代，すなわち収穫[30]の時代とに分かれるのです。アザミを蒔く者は，イチジクを収穫することはありません。このように，種を蒔く際に農民が自分の関心に導かれるのと同じように，将来の法律家も自分の関心に導かれることから出発するが故に，上手な種蒔きをするか下手にやるかは各人各人に委ねられている，そういう時代が過去にあり，それが今世紀まで変わることなく続いてきています。言い換えれば，私は，いまだ試験というものがなかった時代のことを言っているのです。私たちのような若い世代の者は，このような法学の黄金時代については，どんどんと消えてゆく一つ一つの伝統からこれを知るしかありません。当時，人々は，大学から直接，故郷の町に引っ越して，黒い帽子や法令集そして訴訟用書類を購入しました——こうして，少なくとも弁護士になることで満足していれば，実務法律家というものができあがっていたのです。このような消えていった時代像によって，いかに多くの，哀れな，試験の評点が

気になってしかたがない法学部の卒業試験受験者が，かつてシラーがギリシアの神々に思いを馳せた時に似たような，希望のない渇望の嘆きに明け暮れたことでしょうか。そしてまた，シラーはこの言葉を，彼なりにいかに深く感じ取っていたことでしょうか：

41
「その頃は，怖ろしき骸骨が
　　受験生 Strebenden の枕べに立つことなく」[31]

　良家の出身の人は，当時，ことさら官吏登用試験を受けなくても，たやすく従者を養える官職を見つけていました。そうです，当時は多くの人々が，軽ければ軽いほど速く高く登っていく気球のように，上へ上へと上がってゆきました。そして，弁護士職に身を捧げた方が良いその他の人々にとっては，弁護士業は，誰もが自分の可愛い羊に草を食べさせることが許されている共同牧草地と看做されていました。今では，すべてが変わりました。生まれながら約束されている将来の国務大臣や総理大臣でさえも，試験を受けなければならず[31]，弁護士にとっても共同牧草地は柵で囲まれてしまい，遮断棒を通過しないことにはその中に入ることができず，遮断棒のところで試験に合格しなければならなくなったのです。

　大学と実務家生活とを，あるいは手短かに言わせてもらえば，理論と実務とを分け隔てているこの遮断棒は，あらゆる国境遮断棒のように，ある程度の監督官 Aufsichtsbeamte，国境税関吏 Grenzzollwächter，協同組合監査人 Revisor，検査官 Kontrolleur らの手に委ねられており，この人たちが，よく知られているように，世の中では試験官 Examinator と呼ばれているのです。試験官に相応しい人物の選択に関しては，ドイツではいまだに様々な見解が存在しています。そして，そうした見解の対立は，原則として，審査は試験受験者が**出てゆく**場所で行なうべきか，あるいは**入ってくる**場所で行なうべきか，という決まり文句に立ち返っていくことになるのです。彼が持ち合わ
42 せている知識が，**輸出品**と看做されるとすれば，審査は国境遮断機の**こちら**

側で行なわれなければなりませんが、その知識が**輸入**品と看做されれば、審査は**あちら側**で行なわれなければなりません——言い換えると、一方の場合は、大学教授が試験することになり、他方の場合は、実務法律家が試験を行なうのです。確実な根拠のある判断を敢てしないとしても、私は率直に、この点についての私の見解を表明することは許されている、と考えます。私は、輸出と見る学説の方を採ります。私は、あたかもここでは、試験受験者のかつての恩師が出身大学の修了証書を発行するのだとか、輸出関税の支払いが問題だ、などとは考えていません。むしろ私は、すべての関係者の利害のみならず、**学問・教授の自由**という利益から、当然に私の見解に至る、と考えています。知識という重荷を背負って通りかかり、今は実務家たちによって席が占められている試験委員会の前で停止していなければならない受験生の身にもなってごらんなさい。彼は、最も美しいもの、すなわち、ローマ法史の最も古い時代からの化石、マンモスの骨、ミイラ、画期的な発見である最新のもの、切れ味鋭い理論及び大胆な仮説を持っているのであり、事実、これらは持っていなければならないものです。しかし、実務家のところでそれらのものは、彼にとって何の役に立つでしょうか。実務家は通常、これらのものに対して関心も示しませんし、理解することもできません。これはちょうど、普通の税官吏が非常に高価なクリスタルや化石や解剖用標本に対し関心を示さず、理解もできないのと同じことです。ところが、これら二つのケースにおいて、その道の専門家を呼んできてごらんなさい。そうすれば、あなたは、専門家がそれらのものについていかに有頂天になって喜ぶことか、これを身をもって知るにちがいありません。しかし、可哀想に学生は、その後の生活において全く使うことができない多くのものをすべて取り入れるために、自分の頭を強姦していたのは何のためなのでしょうか。それも、せめて人生の中で一回、つまり試験の時にさえも、それらを吐き出すことが許されていないというのであれば、それこそ何のためだったのでしょうか。

　事情がどうあっても、やっぱり決定的なことは、学問・教授の自由を顧慮することです。もっとも、まさにこうした顧慮を逆のことのために持ち出す

人々もいます。というのは，彼らは，大学教授たちが試験を行なうことで，いわば彼らの講義のための強制権及び独占的営業権を維持していた，と考えるのです。本末転倒なんていうことがあるはずがないのです。一体，教授の自由とはどういうことなのでしょうか。教師と生徒は相関概念です。**習う人**がそこにいなければ，誰も**教える**ことができません。ところで，教授の自由が完全に空虚な概念であってはならないとすれば，教師だけでなく，生徒も共に席を同じくしているということに注意を払わなければならないのであり，そして警察による通常の強制措置の使用が学問の自由についての私たちの繊細な観念を逆撫でするものなので，教授の自由という上述の前提条件は，国家試験を教授たちに委ねることによってのみこれを確立することができるのです。私は，もし講師が突然，試験官であることを辞めたとしたら，かくも多くの講義の聴講状況あるいは単なる聴講届け出の状況でさえ，どういう事態になるか知りたいものです。講師の講義室は**ガラン**として，**授業**はお仕舞いになり，厚顔な私講師であれば聴衆みんなと一緒になって走り去ってしまうでしょう。ここから必然的に生じる結果は，さてどういうことになるでしょうか。大勢の聴衆をそのような未熟な人間の手中に落ちないようにし，そして学問的に破滅させないようにするためには，教授は単に**自分の好み**，**自分の嗜好**，**自分の才能**のみに左右されることなく，聴衆の好みや希望を考えなければならず，**自分の気持ちを抑える**ことをしなければならないでしょう。しかし，**自分の気持ちを抑える**ということは，**自由**とは正反対の概念です——かくして，教授の自由は救いようがなくなってしまうのです！

　これまで展開してきた理由が，先の問題についていまだに何らかの疑念を私に残すことがあり得るとすれば，私自身の経験が疑惑を深めさせてくれるでしょう。私は，大学で何年間も，ある友人と一緒に住み，勉強し，そして復習をしていました。そして，私は私の学識のお蔭で私の知人たちの間でさえ，ある種の名声を得てはいたものの，知人たちの判断でも私固有の判断でも，法的知識の点では，棕櫚の葉は決定的にこの私の友人に与えられていたのです。では，試験の時に何が起こったでしょうか。私の友人は，**彼の祖**

国で実務家たちの試験委員会の場で試験に合格しなければなりませんでした。私は，私の祖国で法学部の場で試験に合格しなければなりませんでした——私は，最高位の秀をいただきましたが，彼はかろうじて試験を通過するにとどまりました。**私の試験官**は，私が学問への道を歩みたいという，以前私の目指していた目標を断念したことに対し憐憫の情を露にしてくれました。他方，**彼の試験官**は，**彼**の一切の将来を見放す拒否の感情を露にしたのです。どうしてこうなったのでしょうか。友人の祖国では通常のことなのですが，彼は二つの訴訟書類を与えられて，報告書を求められたのです。そして，私たちの試験の中で彼の最大の功績と評価されることは，つまり彼がおよそ9ヶ月にも及ぶ極度の緊張を必要とする作業を了えて，2通の報告書を仕上げたことです。それらの報告書は，専門知識のない人が，ここからローマ法史，パンデクテン及び刑事法のすべての断片を習得できるというものであるのに，まさにこのことが，試験官の前に提出された時，マイナスの評価となったのです。これに対して，私の方はと言えば，大成功という結果のことは全く度外視するとしても，試験は本当に一つの喜びでした。私は，試験官となった人の講義はすべて聞いており，また私は記憶力が良いため，注意深くとっていたノートをほぼ言葉通り暗記していましたので，発条が巻かれたオルゴール時計のように，教授団のノートをすべて鸚鵡返しに唱えることができました。そして，私はいまだに，この山彦のような，講義の再生音に対して褒美を与えてくれた試験官たちの好意的なにやにや笑いが目に浮かびます。試験官の一人は，ローマ法における**破廉恥 Infamie** について30分もの長きにわたって私に試問してきましたが，私は，一つの問いも間違えませんでした。間接の破廉恥 infamia mediata と直接の破廉恥 infamia immediata のすべてのケースについては，完全に私の思いの儘でした。**フォン・ヴァンゲロウ v. Vangerow** が『パンデクテン教科書 Pandekten=Lehrbuch』の第47節で列挙している，間接の破廉恥の25のケースのうちで，22番の「農耕の用に供される器具又は動物を損傷し，又はこれを盗んだ者」というのだけが私の記憶から抜け落ちていました。そして，2番の「俳優として公の場に登

場した成年者」というのに関して，私は成年という要素を忘れていました。もう1人のロマニストが，法学提要の「頭格消滅 capitis deminutiones」について，そして彼が長年来，特に好んで取り組んできて，これを「単行論文 Monographie」に纏める準備をしている——もっとも，この研究対象が難解で，文献が膨大であるため，いまだに刊行されていません——テーマであった法学提要〔4,6,2〕の「唯一の場合 unus casus」について，私に試問しました。彼は，この問題について非常に長時間を費やしたので，よく知られているように，同じく法史上の謎であり，かつ役権の真のスフィンクスである採光役権——これについては，無数のものが書かれています——について質問する時間は，もはや彼にはほとんど残されていませんでした。

　ローマ法史について私は，完全に良くできたというわけではありませんでした。確かに私は，三巻書 tres partes[32]や学説彙纂第二書 infortiatum[33]については精確に知っておりましたし，その上，試験官に対して，この区分は意図に基づくものであるというこの試験官が主張している見解を展開して，あらゆる根拠を挙げて試験官の大満足を博しました。パンデクテンの七つの編 partes[34]，学説彙纂の中心部分 umbilicus Digestorum や反パピニアヌス文 Antipapinian，恐怖の書 libri terribiles[35]，ユスティニアヌス時代の大学における新入生や古参の学生のための名前，パンデクテンの中の最も長い法律と最も短い法律，法学提要，パンデクテン及び勅法彙纂の中にある章題の数——私の試験官が非常に重視していたのはこれらの点だけでした32)——については，私は，しっかり記憶していました。それに引き換え，私はアクィリウス法 lex Aquilia の第2章を完全に忘れていました。そして，アティニウス法 lex Atinia，アティリウス法 lex Atilia，アキリウス法 lex Acilia，アクィリウス法という，忌々しい類似のものが私を些か混乱に陥れたのです。奴隷の解放についてのフリウス・カニニウス法 lex Furia Caninia とアエリウス・センティウス法 lex Aelia Sentia についてもまた，私は完全に区別することができず，しまいには，「アントン Anton」という名を持つ著名な法学者の2人について，完全に私の頭から抜け落ちるにまで至っていました。そ

のうちの1人は，なんとその場に居合わせていた試験官の一人だったのです[33]。

　とにかく，これ以上私は，あなたを試験問題のことで頭を煩わせる気はありません。以上述べたことからも十分お分かりのように，もし私が実務家を前にして試験に合格しなければならなかったとすれば，私の知識をひけらかすことなど全くできなかったのです。このような前提の下にあれば，私は，自分の勉学全体を別の方向，とりわけパンデクテンに関することとは異なった方向に向けなければならなかったでしょう。私たちの試験では，パンデクテンの中からは，通常，試験官が特別に関心を持っているある種の題材のみが出題されていました。所有権のところからは，埋蔵物 thesaurus の理論，付合 accessio 及び加工 specificatio の理論，水流が変化して河床が土地となった場合 alveus derelictus，河中に新たに島が出現した場合 insula in flumine nata[36]，債務法のところからは，ローマ法の様々な保証形態，加害動物委付に関する訴訟 act. de pauperie，不法行為訴訟，付加的訴訟 actiones adjectitiae qualitatis，家族法のところからは，養子縁組，父権免除，特有財産，とりわけ後見 tutela と保佐 cura の区別，相続法のところからは，遺産占有 bonorum possessio[34]，私的な遺言 Privattestament，古代ローマの必然相続権，そして遺贈と信託遺贈の区別〔が出題されていたのです〕。これらの題材についてしっかり準備してきた者であれば，試験については首尾良い結果が保証されていたのです。

　私の話をさらに続けさせて下さい。試験 Examen は合格しました。「試験は終わりました〔Ex〕，アーメン〔Amen〕！」遮断棒は上げられたのです。私は試補として国家公務員となりました。それもX区裁判所です。しかし，私がそこで受けた第一印象は，私の人生から得た最後の印象とはなんとまぁ異なっていたことか！　私は優れた成績で試験に合格し，私はある種の自尊心と自信を持っていましたが，それが言葉では到底言い表わせそうにない落胆に取って代わるのに一月もかかりませんでした。私は，自分が絨毯の上で泳ぐ練習をしてから水の中に入れられた者のように思えました。私の学識の

大部分は，完全に価値のないものであることが明らかとなったのです。なんとまぁ，それらは，例えばローマ法上の保証の様々な形態といったものは，ものによっては，私を完全に途方にくれたお手上げの状態にしただけでした。そして，私の心の中では，私は法**についての**何かあるものを学んでも，**正しいもの**を何か習ったのだろうか，という疑念がますます募ってきたのです。15年の実務活動の中で，かつて試験の時に提示されたローマ法上のすべての問題は何一つとして私の前に現われることはありませんでした。破廉恥論において苦労して手に入れた財産——それは私にとって幾日もの極度に緊張した学習の日々を必要とするものでした——が役に立ったら，私はどんなにか嬉しかったことでしょう。私は，「敵国人 perduelles の子孫」（**Vangerow, a.a.O.** 15番），あるいは「君主の個々の命令を狡猾に解釈するとか，あるいはこうした狡猾な解釈を通して詐欺を行なう」者（19番），はたまた「法律によって強調されている個々のケースにおいて不正に君主に請願する」者（20番）が現われる時をどれほど待ち焦がれたことでしょうか！　せいぜい私は，「ユダヤ教徒からキリスト教徒に対してなされた債権譲渡契約書を作成する公証人や裁判官」（24番）あるいは「訴訟遂行時に**不必要な**（？）名誉毀損を犯す弁護士」（17番）で満足していたことでしょう。「娼婦，姦通をした女，再婚禁止期間の経過を待たずに再婚した女，高利貸」（5，6，8，10番）は，あまりにもありふれており，私にとって面白みはありませんでした——しかし，私が，かのカテゴリーの中の最も美しい模範は狩立て猟をするまでもなく，これを見つけることができると疑うことなく信じていたのに，そもそもどのようにして彼らを破廉恥として扱うべきかを分かっていませんでした。このような人々の破廉恥を裁判によって確認する唯一の手段は，すなわち彼らに対してこのような非難を面と向かって投げつけ，そして彼らが提起した名誉毀損訴訟に真実性の抗弁を対決させるという唯一の手段は，私にはあまりにも冒険的なものに見えました。特に，公証人，裁判官及び弁護士に対してこれを適用するときは，なおさらのことでした。法学提要の「唯一の場合」や「採光役権」もまた，姿を現わしてくれませんでした。そして，日常の中で，

誰かある人が頭がかあっとなって自制心を失う den Kopf verloren ようなケースがどんなに起こったとしても，誰もその人をローマ法の頭格消滅 capitis deminutio という概念で包摂しようとはしなかったのです。人生は私に，試験とは全く別の諸問題を運んできました。敢えて言わせてもらえば，私が生きていく上で合格しなければならなかった終わりなき試験と比べると，学校の試験は子どもの遊戯でしかなく，私は卒業試験の方は優れた成績で合格しましたが，実務においては散々な結果で合格したのです。その際，忌々しかったことは，実にいたって簡単な事件でもいつも私を当惑させ，そして私の蔵書という蔵書もきまって私を完全に見殺しにしたことでした。

　消費貸借及びそれに対して発行される債権証書よりも簡単なものはあるでしょうか。しかしながら，私の身に生じた最初の事件は，本当に私の自尊心を傷つけ，私に恥辱感を味わわせるものでした。

　シュルツェがツヴィッカウアー——私の取り扱う法律事件において，ローマ法上，原告を意味するアウルス・アゲリウス Aulus Agerius や被告を意味するヌメリウス・ネギディウス Numerius Negidius に代えて，この名前を用いることを，クラッデラダーチュ Kladderadatsch [37] はきっと許可して下さるでしょう——それはそうと，シュルツェがツヴィッカウアーに2人の証人の前で100タラーを貸し付け，これにつき次のような証書を提出させました。

> 「署名者は，本状により，シュルツェ氏に100タラーの債務を負う。これには5％の利息が付され，双方の解除告知から1ヶ月後に，支払い義務が発生する。
> シルダ，1847年9月31日
> 　　　　　　　　　　　　　　　　　　　　　　**ツヴィッカウアー**」

　この証書には，以下の付記が続きます。

「上記のことを保証します。

　　　　　　　　　　　　　　A. シュミット　K. マイヤー」

　シュルツェが訴えを起こし，次のように申し立てました。すなわち，私は以前ツヴィッカウアーに対して添付した証書と引き換えに100タラー貸し付け，そして1ヶ月前に解除の告知をしましたが，金員は今日まで受領しておりません，と。ツヴィッカウアーは，自分の尋問の時も欠席し，欠席裁判となりました。これは，我が国の実務によれば，争点の消極的な確定を受け入れたことになります。私の上司が，どんな判決を下すつもりなのかと聞いてきましたが，私はその質問に対する明確な回答を直ちには用意できなかったので，しばし考慮期間を与えて下さいと頼みました。それから，私は家に帰り，この事件の内容を微細な点に至るまで徹底的に調べたのです。この時，プフタ，ヴァンゲロウ，そしてローマ法大全を片っ端から使って，結局，次のような結論に辿り着いたのです。すなわち，——原告によって提起された訴えは，消費貸借に基づく貸金返還請求訴権 condictio ex mutuo である。ところが，ローマ法上，消費貸借概念に該当するためには，所有権の移転が必要であり，時には貸された金員を後に消費することも必要となる（Puchta, Pandekten, § 304, L. 2 § 1, 4 de reb. cred. 12.1）。しかるに，原告は訴状の中で，金員に対する自己の所有権の存在と，所有権があって初めて可能となる所有権の移転を主張していないばかりでなく，金員受領者の消費も主張していないのであるから，本件訴えは理由がなく，棄却されることが「適当である」とされねばならない。すると，私の年輩の上司がゲラゲラ笑い出し，私の見解をこれ以上述べることができなくなってしまったのです。上司が消費貸借についてのローマ法のかの規定を全く知らなかったかどうかはともかくとして——要するに，私が理論的な確信をもってローマ法とプフタを引用すると，上司は激怒に近い怒りを示し，容赦ない口調で私の見解を切り捨てたのです。「たとえこの世のすべての法典がそんな無意味な法文を含んでいたとしても，わしは絶対そんなもの適用せん。あらゆる消費貸借を不可能にしてしまうか

らだ。この点についてこれ以上の詮索は止めたまえ。債権者の所有権，あるいは消費のどちらか一方を証明させるという君の提案は，全くもって話にならん」と切って捨ててしまったのです。

　債権証書については，私たちの見解は，完全に分かれてしまいました。私の考えはこうでした。――この債権証書は些かも価値を持たない。なぜなら，これには9月31日という暦に存在しない日付が記載されており，従って法的に不能な事柄を含んでいるからである。存在しない日にどのようにして債務を負うことができるのだろうか。加えて，この債権証書には，債務を負う原因 causa debendi の表示が欠けているので，原因の特定なき証書 cautio indiscreta であり，従って債務の**発生を示す**ことにも債務の存在を**証明する**ことにも適さない（Puchta, § 257）。証書の中で原因 causa が挙げられているということを主張しない債権者は，その証書が何の意味も持たないという報いを受けて当然である。なるほど，彼に原因を隠蔽する理由があるならば，彼は何らかの原因を捏造して，これは通常は消費貸借であるが，それを証書の**中**で見せかけとして挙げることを考えるだろう。これが正常なのである。ところが，正直な人々だと，彼らの身分証明書と同様に，債権証書もしっかりと整ったものでなければならず，彼らは狡猾な詐欺師に対して何の手出しもしない警察や司法当局の罠にひっかかって身動きできなくなる事態を自ら招かざるを得ない。往々にして彼らが見せしめとなるようなことがないとすれば，何が破落戸どもに慎重な気持ちを起こさせることになるのであろうか！　以上のような素晴らしい根拠があるにもかかわらず，私はここでもまた，上司を相手に理論的に挫折してしまったのです。上司の見解によれば，単なる「債務」に向けられたかの告白は，普通の人々にとっては，通常，消費貸借を意味しており，この点を論外としても，相手方との合意で裁判官が相手方の取引や双方の取引関係を詳細に考察することを拒むこと，言い換えれば，金銭債権を定立する際に原因を度外視することが，あらゆる人に許されていなければならない，と言うのです。これには，私は納得することができませんでした。むしろ，実務においてますますこうした見解を善しとする

傾向が目立ってきているにもかかわらず，そして**ベール Bähr** が承認についての論稿においてこうした見解の学問的正当化を試みているにもかかわらず，理論家はこれまで頑なにこの見解に抵抗してきた——特に最近でもなお，**シュレジンガー Schlesinger** によってこれが行なわれているのです（Zur Lehre von den Formalkontrakten, Leipzig 1858）——ことを嬉しく思います。正当にも，この学者はそのような証書を無効と看做していますが，他方で，彼の言葉を使えば（141頁），「我々が，（単に債務を負っているにすぎないという）あの説明にさらに『そして，それ故に債務を支払うことを約束する』という付加語を付け加えることを考えたとき，突然，事態は全く異なることになる。かかる約束は，別の面たる承諾と結び付いて，明らかに債権契約をなしており，しかもすでに債務を負っている客体の約束として予告されているので，自己の債務の弁済約束 constitutum debiti proprii なのである」。全くもってその通り！　なぜなら，約束が明確になされた場合にその約束を本気で守るという意思が日常生活において欠けていることが多いのですから，そうした単なる債務告白の際に，そのような意思を前提としなければならないことは，なおのこと少ないからです。この時，債務者は実際に支払いをするつもりであるという説明を避けているのです。他方，債務者となって，そして債務者で**あり続ける**意図を確かに持ってはいましたが，後にそれを**止め**なければならない，言い換えると**支払わ**なければならないという意図は全くありませんでした，という言い逃れを債務者から奪うためには，上記のような説明がどうしても必要なのです。単なる債務告白では中途半端であって，これは，確かに債権関係を**創設する**ものではありますが，それを**解消する**意思を定かにするものでは全くないのです。シュレジンガーが言うように，後者の意思が「そして，それ故に債務を支払うことを約束する」という言葉ですでに十分裏付けられているかどうかは，私には疑わしいの一言に尽きるのであり，むしろこの約束に，さらに「そのような約束を実際に守る意思がある」ということを付け加える必要があるように思われます。単なる債務告白から独りでに支払い義務が生じてこないのと同様に，単なる約束からその約束を**守る**義

務は出てこないのです。なぜなら，諺にあるように，**約束する**こととそれを**守る**ことは，別物だからです。

　2人の証人A，Bの署名の意味についても，理論と実務は大きく懸け離れています。私の上司は，その行為を率直に保証であると解したのですが，私はと言えば，疑わしい場合には微に入り細を穿つまで考えねばならないの原則に従って，それは，AとBが何はともあれ証人の職務を行なうべきであったことが明らかであっただけに，なおのこと証人の前で行なわれた債務関係設定の事実を証する単なる証明書と見なければならないと考えました。そして，疑わしい場合には，2人は署名する時にもこのような身分を変えなかった，と解さなければならないのです。もしそれが保証であったとしたら，どのような保証形態だったのでしょうか。保証契約 fidejussio か，金銭貸与の委任 mandatum qualificatum か，はたまた他人の債務の弁済約束 constitutum debiti alieni か。信頼できる理論家が，これらの形態が今日でも依然として存続していると考えているのです[35]。

　自然の中に鳥一般がないのと同様に，今日の法の中に保証一般はなく，むしろローマ法上の特定物 species のみがあるとすれば，人は，AとBが明らかに保証の意思を持っていたというだけでは安心はできず，むしろ提起されている訴訟のためには，三つの形態のうちのいずれの形態なのかが決め手とならなければなりません。そして，この目的のために決定的な要素を見つけ出すことができないのであれば，そもそも保証なるものは話になり得ないのです。保証に向けられた意思は，これらの三つの形態のいずれか一つであると宣告されることなく，これらの真ん中でふらふら揺れているのです。

　私の理論的知識を実務の中で適用しようという私の初めての試みが散々な目に遭ったということを示すのは，これで十分でしょう。このようなことは，1回どころではありませんでした。事件という事件が次々と，その度に私を困惑させました。この困惑を克服しようと私が理論的研究を深く行なえば行なうほど，困惑は大きくなっていったのです。最終的に私は，自分が今立っている所に辿り着きました。私はそれを，次のような文章で纏めることがで

きます。すなわち，**危険なく理論を用いることができるようになるためには，先ずもって理論への信頼を完全に失わなければならない**。もしあなたが，このような懐疑主義を私にもたらした数々の事件のうちの幾つかを知りたいと仰るのであれば，その旨をお知らせ下さい。その時には，あなたに幾つかの事件についてお話しましょう。

## 第四信[36)]

あなたは，これまでとは全く異質なテーマを扱った第四信によって，第三信までの一連の流れを中断させてしまいました。だからと言って，書簡執筆のために私が示した計画的な心積もりからすれば，書簡の執筆を中断することなどはあり得ないことです。この点，かの法史家は，突風や小間使いといった形の偶然的出来事によってローマ法史の体系的配列に対してなされた干渉を承認して受け入れたのですが，私はかの法史家ほど従順ではありません。あなたはその話をご存知でしょうか。あなたはこの話を印刷に回さなければなりませんが，実はこれが，私の一連の書簡に干渉を加えたあなたへの刑罰となることでしょう[38]。

　長い休暇の時のことです。その教授は旅に出ていました。小間使いには，学問の埃（ほこり）がたまっている彼の書斎を掃除しなければならないという仕事がありました。ドアと窓が向かい合っていました。小間使いは，仕事を終えて，出ていきました。不幸にも強い風が吹いたので，強烈な突風が部屋の中へ押し入り，休暇の眠りについていたノートとノートの間に入り込んできました。法学提要，パンデクテン，民事訴訟，ローマ法史――すべてが，元にあった場所を離れて四散してしまいました。格別に風当たりが強かったのは法史のところで，その風は悪魔がいかにも楽しむかのように，とりわけここに突き刺さり，掘り起こしたのです。強い突風――ローマ法史すべてが，埃の雨のように，くるくると渦を巻いて舞い上がりました。法務官告示は十二表法と

闘い，万民法 jus gentium は市民法 jus civile と闘い，元老院議決は勅法と闘い，和解できない敵同士だった**ラベオ Labeo** と**カピト Capito** はぴったりと抱き合い，**コルンカニウス Coruncanius** と**アエリウス Aelius** は**ウルピアヌス**と**パウルス**の上にきて，**ユスティニアヌス**の法典編纂が一番上になりました——要するに，てんやわんやの状態となり，ローマ法史の全巻がばらばらになったのです。これを見た人は，〔イエズス・キリストの復活を思い起こさせるような〕法史復活の場面が描き出されると信じたかもしれません——墓の中で眠っているすべてのものが甦って起き上がったのです！ この決定的瞬間にその小間使いが姿を現わしました——**ダナエ**[39]と同じく，法史の黄金の雨が降りかかりました。頭の天辺(てっぺん)には，彼女の地位に相応しく，神聖賭金による法律訴訟 legis actio sacramento が落ちてきて，胸の深いところには差押え pignoris capio による法律訴訟が，エプロンのところには拿捕 manus injectio による法律訴訟が，審判人申請 judicis postulatio による法律訴訟は足を選び，形成されてまだ日の浅い方式書訴訟だけは，もっと堆積しようとの懸命な気持ちを持ちませんでした。古典期の法学者たちはと言うと，彼女に好意を寄せて彼女の足下に沈み，ふわふわと円陣を作ったのです。

なんたる有様でしょうか！ ローマ法史の体系的な嵐や渦巻きの真っ只中にいた小間使いは，この嵐を静めて，きちんと整理し直す能力を持ち合わせていました。

　30分後，彼女は，仕事をやり終えました。ローマ法史は，新たに整序されることになりました。紙の判型，色，古さ，頁数が存在する場合にはそれらが，そしてその他の外面的特徴が大いに考慮されましたが，それ以外の点については，その小間使いは自分の創造力にまかせて「独自の体系」に従って配列しました。いずれにしても，その体系は極めて独創的なものでした。十二表法はほとんど終わりのあたりにきました。その場所たるや，十二表法について論じた法学者たちのはるか後ろであって，しかも十二表法の後の時代に登場し，十二表法に関連するすべての法律や元老院議決等々のはるか後ろであったのです。告示を発布した共和政期の政務官は，曖昧な忠誠心からの

衝動で，勅法を公布した皇帝たちに優先権を容認しました，などなど。この話の進展を手短かにお話します。主人が休暇から帰ってきて，小間使いから告げられたローマ法史を，あたかもローマ法史に何ごともなかったかのように読み始めました。彼は毎日，一枚一枚のノートから必要な分を自分のものとしていたからです。そして，こうしたことを知ることもなく知ろうともせずに，彼に押し付けられた新配列版の中に深く深く没頭してゆきました。ついには，そこから抜け出すことができず，それに親しみを感じるまでに至ったのです。彼が，この新体系を，最近はやりの概説 Grundriß という形態で刊行したのかどうか，はたまた別のやり方で皆に報告したのかどうかは，私は存じません。〔しかし〕手短かに言えば，ローマ法史の上で行なわれた，すでに述べた独創的な配置の転換が，最近の教科書の1冊の中で採用されているのは事実です[37]。

[57] 私がこの話を聞いて以来，私たち法学者の著作に見られる数々の見事な体系的現象について，よく使われる言い回しをすれば，目から鱗(うろこ)が落ちたのです。上記の場合において起こったことは，他の場合においても繰り返され得るのでしょうか。再び，風が法学提要と学説彙纂の間に入り込んで，いわゆる総則を末尾に，そして例えば，婚姻，養子縁組及び認知を体系の第一条項に追いやったり，法という概念や法律関係という概念がいまだ話題とならないような場所に追いやったりすることができるのでしょうか。風と小間使いは，予測不可能なものです。思慮分別ある人の理性の目で捉えられないものは，おそらく偶然の戯れによって惹き起こされ得るものなのでしょう。それ故に，風と小間使いは，いつでも自由に原稿やノートに入り込むことができるべきものだと思います。

　私は，第三信を次のような文章で締めくくりました。その文章は，いとも容易に書きなぐられたものではありますが，辛苦を伴う遅々とした道程を経てようやく私が辿り着かざるを得なかった文章なのです。すなわち，**危険なく理論を用いることができるようになるためには，先ずもって理論への信頼を完全に失わなければならない**。私がこの文章に達するまでの道程を述べよ

うと思えば，いかに多くの事件についてお話しなければならないことか。これらの事件はいずれも，以前報告した事件と全く同じような結末になりました。理論に対する私の堅い執着があったにもかかわらず，というよりもむしろもっと正確に言えば，まさにそのような執着があった**故に**，私は毎度のごとく馬上から突き落とされ，砂の上に投げつけられて，屈辱的な思いをしていたのです。私は，まるで獣医学生が馬の解剖の講義を一心不乱に聞いた後で，馬に関して得たこうした学問的知識を頼りに野生の白馬に思い切って乗ろうとし，街道沿いの堀端で，馬に乗ることと解剖の講義で得たこととは別ものだということを慎重に熟慮する時間を手に入れた時と同じような思いに駆られました。

　私は，あなたの新聞の貴重なスペースをこのような事件で一杯にするつもりはありません。しかし，私の法学上の発達史にとって画期的となった二つの事件をあなたにお知らせすることは，間違いなくとうにお許し下さっていることでしょう。あなたは，理論に対する私の信仰に対して一撃を加えたことがありますね。その一撃によって私は，私が今立っている地点に，何だかんだ言っても結局は抗しがたい力で押しやられたのです。以下において私は，その視点から，今日の私たちの理論について批評を加えるつもりです。それが私の信仰を根本から引っ繰り返すこととは別の成果を与えることができたかどうかは，ご判断におまかせいたします。

　最初の事件は，一般抵当権[40]論についての事件でして，その主人公は，好意溢れる無頓着な音楽家でした。彼の名前からしてすでに，ある種の奇矯さを要求する権利が彼に与えられていました。彼の名は，**ザウゼヴィント Sausewind**[41]でした。たとえ音楽家が身も心も打ち込んでいたとしても，時として彼は自分自身の中で，実用法学ともっと親しい関係に入り込もうという，抗しがたい衝動を覚えていました。すなわち，彼は，以前に別のやり方で収支のバランスをとろうと努力してみたものの無駄骨に終わっていましたが，消費貸借論を実際に活用することで，均衡がとれるように試みたのです。彼の債権者らは，さらに担保権論を付け加えました。彼らは，債権証書

に全財産の抵当権のもとに sub hypotheca omnium bonorum という付記を付け加えたのです。その音楽家が，消費貸借論及び債権証書，手形，利息や複利といった隣接する諸要素を十分に熟知するようになって以後，そしてすでに民事訴訟にある種の知識を持ち始めて以後，彼は，それまでは彼にとって全く縁遠いものであった訴訟上の素材に手を染めることになりました。つまり彼は，彼が音楽の用語で表現したように，自分の債権者たちに対して，債権者たちのこれまでのソロ演奏に代えて，法律家が自分たちの言葉で破産と呼んでいる共通の訴訟上の交響曲の楽章の演奏という形にあなた方の力を纏めて欲しいと要求したのです。

ここにおいて，対位法的 kontrapunktisch [42] というよりも，むしろ対審的に kontradiktorisch 取り扱われているテーマは，純粋に音楽的性格を有しており，その本質は様々な弦楽器や管楽器，フォルテピアノ及びこれらの演奏に必要な楽譜でした。清算手続きには何の障害もありませんでしたが，それだけに逆に，担保権行使手続きは，つまり破産者が数にして8まで連続して設定していた様々な一般抵当権に関しては，大きな障害がありました。確かに，それらの設定順序関係は明快にして争いがなく，いずれの一般抵当権も額(ひたい)に誕生の日が書かれており，AからHまでのアルファベット——私はそれでその担保権者を表わそうと思います——と全く同じように続いていました。ところが，これらの抵当権の目的物の客観的確定が争いとなったのです。つまり，全財産を抵当権の対象と見なければならないのか，それとも個々の財産なのか，ということです。前者であれば，全財産の売得金全額から，先ずAが，それからBが，以下順次満足を得てゆくことになります。後者であれば，Aは抵当権設定時に債務者が所有していた財貨にのみ，一番抵当権を有しているにすぎず，後に債務者が取得した財産については，取得当時すでに一般抵当権を有している他のすべての債権者と同順位の担保を持つことになります。従って，この後者であるとすれば，こうした個々の財産を取得した時期ですべてが決まるのです。

最初の見解は，数百年の間，実務において通用してきたものです。ところ

が，今日の私たちの理論は，その立場に弾劾判断を下すのがかなり一般的となってきました。そして，私は，問題となっているケースにおいて，**プフタ，ヴァンゲロウ，ジンテニス Sintenis** 等々の人士によって弁護されている第二の見解を私の判断の基礎に置いたのですが，このことに奇異の念を抱く者は誰一人としていないのではないでしょうか。勿論，その見解の適用には，大きな困難が伴いました。なぜなら，その見解を適用する結果として，優先権問題が，担保設定の日付のみでは決まらず，むしろ個々の財貨が債務者所有財産に混入した日付もあわせ考慮して決定されることになり，しかもその日付は，よく知られているように，それを主張する者が**証明**しなければならないからです。

さて，確かに，こうした混入が起こった順番は，一般的には簡単に確認することができました。フォルテピアノは，最初からそこにありました。それにバイオリンが続きました。まもなくビオラの，それからチェロの救援を受けました。それから，管楽器の時代が来ました。それは，Ａ管クラリネットで始まり，そんなに時間が経たないうちに，それとかなり近い使われ方をするＢ管クラリネットという連れを見つけました。一度吹くものの中に入り込んだ破産者は，次いで止まることのない形成衝動にかられ，フルートもやってみることにしましたが，間もなくヴァルトホルンに席を譲らざるを得なくなりました。これらの楽器を用いて，大いに将来性が期待できる勉強をしていた時に，破産が彼を襲ったのです。破産決定 decretum de aperiundo concursu は，まさしく子守歌の中に落ちてゆき，裁判所職員は，全く彼ららしい特徴を示して，破産者自身が作曲して挿入した終止のカデンツァ[43]に落ちてゆきました。しかし，あの**相対的**時間関係の単なる確認は，誰の目にも分かるように十分にはできるものではありません。その作業は，破産者が楽器と債権者との歩調を合わせていたという前提の下でのみ可能となるものでしょう。例えば，Ｄはビオラとチェロの間，ＥはチェロとＡ管クラリネットの間に押しやることができる場合，手短かに言えば，どの新しい楽器も，新しい消費貸借と新しい債権者に宛てがわれる場合にのみ可能となるのです。

事実，この破産者は，自分の音楽の勉強の拡張と自分の債務の拡張との間に，このような平行現象を見ていたようです。と言いますのは，彼自身，洒落を楽しんで，新しい楽器に，その都度，直前の債権者の名前を付けていたからです。ですから，例えば，彼のクラリネットは，A管クラリネットとかB管クラリネットといった名前ではなくて，シュムール・クラリネット Schmul-K.，イトゥツィヒ・クラリネット Itzig-K. という名前でした[44]。こうした前提条件から，優先権関係の（逆立ちさせた）図式は，次のようになりました。

　　　一般抵当権目的物
　　　　ヴァルトホルン：　　　H G F E D C B A
　　　　フルート：　　　　　　　G F E D C B A
　　　　B管クラリネット：　　　　F E D C B A
　　　　A管クラリネット：　　　　　E D C B A
　　　　チェロ：　　　　　　　　　　D C B A
　　　　ビオラ：　　　　　　　　　　　C B A
　　　　バイオリン：　　　　　　　　　　B A
　　　　ピアノ：　　　　　　　　　　　　A

しかしながら，この推定は，いかなる方法によっても訴訟上，証明されませんでした。従って，優先権判断はこの推定に立脚して行なうことはできません。個々の財産の取得日の証明が必要なのです。月を証明しただけでも十分ではありません。その理由はこうです。例えば，A管クラリネットが総財産の新しい積極的構成部分になったのも1850年6月であり，Eに対する債務が新しい消極的構成部分になったのも1850年6月であることは争われていないのですが，A管クラリネットが総財産の中に入ったのが，Eに対する担保権設定日である6月13日より**前**なのか**後**なのかは，全くもってはっきりしないのであり，債権者らの間で争われている事項なのです。

従って，実際に，フォルテピアノを除くすべての楽器に関して，それらが破産者の総財産に入った時点の証明を 8 人の債権者に課すこと以外，道は残されていなかったのです。全く同じことが，楽譜に関しても起こったにちがいありません。モーツァルトのあらゆる弦楽四重奏曲，ベートーベンのあらゆるソナタ，そうそうシュトラウスのあらゆるワルツ，「バーデンでの私の最高の日 Mein schönster Tag in Baden」[45]，「美しく青きドナウ An der schönen blauen Donau」[46] 等は，もしかすると，斯く斯く然々の数多くの一般抵当権の目的物をなしていたのです。

このような証明事項を正確に定式化することが私をどれほど手子摺らせたかについては，話さないでおくことにします。最後の最後に，一番悲しいことが起こりました。私が上司に——第三信で登場した，あの年輩の，仕事ができるが，他方で逞しい，トルコの司法パシャのような上司を，あなたはまだ覚えておいでですね——私の腹案を提出したとき，彼はそれを読み終えた後，3 分間，私をじっと見つめ，それからいつ終わるとも分からない痙攣性の笑いが彼を襲ったのです。ヴァルトホルンが 8 つの一般抵当権の対象となり，フルートが 7 つの，クラリネットが 6 つの一般抵当権の対象となる等々，**シュトラウス**のワルツが優先権の争いの賞として使われる——こんな考えは，彼にとってはかなり強烈なものであったのでしょう。そのため彼は，私に対して好感を抱いていたにもかかわらず，私にとって非常に遣り切れない笑いを止めることができなかったのです。その結末を要約すれば，こうです。彼が私の案を屑籠に投げつけるものと私は予想していたのですが，彼はそのようなことをせず，むしろそれを計り知れないほど貴重な珍品として自分のものとしたのです。そして，彼が死亡した時に，それが彼の書類の中から発見されています。彼がその機会に理論について述べたことについては，お話しないでおくことにします。しかし，彼が昔ながらの実務を法的に正当化するやり方については，是非ともお伝えしておかねばなりません。彼は次のように述べております。一つの商品倉庫が総体として何度も担保に入れられるということに反対する意見は何も思い浮かばないのであるから，すなわち，

いつ倉庫に入ろうがとにかく**担保権行使**の時に倉庫にある**すべて**の財貨の上にAは一番抵当権，Bは二番抵当権を持つという効果を伴うのであるから，総財産の場合にこれを法的に全く同じように扱うことは当事者の意思に委ねられねばならず，第二順位の担保債権者が第一順位担保債権者の担保権についてなにがしか知っているかどうかは，**倉庫**の場合でも**総財産**の場合でも何ら重要ではない，と。

私があなたにお伝えしようとしている二つ目の事件は，占有論の領域で起きています。**サヴィニー**が占有について書き，この学説が法的明晰性の完全な太陽の光の中に持ち込まれて以後は，私は，占有論で私を手子摺らせる事件がいまだ存在するなどということはあり得ないものと見ていました。私の誤りを悟らせてくれることになる事件とは，一体どんな事件だったのでしょうか。それは，この世で最も簡単な事件でした！　人間に関わる事柄の不確実性を想像しただけで，私は恐怖に襲われます。この事件で，私はその不確実性を如実に悟ったのです。それは，「幸福な占有者 beatus possessor」の話題です。この幸福な人は，あちこちとあたりを見回し，彼の回りにあるものすべてを見て楽しんでいる時，自分の幸福を自慢し，次のような歓喜の声を上げているかもしれません。「これが全部予の領土だ，予は幸福だといふのに異存はござるまい」[47]。幸福ですか？　はい，この状態が続く限り。占有訴訟は，汝の幸福すべてを奪うことができるのです！――少なくとも，占有訴訟が**サヴィニー**の理論に従って判決が下される時は。さぁ，私の事件をお聞き下さい。

ペーター・ハーバーマイヤー――その貴族はそういう名前でした――は，ユルゲン・ハーバーマイヤーの兄弟でした。2人は隣に住んでおり，2人とも，私たちのドイツ語では表現しにくいような，農民 Bauer と地主 Gutsbesitzer のあいのこで，「Ökonom〔農業経営家〕」という外来語を使って呼ばざるを得ないような人でした。1848年，ユルゲンは，不幸にも現実の政治に深く入り込むことになり，ある日，彼は，自分の鵞鳥，豚，雌牛たちと，間髪を入れずに感動的な別れを告げました。

「さようなら，山よ，お前たち懐しい牧場よ，

　鵞鳥よ，豚よ，雌牛よ，さようなら」[48]。

　それから，彼はペーターと謎に満ちた言葉を交わし，一目散に逃げてゆきました。その日，ペーターは，ユルゲンが立ち去った農場に住んで農場経営をするために姿を現わしました。そして，そこの人々に，これからは自分を主人として敬わなければならないと説明し，孤児(みなしご)になった鵞鳥や豚たちを受け入れたのでした。そうする権原については，あるいは彼の占有の法的性質については，すなわち彼が農場経営を引き継いだのは，不在者の管理人 curator absentis, 受託者 fiduciarius, 受任者 mandatarius, 事務管理者 negotiorum gestor としてなのか，それとも収益権付きの質権者，買主，用益賃借人としてなのかについては，彼も，また彼の隣人たちも頭を痛めることはしませんでした。とにかく，理屈抜きで事実が尊重されたのです。ペーターは，誰からも妨げられることなくユルゲンが蒔いたものを刈り入れ，家畜は，誰からも妨げられることなく丈の伸びた牧草地を散歩し，まるでユルゲンがいた時のように，鵞鳥，鴨(あひる)，小百姓らは，前と変わらぬ法的安定性を感じながら，自由に歩き回っていました。

　しかしながら，この平穏な状態は，間もなく，悲惨な最後を見ることになりました。半年経ったか経たないかの頃のことです。ある隣の人の頭に，ユルゲンの農場に属する，そこそこの広さの土地に対して古い所有権の主張を再び始めてもよい時期がきたのではないか，という考えが不図，浮かんだのです。そして，ある日，「ライネケ狐」[49]の最初の場面と全く同様に，〔動物たちは〕モーモー，ブーブーと，その土地に対してなされた犯罪行為について天に向かって鳴き叫びながら，慌てふためいて逃げてゆき，農場の動物界全体が崩壊してしまったのです。**ラーベンハインリッヒ**〔烏(からす)太郎〕——人々は彼のことをこんな渾名(あだな)で呼んでいました——は，これまで住んでいたところを引き払い，彼の身近な人々，つまり彼の子どもたち，作男，雇われ農婦，そして彼が所有していたものすべてを連れてやって来たのでした。ま

るで，自力救済権の時代が再び生命を持ち始めたかのようでした。そして，彼はその土地を占有して，その土地の上の四足動物及び二足動物のすべてに対し，大至急，退去するよう強制したのです。その翌日も，同じ場面が繰り返されました。ペーター・ハーバーマイヤーは，彼の兄弟の先例のお蔭で賢くなっており，法に基づき実力を行使して自分の考えを実現することは断念し，法的手段を採る方を選択しました。彼は，占有妨害に基づく訴えを提起し，占有の保護を求めました。判決の起案が私に委ねられました。私の年輩の上司は，ちょうど湯治に行っていて，試補と私だけがそこに残っていました。私たちが上司に代わって湯治に行っていたらなぁ！　後になって，私たち2人は，私が起案し，その試補が同意した判決について，どんな後始末をする破目になったでしょうか。あの判決が話題となったとき，私たちの年輩の上司が旅先で飲んでいたカールスバートの温泉水〔50〕などは，上司が日頃いつも「君たちは何やってんだ」と口癖のように言っていたものと比べれば，ものの数ではありませんでした。しかしながら，この判決文自体は，今日いまだに私が主張しているように，理論的には全く正当なものであり，完全にサヴィニーの占有理論に従って書かれていました――しかし，勿論，通常の実務家であれば，それに署名するくらいなら指を切り落とされた方がましなのです。私の試補はそれをしませんでした。残念至極の一語です！　指を切り落とされていれば，幾つかの出来の悪い判決や読むに堪えない論文が彼の手で書かれずに済んだことでしょう。つまり，あなたは，彼が法学の文筆家でもあり，しかも最も危険な人物の一人であるということをご存知のはずです。

　ここは，法学の文筆家の様々な種類についての私見を，あなたに説明する場所ではありません。しかしながら，私は実務家に向けて，自分は実務家ではないのだということを心の中の声で言っているが故に偉大な理論家と看做される実務家――私の試補もそのうちの一人ですが――は，文筆家の中の最も危険な人物だと考えています。特定のテーマについて著述する文筆家や概説書の執筆者ならば誰でもが引用すべきものと義務づけられることになる法

学論文を，文献を使いながら作成することは，優れた判決や優れた当事者書面 Parteischrift を書くことよりもはるかに容易であるという点では，あなたも私に同意して下さることでしょう。どんなに愚かな者でも，彼より**先に**そのテーマについてものを書いているすべての文筆家を裁き上げる論文を，文献を用いて完成させることなどは，いとも簡単なことなのです。よく知られていますように，我が普通法上の法学雑誌のいずれかにその論文を掲載することは何でもないことなのです。Archiv für die Civilistische Praxis がその論文を掲載しなければ，Archiv für praktische Rechtswissenschaft が掲載します。ゼウスの双生児ディオスクロイ[51]のような二つの年報，つまり，ゲルバー=イェーリング年報 Jahrbücher von Gerber und Jhering[52] とベッカー=ムッター年報 Jahr**buch** von Bekker und Muther のうちの一方がその論文を撥ね付ければ，いつももう一方が残っているというという具合です。すべての糸が切れても，最後の最後には，Zeitschrift für Civilrecht und Prozeß が残っています。この雑誌は，著作を断ることはまずありません。なぜなら，その雑誌への寄稿論文は，どれも見られることも読まれることもなく，印刷所に回されているからです。この雑誌は，どんな人をも受け入れてくれる，寄辺(よるべ)のない者たちにとっての宿泊所なのです。ところが，判決や当事者書面はと言えば，その対象が多少なりとも錯綜していれば，簡単に片付くというものではありません。なぜなら，他人の思想を用いることができず，自分自身で考えねばならないからです。この分野で月桂冠を授からない多くの人々が文筆稼業に成果を探し求めることは，少しも不思議なことではありません。これは，彼らが表決のときに用いる見方，つまり彼らがすべての審級において却下するときに使う演繹法を市場に持っていくためだけであったとしても，そして同僚たちや裁判所による偏狭な判決について，比較的大勢の公衆のうち明敏にして予断を持たない人々に訴えるためだけであったとしても，これまた不思議なことではないのです。執筆者の論文が誰か著名な学者によって，例えばヴァンゲロウによって引用されれば——これが起こり得ないということはないのです——，多くの場合，その人はもう駄目になってしまう

のです。その後は，彼は，ドイツの「法学文筆家」に数え上げられ，彼の名は，サヴィニーやプフタの名前と同じくらい「文献」に数えられることになるのです。例えば，**サヴィニー，プフタ，ヴァンゲロウ，ヒューナーフース**といった具合に。

ある著作のどこかで言われていたと思うのですが，「**サヴィニー**は然々の主張をしているが，**ヒューナーフース**はこれに対して反対の意見を述べており，これは正当である。(彼の同僚である)**コールマイヤー**は反論しているが，それは不当である」。

ヒューナーフースは，非常に幸せそうに，自分の妻にこの一節を見せるのです。すると妻は，誰が「正しく」て，誰が「正しくない」かという規準を立てて精神の席次関係を決める習癖の持ち主であるので，その後は，「とんでもない，私の夫ヒューナーフースは，夫が無条件にゲーテよりも高く評価し，夫の額縁と同じように額縁に飾っているサヴィニーのような人なのだ」と評価を正す至福の思いに耽るのです。ところが，幸福な人であるヒューナーフース自身はどうかと言うと，翌日，再度自惚れて会議の場に行くと，いつものように彼は表決で敗れることになります。その結果，「私の同僚はなんて学問というものを知っていないことか」とただ憐憫の嗤いを彼の口に浮かばせるのです——「真の学問がまるで分かっていない職人たちめ」と。

それから数週間か数ヶ月経った頃，こうした見解は実務家の「過ち」であるとして，然るべく懲らしめるための一つの論文が現われました。事実，その頃の彼は自分の報告や判決に対してますます骨を折らなくなり，そうした仕事をする度に，自分は軛をかせられたペガソスであると思うようになっており，それは別段，不思議なことではなかったのです。

そのようなローマ法学徒のペガソスが，私の試補でした。

彼は，私たちの上司がいる場で，自分の「思いつき理論」——上司はこう呼んでいました——の真価を発揮させようと目論む機会が少なくなればなるほど，逆に，帝国を味方につけたあの時に理論に栄誉を与える機会は，彼にとってはますます歓迎すべきものだったのです。

ペーター・ハーバーマイヤーは，これが意味していることを身をもって思い知らされることになりました。

被告は，力による略奪と**事実上の占有**が原告にあることは認めましたが，法的占有が原告にあることを争い，そしてとりわけ，サヴィニー理論に基づいたときに法的占有と事実的占有とを区別する契機となる所有者の意思 animus domini を争ったのです。

原告が，誤って，最簡単訴訟手続き Summariissimum をせずに妨害継続に対する占有保護 possess. ordinarium を行なってきたので，原告は，彼の法的占有の証明，とりわけ所有者の意思の証明をすること以外，他に手は残されていませんでした。占有者にとって有利となるような，所有者の意思の推定は，昔も今も私は聞いたことがありません。こうして，私は「原告は本件土地を所有者の意思をもって占有していた」ということを証明すべしとする中間判決を起案しました。私の試補はこの案文に同意しました──事実，このような判決が下ったのです。原告はこれを不服として控訴しましたが，不幸なことに何の成果も得られませんでした。証明についての中間判決が確定したのです。

こうして実際に，ペーター・ハーバーマイヤーは所有者の意思を有していたことを証明しなければならなくなりました。証明が始まった時，初めて私は，自分がとんでもないことをしでかしたことに気付いたのです。私は法律家の皆さんを相手に手紙を書いていますから，この証明が失敗に終わらざるを得なかったということ，それからその理由について詳しく述べる必要はないでしょう。農夫が自分の畑を耕しているときに，所有者の意思をもってこの行為を行なっていたことを証明せよ，ですって。あなたは，あの何フーダーもの堆肥や干し草等々を運ぶ 2 台の荷車を見て，一方が事実上の占有者 detentor によって運ばれ，もう一方は法的占有者 possessor によって運ばれていると考えますか。意思を要求することが何らかの意味を持つことになるのであれば，すなわち意思を要求することが実際の真実を持つものであるとすれば，占有は，意思とともに存続し，意思とともに消滅するものでなけれ

ばなりません。ところで、用益賃借人がすべての理論に逆らって厚かましくも所有者の意思を持とうとする場合、また逆に現実の法的占有者が誤って自分の所有者の意思を否認した場合は、どうなるのでしょうか。理論はここで、こう言うでしょう、それは無効です、と。しかし、それが無効だとしたら、つまりあらゆる事実上の占有者又はあらゆる法的占有者が常に占有意思を**持っており**、しかも法に従ってそれを持た**ねばならない**としたら、所有者の意思を常に要求するのは何のためなのでしょうか。この場合の占有者というのは、私には法的占有の、意思なき同伴者――単なる影以外の何者でもなく、そして法的占有の存在・不存在がこの影に依存しているように思われてならないのです。事実、ある被造物が2本足か4本足なのかは、その影が2本の足を持っているか4本の足を持っているかによって決まる、と言おうとするのと何ら変わるところがないように私には思われてなりません――おそらく、太陽がいつも照っているときしか、問題は解決しないのでしょう！

　こうして、この事件によって、私は所有者の意思に対して抱いていた確信について永遠の治癒を受けることになりました。勿論、この治療費373タラー（金銀比価17$1/2$）は、ペーター・ハーバーマイヤーが負担しました。事実、結局、彼が訴訟も費用も失ったということは言わずもがなでしょう。

　しかし、私にとってこの額は、無駄に支払われたわけではありませんでした。あなたがた読者の中のどなたかもまた、この事件から何か得るものがあるといいですね。行き着くところ、お金というものは無駄に支払われるということはないのです。この世においては、法律家と医者は経験を**し**、当事者と患者はその費用を**払う**ということになっているのです――人類と学問のために役立つことになるということで、自分を慰めるしかないのです。

　あの事件は、私に多くの不愉快な時間をもたらしましたが、それにもかかわらず、私は、事件が私に与えてくれた利益によって十分な埋め合わせを得ました。なぜなら、私は、私が理論という奴隷の鎖から完全に、しかも永久に断ち切れたのは、その事件があったればこそ、と言わざるを得ないからです。勿論、そのためには、私の年輩の上司の存在も非常に大きいものがあり

ました。というのは，その後，上司は，機会があればいつでも私にその事件を思い起こさせることに躊躇しなかったからです。そして，私がほんの僅かでも不健全に理論で物を考えるという発作に襲われたときは，彼の口から一言，「お前，またハーバーマイヤーをやりたいのか」という問いが発せられるだけで十分だったのです。それからというもの，この表現を彼から借用し，このハーバーマイヤー事件で完結する，私の人生のうちのかなりの時期を私の**ハーバーマイヤー時代**と呼ぶことが，私の口癖となりました。こうした事柄に対する適切な表現が見つからない人には，この私の表現を提案することにいたしましょう。


# 第五信
# 法学教育及び試験の改革についての
# フォルクマルの提案[38][53]

　［以下の二号にわたる書簡を理解するためには，フォルクマル Volkmar の提案を，ここに再掲しておく必要があると思います。
　第4回ドイツ法曹大会（1863年，マインツ）に対する，ベルリンの法律顧問官フォルクマルによる提案
　「法曹大会は，法曹大会として確信するものを表明するものである。
　大学における法学教育は，さらなる発展を必要としている。こうした発展の開拓を期するためには，以下の対策が適切であると考える。
　1．解釈と法学文献史は，これまで以上に考慮されねばならない。
　2．教授の任用に際しては，講師の実務的素養もまた重視されねばならない。
　3．法学臨床講義 juristische Klinik を通じて，実務の要望に応えなければならない。
　4．修学年限は，4年間に延長すべきである。

5．試験は，1回で十分である。この試験には，試験官として以下の者が同人数で参加する。

a) 学部の教官

正教授及び助教授並びに私講師の間での差別はしない。

b) 裁判所の構成員

c) 弁護士

試験官は交替制とする。

6．正講義 collegia publica は，教育の本質的要素である。

7．学ぶ自由は，教授の自由と同様に必要不可欠である。それ故，以下のものは排除される。

聴講の一切の強制，ラントの大学の一切の独占

私講師職の削減」

提案理由の中で以下の部分は特に強調しておかねばならないと，私は思います。

「時間と状況の関係から私講義への参加が許されない実務家のいかに多くの者が，知識や刺激を与えてくれる正講義の熱心な聴講者であろうか。まさに正講義こそが，教官が docendo discimus〔教えることによって学ぶ〕[54]を実践し，その時まで完全には知らなかったこと，十分には明らかになっていなかったことをその場で取り扱うことの切っ掛けを提供することになるである。教官は，ディオ Dio の『ローマ史』[55] 第60巻第33節の中で，ユリウス・ガリクス Julius Gallicus が皇帝の法廷で率直かつ大胆に意見を述べたが故に，ガリクスはクラウディウス帝 Claudius によっていきなりテヴェレ川に投げ込まされる羽目になったこと，そして〔この時代の最も有能な弁護士である〕ドミティウス・アフェル Domitius Afer が，〔ガリクスによって見捨てられた者から〕援助を求められたとき，『私がガリクスよりもうまく泳げることを誰が言ったのか』と言って，これを拒んだことを読むのである。――つまり，教官は正講義において弁護士の仕事に没頭するのである。

マクロビウス Macrob[56] の中で，教官は，『私は沈黙する。なぜなら，公

告等の権限を持つ者に対し，書面で表明することは容易なことではないからである Ego taceo, non est enim facile in eum scribere, qui potest proscribere etc.』という言葉を読む。彼は，検事局の問題を公的に解決しようとしているのである。」]

---

私の親しき友よ，あなたの考えは正しい。フォルクマルの提案は，私の課題とするものと全く同じものなのです。彼の提案は，私たちの法学をどのようにして良きものにしていかねばならないのかについても，私の意見を述べる良い機会を私に与えてくれることになりました。私は，これまで永遠の酷評家という誠に有難い役割だけを引き受けてきましたし，しかも，すでに私の批判には何も正しいものはなく，それはただただ否定すればそれで済むといった類のものだという声が大きくなっているだけに，これは私にとって利用すべき絶好のチャンスと言うべきでしょう。批評家に対し要求できることは，たとえそうでないとしても，彼自身が改善すること——なぜなら，大体，批評家というものは通常そんなことをするものではないからです——ということになりますが，しかしやっぱり批評家に求められているのは，少なくとも批評家は，他の人々がどのようにして改善すべきであるかということを述べることなのです。「ドイツ法律家の総力」——この提案者はドイツ法曹大会をこう呼んでいます——が法学のために，ほぼ同時にフランクフルトで開かれた，ドイツ祖国のためのドイツ諸侯の総力よりも決して劣ることのない貢献を成就している今日，まさに今この時に勝る好機としてどんなものが考えられるでしょうか。私たちがそのような事態が起きている時代に生きているということは，私たちにとって幸運なことであり，共に声を挙げ，自ら協動して作業にとりかかる能力を備えている者は，すべて幸いなのです——そして，安逸又は怯懦が原因で，この作業から手を引こうとする者はすべて，軽蔑されることになるのです。

それにもかかわらず——私はあなたに告白しようと思います——私は，初

めのうちあなたの要求に応じることを躊躇い，どうしようか決しかねていました。つまり，フォルクマルの提案は，数年早く私のところにやって来てしまったのです。その提案は，猟師が弾丸を込める前に，待ちに待った獲物が射程内に入って来てしまった状態に私を置きました。フォルクマル氏は，私の最後の手紙の時にすでに登場していますが，私自身は第五信[57]でようやく姿を現わすことになるのです。もしあなたがこのことの意味が分からないのであれば，〔こう言えばよろしいでしょうか，〕私の方はまだ，徴候，病因及び災いの性質に取り組んでいたのに，あの提案はすでにその治癒，つまり治療方法を問題としているのです。私の怠慢に対する当然の刑罰が，これなのです。もし私があなたとのお約束の12通の手紙を次から次へと世に送り出していたら，私は今頃はもう11通は書き終え，12通目で，テーマに関してフォルクマル氏と遭遇することになったでしょう。しかしながら，事態は待ってはくれませんでした。ここでのように，提案者が正当にも**焦眉の課題**と呼んでいる問題に関わることである場合にはなおさらのことです——かなりの人が指に火傷をするという意味でも焦眉なのです。何日も経たないうちに，この問題がマインツで討論の対象となります。そして，残念ながら今回の法曹大会には出席できない私が，第十二信を後の祭りとして世に送り出そうとするのではなく，つまり人生において二度と現われることのない歴史的瞬間を逸しないようにしたいのであれば，あらゆる点での体系的な疑念にもかかわらず，私は第十二信を今すぐ世に問わなければなりません。なにしろ，かなりの数の医者は事態の改善をしようとはしないのですから！　本来，医者が治療法を〔実際に〕適用しようとするためには，何と言っても，先ず自分の予後判定や診断を完全に済ませ，病気の性質について何もかも納得していなければなりません。しかし，患者の方は待ってはくれません。民間薬を飲もうとするのです。そこで，患者には甘草水といった類のものが処方されるということになるのです。

今回は，甘草水よりもはるかに良い物をあなたに提供することはできません。〔それは，〕私自身それ以外の物を何も持ち合わせていない——〔勿論，〕

いざとなれば，私とてもっと良い物を探し出してくることはできますよ——からというよりもむしろ，甘草水を飲むことになる人が，目下のところ，それ以外のものでも我慢するという気持ちになっていないからです。マインツで手を広げて待っている歓喜や華麗さの傍らで，フォルクマルの提案についての真面目な手紙を読みたいという欲求を持つ者は，はたして誰がいるでしょうか。なにしろ，あの地には彼にとって大切な，読まなければならないものが山ほど存在しているのですから。従って，今回の私の手紙が，あの地で例によって気前よく配布されることになる印刷物の多くが陥ることになる運命と同じように，逃れようと思っても逃れることのできない運命，つまり印刷物の供給過剰に対し読み手によって正当防衛が行なわれるという運命，言い換えれば読まれることなく脇へ放り投げられるという運命に陥らないようにしようとすれば，マインツでのあの日々に予想され得る雰囲気や状況を読み手に押し付けること以外の手段は私には残されていないのです。あの有名な詩句：

　　その隣に火酒が並び
　　真夜中であれば人を傷つけることなく，

の中で歌われている火酒と同じように，尊敬すべき法曹大会会員が，会議の仕事を完全にやり遂げた後，重い足取りと朦朧とした意識で寝床についた真夜中でも手に取れるように，この手紙を書き上げなければならないのです。

　それでは，一体，なぜ**手紙**ということなのでしょうか。マインツでの日々は，躍動に満ち溢れた言葉に捧げられます。もう長い間，私は一度でも法曹大会で発言してみたいという衝動を感じていました。なぜかと言えば，あまたの同僚たちと同じように，名声を一身に浴びてその場を後にし，私の名前が記憶を絶する後々の時代まで速記録の中に保存されるのを見たいからに他なりません。残念ながら，これまで私には，大抵の人が羨ましいほど持ち合わせている性格だけが——つまり，勇気が欠けていたのです。もっと正確に

言えば，勇気はいつも私の都合の悪い時にやってきたのです。というのは，私が手を挙げ発言の意思表示をしようと決心した時は，これまでは決まってあの決定的瞬間，つまり，およそ会議は長く，懇親会は短くて善しとする法曹大会のかの尊敬すべき会員諸氏が，「もうやめろ，やめろ」という宿命的な言葉――議事録によれば，討論の全体がその言葉に総括させられているのですが――を叫ぶあの決定的瞬間と一致していたからです。しかし，今回はこんなことに縛られてたまるものですか！　私は，真っ先に手を挙げますよ。

75　　**議長**：匿名氏の発言を許します。

　　**匿名氏**：皆さん！　只今，私たちがピープマイヤー氏〔58〕から伺った素晴らしいお話の後に発言することは，私にとって〔決して〕容易なことではありませんし，しかもまた，その問題を私たちの職業と私たちの学問にとっての死活問題であると位置づけていながら，その問題の意味をさほど高くは評価していない事柄について意見を述べることは，なおのこと容易なことではありません。私の後で発言されるすべての方々から何かもっと優れたこと，あるいは何か新しいものだけでも発言するという可能性を奪い取ってしまうというやり方で，先の発言者がすでに展開したような諸々の論点に私が再び立ち戻ろうとすれば，あなた方に辛い忍耐を強いることになりましょう。ですから，私は，先の発言者があまり詳しく触れなかった幾つかの点に絞ろうと思います。

　　フォルクマルの提案の傾向は，一言で言えば，**法律家養成の改善**ということになりましょう。皆さん！　率直に言って，私たちの教育はなってないのです！　私は，先の提案者もまたただ単に私たちから推測してもらうとか，行間を読んでもらうということではなく，これをはっきりと発言する勇気を持ち合わせていて欲しいと望んでいました。毛皮は水に濡らすことなく洗うということはできません――濡らさないで洗うという洗濯法は，只今のところ，いまだに発見されておりません。刷新を望む者は，指先で腫れ物に触るようなやり方ではなく，力強い手つきで物事を扱わなければならないのです。

しかしながら，そのような人は，提案者が提案理由の最後のところで述べているように，「もし……であれば，私の提案をどんな点でも取り下げるのに吝かではありません」と約束して事を通してしまうということは，最もやるべきことではないのです。

　要するに，私たちの教育はなってないのです。ともかく，それは改善**されなければならないし，またこれを改善することは**できる**のです。私たちの領域の奥深いところに関わる領域において教育改善の試みが成功したという成果を見るとき，私と同様，このような喜ばしい確信に満ち溢れない者ははたして誰がいるというのでしょうか。農場主が成功したことが，私たちには極めて困難だということになるのでしょうか。教育で羊の毛を加工する（会場内のざわめき）ことができるとすれば，また教育が動物を肉，ミルク，羊毛，骨に選り分けるという問題を解決したとすれば，私たちは（ざわめきが高まる）法律という餌をそれに相応しいように変えることによって，正義の女神テミスの熟達した若き学徒に対して，毛のない理論という皮膚——これだと，凍えながら実務生活の中へ入ってゆくことになります——の代わりに，どんな天候上の災難からも身を守ってくれる丈夫な毛皮を調達してやれるというのでしょうか（足で床をする音やブーイングの嵐）。

　提案者がこの目的のために行なった提案と，今私が取り組むことによって，私の立場というものを，温泉療法専門医が，これはしてもいいですよ，あれはしてはいけませんよ，と生活の仕方を指示しているにもかかわらず，それを信じようとしない温泉客の立場と比べてみることができるのです。皆さん，皆さんは，この種の医者たちは，ああだ，こうだと生活の仕方の山を重ねていくのが大好きだということをご存知でいらっしゃるでしょう。曰く，ワイン，ビール，紅茶，バター，果物等々は，これを禁止する。曰く，療養客は，斯く斯く然々の量の時間よりも長く睡眠をとることも，その時間より少なくとることも，これを許さない。食事の後にこれをしてはいけないとか，食事の前にあれをしてはいけない等々，要するに，万事にわたり些細な点に至るまで，一寸の緩みもない厳格な秩序と規則で張り巡らされているのです。し

かしながら，懐疑的な人は，まもなくこのような厳格主義は必要でないという経験をすることになります。医師は，打ち解けたその瞬間，彼に，「あなたは間違っていません。ああだ，こうだという指示の多くは，単に信じやすい気質の持ち主にそうしなければならないという気持ちを起こさせるためにのみあるのです」と告白することでしょう。同様に，私は提案者の提案の中で，彼が実際に本気になっているもの——つまり，法学教育に対する実務的な改革についての提案及び試験についての提案と，そして専ら畏敬の念や勲章を目的とするが故に受け入れられる提案——つまり，法学文献史，正講義，解釈学，そして修学年限の4年間への延長についての提案とを区別します。

提案者が純粋学問の利益のために行なった，極めて自由主義的な譲歩は，彼の改革提案の中で，それに対する危険を察知しようとしていたあらゆる人の口を封じさせるものでした。私は，改革提案がこの目的を完全に達成したということ，そしてまたこの提案がとりわけ大学の仲間の間で大きな犠牲を伴って受け入れられたということを確信しております。私が面談する機会を持った学生たちは，修学年限を4年間に延長することについて喜びのあまり跳び上がり，学生たちの幾人かからは，何よりも優先してこれに全エネルギーを傾注してほしいと頼まれたほどでした。どういうことかと申しますと，学生たちは，3年間の課程は，提案理由によると[39]彼らの目的のためにはあまりにも短すぎ，とりわけ聴講強制がいまだに存在するところではなおのことである，と考えており，提案通り聴講強制が排除されて，しかも大学3年間が4年間に延長されれば，彼らの課題を完璧に解決することは彼らにとってもはや些かも困難なことではなくなるだろうと確信しているのです。これと引き換えに，彼らはまた，「神の寵児，法哲学，自然法」が愛情込めて手厚く保護されるのは当然であると認め，そして聴講の義務もなければ試験もないという条件付きでではありますが，あらゆる種類の法学文献史や解釈学についての講義及びあらゆる種類の正講義を受けることに同意しています。従って，聴衆のうちのこの人たちは，すでに私たちの味方なのです。皆さん，これは些細な事柄ではありません。なぜなら，**若者を味方につけた者の手に**

こそ，**将来は握られている**からです（声：いいぞ，ブラボー！）。

　私が面談した講師たちもまた，大多数が非常に満足していました。とりわけ私講師たちは，試験委員会に入れることと，解釈学者及び文献学史家という新しい二つの教授職が創設されること——これによってドイツ及びスイスでは，かなりの数の新しいポストが生み出されることになるでしょう——に満足していました。提案者が提案理由の中で記している，講義のための処方箋についてだけは，彼らは多くを知ろうとしませんでした。確かに，すべての人がそれは安易すぎる提案だと見ていたのです。「その時まで完全には知らなかったり，十分には明らかになっていなかった」問いを持ってさえいればよいのであり，どこかでその問題に関連する事件や逸話等々を読んでさえいればよい，と言うのです——そして，「正講義においてそのテーマに没頭するのです」。私講師たちの考えによれば，その目的のために，提案者のように読書の対象をディオ・カッシウスやマクロビウスにまで広げる必要はないということなのでしょう——そんな書物を読んでいる暇がある者は誰もいないのであって，むしろ，そのような刺激を与えるには，最も一般的に読まれているもの，つまり新聞，広告紙，長編小説，とりわけ現代法学書で十分ではないかということなのです。しかし，**講義をする**ためには，**聴講する**意欲がある聴衆を持たねばならないわけです。私講師たちが恐れていたのは，あの提案者が私講師たちに出した，「時間と状況の関係から私講義への参加が許されない実務家」がたくさんいるではないかという助言に従っても何の得にもならないのではないか，それどころか，こうした実務家たちは，あの処方箋に従って自分たちのために講義をすることの方が比較にならないほど楽だと思うのではないか，ということだったのです。

　あの純学理的な提案について私自身の判断を述べよ，というのであれば，私はきっぱりと反対の態度を表明しなければなりません。入浴で熱いお湯に耐えることのできない患者に対して，もっと長くお湯の中に入って体温を上げなさいと指示する医者がどこにいるでしょうか。まさにここでは，患者が学生なのであり，熱いお湯が理論の講義なのです。3年間の課程を4年間に

延長すれば，文献史，自然法及び解釈学を学ぶことで，患者はますます深く理論の中に入り込んでいくのです——私たちが治療すべき悪は，改善されることなく，ますます悪化していくのは，お分かりですね。

　皆さん！　私たちの患者が必要としているものは，まさしく逆のことです（そうだ！）。すなわち，冷却，冷罨法（れいあんぽう），頭に巻いた氷，血吸蛭（ちすいびる）です。こうして患者は，再び正気に戻り，危険なく実務生活という新鮮な空気の中へ歩み出ることになるのです。授業は，今まで以上に実務的でなければならず，法学は実務的な学問であるという命題が真実とならなければならないのです。この点については，これまでの議論の中ですでに非常に数多くの卓越した意見が述べられていますので，私としては，私の目から見ていまだ完全に論じ尽くされていない二つの点に，私の関心を絞ろうと思います。つまり，それは法学臨床講義と，試験の回数を減じて1回だけにするという提案についてです。

　法学臨床講義という着想についてですが，私はこれを観察する機会をすでに持っていましたが，これは多くの人々をあっと言わせました。私自身は驚くということはありませんでしたけれども。私たちの学問の発展史との関連でこの着想を捉えれば，何の問題もないのです。すなわち，こうした前提の下では，そのような着想は突然，登場したものとか，完全に新しいものといったものではなく，むしろ私たちの学問のこれまでの方向性から必然的に生じるもの，つまり私たちの学問の総決算であり，かつ最頂点でもあると思われるものなのです。もし提案者がこの言葉を発しなかったら，他の人がそれを言ったでしょうし，私がそれを口にしたでしょう，と主張するに吝かではありません。皆さん！　どの学問にも，その学問だけの空間の中に籠っていたくなくなる時期，つまり，私たちのように年がら年中，書類机を前にして座っている者にとって骨休みのための旅行が必要であるのと同様に，新鮮な空気を吸って元気を回復するために外に飛び出さねばならない時期があるのです。私は，これを学問の旅行と名付けています。そうした時には，学問は隣人や親しい友人たちの家を訪ね，しばらくの間そこに宿泊し，様々な新し

い物事を見聞きし，爽快な気分になって元気を回復し，新しいものの見方を身につけて家路につくのです。ですから，例えば，自然哲学の時代には自然科学は哲学のところに滞在していましたし，中世には哲学が神学のところにいたのです。その他の例は言わないでおきましょう。同様に，私たちの法学もまた，時折，兄弟姉妹たちを訪問したいという欲求を感じていたのです。以前であれば好んで，歴史，文献学，哲学のところに滞在しておりましたし，私たちの学問の発展史における現在の段階は，自然科学の時代——なにしろ，法学における「自然科学的方法」という固有の方法がすでに存在しているくらいなのですから[40]——，もっと言えば，**医学の時代**と呼ぶことができるでしょう。何と言っても，今日の教養ある法律家が法制度を真に理解することができるためには，それを解剖学的・生理学的精査に委ねなければなりませんし，私たち実務家が職務の中で医学的なことを行なうことができなければ，もはやほとんど活動できなくなっているのです。私たちは，最高の解剖学者と同様に，法律事件を**解剖し**，臨床医のように，**診断**を始めとして，それ以上のことをする必要があるのです。ところが，こうした法学＝医学的教養を身につけ得る場所として，法学臨床講義以外にどこにあると言うのでしょうか。ですから，法学臨床講義創設の提案は人を驚かせるものではなく，むしろ逆に，その提案が長い間出されずにきたことに不思議だと思った方がよいのです。もっとも，その提案はいま少し補足し，補完する必要があります。これを以下でお示しできることは，私の名誉とするところです。

　私たちにとって常に手本として念頭に浮かべなければならないのは医学部学生の授業ですが，そこでは，よく知られていますように，直ちに臨床講義から始まるのではなく，最初に理論を学ぶ科目があるのです。しかしながら，この有益な講義のためには，解剖学，病理解剖学，生理学，薬理学等々のあらゆる種類の〔知識の〕蓄積が必要です。同様に，適切な知識を提供して思考の手助けをしてあげることは，法学における実務教育にとって欠くことのできない必要条件であるように私には思われます。こうした知識の蓄積と，それによって得られる実物教育の必要性を私が確信してやまないのは，私の

大学時代の経験があるからです。私にパンデクテンについて講義をしてくださった先生は，卓越したパンデクテン学者という性格とともに，過度のヘビースモーカーの一人という性癖も持っており，教卓の上にはいつも金の嗅煙草入れが置かれていました。外的であれ，内的であれ，彼はこの嗅煙草入れのことが気になっており，要するに，すべての訴訟――全学期を通じてすべての訴訟にマエウィウスとティティウスが絶え間なく互いに絡み合って登場するのですが――がいつも嗅煙草入れの周りに引き寄せられておりました。そして，どのような新しい法律事件でも，ティティウスとマエウィウスというよく知られた人物の登場を見ることが期待できたのと同じぐらいの確実性をもって，私たちは，金の嗅煙草入れが彼らの争訟の客体となることに疑うことはありませんでした。それは，あたかも私たちの先生が，古代と現代との間の均衡状態を作り出すために，法律事件の古代の担い手に対し全く現代的な客体が必要であると感じていたかのようでした。ティティウスがマエウィウスに何か預けなければならない状態に置かれたときは，決まって金の嗅煙草入れが預けられました。ティティウスが何かを貸したり，質入れしようと思ったときは，さらに交換，売買，贈与，遺贈，無名契約を締結しようとしたときは，すべて目的物は嗅煙草入れでした。そのため，私たちは古代ローマにおける交易やローマ人の生活の関心は専ら嗅煙草と嗅煙草入れが中心になっていた，と信じてしまうことさえありました。もっとも，時として嗅煙草入れが，不動産役権 Prädialservitut，抵当権及び土地上のその他の権利関係をはっきりさせるために，姿を変えて農地とか市街地に変わることもありました。しかし，このように具体例たる目的物が次から次へと姿を変える多面性を持っていたことから曖昧さが免れず，いつも一緒にパンデクテンの復習をしていた私の友人仲間のうちの一人について，彼はこの嗅煙草入れのせいでちゃんとした法律家になれなかったと，口はばったいようですけれど，そう言いたい気持ちに駆られるのです。つまり，この目的物の永遠の同一性――この一点に彼の注意深い眼が，弱められることのない向学心で絶え間なく注がれ続け，そして，いつも新しく，貪欲な視線で貪るように見入

っていたものであったのですが——のために，彼にとっては，その目的物の法的関係の相違が表に出なくなってしまったのです。そして，彼の注意力は，絶えず概念を飛び超えて嗅煙草入れに向けられていたため，授業が終わると，彼はすべての具体例の中で，嗅煙草入れ以外にはほとんど何も受け付けなくなってしまいました。学期が終わっても，事態は全く同じでした。彼の知識全体が嗅煙草入れに収縮されてしまったのです——嗅煙草入れは，彼の学識全体の総体となり，かつ墓石となってしまったのです。

　皆さん，このような経験から，当時すでに私は，法学の実物教育のためには様々な目的物を具体例として出すことが必要であると理解するに至っておりました。そして，私はこの考えをさらに追い求める中で，とうとうあるアイデアが浮かんできました。今，これを皆さんにお伝えできることは，私の名誉とするところであります。

　ドイツのあらゆる大学で，法学の実物教育のために法的な具体例の陳列室あるいは博物館を創設しなければなりません。これらは二つの部分に分けられます。すなわち，権利の**客体**のための部屋と権利の**主体**のための部屋の二つです。いずれも，教育の目的のためならいつでも教官たちが自由に使えるようにしておくのです。客体の陳列室は，動産だけを所蔵するのですが，先に述べたのと同じような災難を徹底的に防止するために，完璧を期したものにします。不動産については，例えば，公物 res publicae, 宗教物 res religiosae, 不動産役権，地上権，永小作権に関する実物教育は近隣への研修旅行によって行なわれます。収集の基本構想の指導理念は，あらゆる概念，あらゆる法律関係にとって相応しい一つの客体を選択し，その客体に一つの概念を割り当て，それによって両者，つまり概念と客体につき受講生の心の中でイメージを一体化させるという点にあります。このような，よく知られた記憶術の技巧のお蔭で，諸概念は極めて容易かつ確実に，記憶の中に刻み込まれていくことになるでしょう。使用貸借契約の客体として本が選択されたとすれば，学生が本を目にする度に，すべての本が，使用貸借契約の概念を学生に想起させることになるでしょう。その客体とともに概念もまた，彼の

記憶力に受け継がれていくことになるのです。従って，こうした客体はすべて，しっかりした礼儀作法を身につけ，体系に応じて並べられることになります。それ故，法学提要とパンデクテンでは，先ず初めに，総則に関する客体が来ます。つまり，単一物と合成物，主たる物と従たる物 Nebensachen，従物 Pertinenzen，果実，代替物と消費物です。収集品のこれらの部分をたった一回だけでも目にした者は，ただ見ただけで，概念を取り違えたり，逆に使用したりするすべての危険から永遠に身を守ることになるでしょう。おまけに，具体例たる客体は，授業が終わった後でも，もっと詳細に観察する機会が受講生に与えられ，いつでもその陳列室へ訪問することが許されることにするのです。

84　このような教育を受けた学生にとっては，例えば，鉄製の釘，蠟燭，薪等々が消費可能な物，すなわち消費物というカテゴリーに入ることが，永遠にその記憶の中に刻み込まれるにちがいありません。それというのも，私は，学生時代に知人の一人と激論を闘わした時のことを思い起こしているからです。彼は，当時言われていたことなのですが，鉄製の釘，獣脂蠟燭及び薪は飲食で消費されないのが通常であるから，これらの物は消費物には分類されないのではないか，と私に異論を唱えたのです。

　総則で登場する客体の次に来るのが，総則以外の各部で登場する客体です。例えば，所有権のところでは，付合論や加工論にとって役に立つコレクションが来て，後者は常に二つの物，つまり加工前の物と加工後の物が存在します。債務法については，あらゆる契約，ないしは法的に興味をそそる特別なあらゆる適用事例に，その都度一つの客体が当てられます。従って，例えば，売買契約の様々な変種，つまり試味売買 Kauf auf Probe，見本売買 Kauf nach Probe，一括売買 per aversionem，数量売買 per mensuram 等々が代表的なものとして完備されていなければなりません。相続財産の売買のためには，経費削減のために相続法から相続財産を持ってくることが許されることになりましょう。しかし，その他の点については，混乱の危険を防止するために，同じ物が二つの異なる法律関係のために使われるようなことがあって

はいけません。逆に，多くの関係のために，具体例たる客体の二つの全く同じ見本——これら二つの同一客体のうちの一方は通常の関係を，もう一方は正常でない関係を表わすものでなければなりません——を調達することは当を得たものとなりましょう。このことは，医学部教授が解剖学のための収集品と病理解剖学のためのそれとを対比させているのと同じことです。例として挙げれば，使用貸借契約の 2 冊の本のうちの 1 冊は，引渡しがなされて，しかも返還された物を表わし，もう 1 冊は，借主の過失によりインクのしみで汚れたことを表わすようにするのです。

　皆さん，私はこれ以上例を積み上げることによって皆さんを疲れさせるようなことはしたいとは思いません。パンデクテンの場合と同様に，客体の陳列室というアイデアは，その他の法の分野にとっても開設可能なものとなるでしょう。例えば，手形法のための陳列室です。そこでは，様々な種類の手形や，手形の一生に生起する個々の事象が，雛型によって具体的に見られるようにするのです。

　そのような陳列室は，計画に基づいた完備が施され，そして正しく使われれば，奇跡を起こすにちがいありません。そして受講生は，少しも気付かれることなく，しかも何の苦労も負うことなく実務生活の中に導き入れられることになるのです。費用はかなりの額がかかるでしょうが，しかし有用性という点で十分に釣り合いはとれるものとなるでしょう。一番費用がかさむのは，動物が必要だということでしょう。なぜなら，動物という財は資金を喰ってしまう財だからです。しかし，動物を欠くわけにはいきません。鉄製家畜引受契約 contractus socidae のためには，鉄製の家畜[59]が，かの按察官訴権 actiones aedilitiae[60] のためには，例えば脳圧亢進症等の何らかの欠陥のある馬が，加害動物委付に関する訴訟 actio de pauperie のためには，その種の本来の性質に反する欠陥を持つ何匹かの動物が——この場合，まさに欠陥を持つという理由から，先ほどの馬と同様，安く手に入れることが可能でしょう——，そして用益権のためには子羊を連れた羊がいなければなりません。総則のところの集合物 universitas rerum distantium の例として必要な羊

の群れは，経費削減の観点から，研修旅行という方法でそれを見なければならないことになるでしょう。

　私のコレクションの第二部である主体陳列室は，権利**主体**についての必要な資料を置いておかねばならない場所ですので，比較にならないほど大きな困難が生じることになります。そして，私は私の頭に浮かんでいる計画性及び完璧性という点で，ごく近い将来において実現の見込みはほとんど期待薄であるということを隠す気はありません。しかしながら，そうであるからと言って，皆さんにこのアイデアを，少なくとも今，お示ししなくともよいということにはならないでしょう。いずれにせよ，この種子(たね)が何百年か後に発芽して欲しいと願っております！

86　陳列室の主体又は研究施設の主体の使命は，受講生の目の前で初めから終わりまで法的事実を披露することにあります。これらの主体は，契約書や遺言書や遺言補足書を作成したり，手形を振り出したり，訴訟を提起したり，証言をしたり，偽誓したり，文書を認証したり，仮差押命令を発したり，不法行為や犯罪を行なったり——要するに，およそ法の領域で起こり得る一切合財のことをするのです。経費削減の理由から，小さな舞台でよくあるように，登場人物の幾つかの役割が同一の人物によって演じられるようにしておくべきでしょう。ですから，例えば，研究施設の売主と買主は，同時に賃貸人と賃借人，使用貸主と使用借主等々の役も演じることができますので，要は双方行為，つまり契約すべてを締結することができるのです。ただし，単独行為のためには，双方行為と単独行為との区別を強調するために，別にもう2人の人を使用しなければならないことになります。そして，この人たちがその他のすべての単独行為，例えば遺言の作成，相続財産の相続を引き受けることになるのです。しかし，いずれにしても，外から特徴を示すことによって，双方行為の主役たちからはっきりと見分けられるようにしておかねばなりません。そのためには，痩せと肥満という対比を使用させるのが最も適切でしょう。しかし，こうした単純化にもかかわらず，使用されるべき人の数はやっぱりかなりの数になるでしょう。すなわち，私は，どうしても必

要なものとして以下のものを要求しなければなりません。先ず第一に，**訴訟**のためには，裁判官，2人の弁護士，必要な何人かの証人，つまり証言能力ある証人，証言能力なき証人，胡散臭い証人，そして執行官が必要です。最初に挙げた三者は，経費削減のために，刑事訴訟にも，また民事事件においても第二審，第三審にも用いられなければなりません。裁判官が2人必要となる，裁判官が職務上与えた損害に関する訴訟 Syndikatsklage の事件では，訴訟を私物化した裁判官 judex qui litem suam fecerit は，研究施設で誰か意のままになる他の人が，この役を演じればよいと思います。陪審員については，研究施設の手持ち人員が十分でないときは，すべての個々の事件のために一時的に召使いを雇わなければならないことになります。私法については，総則からは先ず，年齢階層の代表を用意しなければなりません。従って，幼児 infans が先ず必要です（胎児については，胎児名義の相続財産占有取得命令 missio ventris nomine の際に，母胎 venter の役を引き受けてくれる女性に任せなければならなくなるでしょう。そして，この女性は，分かりきった理由から，継続して雇うことはできず，必要となるその都度その都度に，雇わなければなりません）。それから，幼児の域を脱した者 infantia major，つまり幼児の域を脱して間もない者 infantiae proximus と成熟期に近づいた者 pubertati proximus が必要となり，そして成熟者 pubes，つまり25歳未満の成熟者 minor と25歳に達した成熟者 major が必要となります。上に挙げた人々は，継続して研究施設に留まることができ，今の年齢階層から別の階層へと進むことができます。成年に達した後には，彼らは空いているポストの間近のところに立つことが考えられます。性差に関しては，両性具有者は無視してよいでしょう。むしろ，受講生を解剖学陳列室へ行くように指示すればよいのです。それに対して，何人かのご婦人方はいなければなりません。いずれにせよ，婚約，婚姻，嫁資，父子関係確認の訴え，ウェッレイアヌス元老院議決 SC. Vellejanum を解説するために，未婚者と既婚者はいなければなりません——事情によっては，つまり彼女たち自身が妊娠していれば，彼女たちを胎児名義の相続財産占有取得命令の場合にも使うことができましょう——勿論，これらのご婦人

方は，その都度，身につける衣装が変わることでしょう。それに対して，名誉を剥奪された者 persona turpis の役は，それが必要となる事件になれば，これに相応しい人を雇わなければならないでしょう。こうしたことは，単に経費を簡略化させるだけではありません。研究施設にいるその他の人々に対して当然払うべき配慮からしても，また学生自身のためにも，こうしたことが要求されることになりましょう。男性たちについては，遺言方式の観点から，軍人，僻地人 rusticus 及び盲人を欠かすわけにはいきません。精神錯乱者 furiosus を研究施設の中へ入れることは，私としては賛成しかねるところです。それに対して，注意深い家父 diligens paterfamilias は欠くわけにはいきませんし，彼に対応するものとして重過失を視覚的に説明するために，異常なほど注意力を欠き，かつ粗漏な者も欠くわけにはいかないでしょう——この役目は，貧しい詩人で埋めることができますが，そういうことになると，それはシラー財団にこの仕事が降りかかることになるでしょう。私法の総則以外の各部からは，先に挙げた人々以外に，後見人と保佐人がさらに加わります。その他の点では，すでにいる人たちで十分でしょう。それに対して，刑事法の場合は，それなりの数の犯罪者の資料を欠かすことはできません。なぜなら，単純窃盗犯 kleiner Dieb，重窃盗犯 großer Dieb，加重窃盗犯 qualifizierter Dieb，謀殺者 Mörder 及び故殺者 Totschläger の役を同じ人にやっていただくことは許されないからです（会場内にざわめき）。

　**議長**：発言者は，もう少し手短かに述べて下さい——お話された例は，あなたのアイデアを説明するのにもう十分だと思いますので。

　**会場からの声**：発言者は，不在者，失踪者をどう表現するおつもりですか（笑い声）。

　**匿名氏**：私は，このアイデアを完全に実施するとなると，困難な場合があることは認めます。そして，ある程度の諦めも，ここでは止むを得ません。ですから，私は，例えば，財団の法人格性をどう表現するか，これもまた，これまでのところ成功していないことは認めます。しかし，皆さん，そうであるからと言って，このアイデアが今にでも実施可能である限りで，これを

採り入れられないというものでもありません。私が説明した方法を使うだけで法生活の実際が受講生にどれほど明々白々なものになることでしょうか──こうした法的劇作手法によって，いかに受講生の関心を呼び起こし，刺激を与え，受講生のイメージを助け，記憶の苦労が軽減されることでしょうか。皆さん，多数の法学教師が，今日の法に関しても，後見人と保佐人との間の区別に固執していることは，皆さんの周知の事柄です。そして，皆さんにも，この区別を理解することが，哀れにも学生にとっていかに骨の折れるものであるか，そういう学生時代の思い出がおありでしょう。教師が受講生の目の前で，研究施設の後見人には**助成 auctoritas** を付与させ，保佐人には単に**同意**を与えさせるだけとすれば，それだけでこの区別は，たちどころにいかに明確になることでしょうか。こうすることで，前者は不完全な人格性を補完するけれど，後者は単に財産管理に関与するにすぎないということが，いかにはっきりと姿を現わすことでしょうか。保佐人はまた，大学の授業の目的を超えてこれを用いようと思えばできるのであって，そうすれば，商業の実際についての公開講座にとっては最大の祝福となることでしょう。未成年者が後見人の同意を欠く契約をした場合は何の義務も負うことはないという見解は，よく知られていますように，かなりの数の支持者を数えるに至っています。そして，数年前のことですが，ロストック高等裁判所は，ある商人が未成年者である少尉 Leutnant に対して，衣類を納品したことに基づく〔代金請求〕訴訟を提起したところ，その訴えを基礎づけるためには争点決定の時に利得が存在しているという主張が必要であるとの理由から，その訴えを棄却しました[41]。──このような考え方は，素人の素朴な理解力からは，到底合点がゆかないことです。注文されたワインを少尉のところへ届けることを躊躇う給仕はいないのです。注文を受けた際，その少尉は口ひげをはやしているけれども，まだ未成年者であるかどうか，少尉の財産状態は絢爛豪華であることは知ってはいるけれども，財布の中に現金を持っているかどうか，そうしたことを尋ねはしないものです。不幸にしてそのような事態であった場合，あるいはその客が支払いを忘れただけだった場合には，

気の毒にその給仕は，次のように有責宣言することになります。すなわち，少尉に対して「争点決定の時の利得の額まで」要求しますぞ！　と。このような見解によれば，夜間，診察を求められて，病人のところへ呼ばれて行った医者は，病人が未成年者であるかを先ず尋ね，そうだという場合には，同意をもらうべく就寝中の後見人を起こさせなければなりません。薬剤師も，薬を与える前に同じことをしなければならなくなるでしょう。そして，多くの場合，後見人と医師と薬が着く前に，患者はすでにこの世を去ってしまうことになるでしょう。飲食店経営者は，およそ客が未成年者で，後見に付されている可能性があれば，客の注文を拒否するか，予め現金で支払わせるかしなければならなくなってしまいます。仕立屋も靴屋も，上着や長靴の寸法を測らなくなるか，あるいは少なくとも後見人の特別の同意又は前払いがなければ，それらを作ることはないでしょう。およそこうした善良な人々であれば誰でもこのようなことはしないということ，かくも異常な法命題が通用するということは大金を払ってその法命題を知るまでは通常，およそ見当もつかないものだということ，こうしたことは日常生活上，誰もが納得できることです。こうした法命題を，時折，例えば年の市や国を挙げての祭の際に，私たちの研究施設の後見人を通じて，造形的な形で，演劇的な形で具象的に見せてあげることは，彼らにとってなんと啓発的なことでしょうか。後見人は，この法命題によって暗黙裏に要請されているように，どこであろうと，被後見人の少尉に付き添って行かねばならず，そしてあらゆる法律行為の締結に際して同意を与えるか，さもなくば自身で金銭を払わなければならなくなるのです。被後見人が完全に独立していないということをもっと強調するために，被後見人が重すぎるということがなければ，後見人は，まるで赤ん坊のように彼を腕に抱いてあげるのもよいでしょう。

　私がそのような光景を幾つか実演することを許されるのであれば──（やめろ，やめろ，もういい，本題に戻れ！──大騒ぎに）。

　**議長**：発言者は，あなたご自身のためにも，是非とも本題を尊重して下さるようお願いします。あなたは法学臨床講義について話そうとされていたの

ではなかったですか——これをお忘れになったようですね。

**匿名氏**：皆さん！　私が本題から離れたということはありません。私の集めた陳列品は，法学臨床講義というアイデアの完璧な実施そのものではないとでも言うのでしょうか。教師が臨床講義をする際，必要な資料がなければ，どのようにして行なうことができるのですか。皆さんは，教師に対し，その資料を自身のお金で調達して欲しいと要求することはできません——そのための費用はかなりの額になります。なぜなら，単なる無料診療所や移動診療所で，すなわちその折々に言及される法学研修旅行で事足れりとするわけにはいかないからです。臨床講義を本当に実りあるものにするには，医学部の場合のように，これに加えて，さらに常設の大学付属病院が必要であり，そしてこれは，すでに述べましたように，私の陳列室なくしては全く不可能なのです。ところで，このテーマについての私の話はこれで終わりますが，ただ，あと一つだけ発言をお許し下さい。主体陳列室，又は法学研究施設——私はこのように名付けたいのですが——の設立はあまりにも莫大な出費を伴いますから，我が国のドイツ議会はこれをそう簡単には許可しないように思われます。しかしながら，正しいやり方で取り掛かれば，極めて安く設立することができるのです。大抵のポストは，法律家で占めることができるでしょう。そして，皆さん，私たちは高額の請求をすることに慣れていないではありませんか。私たちのうちのかなりの数の人が，10年，あるいはそれ以上の年月，国家に対し全く無償で奉仕し，最後にようやく300ターラー受け取ることができるわけですが，法学研究施設の場合もそれと全く同じにすることができるのです。そして，人の目を眩惑させるような称号，例えば指導顧問官とか研究施設顧問官といった称号によって収入の欠如が埋め合わされるならば，それどころかその都度その都度の業務に対して日当が認められるならば，私は，志願者の多数が研究施設で実務課程を修了することを承諾することについては何の疑いも持っておりません。経費節約のいま一つの方法としては，給料を払って雇うポストを創設することはするのですが，統一ドイツ国家において用いられて大成功を収めたように，一時的に俸給なしで運営さ

せるということがあり得ましょう。年金生活職としての完全な俸給がつく幾つかのポストを，退職した裁判官，誠実で多少年配の弁護士及び将来の希望が持てない私講師に与えることは，儀礼としてお許しいただけるのではないでしょうか。要するに，研究施設の有用性を下げることなく，費用を引き下げることができるものと，私は確信しています。

　さて，**試験の問題**に移りたいと思います。これまでの私は，提案者を支持し，彼の考えをさらに詳しく展開するという幸運に恵まれておりましたが，この第二の点については，残念ながら，私は提案者と断固として闘わざるを得ません。すなわち，私は試験の回数を**減ら**さなければならないなどとはまるで考えていませんし，逆に，それを**増や**さなければならないというのが私の立場です（ほう，へぇ！　激しい不平）。そうです，皆さん，試験の回数は増やさなければならないのです。皆さんは盛んに異議の声を挙げておられますが，それでも皆さんは私の見解に賛成されるものと信じています。私の考えを文章で纏めるとこうなります，すなわち，**試験は不滅です！**

　試験の問題に関しては，私は二つの立場しか正当と認めることはできません。すなわち，試験が全く行なわれないか，さもなくば人類が生存している限り絶え間なく試験を繰り返さなければならないかです。この二つの立場と異なる立場となると，どれも嘆かわしい中途半端なものでしかありません。というのは，試験というものは無駄なものか，あるいは必要なものであるのかのどちらかだからです。もし前者であれば，試験は完全に止めるべきです。後者であれば，試験の必要性を生み出す理由が続く限り，それは必要なのです。ところで，試験の目的は，よく知られているように，任用候補者が必要な程度の知識を持っているという確信を国家に持たせることと，間接的に任用候補者に必要な程度の知識を身につけるよう促すところにあります。さて，もし知識が永続的な財産であるとすれば，1回の習得で十分であり，結果的に試験も1回で十分ということになるでしょう。ところが，残念なことに，こうした知識は，精神的占有として，アルコールと同様，時とともに蒸発するという性質を持っています。常に新たな補充がなされるとは限らないとす

れば，将来いつしか樽は空っぽになります。私たちの間で，„τύπτω〔打つ〕"という動詞を完全に活用させる自信のある方はどれほどいるでしょうか。なにしろ，私たちは誰しもが，ギリシア語の授業のときにはそれとは全く別のこともやっていたではありませんか！　ここから引き出される結論は，どのようなものでしょうか。それは，試験というものは生涯を通じて，時にふれ折にふれ繰り返されなければならない，ということです。裁判官であれ弁護士であれ，かつては私たちの誰しもが一定程度の知識を必要としていたのであり，そして国家が試験を通じてこうした要件の充足度の確認を国家自らの義務と感じているとすれば，30年又は40年前に行なわれた試験は，その際に求められた知識を現在でも持ち合わせているかということに対して，どのような保証を与えてくれるのでしょうか。40年前には樽は溢れんばかりに満たされていましたが，今ではその中には一滴も存在していないのではないでしょうか。最初に満杯であったということが重要であるだけではないのです。それのみならず，後から注ぎ足して一杯にしておくことも重要なのです。前者の場合について，強制によってのみそれが達成可能であると考えられているとすれば，後者の場合に，強制を経ることなく事を済まそうとしているのは，一体なぜなのでしょうか。さらに，また別の事態が付け加わります。法律家は，大学で取得した知識という原始資本を維持しなければならないだけでなく，それを増やしていかなければならないのです。法律家は，学問の進歩に遅れをとらないようにしなければなりません——絶えず自己形成を続けていかなければならないのです。重ねて私は，質問をいたします，定期的に試験を繰り返すこと以外に，法律家がこれを行なう保証は他に存在するでしょうか。

　皆さん！　私は心の中に思っていることを率直に申しましたが，お許しいただきたいと思います。でも私は，考えていることをそのままお話したのです。私の考えでは，とにかく過去において一度でも自分の課題を完全に解決するだけの力があったかどうかではなくて，今でもその力を持っているとの確信を持てない人々に，国家が，臣民の生命，名誉，安全，財産を委ねるの

は無責任と言うべきです。同じ論理でいけば，鉄道局もまた，鉄道車両の適性について最初の一回の検査だけで善しとすることが許されてしまうことになるでしょう。しかし，車両の場合，その適性について繰り返し検査が必要であるのと同じ理由から，ある意味で貨物車と看做される法律家の場合にも同じことが言えるのです——（声：それは酷すぎる——そんな比較は慎んでもらいたい！　大騒ぎに）。

**議長**：発言者は，このような不適切な比較をするような言動は慎んでいただきたい（いいぞ！）。

**匿名氏**：皆さん！　このような比較をうっかり口から漏らしてしまったことについてお詫びいたします。あとまだほんの少しだけ発言をお許し下さい（だめだ！　だめだ！　やめろ！　やめろ！）。皆さん！　私はせめて一つ提案をしたいのです（やめろ——やめろ———別の声：せめて提案をするのは許してやれ！）。

**議長**：皆さん，提案をすることは許してあげませんか。

**匿名氏**：私の提案は，フォルクマルの提案の第五についての最初の文章に対する修正提案です。私は，次のように提案いたします。

> 実務法律家にとって常に必要な知識の点検，すなわち試験は，その時々に繰り返し行なわれなければならない。しかも，年齢や地位は，一切これを考慮しない。

皆さん！　この提案を申し述べるために，これまで述べてきたことになお若干の補足をさせて下さい。このような制度ができてこそ初めて，試験という理念はその完全な論理的発展を獲得し，それによって初めてその理念は真理となるのです——これ以外のものはすべて，見るも惨めな継ぎ接ぎ細工なのです。国家官庁は，時折，公金を検査するのと同じ理由から，法律家の知識についても審査しなければなりません。法律家の知識は，先に触れた金庫の中身よりもはるかに貴重な資本です。つまりそれは，国家が司法の運営と

か法秩序の維持といった最高かつ最も重要な任務を果たす際に用いる精神的経営資本なのです。このような審査という考えは，崇高なものを持っています。それは，この国の法律家の全知性を網羅した雄大な財産目録であり，古代ローマの戸口調査という思想の精神化された，かつ19世紀に相応しい再現と言ってもよいでしょう。誰もが評価の対象とならなければならず，例外があってはなりません。例えば，司法大臣ですら例外ではないのです（笑い声）。皆さん，司法大臣に試験を受けさせて，場合によっては国法について誤りのある見解の故に，又は解釈技術論に対する重大な違反の故に自分の地位を明け渡すのを見ることは，なんと崇高な考えではありませんか。皆さん！　このように，すべての国家官吏，実務法律家及び法学者に対して分け隔てなく試験を広げることは，法律の前での正義と平等の勝利でなくて何でありましょう。これほど崇高かつ美しい勝利を，私は想像することができません。そして，法律家に対する信頼——古代ローマにおいてすら，法律家はこれを享受する他はなかったのですが——を国民に吹き込むことになるでしょう。

　さて，皆さんは，私にお尋ねになるでしょう，すべての人が受験者の役をやらなければならないとすれば，誰が試験官の役をやるのか，と。これほど簡単なものはありません。ベル゠ランカスターの授業方法[61]を試験に転用しさえすればよいのです——言い換えれば，**試験は双方的にすればよいのです**。ある年に私たちの半分が残りの半分を試験し，翌年には立場を逆にすることを続けていくのです。毎年毎年，新規にすべての法律家の身分が全国の衆目の目前で——すなわち，私は試験が公的なものであることを前提としています——精神的な格闘の中に置かれるのを見ることは，なんと精神を高揚させる光景でしょうか。国民が群をなしてどっと押し寄せることといったらないでしょう。衆に抜きん出て立身するチャンスの到来です！　おそらく，体操選手たちの例に倣って，あるいは比較的古い時代から光り輝いている手本を引き合いに出すとすれば，ギリシアにおけるオリンピック競技のように，あるいは中世の馬上試合のように，国を挙げての祭が行なわれることになるでしょう（大笑い）。

皆さん！　皆さんは笑っていらっしゃいますが，私は多分，自分のアイデアの綾の中で幾分遠くまで行ってしまったようです。しかし，このアイデア自体は，つまり試験の永遠性という考えは，些かの疑いもなく正当そのものであり――もっと言えば――実現可能なのです（へぇ，そうですかねぇ！）。そうです，皆さん，それは実現可能であるばかりでなく，多くのドイツの国においてすでに実施されているのです。なにしろプロイセンでは，すでに三つの試験が存在するのですから。かの地においては私のアイデアを実現するためには，あと何回，試験が足りないのでしょうか（ざわめき。やめろ！　やめろ！）。中国では――（やめろ！　やめろ！）。皆さん！　私に中国で話を終えろと仰るのですか。一体ドイツは――（やめろ――やめろ――やめろ！　大騒ぎになったため，速記机のところでは，発言者の結びの言葉のうち，「**試験――中国の制度**」といった途切れ途切れの言葉以外，何も聞き取れない）。

## 第六信[42)][62]

私がそれを目にした時，あまりのことで仰天してしまいました。私が，1861年41号に掲載された第一信で提唱した考えは，予想以上の成功を収めて実現されました。「匿名氏」という仮面は，実際，宮廷の護衛兵全員が順番に宮廷仮面舞踏会にやって来て，ビュッフェで贅沢に耽るためのドミノ[63]となりました。ある時はこの匿名氏が，またある時は別の匿名氏が，お互いのことは何も知らずに，身を隠して中に入ってくるのです。私は，ある時は民法の匿名氏，ある時は刑法の匿名氏，またある時は民事訴訟法の匿名氏[43)]，そして最近は（２号153頁）「不真面目な extra seriem」匿名氏ですらあるのです[64]。私は，小さく切り刻まれた青虫のように，読者の目の前で分裂し，数が増えていくのです。そして，どの断片もそわそわと独りでに這い回り，そのそわそわと這い回るすべての匿名氏は,所詮はやっぱり私自身なのです。彼固有の自我が信じられなくなり，単に自分の分身に出会っているにすぎな

第一部　匿名氏による今日の法学についての親展の書簡　89

いということが，さほど薄気味悪くないのであれば，このように複製され，そして自分自身で何の苦労も努力もせずに著作の数が増えていくことは，まさに羨むべき運命と言うことができるでしょう。何故サヴィニーとプフタは，他人の外套を上に羽織って彼らの著作を，例えば**ブラッケンヘフト Brackenhöft** とか**ロースヒルト Roßhirt** という名で世の中に送り出すという考えを一度も持たなかったのでしょうか。ブラッケンヘフトとかロースヒルト自身が自分のものと**理解**した著作を手に入れることは，彼らにとって思いもよらないことだったのではないでしょうか！　あなたもご存知のように，ハウフ Hauff は『月の中の男 Der Mann im Monde』という作品をクラウレン Clauren の名で刊行しました[65]。読者は，騙されているということは想像もつかなかったのです。法学文献の読者に対して，しばしば似たような悪戯がなされているかどうか，誰が分かるでしょうか。少なくとも私は，比較的新しい著者の手になる非常に数多くの論文を読んでいる時，これらの論文がこの著者たち自身によって書かれたのではなく，むしろ忌々しい年取った洗濯女が我々の文献の中で狼藉を働いているのでは，と疑いたくなる思いを抑えきれません。先日私は，またまた，こうした著者たちのものを手にしました。すなわち，それは洗濯水が満杯になった盥であり，約300頁もあるのですが，その中には，小さくて，見窄らしくて，その上これ程の頁数も要しない思想以外のものは何も見当たりませんでした。名前と名声を持った人々をすら大切にしない人間は私が引攔まえて，その人を酷い目に遭わせるべきです！　法学書執筆者の名で悪戯をする法学洗濯女の逮捕に賞金を懸けるよう，ベルリンの法学協会に対して決心を迫ることはできないものでしょうか。

　このような推測がどのような事態になるとしても，要するに，私に関しては，他人が私の仮面を使ってものを書いていることは事実です。たとえ他人が，精神的卵を奪われて，そこから孵化した雛を自分のものだと詐称されることについて苦情を申し立てたとしても，私の場合，文献の剽窃という概念は，私の巣の中に卵がこっそり置かれていて，私の名前でその卵が孵化した

98

といった具合に，この上なく喜ばしい形で変わってくれるのです。法のすべての領域において，私はなんと驚くべき博識ぶりを発揮することでしょうか！　ローマ法，プロイセン民法，法史，刑事法，民事訴訟——私が知らないものはないのです！　私がなおも国法の知識をどれぐらい発揮するかが最も興味あるところです。国法について何かを知ることは，今や秘術を要することです。ドイツ連邦の国法，ハノーバー国法，ヘッセン選帝侯国国法，ナッサウ国法——これらは一晩でなくなってしまいました。教授たちのノートだけが残されたのです。彼らは，書見台のところで何もせずに，ビスマルクを「あのやろう」と恨むのです。おそらく，彼らはまた，手元から滑って消えてしまった世界が改悛の情を抱いて再びノートへ戻り，そして廃位させられた君主たちが再び自分の「帝国」と自分の「臣民」のところへ帰ってくるという幸せな復活を夢見ているのでしょう。

　ところが，私の習癖のなせる業と言いましょうか，またしても私は道を踏み外してしまいます。私が欲していたことは，自発的に卵を私の巣の中へ置いて下さったすべての愛すべき方々に対し，どなたにも分かるように感謝の意を表わすことでした。私はこの人たちの住所を知りませんし，尊敬すべき編集者であるあなたは決して私に教えてくれようとはしませんので，個人的に感謝の意を表することはできないわけです。私は，私の翼の下にいるあなた方すべての人々に対し歓迎の意を表します。匿名の同胞たち Mitbrüder よ，抱卵中の方々 Mitbrüter よ，ようこそ！　とりわけ，巣に最近到着したライプツィッヒの消印を付して匿名でお送り下さったあなたよ，ようこそお越し下さいました。希望に満ちた私の息子よ，お前の第一信（1866年16号61頁）のような天賦の才をもっと頻繁に運んできて下さい。奈落の底からシュトリッペルマン Strippelmann の姑——収集品の第一級の逸品——のような滅多にない珠玉を陽の下に出すために，法学上無意味という広い海の中にもっと頻繁に潜って下さい。私たちは皆，そして私たちと仲間になる気がある者は，すべて力を合わせて，私たちの文献の腫瘍に対して新たに闘いを始めようとしています。博識，鋭い洞察力及び思想の深さといった，この腫瘍が

帯びていた金ぴかの安物装身具では，私たちがそのような文献をその真の姿で認識し，中身を剝き出しにする妨げとはならないのです。こうした腫瘍に対する闘いをするにあたって，たとえ他の人が蚊や蠅(はえ)を叩き落とすために重砲を使ったり，砲台を並べたりしても，私たちとしては蠅叩きとか打ち箆(べら)で十分なのです——それらを使って正確に一撃を食らわせば，しばしばローマ法大全の章句全部の連射以上の効果を持つのです。私は，笑い声のお蔭で命が助かったイギリス人がどんな人なのか知りません——彼のプードルが長髪の男性用かつらを着けて自分の前に座ったのを見て大笑いをした時に，医師が火と鉄をもってしても摘出できなかった内部の潰瘍(かいよう)が姿を現わしたのです。私たちの法学にも，内部の潰瘍があるのです。プードルと男性用かつらが役に立つかどうか試してみれば，おそらく私たちは法学を笑わせることで健康に立ち至らせることになるでしょう。不健全な考えを一度でも笑った者は，永遠にそれから守られるのです。横隔膜は，理性の極めて貴重な一部なのです。

　私たちの民事の法実務がそれほどきちんとしていないということについては，すべて見解の一致しているところです。サヴィニーを頂点とする理論家たちは，悪の根源は，実務があまりにも理論的でない点にあると考えており，実務家たちは，それは理論があまりにも実務に即していない点にあると考えています。ある人は，胃が悪くなったのは，患者があまりにもたくさんの薬を服用したからであると説明し，またある人は，患者がまるで薬を服用しなかったからであると説明するのです。患者には日々新しい処方箋が，分厚い本という形になって書かれています。患者に対して，これまで道を間違えていたが，今は健康回復の道が発見されたという大いなる慰めの保証を与えてくれない本は一冊とてないのです。法史，解釈学，法哲学，国民経済学，自然研究，アレクサンドリアのクレメンス教父〔訳注〔25〕参照〕，シェイクスピア，『ベニスの商人』に出てくるポーシャとベニスの総督——どれを見ても，患者の消化を助け，体質を改善してくれるものはないではありませんか！　可哀想に，患者よ，あなたに足りないものは何か，またあなたを助け

る方法は何かについて主治医たちの意見が一致するまで，あなたは待たなければなりません。あなたは，主治医の治療を受けている間に死ぬかもしれません。その間，あなたは静かに用便をし続けることになります。つまり懇願をし，登記をし，手形の呈示をし，送達し，布告し，公布し，欠席裁判をし，上訴をし，その他もろもろの「……する」をするのです。あなたは，最上級裁判所の判例集であるゾイフェルト誌の中に，あなた自身に忠実な鏡と信頼できる指導者を手にすることになります。学問の夢想郷の中で，人々から，あなたは学問の指導よりもゾイフェルト誌の指導に身を委ねている，と汚名を着せられるかもしれません。私の考えによれば，あなたの行動は正しいのです。なぜなら，天空からあなたに道を示すことはできないからであり，あなたの道案内人は，地上に降りてこなければならないからです。そして，学問がこのことを善しとせずに撥ね付けている間は，あなたが学問の指導に対して当たり前の信頼を持っていないことの責任は学問にあることについて，学問自身がその責任を感じなければならないのです。一つだけ私は，ゾイフェルトの計画にけちを付けなければなりません。私としてはこの計画の欠陥は，新たな計画を立てることによって無害なものにしようと思います——この計画については，そのアイデアの生みの親として命名する権利を持っているのは私ですから，私はこれを**アンチゾイフェルト Anti = Seuffert** と命名することにいたします。もし誰かに徳の道を示そうとするのであれば，徳の輝かしい手本を見せるだけでは十分でなく，むしろ彼に悪徳の見せしめ的な例をもはっきり見せなければなりません。しかし，ゾイフェルトは単に輝かしい手本を提供するだけです——彼が掲載する判決を**最上級**裁判所の判決に限定している以上，その他のこともあり得るということではないでしょうか。しかし，見せしめ的な例，すなわち，単純な普通の人間理性ならば意識を失ってしまうような判決は，そこに掲載されていないのです。私は，見せしめ的な例を尊敬する者です。私の教育はすべて祖父のお蔭によるものですが，それはすべてこんな具合だったのです。例えば，少年に中庸という徳を教え込むために，中庸というものの輝かしい手本を披露しても，それは一体何の

役に立つのかね,と祖父は口癖のように言っていました。少年に徳を説くという点では,100人の素面(しらふ)の人よりも**1人の酔っぱらい Betrunkener**——「酩酊者 Besoffenen」[44)]のことは考えに入れません——の方が,はるかに強烈な教えを説くのです。私が,私の人生において,プラムをたくさん食べ過ぎて胃を悪くしたい気持ちになることが一度もなかったのは,ひとえに次のような事情のお蔭なのです。つまり,こうです。私の祖父は,禿鷹(はげたか)のように,何事につけ見せしめ的な例のことばかり考えていたので,私を一人の少年のベッドの傍らに連れて行ってくれました。その少年は,言わずもがな,プラムを食べ過ぎて,お決まりの嘔吐を伴う激しい疝痛に見舞われていたのです。さて,私のアンチゾイフェルトに戻り,次のように質問してみましょう。それは,ここで私の頭の中にある認識を人類の利益のために,そして法律家の特別な見せしめのために,例えば梟(ふくろう)を人目に触れるように門に釘付けにしたり,あるいは偽造硬貨をカウンターに同じように釘付けにするといった具合に,誰からも分かるように釘付けにすれば,それはどのような印象を与えることになるか,ということです。まさしくそれは,法的奇形児のギャラリーであり,病理学・法学の陳列室なのです! 正真正銘の解剖学者がそのような申し分のないサンプルを解剖し,標本を作り,いわば無意味に腹部を切開し,内臓の中にある不消化の理論の梗塞(こうそく)を人の目に見えるように摘出するとき,いかに喜々としてそれをすることか,さあこれを思い浮かべてみて下さい——司法にとってもなんというサービスでしょう! 判決がこのようにして標本として作られ,そして私たちの法学・病理学の収集品の中に一般的な見せしめのために保管されることになれば,そのような判決は二度とこの世の光を見ることはなくなるでしょう。

　さぁ,あなた,私のこのような考えが羨ましいと,告白しましょう。あなたの妬みを沈めるために,私はあなたにも取り分を認めてあげようと思います。あなたは,アンチゾイフェルトを発行することになります。つまり,アンチゾイフェルトは,今から,あなたの新聞の不可欠の一部となるのです。使える資料が私の手に入ったら,私はあなたにそれを送ります。私が私の専

門領域の仲間の間で正当な支持を得た暁には，この後アンチゾイフェルトがあなたの紙面の常設欄とならなければ，それは驚くべきものと言わねばなりません。この書簡をもちまして，この件について賛成して下さる方々にはどなたにも，是非ともご支持をいただきたくお願いしたいと思います。寄稿された原稿は，最初に本紙の編集部に送られることになりましょう。よし，これで話は決まりました，今から私たちはアンチゾイフェルトのために手を結びましょう。「でも，作られたスキャンダルはどうも」とあなたは頭を横に振るでしょう。尊敬すべき支援者の皆さん！　ピュタゴラスが彼の有名な原理の発見の祝典の際に神々に百頭の牛を屠殺して以来，ある有名な言葉によれば，すべての牛は新しい発見がある度に震え上がり，泣き続けていたというのです——屠殺されなければならない時に，泣き叫ばない生き物がいるでしょうか。私たちの同僚が，もしかしたら口にするかもしれない叫び声は，私にとっては，私のアンチゾイフェルトがすべての世紀の最も重要な諸発見の列に加わる権利を有していることの証でしかないのです。ところで，私にとっては当事者はどうでもよく，事案が重要ですので，私は係争事件 Streitsache や裁判所の名称を完全に省いたり，あるいは仮名の名称に置き換えることを認めることに少しも吝かではありません。それにもかかわらず，感情を害されたと思う者は，自分の判決に対するその種の批判は，以前ドイツでは当たり前であった批判と比べると，限りなく穏健な批判だということをよく考えてもらいたいのです。古ドイツの訴訟における「判決の叱責」は，裁判官にとっては，手に武器を持って自分の判決を弁護しなければならないという結果に終わっていたのです。この種の判決攻撃が今でも普通に行なわれていたら，街路という街路はなんと血だらけになることでしょうか！　一度たりとも判決を叱責されたことのない最高法院枢密顧問官及び高等裁判所顧問官を除けば，自分の生命が安全な裁判官は誰一人としていないはずです。〔ところが〕奇妙なことに，その昇進は増えているのではないかと思います。そうではありませんか，このように実際に裁判官を屠殺することと比べたら，そんな批判は子どもの遊びでしかないのではないでしょうか。

第一部　匿名氏による今日の法学についての親展の書簡　95

　私のアンチゾイフェルトによって，私は長い間持ち続けていた胸の支(つか)えが下りました。今や，自分の道——今後は実務を無視して，専ら理論へと私を連れ戻すことになる道を誰からも邪魔されることなく歩み続けることができるのです。長い長い道ではありますが，有難いことに，時間が長く感じられるような**退屈な**道ではなく，そのための配慮がなされている道なのです。

　あなたは私の第四信[66]をまだ覚えていらっしゃいますか。先ず，私は第四信から始めなければなりません。第五信[67]は，謝肉祭の冗談でして，ここでは考えないことにします。かつて私はあなたに次のことを述べました。それは，私はお人好しな若者として，理論というものをすべて信じ切って実務の道に入りましたが，その後この信頼は理論を適用することを通して体験した苦い経験によって完全に揺さぶられ，そして以前私が纏めた命題——すなわち，危険なく理論を用いることができるようになるためには，予め理論への信頼を完全に失わなければならないという命題に集約される見解に席を譲ったことです。あなたもお分かりのように，私は「理論」という場合，老練な実務家の論文と理解しておりませんし，また法哲学，法史及びその他の危険のない科目についての理論家の論文と理解してもおりません。むしろ，実際に行なわれている現行法についての純粋理論家たちの著作と理解しています。私の考えによれば，僅かの例外（下記参照）を除いて，純粋理論家たちが**この**テーマについてものを書くことは，一度止めさせるべきなのです。ものを書けば，どのような結果が生じるのか——これについては，ユスティニアヌスはすでに理解していました。だからこそ，彼は自分の法典についての著述は一切これを厳禁したのです。美しい簡潔な告示は，著述家によってぐちゃぐちゃにされた上に，逐一難癖を付けられた結果，法全体がほとんど混乱状態に陥った，とユスティニアヌスは伝えています。彼の時代に至って，彼は，やっとのことで秩序を作り出しました。もし本の著述家たちがせっかく作り出された秩序を跳び越えて再び姿を現わすならば，古代史全体が再び新たな出発をすることになるのです。それ故，これらの著述家の中で敢えてそれをやってみようとする者は誰でも，偽造者として処罰され，彼らの本は

_105_ 焚書の対象となるのです。しかし，書字痙攣に対しては，火と剣は何ができるでしょうか！　比較的最近のある法律家について，次のような噂が立てられていました。その噂によれば，彼自身，さらに別の負担軽減のみが狙われている場所で文献学の方向で自分の負担をも軽減しているというのです。しかも，その負担の軽減の仕方たるや，あたかも彼が文献の消費にとって命取りとなるようなこの場所で消費と生産との間のバランスを再び作り出さねばならないかのようなものでした——然るべき時に分別がないのは心地よいことだ dulce est desipere in loco〔68〕——。エアランゲンの**グリュック Glück**大先生は，自分の受講生がパンデクテンについて，ただ彼の講義や口述筆記，そして印刷全紙だけで間に合わせようとしている考え方に我慢できず，受講生が家に帰っても勉強できるように，6巻からなる小さなパンデクテンコンメンタールの執筆に腰を据えることにしたのです。なんと思い遣りのある先生でしょう！　彼が死んだ時，そのコンメンタールは34巻にまでなっていましたが，まだパンデクテンの半分少々しか至っておりませんでした。それから，**ミューレンブルフ Mühlenbruch** が，さらにその後に，**ファイン Fein** がそれぞれ登場し，前者は「ある者が他の者に対し遺言することを強制し，又は禁止するときは si quis aliquem testari coegerit vel prohibuerit」（第29巻第6章）という表題のところまで，後者は第29巻第7章の「小書付法について de jure codicillorum」のところまできて，息を引き取りました。前者は9巻を後に残し，後者は2巻を後に残しました。その作品が完成するには，この先，あと何世代の法学者が死んでゆくことでしょうか！　完成した暁には，世の中はどうなっていることでしょうか！　ローマ法大全の中のすべての文字を後生大事にしようとする多くの石頭のロマニストたちは，誰一人として，先に述べたユスティニアヌスの処罰規定を有効と宣言し，**グリュック**大先生とか**サヴィニー**とか**プフタ**を偽作者として告発するという考えを持つに至らなかったのは，一体，なぜなのでしょうか。しかし，そこで突然，法律を遵守しなければならないという合法性が足踏みをするのです——自分で自分の指を切り落とす者なんて，誰がいるでしょうか。そうは言ってもやっぱり，

いかんともしがたいことなのですが，事態を良くしなければならないとするならば，私たちは，下らない書き物と取り組まなければなりません。勿論，そのような禍はこれを完全に根絶することはできないにせよ，少なくとも合理的な範囲の中に留めておくように注意しなければならないのです。そういうわけで，私は多少の熟慮の後，ある考えに辿り着きました。以下，私はその考えをあなたにお知らせすることにします。

　先ず初めに，禍が本来座る場所を確認しておきましょう。私の考えでは，それは私たちのドイツの大学という伝統のある施設の中にあるのです。すなわち，大学は「文献的業績」を明示しなければならない者に対してのみ門戸を開いているということ，言い換えれば，そのような者によって書かれたものが植字され，印刷されてきたということの中にあるのです。大学教授への道は印刷所を通っているのです——植字工なくして教授なし！　どれほどのドイツの私講師が，そのような賞品をもらうために書いて書いて書きまくっていることでしょうか！　第1作がうまくいかなければ，即座に第2作，第3作が書かれ，そして私講師が非常に長い間，雑誌論文，単行論文，教科書等々で，閉ざされた門に対して砲撃を加えると，ついに彼のために門が開けられることになるのです。6ポンド砲で要塞を攻撃することはできません。そのためには重砲が必要となります。本が分厚くなればなるほど，成果は大きくなります。それ故，私たちの文献に対するあの罵倒と恐怖，そしてこの上なく貧弱な内容のあの意図的，かつ力づくによる膨張が，可能な限り大きな量となって現われます——小さな，見窄らしい，貧弱な思想，この思想によって1冊の本全体が包まれているのです。時として，そんな思想すらないものさえあるのです。ほら，そこに，若い学徒たちが整然と行進していますよ。そして，見本市でのあらゆる書籍目録，法学雑誌のあらゆる号が，次から次へと砲弾の雨を降らせます。そのうちの一つが幸運にも要塞の中に打ち込まれれば，新たに要塞を砲撃した他の人が即座にその地位につくのです。このことは，私たちの政府やドイツ国民が理解しない限り，最後の審判の日までずっと続いていくことでしょう。

しかし，あなたは，それがどうした，なぜこれらの人々に対しこのような危険のない精神や肉体の鍛錬を禁止するのか，と仰るでしょう。教授職に伸し上がるために蜻蛉返りをしなさい，と彼らに要求するのか，あるいは本を書きなさいと要求するのかは，結局のところ全くどうでもよいことなのです。彼らが執筆する本は，誰にも嚙みつくことはありませんし，誰もがその本を避けることができます。そうしないでその本を買って読む者は，もしかすると起こり得る損害を自分に帰せしめなければなりません。いやいや，読者の皆さん，そうではないのです。粗悪な商品は選良な商品の市場を駄目にしてしまいます。Ａマイヤー，Ｂマイヤー，Ｃマイヤー，そしてアルファベット順でＺマイヤーまで続いてゆくその他のマイヤーは，連帯債務，自然債務，不可分債務等々について，専ら「純粋学問的方法」という高尚な観点から書物を執筆しておりますので，その書物は今日の私たちの日常生活の事態や要求とはほんの僅かな関連性も持たないものなのです。その結果，こうした書物は，可哀想に実務家をあまりにもまごつかせ，最後には実務家は憤激し，文献全部に背を向けてしまうのです。なぜ私たちドイツの亜麻布産業は，外国での以前の売り上げを失ったのでしょうか。その答えはこうです。なぜなら，いい加減な亜麻布織工が亜麻布の中に木綿を混ぜたからです。いい加減な織工は，彼ら自身の売り上げを奪っただけでなく，真面目な織工の売り上げをも奪ったのです。

　私たちの法学の文献においても，事態は全く同様です。出来の悪い本が，出来の良い本の市場を駄目にします。その上，一体誰が本を買うのでしょうか[45]。なんとまぁ，法律家千人のうち一人いるかいないかです！　私は，例えば先受遺贈についてのブッホホルツBuchholzの本（なんと700頁もあるのです！）のような，博学のまさに驚異的な著作である法学の本を知っています。こういった本は，ほとんど50部ぐらいの販売しか予定されていないでしょう。そして，ドイツのかなりの数のラントでは，多数の法学の著作のうちただの１冊も売れないものと，私は心から確信しております。私自身，もう長い間，１冊も購入しておりません。私には１人の年取ったおじがおり，彼

は変てこな人物でして，出版されるものすべてを持っているはずです。彼自身，本を読むことはなく，むしろ本を部屋の装飾に使っているだけ——ちなみに，高価な贅沢である移動式の脚立は，およそ60マルクの出費となりました——なので，私は，私が書き連ねてきた法学についての手紙を書くために必要となるときは，時々あれやこれやを持ち帰っています。この点で，これらの本は，実に，極めて有益な素材を私に提供してくれます。あなたもしばしば，その素材から利益に与っているはずですよ。しかし，ほんの少数のものを除けば，それらから受ける印象はいつも同じです。こうした本をたくさん読む人は，胃に不調を訴えることになるでしょう。その責任は，その本を執筆した善良な人たちにあるのではなく，むしろその人たちの境遇にあるのです。ローマ法についての本——私の手紙の中で言及したもののことを，私は言っているにすぎません——は，必然的に百年ごとにますます悪くなっているにちがいありません。ユスティニアヌスの脅迫，すなわち「しかし，それらの書籍は完全に役立たないものにされてしまうであろう volumina autem eorum omnimodo corrumpemtur (Const. Tanta circa § 21)」は，罵詈雑言のように私たちの法学文献の上に鎮座ましまっているのです。まぁ，私の論証を聴いて下さい！

　かつてあなたがシュプレー川の岸辺でブドウを搾られたことがあるかどうか，私は存じません。いずれにしても，私たちが順々に同じ量のブドウを搾らなければならないとしたら，私たちのうちの最初にやった人は1番うまく搾れても，後にやった人はうまく搾れなくなります，そしてさらに，3番目の人，4番目の人等々がやる番になった時には，とうとう，たとえ圧搾機を使ってももはや一滴も搾り出すことはできなくなるでしょう，とあなたに言っても，あなたは反論はなさらないでしょう。ローマ法の場合も，こうなることは自明の理です。7ないし8世紀以来，何百万人とまでは言いませんが，何千人もの法学者がローマ法を搾ることに精を出したのです。そして，モスト[69]が腕ぐらいの太さで流れ出てくる時期が，それを集めるために最大の桶や樽を，そう言いたければ**2つ折り大型本 Folianten** を必要とした時期が

かつてあったのです。例えば，クヤキウス Cujacius〔1522-90〕やドネルス Donellus〔1527-91〕の時代がまさにそうでした。その頃は，いまだに搾り出す余地があったのです！　純然たる用益権 usus fructus 論については，ガルヴァヌス Galvanus が，牛を 1 頭屠殺できるぐらいの**2つ折り大型本**を書きました。それから，**4つ折り判本 Quartanten** の時代が来ました。その頃のモストは，すでに以前よりも出が些か細くなっており，風味もすでに苦くなっていました。そして，今や**8つ折り判本 Oktavbände** の時代であり，私たちは現在，この時代に生きています――つまり，法学はまだ**12折り判本 Duodez** や**16折り判本 Sedez** まで零落してはいないのです[46]。そこでいまだにたくさん残っているものは何でしょうか。譬えて言えば，次のような直喩が言えるかもしれません。アスマンスハウゼンやインゲルハイムのシャンペン製造業者がブドウを**自分たちの**目的のために十分搾ったときは，ワイン製造専門業者は，ブドウの搾り滓に水を注いでもう一度搾り出します。それから，アルコールと砂糖を入れます。こうしてアスマンスハウゼン赤ワインやオバーインゲルハイム赤ワインができあがるのです。水，アルコール，砂糖――これこそが添加物であって，こうした添加物によって，今でも，搾られたローマ法から飲めるワインを製造することだけが期待できるのです。しかし――それは芸術作品であり，またこれからも芸術作品であり続けます。「その場合，人々が歌を唄うことはあり得ませんし，誰かを楽しませることも起こり得ません」。このような様々な添加物が加えられる割合は，個々人の味覚により様々です。大抵の場合，圧倒的に水が多いのです。確かに，ある者がアルコールだけを使ってみたことがありました。しかし彼は知らなかったのですが，たくさんの水もまた彼の『精神』の間を流れていたということなのです。あなたが，先に述べた分野における最近の刊行物を，このような添加物について一度吟味しようとお考えであれば，大抵の刊行物の場合，添加物と正しく区分することは難しいことではないでしょう。おそらく，私としても後の手紙でそれを試みることにしましょう。

　とにかく，私ははっきりと繰り返します。こうしたやり方の責任は，私た

ちの著述家にはなく，むしろ彼らの置かれた境遇にあるのです。とにかく，彼らは書かなければなりません。既存の諸見解の単なる再生は禁じられています——それは「文献学的業績」とは看做されないからです——そうだとすると，先学がすでに良質の収穫物をすべて先取りしてしまっていれば，粗悪なものを取り入れるより他に何が残されていると言うのでしょうか。具体的なテーマについて考えられ得る理性的な見解が悉く汲み尽くされてしまっている以上，そうであるにもかかわらず，さらに新しい見解を定立しなければならない哀れな著述家に対して，彼が馬鹿げた見解を選び取らなければならなかったことにつき責任を負わそうとする者はいるでしょうか。近頃，ハイデルベルグの私講師である**アスヘル Asher** 博士とやらいう者の手になる様々なものを，私は手に入れました。——計り知れないほど貴重な論文であり，私はそれを今度の手紙の中のいずれかで他の人たちのものとともに利用しようと思っています。しかし，ともかくも私はあなたにお尋ねいたします。それは，この男が確かに上に挙げた論文の中で信じられない程の成果を上げてはいるものの，彼よりも300年も前に**クヤキウス**が存在しており，そして最善の成果を先取りしていたという事実に対して，彼には何ができるのか，ということです。もしアスヘル博士が**当時**存在し，そしてクヤキウスが**私たち**の世紀に生まれていたなら，アスヘル博士はおそらくクヤキウスになったでしょうし，クヤキウスはアスヘル博士になっていたでしょう——要は，誰が最初にブドウ圧搾機のところに座ったかが問題となっているにすぎないのです！　新しい優れた見解がもはや不可能となったときには，すでに存在する見解のうちの一つを受け入れればよいではないか，と口では何とでも言うことができます。あなたは分かってらっしゃらない！　他の人々とともに健全な見解に与するよりも，たった一人で馬鹿げた見解に立つことの方が好まれるのです。これは女性と同じことです——他の人々と一緒に美しい女性を共有することより，醜い女性であっても，一人その女性を自分のものにすることの方を好まない人がいるでしょうか。言い換えれば，子どもと同じことです——たとえ自分の子どもがどんなに愚か者であったとしても，他人の子

どもよりも自分の子どもの方を愛さない人がいるでしょうか。自分の子どもが欲しいという希望をいまだに持っているのに，他人の子どもを養子にとろうとする者がいるでしょうか。要するに，ものを執筆しようと思ったら，見解というものは自分で作り出さなければなりません。さもなくば，著述家になることは諦めなければならないのです。

さて，これで私の証明の提出となったでしょうか。ローマ法についての文献がますます荒れ果て，空虚になり，不愉快なものとなっていかざるを得ないのでしょうか。ローマ法についての見解は，ますます不健全で，不自然で，気違いじみたものとなっていかざるを得ないのでしょうか。私がここであなたに先験的に演繹した事柄は，後験的にもこれを証明しなければなりませんか。分かりました，次回の手紙でそれをやることにしましょう。私はあなたのために，あなたが小躍りして喜んでくれそうな法的ナンセンスの詞華集を拾い集めようと思います。あなたは，事はお笑い草どころではなく，非常に真面目な側面を有しているのでは，とお考えになるでしょう。勿論です！ドイツにおけるローマ法の有効性のさらなる継続ということについて，どのように考えられているかが問題なのです。それが間もなく終わることを望むのであれば，先に私が詳しく説明した，ローマ法の文献の枯渇を嬉しく思えるだけであり，その枯渇は，ローマ法がもうお仕舞だということについての最も確かな現われなのです。ローマ法は老衰し，老衰と退屈のために死んでゆくのです。ローマ法がもっと長生きしてほしいと思ったら，言うまでもないことですが，できるだけ早く病気の進行を食い止めなければなりません。これに関して私は，この病気に対して私が胸に抱いている方策に立ち戻ることにいたします。すでに述べてきたように，著述業という点で最も危険な人々は，ドイツの私講師たちです。彼らは，過去に実際の事件をたった一つすら手がけたことがないのに，最も熟達した法律家を当惑させるような，この上なく錯綜したテーマについて，何ら囚われることなく自由闊達に書き進めてゆくのです。知識のない人にとっては，万事が容易かつ明快です。そして，ローマ法大全を眺めたことがなく，かつ必要な自信や相当な自惚れを持

ち合わせている人にとっては，次のように言えるのではないでしょうか。つまり，そのような人にとっては，変化の激しい生活関係と今日の取引の需要とを正しく評価するにあたって，ローマ思想に対して私たちの実務が施す教育に対し，法源の無知あるいは不十分な解釈に由来する過ちであるとの烙印を押すこと，及び生活という学校の中で白髪となった最上級裁判所裁判長に対し軽蔑的な笑みを浮かべながら彼を見下すということは，決して難しいことではありません，と。それは，あたかも文献学者が図々しくもアリストテレス Aristoteles とプリニウス Plinius を手に持って，自然科学の諸問題に関して**キュヴィエ**[70]と**リービッヒ**[71]に教師ぶって教えようとしているのと同じ印象を私に与えるのです。

　私の考えでは，文献において私講師たちの危険性を排除するためには，この上なく単純な方法が一つあります。ローマにおいては，よく知られているように，アウグストゥス以来，遺言に基づいて財産を取得しようとする者は，一定の数の子どもがいることを示さなければなりませんでした。すなわち，子ども liberi の存在が「相続財産取得能力 capacitas」の前提条件でした。この皇帝は，自分のお気に入りの者に対し多子特権 jus liberorum を付与することによってその苦労を省いていました。つまり，子どもたちがいるように擬制したり，あるいはそもそも子どもの有無は問題にしないというようにしたのです。このようにして，とりわけ，エフェソスの女神ディアナ——この女神は，貞潔な女神としてその高貴さにより法律の履行を求められることがあり得ませんでした——もまた，相続財産取得能力を持つに至ったのです。ローマにおける肉体的な生産性は，私たちの時代には精神的な生産性を意味します。すなわち，ローマにおいて「子ども liberi なくして相続財産なし」と言われていたものが，ここドイツでは「著書 libri なくして教授職なし」となるのです。私はこの原理を極めて不幸なことだと考えています。そして，私講師の「能力 Capacität」は，書くことよりも教えることによって決定すべきだと思います。しかしながら，大学が，書くという必要条件と手を切ろうとしないのであれば，少なくともその適用に際しては，法学に対し危害を

加えないようにしておくべきです。なぜなら，ローマ法上の多子特権を類推すれば，法学の私講師たちが一冊の著作を世に問う準備をするや否や，彼らには多書特権 jus librorum が与えられるからです。つまり，あたかも彼らが必要な本を印刷させた場合と同じように，彼らを教授にすべきなのです。なにしろ，これまで多くの大学では著書に関してさほど厳格には考えられておらず，むしろローマ人たちが子どもの判定に際して行なっていたのと同じように，寛大に扱われているのです。そして，この寛大さの理由を，学説彙纂第50巻第16章135法文ウルピアヌス文は，非常に人間的に美しく，そして目下の事態にとって非常に適切に説明しているので，私は法文全体をここに掲載しないわけにはまいりません。

<u>114</u>

> L. 135 de V. S. (50. 16) : Quaeret aliquis, si portentosum vel monstrosum vel debilem mulier ediderit vel qualem visu vel vagitu novum, non humanae figurae, sed alterius magis animalis quam hominis partum ; an, quia enixa est, prodesse ei debeat? Et magis est, ut haec quoque parentibus prosint, **nec enim est, quod iis imputetur, qui qualiter potuerunt, statutis obtemperaverunt**, neque id, quod **fataliter** accessit, **matri** damnum injungere debet.
> 学説彙纂第50巻第16章135法文ウルピアヌス文：次のことを問題にする者がいた。女が，奇形，奇怪若しくは不具な子を出産したときは，又は，容貌若しくは泣き声が新奇であって人間の形をしておらず，人間というよりは動物に近い子を出産したときは，出産したということの故にこの子が彼女にとって利益とならねばならないのであろうか。むしろ，こうした子もまた，両親にとって利益になると言うべきである。**なぜなら，どのように行動することもできたにもかかわらず，制定法を遵守した両親に不利益が課されるということはあってはならないし，また，不幸にも生じたことの故に母が損害を受けてはならないからである。**

この法文を私たちのケースに当て嵌まるように，自由に翻訳してみましょう。厳守することも蔑ろにすることも同じく可能であったのに（qualiter potuerunt），大学の規則を守った（statutis obtemperaverunt）私講師たちに責任があるでしょうか。私講師たちによって不幸にも産み出された（quod fataliter accessit）著書が，通常の学術的所産という性質を内に有しておらず（non humanae figurae），むしろ学術的出来損ない（portentosum vel monstrosum）という性質又は精神薄弱の徴候を内に有している（vel debilem partum ediderint）場合に，私講師たちにどんな責任があると言うのでしょうか。何と言っても，彼らは何らかのものを産み出したのであり，それで十分なのです（quod enixi sunt, prodesse eis debet）。勿論，多書特権及び教授職の付与は，提出された著書を出版してはならないという義務，あるいは少なくともしばらくの間，例えば古典的な期間である９年間（９年間拘束される nonum prematur in annum）は出版してはならないという義務に反する場合にのみ行なわれることになるでしょう。一番安全なのは，その著書を法学部に保管してもらうことです。９年を経過して首尾よく教授職を手に入れた暁には，その著者は，出版になお固執することはほとんどないでしょう。それどころか，これは想像ですが，父のような賢明な政府が彼を文献学的軽率さから守って下さったことを神に感謝さえすることでしょう。原稿を９年間預けておくという，こうした制度が完全に一般的なものとなったならば，私たちの文献はどんな姿になるでしょうか。それは，針発銃よりも大きな革命を惹き起こすことになるでしょう，と私は主張したいのです。どれだけの数え切れない著書が書かれずに終わることでしょうか，そして書かれたとしても印刷されずに済むことでしょうか。それにもかかわらず，結局印刷されてしまった著書は，印刷することによってどのような利点を持つのでしょうか。私がいくらか自慢にしている思想こそ，私のアンチゾイフェルトのいま一つの品位ある相対物(あいたいぶつ)なのです。私は，ある友人に，この思想をドイツ帝国議会に対する提案として提出してもらう考えを持っています。警察が，熟していない果物，酸味のあるビールの販売を禁止するのであれば，なぜ熟していない著書の販売も禁止しないのでしょ

うか。ドイツ政府が多書特権の付与という私の提案に対して，大学がその提案に反対する見通しが大きいという理由で同意しない場合は，私たち法律家自身がその事態を引き受ける以外に道は残されていないのです。そして，私は国民的規模の献金を提案します。この献金の成果として，法学私講師のすべての完全原稿を購入することが目的です。もっと正確に言えば，法学私講師が上記の9年間ずっと隔絶生活の下で耐えられるように，係争物を保管し続けることが目的なのです。私たち法律家と並んで，出版業者に対する育成もまた，行なわなければならないでしょう。そして，私は出版業者の側からの積極的な参加を期待しています。彼らはどんな場合に最大の利益を上げることができるのか，つまり従来通りの場合なのか，それとも私が構想している制度が導入された場合なのか，そうしたことを，彼らは分かっているはずです。

　私講師については，これですっかり片がつくでしょう。次は，教授たちにいきましょう！　私は，教授たちの場合，私講師たちと比べると比較にならないほど危険性はないと見ており，それについてはすでに説明しました。彼らは，私講師が書くことによって初めて手に入れようとしているもの，すなわち教授という地位をすでに持っています——従って，書こうという衝動が教授にはないのです。それに加えて，教授の時間の大部分は講義や公務にとられてしまっています。他方，教授は休暇を保養の時間とする必要があるので，結局，書くための時間はほとんど残されていないのです。これは，私講師の場合と対照的です。多くの私講師は年がら年中，休暇中です。そのため，おそらく，せいぜい休暇を短縮することで，書くために使い得るあり余るほどの時間を多少なりとも減らすということになるでしょう。そして，最後には，そして何よりも，たくさん学べば学ぶほどますます人々は，新しい思想であっても，そのすべてが公刊する価値を持っているわけではない，ということに気付くのです。初めて嘴を巣から出している幼い鸛にとっては，すべてが目新しく，全くもって驚くべき発見の連続です。すなわち，積み重なった堆肥を見ても山に見え，水たまりを見ても湖に見えるものです。ところ

が，長旅をしたことのある老いた鸛は，彼が注意に値すると考えるものが目にとまるまで，どこまでもどこまでも飛び続けるものなのです。ともかくも法学の教授たちには，解釈学的諸問題についても書くという権利が，ある程度の制限や留保の下で付与されて欲しいものです。ローマ法は，ここでも再び，拠り所を与えてくれます。すなわち，多子特権と時代を同じくして現われた解答権 jus respondendi がそれです。帝政時代には，著名な法学者は国家の名において法の解答を与える権限を授けられていました。こうした解答権を手本とすれば，私たちの卓越した理論家たちには執筆権 jus scribendi が与えられるべきです。どちらかと言うと怪しげな理論家たちには，例えば南ドイツにおける官吏登用の際に行なわれているように，取消しの可能性を留保して執筆権を与えるのです。こうすることで，後者の理論家は自己点検の機会を持つのです。彼らがこの点検の試験に合格したら，確定的な執筆権に変更されますが，試験に合格しなかったら，執筆権は完全に剥奪されことになります。私は，当初は，人物についての提案を補足するつもりでおりました。ところが，その起案についていろいろと思案しているうちに，私はそんな提案は止めて，あなたと読者に対して，私個人の用に供している現存ロマニステン名簿（これは，法学部卒業試験受験生に対し試験の備忘録詩として提供するものです）をお伝えすることで我慢した方が良いのではないかという考えを持つに至りました。

　　　　語尾アー多いぞ，法学者
　　　　ベッカー，ヴェヒター，ムッターも
　　　　レーマー，ノイナー，ザムハーバー
　　　　シルマー，はたまたシュレジンガー
　　　　パーゲンステッヒャー，レーゲルスベルガー
　　　　ミュラー，ウンガー，また然り
　　　　4人イングだ，気を付けろ
　　　　ベッキング，フィッティング，シュティンツィング，イェーリング

1人足すなら，**フェリング**だ
**オー**で終わるは，ごく僅か
これに当たるは，**サニオ**氏だ
綴りは違えど，**ヴァンゲロウ**
3法学者，語尾は**エル**
**ビュッヒェル，ヴェッツェル**，それに**ゼル**
**ルドルフ，クンツェ，フリッツ**は
先陣切って，歩いてく
**デルンブルク**と**ケッペン**は
**ヴィッテ**と共に真ん中に
**リッベントロップ，ヴィントシャイト**に，**フランケ**は
私に書くぞ，礼状を
**アイスト**2人，忘れるな
その名，**ライスト，クナイスト**
音節一つ，まだいるよ
**アルンツ，ブルーンス，ブリンツ**，それに**ショイル**も喜んだ
**シュミット，ダンツ**も，加わって
これで法学者，揃い踏み
ここに載らない者あらば
別の名前を手に入れよ

あなたがご自分であと二，三行付け加えたいとお思いになれば，それに必要な全権は，この手紙であなたに付与します。ローマ法の若手は，新しい名前がいつも付け加わることについて，どうなるものかと気遣っています。私の次の手紙では，比較的新しいローマ法文献から編んだお約束の詞華選が続くことになるでしょう。

第一部　原注
1) 「プロイセン裁判所新聞 Preußische Gerichtszeitung」第3巻41号1861年6月26日〔72〕。
2) ここで誓います。編集部。
3) **Jhering** in seinem Geist des römischen Rechts, Bd. 2, S. 385 ff. und in seinen und Gerber's Jahrbüchern, Bd. 1, Abt. 1.
4) **クンツェ Kuntze** の表現。
5) 1857年以来［1861年までに］，少なくとも3冊の共同連帯についての**書物**が刊行されました。つまり，**von Helmolt**（1857年），**Fitting**（1859年），**Samhaber**（1861年）の手になるものがそれです。これ以外にも，論文，書評等という形でこの学説に関する多くの論評があることは言うまでもありません。[**Windscheid**, Lehrbuch des Pandektenrechts, Aufl.5, Bd.2, § 292 によれば，1829年の時点で次のような記述をすることができました（Guyet Abh. aus dem Gebiete des Civilrechts, S. 262）：「ローマ法のある別の主要点についての文献は，このテーマについての文献と同様に，とかく貧弱であるとは言えない。」ひょっとすると，多くの者は，このような状態となることを待ち望んでいるのかもしれません。]
6) ［私は，この機会を利用して，先に引用した箇所で私が行なった詳述の故にこうした誤りが生じたとして，責任は私自身にあると言われていますが，そんな責任の一端を否認します。一つの場所で述べたからと言って，他の場所で述べてはいけないわけではありません〔Unius positio non est alterius exclusio〕。法の形式技術的側面，つまり法学技術の高い価値を強調することは，私がついぞ失うことがなかった認識，すなわち法学の最終目標，そしてそれと同時に，すべての理論的＝解釈学的研究の最終目標は実務的目標であるという認識と完全に一致するものです。私はこの点については，私自身の著作で決して無視してこなかったと思っています。解釈学的研究からなにがしか使用可能な実務的成果が抜け落ちているならば，それは私にとって人を惹き付ける魅力を全く持たないものとなるでしょう。私は，拙書 Geist des R. R. III, Abt. 1, § 59 においてすでに，「法学を数学へと高めていくことになる論理的なるものへの崇拝」に対して槍を構え，こうした方向性全体の不健全さを一つ一つの明確な事例を使って実証しようと試みました。そして，「法における目的」についての私の著作は，至る所で，法制度及び法規の実務的動機の解明を課題とすることによって，専ら，形式法学的そして先験主義＝哲学的見方に対立する法の実務的見方を引き立たせる効果を狙ったのです。私はその著作の中で，今日の概念法学が私に提供してくれた諷刺のための有難い素材を見逃してはいなかったことに，読者はすぐにお気付きになることでしょう。］
7) **Puchta**, Pandekten, § 219.

8) **Böcking**, Pandekten, Bd. 2, S. 212.
9) **Bekker** (Jahrb. des gem. Rechts von Bekker und Muther, Bd. 1, S. 292)：「証券自身が，問題の法的主体であり，債権者である。……すべての所持人は，いわば占有権 jus possessionis として権限を与えられている。この権利は，債務者に対して請求する権利にはならない。所持人は，そう言いたければ，証券の代理人となり，証券に帰属している債権を取り立てることができるのである。」
10) **Rudorff** in der von ihm besorgten Ausgabe von **Puchta**'s Pandekten § 114.
11) [**Röder**, Grundzüge des Naturrechts oder der Rechtsphilosophie, Abt. II, Aufl. 2, S. 23 は，すでに胎児を現実の人格，すなわち受胎後は母胎の中にいるときからすでに自己の権利を命懸けで自ら主張する法的主体であるとしています。「なぜなら，生命それ自体とともに**生きる権利**もまた，すでに生まれた人間だけでなく，生殖が行なわれたばかりのものにも与えられるべきだからである。従って，あらゆる冒瀆的な堕胎あるいは頭蓋骨の貫通等々から保護されねばならない。」レーダー Röder は，法哲学者として，どのような形で母胎の中の受精卵がこうした権利を裁判上正当に主張すべきかという実際的＝法学的問題については，これを放棄してしまっています。訴訟上の代理人の欠如に対しては，各既婚女性及びすべてのいかがわしい女性に対し，母胎管理人 Curator ventris nomine を選任するということで対処できるでしょう。]
12) **von Vangerow**, Über die Latini Juniani, S. 67 ff.
13) **Schnabel** in seinem Naturrecht. シュナーベルが亡くなってすでにかなりの時間が経っています。
14) **Girtanner** in meinen Jahrbüchern für Dogmatik Bd. 3, S. 83.
15) **Elvers**, Die römische Servitutenlehre.
16) **Kierulff**, Theorie des gem. Civilrechts, Bd. 1, S. 155.
17) **Bachofen**, Das römische Pfandrecht, Bd. 1.
18) **W. Sell**, Bedingte Traditionen, S. 18, Note 2.
19) **Puchta**, Pandekten, § 210, Nr. 2.
20) 「ドイツ裁判所新聞 Deutsche Gerichtszeitung」〔第 3 巻〕1861年85号。
21) [これは，フィクションです。私は，プフタの授業は聞いたことがありません。しかし，彼の作品を通じて彼は，他の誰よりも，私に影響を与えたのです。]
22) **Gans** in seinem „Erbrecht in weltgeschichtlicher Entwickelung", Bd. 2, S. 451 ff.
23) **Huschke** über die Rechtsregel: Nemo pro parte etc. Rhein. Museum VI, Nr. 8.
24) このタイプの思考力は，奴僕(ぬぼく)の浅知恵 beschränkte Untertanenverstand というものでしょう——それは，事物を**法**の面からしか見ていないのです。
25) あなた方の植字工が，この語の活字を選ぶ際に，„s" ではなく „h" を選ぶことが決してありませんように！[73]

26) 「ドイツ裁判所新聞」第4巻1862年55号。
27) この手紙がお目見えした時期には，本文で述べた暗示は誰でも理解できたものでした。今日でも理解できるように，私は，注を付記しておきます。カラブ Kallab は，オーストリア郵便局員であり，かなり長期間にわたって，紙幣や有価証券が入っていそうな郵便物をすべて着服していたという，最大級の郵便泥棒です。彼の住居からは，信じられないぐらいの開封された郵便物が見つかりました——それは郵便物の戦場であり，墓地でした[74]。
28) 私は，それらの注を全く重要でないという理由で削除しました。それの注の筆者（ヒアーゼメンツェル，彼はラサールの親しい友人です。）は，とっくの昔に亡くなっていますので，それらの注の価値についての私の判断を差し控える必要がないからです[75]。
29) ［かれこれ時が経つうちに，完全に干上がってしまいました。私の考えでは，裁判にとっては〔それは〕利益ですが，理論家にとっては憂慮すべき損失です。理論家が法を適用する唯一の機会は，こうしてなくなってしまいました。いつの日にか，その結果が現われることでしょう。］
30) **収穫 Ernte か？**——植字工による注。
31) ［私はかつて，試験の政治的疑わしさについて有効な考察に資するため，この機会を利用しなかったことを残念に思っています。——もしビスマルクが当時，試験に落第していたならば，ドイツ帝国は存在しなかったでしょう！　一人ひとりの試験官の投票は，ヨーロッパの運命を決めることができるのです。——確かに，試験官が寛大になる，十分に根拠ある動機の一つがあるのです。寛大な傾向のある人々は，彼らより厳格な同僚と対抗するとき，この動機を見落としてはならないでしょう。］
32) ［ゲッティンゲンにおけるフーゴー Hugo の博士学位試験での質問です。］
33) ［これも同じく，フーゴーの博士学位試験での質問です。その場に居合わせていた試験官は，刑法学者のアントン・バウアー Anton Bauer でした。その質問は，嫌がらせ目的で発せられたもので，「君は，私の同僚のアントン・バウアーを著名な法学者に含めないのかね」というものでした。］
34) ［ギーセンにおける私の前任者であった**レーアー Löhr** は，試問の対象として三つのテーマしか関心がありませんでした。遺産占有，嫁資 dos，特有財産 Pekulier がそれです。彼の同僚がかつて，これらとは別のテーマを選択させようと試みました。するとレーアーは，進んでそれに応じ，所有権について試問することを決心しました。最初の質問：所有権とは何かね。「よろしい！」。第2の質問：嫁資の目的物の上に所有権を持つのは誰かね。夫かね，妻かね。「よろしい——ではここで，嫁資について少し詳しく考えてみようじゃないか」。この試験は，その後，嫁資が論題となっただけでした。この時以来，彼の同僚は，彼の進

路を修正することを断念しました。最初の質問がどのようなものであったとしても，第二の質問は，最初に尋ねたことを遺産占有，嫁資，特有財産に適用する内容であるということが予想されたからです。〕

35) 例えば**プフタ**（§ 404）や**ギルタナー Girtanner**（Bürgschaft, S. 373 f.）のように，保証契約と弁済約束とを一緒くたにしている人々もまた，少なくとも金銭貸与の委任を救っているのです。**ヴァンゲロウ**（§ 579）と他の人々は弁済約束の面倒を見ていたのに対し，他方で**アルンツ Arndts**（Pandekten, § 353）はその理論家を否認して，三つのすべての形態を保証という**一つ**の概念に埋没させています。アルンツは，本来ならば理論家になるべきではなかったのです。というのは，理論家自らがローマ法の中の最も精緻な区別を犠牲にしては，一体，理論から何が生まれるというのでしょうか。

36) 〔「ドイツ裁判所新聞」第5巻〔1863年〕21号。第四信として本紙〔第4巻58号，59号〕に掲載されたものは，私が執筆したものではありません。私は，第一信の中で，このように字句を書き入れることについてはっきりと許可したことがありました。〕

37) 〔**Rudorff**, Römische Rechtsgeschichte, 2 Bände, 1857 und 1859. この著作は，私の目から見れば，ローマ法史がかつて経験した最も酷い虐待を内容としているものです。すなわち，法の歴史的発展の足跡すべてを完全に放棄しているのです——石材を積み上げているだけで，建物になっていないのです。一方，この著者は歴史学派の代表的主張者とされています。彼は，解釈学の領域におけるこれに対応するものを，後見についての著作の中で展開しました。そこでは互いに補完し合っているものが引き裂かれ，異質なものが組み合わされるということが極端に推し進められているのです。〕

38) 「ドイツ裁判所新聞」第5巻1863年35号，36号。

39) 「彼ら（卒業試験受験者）は，1年目は勉強しない。なぜなら，大学入学資格試験の過労でいまだに疲労困憊しており，学問の自由をたっぷり楽しもうとしないからである。彼らは，2年目も勉強しない。なぜなら，兵役義務を果たさなければならないからである。彼らは，3年目も勉強しない。なぜなら，試験の準備をしなければならないからである。」

40) 〔これは，私の『ローマ法の精神』第2巻第2章第41節に対する当て擦りです。以下，同じ。〕

41) この〔1855年5月14日〕判決は，**ゾイフェルト**の判例集 J. A. Seuffert's Archiv für Entscheidungen der obersten Gerichte in den deutschen Staaten 第11巻25番〔34頁以下〕に掲載されています[76]。

42) 「ドイツ裁判所新聞新版 Deutsche Gerichtszeitung. Neue Folge」第1巻309頁以下，1866年。

43) これらの手紙の第二シリーズ，第三シリーズ（民事訴訟法の手紙と刑事法の手紙）が出ていますが，それらはいずれも，私が書いたものではありません[77]。

44) 両者の定義については，Wächter, Sächs. Strafr., S. 346 参照。

45) 私は，ホルツシューアー Holzschuher 理論やカズイスティークのことを言っているのではありませんし，その本のように，文献学的に出来栄えの平凡なものを言っているのでもありません。そしてまた，概説書のことを言っているのでもないのです。むしろ，当該著者の意図や考えに従い，純粋な学問というエーテル層の中で動いているもの，すなわち日常の世界をはるか足下に放置した気球研究のことを言っているのです。

46) この手紙を発信する時に，法律顧問官にして裁判所官吏である **G.A. ヘッセ** G. A. Hesse 博士の手による『袖珍普通民法 Taschenbuch des gemeinen Civilrechts』(Jena, Fr. Mauke, 1867年) が私のところに届きました。この本は，普通民法の8つ折り判本から12折り判時代への移行を約束するものであるように思われます。その著者は，自分の本の前書きの中で，その刊行理由が**判型**にあることをはっきりと述べています。「優れた教科書は確かにあるが，しかし法律家にとって，特に学生にとって携帯に適する本，旅行中に，休暇中に，公判の時や会議の時などに，手に持っていくことができるような本，手ごろでハンディーで，急場しのぎができる，そんな本を我々はいまだ手にしていない」。事実，これはうまい，独創的な考えです。つまり，懐中手帳としてのローマ法であって，それは「コルネーリア，すなわち女性用懐中手帳」，あるいは「イドゥーナ，すなわち少女用懐中手帳」と見間違えるほど似ているではありませんか！ ただ，口絵の銅版画として，ユスティニアヌスとかトゥリボニアヌスの肖像画，それから芸術的な付録として，「女帝テオドーラの生涯からの一場面」（古代のローラ・ラスムッセン），「善意 bona fides と悪意 mala fides，つまり2人の特徴的な女性の顔」又は「トロンボーンによる助奏を持つ曲が付けられた神皇マルクスの採決 Decretum Divi Marci」等々だけはありませんでしたね。私の頭にはすでに，金髪の巻き毛の青年が〔スイスの〕ヴェンガーナルプで横たわり，小さなポケットブックに完全に没頭している様子が思い浮かびます。「すみませんが，お伺いしたいのですが，その本は『森番の花嫁出迎えの旅 Waldmeisters Brautfahrt』でしょうか，それとも『ハンナちゃんと雛 Hannchen und die Küchlein』でしょうか」。「いいえ，ヘッセの袖珍民法ですよ。これがないと，僕はもう駄目なんです」。旅の帰途，私はミュンヘンにあるボックビールのビアホールに立ち寄ります。同じシーンが白ひげの老人にも起こります。その老人は片手にビールグラスを持ち，もう一方の手に大根とヘッセの民法を持っているのです。ところで，一般に言われているように，その本が学生たちの間でかなり評判になってくれば，第2版を刊行する際に，幾つかの学生歌も収録することが推奨されることになるでしょう。それに

適するものとしては，とりわけ法学の歌，例えば「エーンヤコラサ，**役権**そこに眠る」とか，「いいぞ，いいぞ，**相続人**がいたぞ」などが挙げられるでしょう。私は勤勉な出版社に，「法の諸原則について de regulis juris」の章にある定義とか章句が載っている法学トランプの印刷をお勧めします[78]。

# 第二部

## あるロマニストのお喋り

## 「序論」としての編集部宛の書簡[1][1]

　先頃，あなたは，再び私に対して約束の履行を催促されましたね。それは，何年か前に，つまり私がウィーンを離れるほんの少し前のことでしたが，「金鵞亭 goldene Ente」での会議の一つ——このお蔭で，非常に幸運にも，法学協会 Juristische Gesellschaft は自分たちの社交的な欲求と法学の欲求とを満たす均衡の場を作り出すことができるようになりました——において，私があなたと交わした約束，つまり「法律新聞 Juristische Blätter」への寄稿の約束でしたね[2]。このような夜の祭典で法学の重圧から解放された気分壮快の中で，一体どんな約束をしたのか，覚えていないのです。いとも容易に約束してしまう人々は，大抵，即座に忘れてしまうという幸せな性格の持ち主でもあるんですね——このようにして，この性分は，人が良いということと仕事の能力があるということとの軋轢を改めて取り除いてくれるのです——そして，私が当時，あなたと交わした約束もまた，あなたが催促して下さって再び私の記憶に甦るまで，完全に忘却の彼方にあったのです。要するに，とっくの昔に過ぎ去った時間という亡霊が墓場から起き上がり，気分壮快の中で振り出された手形を振出人に呈示したのです——私はその手形の支払いをしようと思います。

　しかし，約束をした場所や状況に相応しいやり方で手形の支払いをすることを，亡霊も許してくれなければなりません。私は，「金鵞亭」で約束をしたのですから，「金鵞亭」の中でその**約束を守る**ことにしたいと思います。つまりこうです。私は，あの場所でワイングラスを傾けながらあなたと同席して，法学に関する事柄についてあなたと歓談しているつもりになっているということです。言い換えれば，私はあなたと**お喋り**をしようというわけです。そして，あなたはこの歓談を，適切であるとお考えになる範囲内で「法律新聞」に掲載するようご指示いただければと思います。

私が寄稿いたします表題の「あるロマニストのお喋り」は，私の知る限りでは，いまだかつてなかった表題ですので，この表題を用いて法学に関する事柄を論じる文献として新しい形態を作り出したことに，私は些か自負しております。これは，法の領域における**雑報**です。あの名称は，実質的な点でも形式的な点でも，私を，何の準備もない，全くその場その場のお喋りに見られる自由気儘で気楽な気持ちにならせてくれることは必定です。私は，文字通りお喋りをしようと思います——誰もが私のお喋りに耳を傾けたくなるかどうかは，皆が分かっているにちがいありません。

　もうあなたはご存知のように，こうしたお喋りは，学術文献の仲間に入れて欲しいと求めるものではありません。このお喋りは，あなたの読者の一時的な歓談の機会になるとか，あるいは彼ら自身の思考に対する刺激になれば，それで目的は達成したことになります。このお喋りは，ドイツの教授たちが引用する気になるような代物ではなく，一瞬のうちに現われては一瞬のうちに消えていくものです。私が間髪を入れずにそれを紙に書き留めようとしているのに対し，読者はそれを読むあとからそれを忘却の彼方に押しやるといった類のものかもしれません。

123　ですから，これは，私があなたとあなたの読者との間で結ぶ契約なのです。この契約は，私が思っていることを何でもかんでも，そして一切の準備もすることなくお喋りすることを許可する，これがその内容です。私がここ何年か取り組んできた謹厳そのものの真面目な事柄すべてを前にし，そして我が荘厳な Georgia Augusta[2] を覆っている雰囲気に包まれ，私は非常に真面目な心になっていましたので，一度は徹底的に箍（たが）を外し，笑い，冗談をとばす必要があるのではないかと感じていたのです。もしあなたとの歓談に予め上記のような名称を付しておかなかったならば，私たちの間での取り決めの結果，「金鷲亭」でワイングラスを傾けての歓談ということになるので，「法学の鷲の卵（あひる）」という名称が相応しいということになったでしょう——もしそれが金の卵であったならば，それを私自身のためにとっておくことにしたでしょう。そうではなかったわけですから，それらの卵をどうしたらよいのか，

あなたはご存知ですね。この機会に，「**法学の鷲**」が現われても——私の知るところでは，これまでのところいまだ確認されていない変種です——そのことで驚かれる必要はないでしょう。

　私は，そのような卵を大量に蓄えています。私は，それをダース単位で売りに出すことができると思います。その卵は，これまできちんと整理もされずにてんやわんやの状態のままでした。あるいはもっと正確に言えば，卵はいまだ全く存在せず，まだ産まれずに，私の中に入っているのです——私は，卵の巣全体を頭の中に入れたまま，あちこちに持ち歩いているのです。

　生涯，体系的な講義をしていた人間にとって，**体系及び分類作業**がついには抗しがたい欲求となり，第二の天性となることは驚嘆すべきことです——私自身のことを言えば，いまだ産まれていない卵を分類しなければなりません。あなたもご存知のように，ロマニストは本来，**二つの部分**からできています。すなわち，半分は解釈学者で，半分は法史家です。その人間が何者で**あるか**ということの固有の特性が，彼が**産み出す**ものに及んでいるとすれば，そのロマニストの生産物もまた，こうした二重の性格を有していることになります。それ故に，その生産物は，私の産まれくる卵のために**二つの仕切り**を用意しておかねばなりません。すなわち，**解釈学**の仕切りと**法史**の仕切りです。

　「法史ですって」，とあなたは問い，そして頭を横に振っていますね。それが何を意味しているのか，私は分かっています。「法律新聞」の読者は主としてオーストリア法の実務家からなっていると，ローマ法史は彼らにとって何の意味があるのかと，あなたは仰りたいのですね。

　それにもかかわらず，私は，敢えてそれをやろうと思います。あなたの読者の間でローマ法史の名声を高めてやろうと断固，心を決めたのです。どんな不味い料理であっても人工的手段を尽くせば美味しくできることはよく知られていますが，こうした人工的手段を使うのではありません。本物のフランス人コックは，皮革を調理する術(すべ)を心得ているので，何も知らずにそれを食べる人がこれより美味しいものをこれまで口にしたことはないと思い込ん

でしまう——こうしたことができるのが，本物のフランス人コックであることの証なのです。ソース理論の分野の最高権威の一人は，ある種のソースのあまりの美味しさに耐えきれず，「こんなソースで自分の父親を食べられたらなぁ」といううまい標語を見つけました。なかなかのユーモアと機知を持っている一人の人間が，法学の題材——そこには，あらゆる皮革と比べても引けを取らないものが存在しています——を使っても，先ほどの証をやってのけるもの，と私は信じて疑いません。そして，おそらくその人は，もう生まれているのであり，将来いつの日か私たちに「不使用 non usus についての哀歌」とか，あるいは「注意深い家父 diligens paterfamilias の生涯からの一場面」といったものを贈って下さるような人となることでしょう。

　そのような人工的な刺激を，ローマ法史は必要としていません。ローマ法史は，ソースなしで済ますことができます。ローマ法を正しく取り扱うことだけが重要なのです。私は，ローマ法史に対しては，私固有の取扱い方法を持っています。その方法は，一般に行なわれている支配的な方法からは逸れています。しかし，それは実証済みの方法です。私はこれまで，それを秘密なものとして心の中に留めてきました。今，私は，その方法を他の方々の利益のために公表するべき時が到来したものと考えています。

　この場合に最も重要なことは，強すぎもしない，軽すぎもしない，上等で品の良い葉巻と，長椅子か寝椅子があることです。具体的な法史の素材で十分に満腹になった後，誰からも邪魔をされないようにドアに鍵をかけ，葉巻に火を付けて，ソファーの上に身を投げるのです。その時に，私はすでにやってみたことがあるのですが，両足を高く突き出そうとするかどうかは，その人その人の好みの問題です。こんな時，身の回りのことや自分自身のことなどはすべて忘れ，意志の力の限りを尽くして全思考を古い時代に向けるのです。そこでどんな思考に思い耽るかと言えば，自分はあの時代に生きていたのであり，ただ単に自然が持つ不可思議な気紛れによって霊魂が19世紀に転生し，あちらこちらの大学でローマ法の私講師又は教授として再び姿を現わしているにすぎないのであって，本来自分は古代ローマ人なのだ，そして

古い時代について書物を通じて得たほんの僅かの知識は自分の記憶の最後の残滓にすぎず，この記憶を精力的な努力によって再び事実のように生き生きとしたものにする——こうしたことは，ギリシア哲学がすでに，霊魂の転生の教えに際して可能と考えていました——ことだけが肝要なのだ，ということになるのです。このようにして，しばらくの間空想に耽って横になっていると，古い時代の記憶が本当に再び目覚め，その光景は心の底から（「無意識」の領域から）再現し，自分が吐き出した葉巻の煙の雲の中に映り出てくるのです。自分自身が古代ローマの街路を歩いている光景を見て，ローマ法史のすべての美しい事柄，例えば，握取行為 mancipatio，法廷譲渡 in jure cessio，夫権を伴う婚姻，法廷への召喚 in jus vocatio 等々に参加するのです。これらすべてのことがたった一本の葉巻で体験できるだなんて，信じられないですね。しかし，勿論，**煙の出し方**が上手でなければなりません。このことを，大抵の人は分かっていないのです。だからこそ，彼らは葉巻に火を付けてソファーに身を投げ出しても，何も見えてこないのです。彼らは大きな煙の雲を作ることは作るのですが，煙の出し方を心得ている他の人々よりも強いために，煙の中にいかなる光景も見て取れないのです。それ故，彼らは他の人だってそんなことできないと主張したり，あるいは他の人がそれはできると言い張ったら，その光景は煙草の幻覚作用によって惹き起こされた幻想の思いつき以外の何ものでもないのであって，学問は異議を申し立ててこれを撥ね付けなければならない，と主張するのです——源泉が止んだ所で，学問もまた止みます。私としては，その場所こそ学問がようやく始まる場所であると言いたいのです——私は，相も変わらず煙草を吸い続けています。

まだかなりの量の葉巻が，私の木箱の中に残っています。私は，あちらで一服，こちらで一服と，煙草に火を付けては，私が目にした光景をあなたに報告するつもりです。私はこの報告を「**ローマ法史からの幻想**」と名付けようと思います。これは魅力的な表題であり，それだけでもすでに些か価値がありますし，とりわけローマ法史のような，曖昧でも人を惹き付けて離さない魅力ある対象の場合は，特にそうなのです。そして，なぜなのか私には分

からないのですが，私たち学問の人々が，どうしてへっぽこ著述家——こうした著述家の手になると，表題から作品全体が時としていかにも新鮮そのもので，興味を惹き付けずにはおかないようなものになってしまうのですが——の専売特許のように，美しい表題の使用権をこれらの著述家の自由にさせているのでしょうか。勘どころをきちっと押さえる私の本能は，当を得た表題の価値を早いうちからとうに私に認識させてくれていました。私の諸作品の表題は，それらが出版されて人々の耳目を惹き付けるに際し，些かなりとも貢献してくれました。私の『ローマ法の精神』に「特徴と意味について等々」とか「特徴的な特性の探究の試み等々」といった名前が冠せられているとか，あるいは『権利のための闘争』に「私人が自分の権利を事情によって行使する道徳上の義務付けについて等々」といった表題が付されている場合を想像してみて下さい。そんな表題，一体誰が覚えてくれることでしょうか。表題というものは，軍隊における命令口調の言葉の性質を有していなければなりません。つまり，短くて，的確で，確定的で，断定的でなければならないのです。それは，世の中に向けて大声で叫ぶ，著作上の命令言葉でなければならないのです。

　未来の子どもに付けるべき名前は，現在，すでに手許にあります。ただ，ほんの些細なこと，つまり**子どもそのもの**だけがまだいないのです。私は，お産の前の母親であるかのように，子どもを待ち侘びているのです。男の子でしょうか——女の子でしょうか——可愛くて，健康で，逞しい子でしょうか——弱々しくて，醜い子でしょうか——それとも悪魔に取り替えられた醜い子でしょうか。要するに，なるようになったとしても，それはたいして重要ではありません——言わずもがな，その子の儚い束の間の生命そのものが目的であるだけなのですから。

# ローマ法史からの幻想[3]

## I 無主物先占の権利——今昔

### ロマニストの哀歌

　私は，私の身に起こるすべての事柄を比較するという性格，すなわち自分のものと他人のものとを比較したり，今と昔を比較したりするという不幸な性格の持ち主です。不幸な性格と言ったのは，私が行なう様々な比較は，必ずしも私に心地よい結果を生み出すとは限らないからです。もし私があまり深く考えることなどせずに，私のものとして与えられたものを無邪気に享受していたならば，私にとって事態はもっと良いものになっていたことでしょう。ところが，私の比較癖は，私個人に関する事柄に限られているわけではないのです。それは，私とばったり出会った事柄すべてにまで及んでおり，私を前にして私の比較癖から逃れ得るものは何一つないのです。非常に豊かな収穫物を私に与えてくれるのは，当然のことながら，私の専門分野です。そして，私の専門分野で現われるもので，私が他のものと比較したことのないものはほとんどありません。そんなことで，私は古代ローマ法と近代ローマ法とを比較して，私自身に対しても他の方々に対しても，両者の対立を明らかにしようと試みたのです——それが，私の『ローマ法の精神』の動機でした。そして，私はまた，私たちの現代法をローマ法と比較することもしました。この点においても，私が到達した結果は，現代は多くの点で過去と張り合うことができないということでした——例えば，損害賠償の訴えをする場合，裁判官を選ぶとすれば，私は，今日の裁判官よりも，むしろローマの裁判官の方を望ましいとしたことでしょう。このことは，私の目下の哀歌の対象である無主物先占の権利という点についても，全くと言ってよい程ぴっ

たりと当て嵌まるのです。

あなたが法の歴史的発展に対して注意深い目をお持ちであれば，あなたは，対価なしでの取得——これは，心理学者が主張しているように，人間にとってこれ以上ないと言ってよい特別の魅力を持っているはずのものです——の可能性についてローマ人と比較すると，私たちが悲しむべき退歩をしているという，悲痛な思いを私と共にすることになるでしょう。この点，ローマ人にはなんと豊富な準備が調えられていたことでしょうか。無主物の目録がなんと長いことか。また，**彼らの法において**，先占が起こる空間はいかに広かったことか。あらゆる種類の野生動物，つまり鳥，魚，四足動物，又は私たちの法源に述べられているように[4)]，水中で，**天空**で，そして地上で**生を享けた** (in coelo...nascuntur) 動物については，何の妨げもなくこれを狩猟することができたのです。まさしく人間と時を同じうしてこの世に生まれ出た自然法の中で書かれているように[5)]，自然自らがこのことを決めたのです。なにしろその当時は，狩人になったり，鳥捕りになったり，釣り人になったりすることが，不断の喜びでした。琥珀も真珠も宝石もこれを見つけた人のものとなったのです——最少の資本投下すらしなくても，大富豪になれました。オランダ苺，木苺，ミヤマウラジロ苺及び森にあるその他の苺並びに茸は，プロイセンでは先頃，立法による規制の対象となりましたが，当時の人々は何も気にすることなく手に入れることができました。今日，非常に多くの国で，国庫が，幸運な発見者（このような場合，〔現在では〕正しくは「不幸な発見者」でしょう）から取り上げようとして，貪欲に骨張った手を伸ばしている埋蔵物ですら，当時は発見者と土地所有者の手元に残ったのです。

それどころか，兵士には戦争での先占 occupatio bellica もあったんですよ！　敵が完全に無権利状態になった場合は，その敵が持っていたものはすべて，彼から奪い取った勇敢な兵士のものとなりました。その兵士がそれを**獲得した kriegte** ということだけが重要でした。私はこの „kriegte" という単語を書きながら，私にとって全く新鮮で，しかも驚くほど深い意味を持っ

た言語に関わる思念が頭に浮かんできました。**ガイウス**が伝えているところによれば[6]，古代ローマ人は敵からの略奪（今日では「併合 Annektieren」と呼ばれています）を所有権取得の最善の方法と見ていたということを，あなたは思い出すことでしょう。そして，これこそがローマ特有の考え方であると，私は常々看做していました。今，私が戦争での先占に関連して „kriegte" という単語を書いたとき，偶然にも私は，私たちの祖先がこの点で古代ローマ人と同じ考えを持っていたことに気付いたのです——ここではおそらく，インド‐ゲルマン語族の原型である考え方と関係があるのでしょう。獲得する capere とか，手に入れる nancisci という意味の „Kriegen" は，語源上は，戦争 bellum という意味の „Krieg" と繋がっています。要するに，kriegen というのは，本来，戦争によって獲得する（bello capere）ことであり，ローマ人の戦争での先占は，二つの語ではなくて，一つの語なのです。戦争の形は，時の経つうちに洗練されていきました。広々とした野原に代わって，閉ざされた空間，つまり取引所，営業所，店舗等々になっていき，私たちの先祖の重くて堂々とした広刃の刀に代わって，ペンになっていきました。ついには，「敵」という概念も拡大されました。すなわち，敵とは，何かを**持っていて**，その人から何かを**手に入れる**ことができる人すべてをいうのです。これが，私たちの現代**戦時国際法 Kriegsrecht** の姿なのです。

ちなみに，「敵」という概念をこのような類推により拡大させていったとき，まさしくオーストリアに関わる一つの類似例が私の頭に浮かんできました。それは，私のウィーン滞在の所産です。あなたのところには，トルコ戦争から帰ってきたオーストリアの傷病兵のために，オイゲン公に仕えていた剛勇の老戦士の手により設立された財団がありますね。その男は，オーストリアにとってトルコ戦争とは，降雹，洪水，凶作と同じぐらいの確実性をもって時にふれ折にふれ周期的に繰り返される習慣的な災悪である，と見ていました。そして，この男の時代には，彼の考えていたことは間違いなく全く正しいものであったのです。ところが，かれこれするうちに，トルコ戦争は，パンデクティストとしての私に言わせれば，オーストリアにとって解釈学的

利益を失いました。予言者ならずとも，オーストリア人とトルコ人との間の戦争が永遠の終わりを告げるということを，人々は知るに至ったのです。今となっては，あの財団はこれからどうなっていくのでしょうか。この財団は，今後二度と何ぴとの役に立つことなく，利息に利息を積み重ね，いつまでもいつまでも存続していくことになるのでしょうか。ロマニストであれば，その回答に窮することはありません。ローマ法は，財団の存続を可能にする状態，つまり常に財団が絶頂期にあるという状態を保持する適切な手段，すなわち**擬制**という手段を提供してくれるからです——戦争の相手方であるトルコ人が**実際**にいなければ，トルコ人を**擬制**して切り抜ければよいのです。例えば，ロシア人は，これをトルコ人と看做す，もし人がこれに疑念を感じたときは，政府は，戦争勃発の際にいずれの場合であっても，敵は「**トルコ人**」であると宣言する権限を持つ，という内容の法律を公布するのです。このように「トルコ人」は，実際のトルコ人がとっくの昔にヨーロッパから，あるいはこの世から姿を消してしまった後であってもなお長きにわたって法の中で生き続ける一つの法的概念となるのです。このように擬制がまたしても実際に適用され，もはや，擬制の例が専らローマ法源から取り出される必要もなくなり，これによってローマ人と擬制される外国人という，**ガイウス**の例がついに永遠の安らぎにつくことになれば，ロマニストは嬉しく思うことでしょう。それはそうとして，このガイウスの例は，全く興味深いものであり，重要なのは，ただそれに正しい光を当てることなのです。**ガイウス**によれば[7]，窃盗の訴えが外国人から又は外国人に対して起こされた場合，その外国人はこれを市民と擬制しなければなりません。このことを法的に表現すれば，窃盗はローマ民族特有のものであり，外国人は盗むことも盗まれることもあり得ない，となります。シルダ[3]において，ある外国人が絞首刑に処せられることとなったとき，市民たちは，絞首台は自分たちシルダ市民とその子どもたちのためだけに存在する——外国人を絞首刑に処そうとするときは，その外国人は先ず市民となってもらわねばならない，と抗議したのです。このように，ローマにおいて物を盗もうとしたり，又は物を盗まれようとし

ている外国人もまた，先ずローマ市民権を取得しなければなりませんでした——人々は，擬制を通じて欠陥を補完することにかなり好意的な対応をしていたのです。

　ともあれ，ローマの所有権の根源である戦争での先占に戻りましょう。ローマにおいては，実際，兵士になるということは，猟人，鳥捕り，釣り人になるのとは比べようもない喜びでした。そこでは，「おお，兵士になりたいですって」という雪女[4]の歌が，立派な意味を持っていました。なぜなら，ローマ世界を除けば，全世界が兵士のものでしたし，全世界が潜在的に内蔵している宝物を現実に我が物とするという些事が問題となっただけであったからです。私が講義の中で軍事特有財産 peculium castrense について話をしなければならない場合において，とりわけ私の講義を聴講している者の中に兵士の家子 filii familias milites がいるときは，そのことはいつも私に悲しい印象を与えます。その場合，彼らが兵士の家子たる資格において取得が可能となるすべての美しきもの，すなわち敵からの取得，君主からの賜下品等々が彼らの前に示され，それによって彼らは口から涎を垂らす羽目になるのです。しかし，そうは言っても，やっぱり万事は紛い物でしかありません——彼らが満足しなければならない軍事特有財産の唯一の実際上の構成要素は，裕福な妻の相続財産なのです。

　これまであなたに披露してきた夥しい数の動産に，ローマ法はさらに，一切労することなく，只で取得できる若干の不動産を付け加えています。私がこうした部分をパンデクテンの中で取り扱うとき，それはいつも私の大きな喜びです。その際，その喜びは，今日それと結び付けることが可能な実際の期待——残念ながら，それと結び付くものは何もありません！——から生まれ出るのではなく，むしろ，純歴史的見地に身を置くことから生じて来るのです。なぜなら，私は，その種の取得の分け前に与る一人の古代ローマ人をありありと思い浮かべて，彼の魂の中に入り込んで楽しんでいるからです。そういったものとしては，先ず，河中に出現した島 insula in flumine nata と水流の変化により土地となった河床 alveus derelictus があります——この二

つは，パンデクティストの好物です。その取得は，河岸の所有者にとっては実に都合の良いものであって，先占することさえ必要としません。彼らは，何ら苦労する必要もなく，法から贈り物を受け取るのです。ちなみに，この二つの場合は無主物が問題となっているにもかかわらず，何故にローマ人は無主物の論理的帰結，すなわち自由な先占の権利を認めなかったのかということ，これについてあなたは一度でも考えてみたことがありますか。自由な先占の権利の行使を招来する場面を想像してみましょう。つまり，島がいまだ完全に水中から現われる前に，あるいは河床から水が退く前に水の中で戦わされる取っ組み合いの場面です——私が言いたいのは，自然がいまだ産みの苦しみを味わっている時のことだ，ということです！——これは，自然のままのゆっくりとしたお産を鉗子分娩に取り換える試みです。こうして，何故にローマ人がこうした関係において思慮深く先占を排除したのか，あなたはお分かりになることでしょう。

海中に出現した島 insula in mari nata の場合には，無主性の理論は再び，その完全な結論，すなわち，海中に出現した島はそれを先占した者に与えられるという結論に到達することになります。はるか遠い大洋の真ん中で，自然という胎内から出現したばかりの人気のない島で，先占の理論が再び承認——陸地における先の二つのケースでは与えられませんでした——を得るのを見ることは，厳粛なものを感じます。この認容の価値が，こうしたケースはめったに起こらない（quod raro accidit）という自然史的注釈を法学者が付言することによって著しく弱められているのは残念なことです。

対価の必要なく，只で所有権を取得することができ，しかも私たちパンデクティストがこれまた無視するわけにはいかない最後の不動産，すなわち荒蕪地 ager desertus は，とりたててどうと言うものではありません。先ず，苦労して耕地を開墾しなければなりません。そして開墾がなされ，荒廃した土地が再び耕作できる状態になり，雑草の根絶と堆肥の施肥が行なわれたときに，かつての所有者が今になって再び自分の土地に対して喜びを抱き，土地の返還を請求してくることはまずないといった確信は，私には到底持つこ

とができません——私は長い間，自分は荒蕪地などは決して開墾しないぞ，と心に堅く決めておいたものです。

　これで，私たちは不動産を終えました。しかし，私は最も大事なものを最後に残しておいたのです。それは，相続財産を構成する物 erbschaftliche Sachen の先占です。これが，すべての先占事例の中で最上位を占めるものであることは疑いのないところです。先占の思想は，その中で理念的な極致 Non plus ultra，すなわち動産と不動産の区別——ヘーゲル流に言えば，弁証法による自己発展という，これまで述べてきた段階では，この区別は先占の思想によっていまだ克服されていませんでした——がその思想にとって実体のない外観でしかなくなるほどの極致にまで高められているのです。金，銀，あらゆる種類の貴重品，家畜，ワイン，土地，家，まさに領地全体，およそ相続財産の中で見出され得るすべてのものが，先占の意思を有する者であれば誰でもこれを先占できるのであり，これは窃盗でも何でもないのです——「相続財産は窃盗を生まない rerum hereditariarum furtum non fit」は，特にこうした目的のために生み出された原則を言っていたのです。その他の先占事例との唯一の差異は，先占者 Occupant が所有権を直ちには取得せず，むしろ先占者がなおも一年間占有し続けなければならないことです。先占者は，喜んでそのための準備をしたことでしょう。

　私が最後の最後まで，対価なしの只の所有権取得の中でもこの種類を残してきたわけがお分かりになったことでしょう。この類型の後に，あらゆる他の類型が出てきたのでは，気の抜けたものになりますからね。私はこのケースを，この次お会いする時のために残しておきましょう。

　さて，次から次へと美味しい料理が出てくるローマ法という，こうした豊富な食卓から，つまり無主物というこうした贅沢三昧の食事から，華麗さはもはや絶無と言っていいぐらいしか残っていない今日の法というお粗末なスープの方に話を移しましょう。食卓の席という席がすべて所有権によって占められ，無主物のためのテーブルセットは用意されていません。無主物は，立ったまま見物するだけで，無主物のできることと言えば，所有権が自分自

身には用のなくなった骨を無主物に投げ渡すまで待つことくらいしかありません。法における先占という詩は，もう終わりました。所有権——大食家たる所有権！——という散文が，すべてを破壊してしまったのです。河中に出現した島も海中に出現した島も，国がこれを自分のものにしてしまいます。水流の変化により土地となった河床もまた然りです。これらは，私的先占の対象として僅かに教科書の中で顔を出すだけです——私は，最後に実際に適用されたのはいつなのか，知りたいものです。これらは，私たちの法学博物館の剝製になった法概念，つまりミイラ，アルコール漬け標本の中に数え入れることができます。**ユスティニアヌス**が当時のそうした遺物であった市民法上の所有権 dominium ex jure quiritium について述べた言葉，すなわち „Nec umquam videtur nec in rebus apparet, sed vacuum est et superfluum verbum" 〔「今やどこにも見られないし，事物の中に現われることもなく，むしろ空虚で，不必要な言葉である」〕[8] が，これらについても当て嵌まります。荒蕪地だけが僅かに残るだけです。今日，荒蕪地を取得できる人が誰かいてくれればいいんですがね！　私はそんな事例を一つも聞いたことがありません。

　こうして，不動産はすべて舞台から姿を消しました。動産だけでも残れば，この消失の痛みに打ち克つことができるでしょう！　ところが，動産もまた次から次へと消え失せてゆくのです。**ハイドン Haydn** の「告別交響曲」[5] が思い出されます。その曲の演奏中に，オーケストラのメンバーが次々と自分の譜面台から離れてゆき，灯りが消えてゆくのです。不正な利得による相続人としての使用取得 usucapio pro herede lucrativa ——戦争での先占——魚や鳥獣に対する自由な狩猟——琥珀，化石等々の自由な探索——かなりの数の国において，埋蔵物の取得——灯りは消えてゆくばかりです——全体が真っ暗闇になっていくではありませんか！　人間はどちらを向いても至る所で，「そこまでだ，その先はダメ！」と叫ぶ私的所有権にぶつかるのです。私的所有権は，敵に対してすら保護の手を伸ばします。以前の心地よい略奪の時代は終わったのです。そして，自然法 jus naturae によれば先占者に帰

属する鳥獣ですら実定的な規則によって狩猟法の拘束の下に置かれます。相続財産を構成する物が自由な先占の対象であることに対して，現代は全く理解しなくなりました。私たちは，共産主義者がそのことを再び教え込んでくれるかどうか，それを静かに待っていなければなりません。これまでは，森だけがまだ自由でした。なにしろそこでは，子どもたちはオランダ苺，木苺，ミヤマウラジロ苺を，切り盛りの上手な主婦は茸を，そして彼女の夫は五月酒[6]を作るためのクルマバ草を探すことが許されていました。私たちのプロイセンでは，このようなことも過去のものとなってしまいました——森の中の探索という子どもたちの権利さえ，もはや尊重されなくなっているのです。

私には，その権利に興じ喜ぶということがなくなりました。私は，自分がもう子どもではなくて良かったと思っています。私は，**ヘッベル Hebbel** の悲劇「マリーア・マグダレーナ Maria Magdalena」に登場する指物師と共に，「もう俺には，世の中ってものが分からなくなった」と言うことになるのです[7]。せめて私がパンデクテンの講義をしなくても済むならばなぁ，と思います。私は，美しきローマの先占事例のすべてに，「亡くなりました mortuus est」という意味の十字の短剣符を付けなければなりません。そして，私の受講生に対して，刑法典に違反することがないよう，こうした先占事例を実際にやってみてはいけないという警告を与えなければならないのです。詩が法から姿を消しました。「ギリシアの神々」の原文に若干の変更を加えて，**シラー**と共に，私の悲嘆を詠い上げてみましょう。

　　美しき世界よ，今は何処。おお，
　　再び帰り来れ，自然法よ！
　　ああ，汝の虚構に満ちた痕跡は
　　今はただ学説の架空の世界に生けるのみだ。
　　野は荒涼として悲しみ，
　　何処にも戦利品は見えず，

苺，茸，鳥獣を取らんとするときでさえ，
手を出すな，と法は叫ぶのだ。[8]

## II 古代相続法の鼠捕り[9]

あなたが古代ローマ法の，不正な利得による相続人としての使用取得 usucapio pro herede lucrativa について大学で修得した知識を今日の日まで依然として持ち続けているという前提に立っていいかどうか，私には分かりません。むしろ逆に，大学で身につけた知識も，大抵の物事と同じような事態となっているのが普通です。すなわち，知識というものは，使わなければ使わないほど，ますます早く減少してゆき，使用によって消費又は減少する物 res, quae usu consumuntur vel minuuntur とは異なり，**不**使用によって消費又は減少する物 res, quae **non**-usu consumuntur vel minuuntur と名付け得るものとなるからです。従って，私たちが今，話題としている制度について，私があなたの記憶を些か蘇らせようと試みても，あなたはお許し下さることと思います。

私たちの法源——その中ではガイウス[10]が第一の地位を占めています——は，このテーマについて次のようなイメージを私たちに与えてくれています。ある者が死亡し，自権相続人 sui heredes を一人も残さなかったときは，相続財産の目的物の占有取得に関して，その気がある者は誰でも資格ある相続人に先んじて取得することが許されており，それにより窃盗となることはありませんでした。死者の物をすでに占有していた者に対してだけは，これまでの占有関係の変更，換言すれば，ローマ人が使っていた言葉を用いれば，彼らが持っていたこれまでの**権原**を相続人としての権原 titulus pro herede に変更することは不可能だったのです（何ぴとも自身のために占有の原因を変えることができない nemo sibi ipse causam possessionis mutare potest）。そのため，相続財産を構成する物の占有の取得は外的な行為として**目に見える**ものとなっていなければならず，最近の相続人は，誰が占有を取得していたの

か，そしてその物の返還を求めて誰を訴えなければならないのか，これを知ることとなったのです。この目的のため，相続人には1年の期間が与えられていました。相続人がこの期限を逸したならば，相続の承認の遅延によるにせよ，訴え提起の遅延によるにせよ，相続人としての権利を失うことになりました。占有者はこのとき，相続人としての使用取得によって所有者となり，しかもそればかりか，相続人にもなったのです。つまり，個々の物ではなく，相続財産 Erbschaft それ自体が使用取得の対象と考えられ，相続財産は個々の物において使用取得されたのです。そして，このような考え方の結果として，以前は使用取得のための期間が2年であった不動産についても，1年で使用取得されることになりました。相続人の側からの相続の承認 Antretung と相続財産の占有の取得によって，その先占の権利 Occupationsrecht——私はこう名付けようと思います[11]——が排除されたのです。この段階に至ってもなお手を伸ばして取った者は，自権相続人がいる場合と同様に窃盗の責があるものとされたのです。

　以上が，法源から窺えるこの制度の概要です。もっとも，法源は問題を少なからず未解決のまま残していますが，それは私には関係のない問題です。なぜなら，私の意図しているのは，不正な利得による相続人としての使用取得についてあなたに学問的な説明をすることにあるのではなく，むしろ専らこの制度特有の側面——私が知る限り，これまで私以外の人はこの点を全く無視していたのです——について私がどう考えているかを説明することにあるからです。

　ガイウスが付け加えていることが一点だけあります。それは，この制度の立法目的についての所見です。彼は，何が古法をしてそのような罰当たりの制度（占有と使用取得，これほど非道なものがあろうか tam improba possessio et usucapio）を認める気にさせたのか，こうした問いを投げかけています。そして，その問いに対して，この制度があることによって，債権者のためにも，また祭祀 sacra の正則の執行を行なうためにも，資格ある相続人が相続を迅速に承認せざるを得ないよう圧力をかけることになっていた，という回答を

彼は与えています。

　これで，私たちの歴史的資料はすでに出尽くしました。ここで私は，葉巻に火を付けることにします――これが何を意味しているか，お分かりですね。

　その葉巻を力強く二，三服吸うことで私に及ぼす作用は驚嘆すべきものがあります。葉巻の煙の中に，私はガイウスを見るのです――背が高く，痩せこけた男です――額(ひたい)に褐色斑があり，脚が内側に湾曲しており，相貌は教師然としています。

　もう二，三服します。すると，彼との会話が始まります。

　ガイウスさんですか。

　「そうです，私の名前ですよ」

　私は，あなたの名前をそう呼んでいいのか分かりませんでした。最近のある著述家[12]の主張によれば，ガイウスという名は「俗名」にすぎなかったとか，あるいは日常生活でよく使われるような，学生があなたにつけた渾名(あだな)――こうした渾名は，今日でも学生が人気のある教師につけて，呼び慣わしているものです――にすぎなかったのではないかと言われているんですよ。

　「学生だって。それは何だね」

　聴講生のことですよ。あなたから法学提要についての講義を聴いていた人たちです。法学提要についてのあなたのノートは，彼らのお蔭なんですよ[13]。

　「ノートだって。それは何だね」

　聴講生が文字によって書き留めたもののことです。それは，聴講生のために教師が口述筆記させるか，あるいは聴講生自身によって講義の後に書き留められるかしたものです。

　「わしの聴講生は，わしが話しているときはいつも，聞いてはいたけど，何か書いたりはしてなかったぞ」

　ははぁ，自由講義ですか！　それでしたら，あなたの Institutionum commentarii quatuor は，あなたご自身が書かれたのですか。

「そうだとも。その本について，まだ何か知られているのかね。わしがあれを書いてから，もうかなりの年月が経ったと思っていたが」

かれこれ1700年になります。私の敬慕してやまないあなたがヴェローナでニーブーアー Niebuhr によって再び見出されて以来，あなたは，私たちロマニステンにとって日々の糧となっているのです。

「ロマニステンだって。それは何だね」

それは，現代におけるあなたの継承者のことです。私たちゲルマン人は——つまりあなたの継承者たちは目下，私たちの最も美しい都市の一つであるウィーンの「金鷲亭」の中にいるんですよ——，いまだにあなたの時代の，あなたの国の方々と同じぐらい一所懸命にローマ法と取り組んでいます。そして，私たちの法律学校でローマ法について講義をしている教授が，ロマニステンと呼ばれているのです。私自身，あなたに対しロマニストとして自己紹介することは光栄なことです。私は毎年1回，法学提要とパンデクテンを講義しております。

「では，同僚ということだな。わしは，君と知り合いになれて本当に嬉しいよ。それで，君はわしの法学提要を知っているのかね」

先ほども申し上げましたように，それは私たちにとって日々の糧です——そこから非常に多くのことを学んでおります——それに対しては非常に感謝をしています——ところが残念なことに，筆写本の中には数多くの欠落があるのです——修道士連中が，あなたの本を無慈悲にも滅茶苦茶にしてしまいましたからね——彼らは，あるキリスト教の聖人，聖ヒエロニムス Hieronymus のことですが，この聖人をあなたの上座に置いたのです——あなたが書いた多くの事柄が，聖ヒエロニムスを通じて飲み込まれていきました。それからブルーメ Bluhme——後にプットカーマー Puttkamer の予感通り h をとって Blume と綴られるようになりました——が，あなたの制作に手を染めることを始めたのです。あなたがこれらの欠落を補塡する決心をして下さるならば，それこそあなたは，私たちに対して最高の貢献をして下さることになるでしょう。

「それについては，後でよく考えてみることにしよう——今は，そんなことする気も時間もないんだ。一体，君にわしを冥界から呼び起こそうという気持ちにさせたのは何なんだね」

私は，不正な利得による相続人としての使用取得についてあなたに質問したかったのです。あなたがそれについて書き伝えていることは，最高に価値あるものです——古代の法についての全く目新しい解説です。しかし——あなたの権威は尊敬してやみませんが——この制度の立法理由についてのあなたの見解は，私には正しいとは思われないのです。

「それはまたどうしてかね」

私の尊崇してやまない先生であり，大碩学であられるあなたが，寛大この上ないお心でお許し下さるのであれば，私の考えを説明いたしたいと思います。

「話してみなさい！」

この制度の立法理由についてのあなたの見解は，次のような前提から出発しています。——頃はと言えば，相続人としての使用取得はいまだ存在していなかったが，しかしその他の点での相続法はすでに形成されていた時代のことである。その当時，遺言者が要式承認行為における承認期間 cretio を全く定めておらず，まさにそのために相続の承認のための期間も一切存在しなかった場合に，資格ある相続人が不当に相続の承認を先送りしてしまうという悪しき事態が生じていた。それは，資格ある相続人の利益に適うものであった。なぜなら，彼らは遺贈の払い渡しをますます遅らせ，それにより果実及び利息を取得していたからであり，さらにまた祭祀のための支出を節約してもいたからである。そこで，債権者たちが，我々の金員が欲しい，と言い出すまで，さほど時の流れを待つ必要はなかった。その上，神官 Pontifices も，祭祀が長い中断を強いられるような事態は黙認できない，と付け加えた。そして，受遺者と補充相続人もまたその合唱隊の仲間入りをすることになった。この時，町の長老たちが集まってきて，どうしたものかと討議を行なった。もし彼らが私たち2人に助言を求めたならば，私たちはすぐに彼らに適

切な手段を教示したであろう。相続の承認のための法定期間を定めよ，これが私たちの回答となったであろう。あるいはまた，法務官に対して，——法務官が後になって誰の手も借りずにいみじくも行なっていることである——利害関係者の申立てにより，「熟慮のための期間 tempus ad deliberandum」，言い換えれば，私たちが最近言っているように，熟慮期間 spatium deliberandi を相続権喪失という罰則付きで定めるよう命じ，そして彼らの祭祀のことが心配な神官のために，一月ごとに宗教的基金の支払額が上がってゆくという刑罰，つまりドイツにおいて見られる，雪だるま式に増えてゆく利息のような刑罰の雪崩を命じればよい，という回答となったであろう——これで，思い知らされることになるでしょう！

ところが，町の長老の出した結論は，これとは違っていました。曰く，「私たちは不正な利得による相続人としての使用取得を採用したいと思う。私たちは，これによって何ぴとに対しても遺産を占有する許可を与えることにする。そしてこの許可には，相続人が1年の期間内に相続の承認をしないで彼から遺産を再び奪い取るときは，遺産を占有する者が所有者となり，同時に相続人となるという効果を与える。指定された相続人が相続財産を拒絶した場合は，その相続財産は無主物となる。その意思を有する者であれば，何ぴとでもこれを取ってもよい」と。

偉大なる先生，私はあなたの見解を正しく理解していたでしょうか。

「間違っていなかったぞ」

それなら，一つ質問をお許し下さい。あなたは，このような事象について何か特別の情報をお持ちになっていたのでしょうか。

「わしは，ウァロー Varro の叙述に従ったのだ」

そうだと思いましたよ！　彼の著作には，たくさんの風変わりな事件が載っていますからね。

「君は——いやいや，わしは忘れておったよ。君たちのビスマルクの適切な言い回しを用いれば，私の社交上の作法がね，君の問いに対してそれなりの回答をすることを許してくれないんだよ。ウァローは生存中も死後もロー

マ全域で激賞されていて、キケロが『最も注意深い古代探求家 diligentissimus investigator antiquitatis』と、クィンティリアヌス Quintilian が『ローマ人の中で最も博識の男 vir Romanorum eruditissimus』と絶賛した人物だけど、ローマの古代の事柄について、そのウァローよりも君の方がよく知っているとでも言いたいのかね。それは厚顔無恥というものだよ」

そうです、私たちは、ニーブーアー以来、ウァローよりも知っていると言ってきています。ウァローは、私たち現代人から多くのことを学べるはずですよ。例えば、どのようにしてローマが建国されたか、などです。今日、こうしたことについては私たちの方が彼よりもはるかに多くのことを知っています。資料の豊富さという点では、確かに、彼は私たちよりも優れていましたが、しかし、その方法ということになると、私たちの方が彼よりも優れており、この方法のお蔭で私たちはウァロー、フェストゥス Festus、リウィウス Livius 及びその他のすべての人々、そしてさらにはあなたに対しても、誤りを正して差し上げることができるのです。今、ここで説明はできませんが、これこそまさしく**批判的＝歴史的方法**というものです。あなたがもう一度私を喜ばせるようなことをして下さるのなら、私はその説明をして差し上げましょう。

さて、相続人としての使用取得の起源と目的についてのあなたの見解に再び戻りますが、私は遠慮なくずばり、次のように主張したいと思います。それは、あなたが想像しているような事態は起こっていなかったと考えられる、ということです。あなたの説明方法は、歴史的虚偽という烙印が額に押されているものであって、私たちが今日、**理性論的**説明と呼んでいる説明のカテゴリーに入るものです。

「またもや、わしが知らない新しい言葉だ。それは一体、どういう意味だね」

私が今それに何もお答えをしないからといって、私を悪く思わないで下さい。私はもう葉巻を半分吸ってしまったのです。私が葉巻を全部吸ってしまう前に、相続人としての使用取得を終わらせなければなりません。私は、あ

なたの見解に批判をしたいと思います。ひょっとすると，あなたは，その批判の中から，先の言葉の意味するものをお察し下さることでしょう。私は，あたかも学生たちの前にいるかのような率直な気持ちで批判をすることにします。

　あなたは目的と結果を取り違えておいでです。窃盗犯が存在することの**結果**として，誠実な人々はドアに錠を作らせるのであって，錠を制作させたり調達させたりするために窃取行為が導入されているのだという主張，こんなことを考える者は誰一人としていないのです。あなたが，相続人としての使用取得は相続の承認を速やかに行なわせるために導入されたのであると主張しても，それによって事態は少しも良くなっていません——あなたの主張の内容は，相続人としての使用取得を導入したことの**結果**であっても，その**目的**ではありません。窃取行為は，いまさら導入される必要はなく，自ずと行なわれているのです。だからこそ，あなたの父祖たちもまた，相続人がいまだ存在しない相続財産から獲得可能なものを自分のものとするために，法の側からの要請を待っていたなどということはなかったでしょう——これらのことは，あなたの父祖たちがすでに心得ていたはずのことです。

　「わしの父祖に対する悪意ある当て擦りは，一切しないでもらいたいね。その上，その当て擦りは，完全に間違ってもいる。なぜなら，古代ローマ人たちは，わしの父祖では全くないからだ。テオドール・モムゼン Theodor Mommsen が証明したじゃないか，わしが属州の法学者であったとね[14]。しかし，この件についてわしは君に述べておこう。君がつい今しがた述べた事柄はすべて，先占がなされたという**事実**，すなわち相続人のいない客体の**占有**に関することでしかない。他方で，わしはまさしく，事態の**法的な**姿について，すなわちこれに対する法的表現として打ち込まれている烙印，つまり遺産に対する所有権と相続権を取得する**使用取得**という烙印について話していたんだ」

　私もその点を話そうとしていました。まさにこれこそが，あなたの見解を否定する点なのです。もし古法が，相続人としての使用取得を導入すること

で，資格ある相続人ができるだけ迅速に相続の承認をする切っ掛けとなること以上のものを目的としていなかったとすれば，その目的のためなら相続財産を構成する物の先占に対して刑罰を科さないことを認める——私はこれを，相続法上の私掠(しりゃく)と呼ぼうと思います——だけで，もうそれで十分だったでしょう——私掠船を恐れる船は，きっと迅速に港に辿り着くことだけに気を遣うものでしょう——そして，ひょっとすると，最悪のこととして相続財産を構成する**物**の使用取得が，さらにこれに付け加えられたのかもしれません。しかしながら，説明がつかない上に，全く理解できないことは，何故**こうした理由から相続財産**の使用取得を導入すべきものとされたのか，ということです。これは，決定的な論点です。この点について，あなたは一言も述べておられません。ガイウス先生，この点をどう説明されるのですか。

「わしは，君に問いつめられて，根ほり葉ほり尋ねられるのにもううんざりしてきたよ。まるで，わしは君の試験に合格しなければならないみたいじゃないか。君が大学教授であること，そしてわしはゲルマン人の国，つまり北方の野蛮人の国にいるということを，わしに打ち明ける必要はなかっただろうよ。そんなことは，君がわしにぶつけてくる口調と，それから君が話している間に飲んでいる，水で薄めていないたくさんのワインを見て，わしはすぐに見抜いただろうよ。わしは君と話をするのをもう止めたいよ。ともかく君と再び話をすることなんか，もうご免を被りたいものだ。わしは君の前に二度と姿を現わさないだろうよ。たとえ君が葉巻を10本吸ってもだ！」

そう言うと，彼は去って行ってしまいました。

窮地から身を引くことは，なんとご都合主義なことでしょう！　どう答えるべきか分からなくなったときは，姿を消して，煩く質問してくる者に悪口を浴びせて別れを告げればよいのですから。編集者氏よ，私が学問的な討論の限界と，そしてガイウスとの会話における上品な口調という掟を一瞬にして超えてしまったわけではないということ，これについて，私の証人となって下さるでしょうね。このガイウスという男は，——ヘルデンテノール[9]のように感受性の強い人間だったのです！

あなたとの会話を再び続けましょう。あなたは、ガイウスの見解は自己矛盾に陥っていることに納得したことでしょう——もし彼が、自分でこのことを感じていなかったならば、彼はこっそり逃げ出す必要はなかったはずです。それはそうと、気付いてますよ、葉巻の火が消えてしまいましたね。お願いしてよろしければ、ちょっと火を。はぁ、これでまた葉巻を吹かせます。ちょっと待って下さい。ある光景の輪郭が朧気に見えてきましたよ——それはますますくっきりと明確になってきました——今、その光景がここに現われましたよ。

　私は、今、原始時代、古代ローマ人たちの中にいます。一人の男が妻も子どもも残さずに死にました。この男が民会の前で作成した遺言の中で指定していた相続人は、敵と対峙している軍隊の中に身を置いています。この時、死んだ男の家では、人々が出たり入ったりしていました。誰も彼もが手ぶらで入っていき、出て来る時は荷物を背負っています——債権者——受遺者——近隣の人々——善き友人たち——私たちが今日、休止している相続財産 hereditas jacens と呼んでいる所有権空位時代です——誰もがこの時代を自分のために利用しているのです。

　私は、人々の間に入り込みます。

　私は、彼らに話しかけます。あなた方はこれら全部をどうして取っていくことができるのですか。あなた方は、まさしく泥棒そのものではないですか。何てったって、これらはあなた方のものではないんですから。あなた方は他人の所有権を侵害しているんですよ！

　「他人の所有権だって。一目見て、あんたはローマでは余所者だね。所有者がどこにもいないんだから、所有権なんて存在しないんだ——皇帝がいないところでは、皇帝は自分の法を失っているんだ。指定された相続人が戦場から帰って来て、相続を承認するときに、たとえ俺たちから再び奪い取るとしても、奴さんは当面、ここにはいない。お前さんたちゲルマン人は、もっと違うことをやるとでも言うのかい。滞在する気にもなれないお前さんたちの海岸に船が乗り上げたときに、お前さんたちもこっちへ走って来て、取れ

るものを奪っていくんじゃないのかい。お前さんたちはこれを海浜権 Strandrecht と呼んでるんじゃないのかい。俺たちがやってることは，これと何ら変わりはないんだ——俺たちの相続法上の海浜権なんだ——相続財産を構成する物は，無主物となって波間に漂っているんだよ」

　でも，あなた方がそれを奪っても，それはあなた方にとって何の役に立つんですか。何てったって，相続人が帰って来たら，あなた方はそれを返さなければならないんですよ。

147 「奴さんが帰って来れるかどうかは，いまだ大きな問題だ。奴さんは敵を前にしている。もしかしたら奴さんは死ぬかもしれないし，敵の捕虜になるかもしれない。たとえ奴さんが帰って来たとしても，俺たちが奪ったものを奴さんに返さなければならないかは，また別の問題だ」

　あなた方は，どんな合法的な理由から，返還しないで自分のものにしておくことができるのですか。私だって，あなた方の法を知っているんですよ。あなた方は，確かに窃盗訴権 actio furti を恐れる必要はありませんね。何てったって，あなた方の法は，ここでは窃盗を認めないということについてかなり大目に見ていましたからね。そのことは私も知っていますよ。でも忘れてしまってはいけませんよ，その男には，あなた方に対して相続財産回復の訴え hereditatis petitio をするという手段があるんですから。

　「その場合には，もっと前に俺の債権に対し弁済をすればよかったんだ〔と言えばいいんだ〕。俺は死者の債権者なんだ。俺の担保に配慮し，お前さんが補塡と呼んでいるものを俺が求めても，悪いと言う者は誰もいないんだ」

　でも，そこにいるあなた，あなたも債権者なんですか。

　「私は違います。でも，私が今，占有している物，これは死者が私に遺贈したものです——私はそれを二度と返しませんよ」

　でも，あなたは返さないといけないんですよ。法務官は，あなたに対して，遺産占有回収に関する特示命令 interdictum quod legatorum を発しますよ[15]。

「その特示命令は，現在ではまだ存在していないんだよ！　お前さんは，ローマ法史の様々な時代を混同しているね——今のところ，私たちはまだ，そこまでいってないんだよ」

それで，そこのあなた，あなたも，自分が債権者であるとか，受遺者であるとかいう理由で，それらの物を本当に取っていくのですか。

「いや！　わしは，あんた方ドイツ人が言うように，**ただなんとなく**[16] それらの物を持ってきた——何が起きるのか，わしは待っているのさ。わしの身に起こるかもしれない最悪の事態は，それを再び返さなければならなくなることだよ」

やれやれ，幸いにもこの光景が消えてくれました。こんな人々の中にいるなんて，私はもう耐えられません。

さて，また新しい光景が浮かび上がってきました。これもまたローマでの場面です。しかし，数千年後[10]のことです。舞台はバチカンです。ローマ教皇が神に召されました。こんなことが起こり得るものなのでしょうか。教皇が眼を閉じられるやいなや，宮殿の中にあるものすべてが，ごちゃごちゃと混乱をきたし，手に入れることができるものが持ち去られてゆくのです。皆さんはどうしてそんなことをするんですか，と私が聞けば，聖職者遺産権 Spolienrecht[17] ですよ，との返事が返ってくるのです。あぁ，まさしくあの祖先たちにうってつけの後裔だ！

こんな光景なんか，どっかへ行ってしまえ！　新しい時代や海浜権や，ましてや聖職者遺産権，そんなものに私は関わっておれません。不正な利得による相続人としての使用取得から何が生じたのか，私はそれを知りたいのです。

葉巻が役に立つのです。新しい光景が目に入りました。舞台は，十二表法の後の時代です。法学者が集まっています。その中には，アッピウス・クラウディウス Appius Claudius や彼の書記であるフラウィウス Flavius といった非常に有名な人物も含まれています。アッピウス・クラウディウスはフラウィウス法書 jus Flavianum の作成者であり，フラウィウスはそれの編集者

です[18]）。そこでは，何か重要なことが進行しているようです。耳を傾けてみましょう。

150 「民衆がまたしても相続財産を全部，略奪してしまった」，と1人の男が言っています——他の人々が言うには，この男は執政官の L. ウォルムニウス L. Volumnius です——「私たちは，この事態に終止符を打たなければなりません。これは，古い時代からの蛮行の残滓であって，それはかなり時間の経った今日の考え方とは相容れず，こんな蛮行が許されれば相続事件のきちっとした処理などは到底できるものではありません。とにかく誰もが取ろうと飛び付く有様です。後になって相続人がやって来ると，その相続人はありとあらゆるところから，奪われた物を掻き集めてこなければならず，他方，相続を承認した彼自身が債権者たちに対し直ちに責任を負わなければならないのです。これ以上，事態をこのままにしておくわけにはいきませんぞ。私は執政官として，民衆に対し，相続法上の先占の権利を廃止して，今後はこの権利の行使はすべて窃盗として処罰するという法律を提案したいと思います」

151 私の尊敬する同僚の士よ，私はあなたの意見に与することができません，とアッピウス・クラウディウスが発言しました[19]）。民衆は，あなたの提案を受け入れないでしょう。彼らは，数世紀もこのかた，とにかくこの事態に慣れてしまっており，この事態を自分たちの「正当な特性」に数え上げています。そして，この特性は強大な君主国にあっても，併合した属州においても，常にこよなく大切に守られてきたのであって，いわんや共和国においても変わることはありません。民衆に楽しみを残しておいてあげましょう。しかし，民衆のこの楽しみが台なしになるぐらい，塩をたくさん入れようではありませんか。遺言に関するフリウス法 lex Furia testamentaria の場合と同じ道を進むことにしましょう。この法律の時代に，uti legassit super pecunia tutelave suae rei, ita jus esto〔家産又は自己の物の後見について遺贈したときは，その遺贈処分は法たるべし〕という十二表法〔第五表3〕の規定に反して，遺贈の最高限度額を導入することが問題となったとき，人々はその法

文に手をつけることなど一顧だにせずに，そのままにしておきました。しかし，遺贈を法定額を超えて支払ってもらう者に対しては，代償として過剰分の4倍額の刑罰を科したのです——こうしてこの法律は，生命を繋ぐことになり，その目的も達成されました。私たちが今，問題としている場合についても，同じことをやろうではありませんか。私たちは，古い制度に手をつけることはせずに，民衆の考え，つまり相続人がいまだ占取していない個々の遺産は無主物であって，誰もがそれを取ることが許されているという考えに完全に同意しましょう。いやそれどころか，もう一歩先に進もうではありませんか。すなわち，相続財産それ自体が無主物だと考えるのです。そうであるなら，そこから，相続財産を取ってきて1年占有した者は，使用取得によって相続人となるという結論が得られます。法律が使用取得期間として1年という期間を定めている十二表法〔第六表3〕の「その他の物 ceterae res」に相続財産を含めようではありませんか。

「でもアッピウスさん，何と言っても，相続財産は物ではないんですよ。法律が念頭に置いている有体物ではないんですよ」

ウォルムニウスさん，私の話を遮らないで下さい。私たち法学者はすでに，妻に対する夫権 manus に関し，それが物ではなく権利であるにもかかわらず，これを「その他の物」に含めているのですよ。従って，物 res という概念を権利に拡張することは，先例がないわけではないのです。今後は，権利を「無体物 res incorporales」——千年の後になっても，こう呼ばれていることでしょう[20]——と呼ぶことにしましょう。これで一件落着というわけです。

皆さん，以上のように考えることで私が何を意図しているか，お分かりになったでしょう。使用取得者が相続人となるとき，彼は債務や祭祀もまた受け継がねばならないのです。就中(なかんずく)，後者のことについては，ここにご臨席の神官の尊師の皆さんにお話をしておきたい点ですので，私の提案に対して皆さんからのご賛同をいただくことを特に重要視したいと思います。

「私たちとしては，今の提案に問題なく賛成の意思表示をすることができ

るでしょう」と聖職者たちが答えました。

　誠に嬉しゅうございます。賛同して下さるものと，前もって固く信じておりました。何か言いたいことがあるのではないですか，M. ウァレリウスさん。あなたのように4度も法務官職に就いていた[21]方の助言は，私たちにとって大きな価値があるにちがいありませんから。

　「この提案を民会で通すことはかなり困難がある，ということだけ述べたいと思います。民衆は，何が狙いなのか，これについてもう気付いているでしょう。そして，護民官が仲裁に入ってくれるでしょう。護民官は，これまでに，私たちの極めて巧みに練られた計画を何度も何度も妨げたことがありますけどね」

　この件を民会にかけることも，私の全く意図するところではありません。これは，私たち法学者が私たちのために解決しなければならない一つの問題であって，民衆や護民官が口を挟む筋合いの問題ではないのです。つまり，この問題は十二表法の「解釈 interpretatio」の問題であり，それは，あらゆる法学者がポンポニウス Pomponius の法学通論[22]からすぐに分かるように，神官と法学者の領域に属することなのです。しかも，民衆に対しては，彼らに対する私たちの大きな譲歩としてこの問題を示すことにしましょう。個々の遺産の占有者に対して，彼らがこれまで持っていたもの以上のものを与えるようにするのです。つまり，彼らは個々の遺産に対する所有権と相続権を取得するのです——彼らはこれ以上何を望むというのでしょうか。

　「まさに，トロイの木馬の贈り物ですな」という声が聞こえてきました。しかし，かつての独裁官であったパピリウス Papirius が言葉を発すると，直ちに，その声は黙り込みました。

　「アッピウス・クラウディウスさん，さすがにあなたは卓越した方ですな。抜け目のなさという点で，あなたと張り合える人は私たちの中に誰もいませんよ。アエリウス法書 jus Aelianum を作成し，世間からカートゥス Catus[23]と呼ばれるようになる，あなたの曾孫のセクストゥス・アエリウス・パエトゥス Sextus Aelius Pätus のために，『古狐』という呼び名を残しておくには

及ばないでしょう。この呼び名は，あなたに対して与えることにしましょう」

　それは私だけの問題だ，とアッピウスは答えました。それはそうと，私の提案理由の説明をまだ終えていません。私は，提案を支持する，非常に説得力ある，いま一つの理由を胸中に持っています。皆さん，ご存知のように，資格ある相続人が，債務の支払いや遺贈の支払い，そして——残念ながら，私は私たちの時代の，このように信仰が薄く，宗教心のない精神の表徴を確認せざるを得ません——神に対する義務の履行さえ，できるだけ長い時間遅らせようと企んでいるのですから，相続の承認について態度を明らかにしようとしないのは，稀なことでは全くありません。これもまた止めさせましょう。資格ある相続人が相続財産を１年間占有していた場合に，私の提案が採用されれば，彼らは相続人として請求されることになり，原告が，相続の承認行為の存在までも証明する必要はなくなるのです。あとまだ一つ残っています，皆さん。皆さん方は，これまでは世間から完全に確実にして疑う余地がないと見られてきた相続財産の取得が，何年か経った後に，その時に至り初めて相続権を主張することができる最近の相続人によって再び否認されるのは，どんなに健康に良くないことか，こうしたことを，ここ数年の間に起こった有名な幾つかの出来事により経験しましたね。なにしろ，その間に大抵の物は売却され，債務は支払われ，債権は回収されているんですよ。そして，どこか他国で当てもなく歩き続けていた真の相続人が戻ってきて，何もかも引っ繰り返すことを要求するんですよ。皆さん，こんなことは耐えられたものではありません。権利を持っている者は，適切な時期にそれを行使するのが良いのです。この時期を逸したら，その権利を失うのです。私たちは，権利を権利者に永遠に与えておくことはできません——権利は，果物のように長持ちしないのです。

　「それは，何年か経ってようやく囚われの身から帰還した戦時捕虜に対しては非常に不当なことだと思います」という言葉を，私は差し挟まずにはいられませんでした。

集まっていた人が全員，私の方へ目を向けました。この時，ようやく私は，すっかり我が身のことを忘れていたことに気付いたのです。

私は皆に見られながら，発言者は答えます。ところで，あなたは，ここでは発言する権利も，ただ**こんなふうに**この場に参加する権利も全くないんだがね。なにしろ，あなたはローマでは余所者なんだからね。あなたが先ほど提起した事例は，ローマの私たちの間では永遠に稀にしか起こらないことなんだよ。血族 Verwandten が戦時捕虜のための身代金を支払うことができ，そして支払う気があれば，捕虜は直ちに救い出されるが，他方で血族が支払うことができず，又は支払う気がなければ，捕虜は決して帰って来れないんだ。私のこれまでの全実務経験の中で，戦時捕虜が何年か経ってようやく帰って来た事例はたった一つあるだけでね，それは巧みに逃走して，囚われの身を脱した平民出身の兵士だったよ。このような，まず永遠に起こらない場合のために，さらにその上，ほとんど平民という最下層の連中にしか考えられ得ないような場合のために，私たちは，普段だったら必要な処置を講じることなどできない相談だよ。いい加減にして欲しいね，ケルスス Celsus が L. 4 und 5 de leg. (1. 3)[24] で述べている言葉をよく見てくれよ。そこからあなたは，私たちが考えている原則がどういうものかが分かるはずだ。それはそうと，法務官がその種の事件を引き受けて，戦時捕虜に対して不在のための原状回復 restitutio propter absentiam を付与するのはもっと後のことであって，時代から見て，今はまだ，それを行なうべき時には至っていないんだ。今はまだ，ローマ建国447年になったばかりのところだよ。今のところ，法務官はまだ勝手にそれを行なうことはできないんだよ。

「できなくて当たり前だ！」と，異口同音，出席していた人々の声が響き渡りました。「もしそんなことを認めたら，ローマ法史の全秩序が乱されてしまうではないか。俺たちは，後になって，『法務官の告示がいまだ使われていない edicta praetoris nondum in usu habebantur』[25] と呼ばれる時代に生きているんだぞ」

アッピウスが発言して曰く，私としては，それ以上付け加えるべきことは

ありません。まだ他に発言されたい方はいらっしゃいますか。誰もいませんね。それでしたら，私はこの案件を表決に付します——私の提案が皆さんに受け入れられたこととします——有難うございました。きっと良い結果をもたらすことでしょう。これをもちまして，集会をお開きとします。あと，私の書記フラウィウスが議事録を読み上げることだけお許し下さい。フラウィウス，議事録を読み上げて下さい。

　こうしてこの集会は終了し，そして私の葉巻の火も消えたようです。再び私が葉巻に火を付けて新しい光景を浮かび上がらせる前に，つい今しがた聞いていた事柄に対して若干の考察をするために，しばし休み時間といたします。

　私が先ほどの光景の現場に居合わせていたときに，古代ローマ法の悪巧み Tücke についてあなたに一度説明しておこうという計画が頭に浮かんできました。実際，こうした古代ローマの法律家は，悪巧みに満ちた人々でした。私たち今日の法律家は，とても彼らと張り合うことなどできません。古代ローマの法律家と同じような人々を探そうと思ったら，北アメリカ大陸へでも行かなければなりません——生粋のアメリカ人弁護士は，私たちのようなものを10人相手にしても，いや100人の教授を相手にしても丸め込んでしまうのです。アッピウス・クラウディウスが古い制度を無害なものにするために用いた術策は，工業用，あるいは農業用と指定されている塩が家庭用に使われるのを阻止するときのやり方を思い起こさせます。つまり，炭とか，味を台なしにする何か他のものを加えたり，又は専門的表現を使えば，飲食に適さないように変性させるのです。このようにして，古代ローマ法学は相続財産を構成する物の先占を「変性」させました。古代ローマ法学は，民衆流の表現をすれば，民衆が今後は「それがいやになる Haar darin finde」ように手心を加えたのです。ここでおそらく当を得ていると思われる，このような言い回しの最高級のものとして，私は，「鬘(かつら)」という表現を聞いたことがあります。この表現は，ある年老いた道化師が，結婚生活の最も魅惑的な面を経験することなく妻に先立たれたことで，これまで長い間失われていた休息

と家庭の安らぎが再び与えられることになった後,「やっぱり再婚したらどうですか」という勧めを受け,これに対して,「私は,結婚の中に一本の髪の毛を見つけただけでなく,鬘全体を見てしまったのですよ」という月並みの決まり文句で答えた時のものだったのです。

あなたは,この髪の毛が不正な利得による相続人としての使用取得の中に初めから存在していたのかどうかをお尋ねですね。この質問に対しては,私はきっぱりと「いいえ」と答えましょう。使用取得を相続財産 hereditas という無体物に対して適用することは,法的抽象化の成熟及び妙技を内に含んでおり,こうしたことはおよそ原始時代には見ることが不可能なものでした。なにしろ,セネカ Seneca のような人ですら,いまだその適用を法学者たちの屁理屈と見ていたのですから[26]。法学者が,感覚的に知覚可能な個々の物の使用取得という概念を,単に頭の中に描かれただけの相続財産という客体に,つまり純粋な抽象化に基づく,技術的・法的意味での相続財産という客体に転用するという考えに行き着けるようになるためには,先ずその前に,使用取得と相続財産という二つの概念が,とっくの昔に,完全に発展し,十分に成長しきっていなければなりません。この転用は,抽象的な法的思考がすでに高度に発達し,高度の確実性を獲得した時代になってようやく行なわれ得るものなのです。

従って,私が先占と使用取得とを結び付けて統一的に理解している制度全体が,原始時代ではなくて,法学の時代に属しているのであれば,二つの可能性,すなわち法学がその制度全体を全く新たに取り入れるのか,それともとっくの昔から存在している先占という根幹部分の上に使用取得という若枝を接ぎ木するだけなのか,この二つの可能性だけが残るということになります。前者は,先に私が述べたガイウスの見解です。思うに,それが不可能であることを確信するためには,事態をもう一度はっきりと思い浮かべさえすればよいのです。数百年もの間,ローマの人々は,資格ある相続人の権利を尊重してきました。誰もが,他人の遺産に不当に手をつけてはいけないということ,これに違反した場合には窃盗の罪が帰せられるということを知って

いました。それなのに，文化が進んだ段階では，先占 occupatio と相続人としての使用取得が採用されました。すなわち，他人の相続財産を略奪する許可が与えられ，そしてこの目的のためにその行為の中にある窃盗に関する規定が廃止されてしまいました。しかも，このことは他のやり方を採用した方がはるかに確実かつ容易に達成できるただその目的のために行なわれたのです。ガイウスの見解は適切さを欠いています。それはまさしく，数千年後になって歴史に不案内なある法律家が18世紀の史料の中に海浜権が述べられているのを発見し，そしてそれより前の時代に海浜権が存在した証拠がなかった場合に，「海浜権は，18世紀になってようやく導入されたのであり，それ以前には知られていなかった」と主張するのと同じことなのです。私たちの祖先の海浜権とローマ人たちの相続法上の先占の権利は，原始時代の粗暴さの残滓だったのです。

　従って，統一的に創造されたものとしての私たちの制度が原始時代以来のものでも法学の時代以来のものでもないとすれば，第三の可能性として，私がこれのみ立論可能と見ていた見解，すなわち**この制度の二つの側面は異なった時代に起源を持つ**という見解だけが残ることになります。一方の側面，つまり**相続財産を構成する物**の先占の無罪性（おそらく，所有権の使用取得がそれと結び付いていたのでしょう）は，この制度の本来的な根幹部分をなしており，この側面は原始時代からの残滓です。いま一つの側面，つまり**相続財産〔それ自体〕**の使用取得という側面は，その根幹部分に対する新しい付加物を含んでいるのです。

　さて，私がアッピウス・クラウディウスに発言するよう働きかけた，他人の相続財産の先占を止めさせる提案理由とは別の根拠も，こうした変革を促す共鳴作用の働きをしていたかもしれず，これを私は否認しようと思ってはいません。とりわけ，相続の請求が疑わしい場合に，できるだけ迅速に確実な状態を作り出しておきたいという願望があったのかもしれません。さらに，相続人の不存在という状態が珍しくはなかった古代無遺言相続法の狭隘さを是正したいという意図，それも，法律によれば相続人ではないけれども，民

衆の声によれば相続人の資格がある単なる血族（Kognaten）のためにこの制度に基づき法律上，相続財産に接近する道を開くことで是正したいという意図があったかもしれません。私が専ら主張していたのは，相続財産の使用取得者として，もしかすると相続財産の債務について負担しなければならなくなるのではないかという危惧が威嚇の効果を与えたにちがいないということだったのです。使用取得者が相続人となった場合，債務と祭祀に対して責任を負うのは当然であったからです。

こうした結果になったのは資格ある相続人が相続の放棄をした場合のみであったということは，気付かれていません。このことから，資格ある相続人が相続の承認をした場合にも，この結果を受け入れなければならくなるのです。同様に，先占者が専らその物の価値比率の割合によって相続人となっていたことも，ほとんど気付かれていません。この価値比率の割合で相続人となるということは，まさしくローマ相続法の基本構成とも矛盾するものであったでしょう。なぜなら，よく知られているように，ローマ相続法によれば，相続財産の**割合分**は，実際に相続人に与えられる**物**には向けられていなかったからです。従って，たとえ最小の断片だけでも相続財産から取った者は，1年経過後に，債権者と神官が，相続人としての彼に対して全部を要求してくることを覚悟しておかねばならなかったのです。

このことにより，相続財産は「私に触ってはいけない noli me tangere」〔原則〕[11]に作り変えられ，目に見えない防護具が装備され，この防護具は，事情によっては窃盗訴権によって相続財産に与えられているものよりもはるかに効果的だったのです。物を**盗む**者は，発見された場合に彼の責任の程度を見積ることができました。最悪のときでも多く見積って，その物の価値の4倍，運が良ければ2倍の額でした。これに対して，自分に帰属していない相続財産から，全く取るに足らない程度の物だけでも先占した者は，推定された利得について，場合によっては自分の全財産の喪失をもって償う羽目になったかもしれなかったのです。

今でもまだ，あなたに対し，古代相続法における，私が言うところの鼠捕

りのからくりを解説する必要があるでしょうか。相続財産を構成する個々の物はベーコンであって，相続財産を奪い去る者は，つまり鼠でした——奪い去った者が相続人になるという命題は，彼を取り押さえるための撥ね錠だったのです。

　ところが，これまで述べてきた危険は，先占者が晒される唯一の危険というわけではありませんでした。さらにもう一つの危険がそれに加わったのです。このような不正な利得による相続人としての使用取得は，誰もが警戒したかもしれない悪巧みに満ちた制度でした。血族 Angehörigen 又は債権者らが，誰かが何かある物を先占しようと試みている現場を押さえた場合に，この者をとにかく家から追い出しても，彼には苦情を言うことは許されていませんでした。その上，少なからざる者が，望んでいた物を手にすることはなく，殴打され，幾つもこぶを付けて家に帰って行ったことでしょう。そして，望んでいた略奪品を安全に調達することに成功した場合であっても，単純に相続人にその略奪品を返還すれば事は済むというものでは決してありませんでした。相続人が略奪者に知られることなく相続を承認し，相続財産を占取した場合，その後は第三者による物のあらゆる先占が窃盗となりました。その際，相続人がその第三者と出くわしたならば，それは現行盗 furtum manifestum であり，その他の場合は非現行盗 furtum nec manifestum となりました。前者の場合，その第三者は，盗品の4倍の価値をもって自分の試みを償わなければならず，後者の場合は，その2倍の価値をもって〔第八表16参照〕償わなければなりませんでした。古代には，私は相続人が占取していたことについて何も知りませんでしたという第三者の言い逃れを，人々が聞き入れていたとは思えません[27]。力ずくで追い返されること，殴打されること，こぶを付けられること，こうしたことの予測——2倍額，4倍額——債務と祭祀に対する責任——実際，相続人としての使用取得は，高度の危険を伴っていたのです。ガイウスはこれを，不正な利得による使用取得 usucapio lucrativa と名付けています——私が思うに，少なからぬ場合において，誠に当然のことながら，悲惨な使用取得 usucapio luctuosa という名称の方

がぴったりだったのではないでしょうか！

　厳格性と危険性のまさにこのような過剰さの故に，後の時代のローマ人は，自分たちよりも古い時代の法に秘められた，人を罠に掛けるような数多くの制度と同様，この制度もまた不快なものと化したと思っていました。ガイウスが私たちに伝えているところによると，相続財産の使用取得という視点は後になって放棄されてしまい，この使用取得は相続財産を構成する個々の物に限定されてしまいました。こうした変化が起こった理由については，彼は何も付記していません。彼はこの事態について，こうした激変をもたらしたのは，他でもなく法学者たちの理論的考慮であったかのように述べています（「その後は，相続財産それ自体は使用取得され**得ない**と考えられている postea creditum ipsas hereditates usucapi **non posse**」）。勿論，この点についても，彼は，この制度が採用された理由についての前述の彼の見解と同様，あまり適切に理解しているとは言えませんでした。

　こうして，この制度の発展は最高潮に達しました。相続人としての使用取得の黄金時代でした。このような状態に立ち至ると，実際，相続人としての使用取得は不正な利得による使用取得という名称がぴったりでした。これが実際に可能であった限りで，人々は何も心配することなく手を伸ばして取ることができました。そしてその取った物が，1年内に相続人によって奪い返されるということが起こらなければ，実際にその物から利益を得て，完全に只で取得することができたのです。不動産の場合ですら，相続財産の使用取得によって取得するための1年という期間が守り通されました。私が，物の無主性について哀歌を書いたとき[28]，私は事柄のこうした状態を念頭に置いていたのです。そしてあなたは，私がそこで相続人としての使用取得について胸中を吐露した際に（134頁）旺盛な関心を持っていたことを，理解して下さるでしょう。すなわち，私が若かった頃，私は，ローマ法の制度のうちでこの制度ほど夢中になったものは他にありませんでした——私は，相続人として pro herede 使用取得することができたローマ人を非常に羨んでおり，自分もそういうことができたらなぁ〔と思っていました〕。

しかし，この世では美しい事柄には長い生命は授けられていないのです。

退廃の帝政時代は，不正な利得による使用取得の持つ，含蓄に富み，無邪気でのんびりとした性格に対しては理解がありませんでした。その時代は，他人の相続財産の先占に対して窃盗という烙印を，別の言葉を使えば，相続財産奪取罪 crimen expilatae hereditatis という烙印を押したのです。こうして，最初の発端が原始時代にまで遡り，そしてその後は二度の変形過程を乗り切り，ローマの法学提要の不死身の生命力をもってその後も持ちこたえていた一つの制度が，ローマの地に永遠の別れを告げることになったのです。

キケロ Cicero の一節[29]のお蔭で，私たちはさらに，神法の領域で展開されるこの制度特有の発展段階を確認することができます。祭祀に対する相続財産使用取得者の責任に関して，神官は一つの決定を採り入れました――相続人としての使用取得が相続権に拡大された直後の時期だったのか，それともその後暫く経ってからのことだったのか，それは私たちには分かりません。しかし，いずれにしても，キケロがコルンカニウス Coruncanius に言及しているところを見ると，その決定はローマ建国6世紀の初頭にはすでになされていたと推定されます――従って，私に言わせれば，神官は，法学者の側からすれば相続人の法的地位のために固く保持されている諸原則から根本的に遠去かる決定を採り入れたのです。この決定は，専ら相続人が存在しないことを前提として，使用取得者が祭祀を負担すべきである，そして使用取得者が多数いる場合は，最も多くのものを使用取得した者だけが祭祀を負担すべきである，という内容のものでした。後者の場合に，どのような事情が基準となったかについては，私たちは結論づけることができません。いずれにしてもこの場合，人法の領域において守られる法的諸原則は考慮されませんでした。なぜなら，それらの原則に従えば，被相続人の債務に対する責任が全相続人に分割されてしまい，それ故に相続人が誰一人として相続を承認しなかった場合のみならず，――使用取得者も相続人となったので――指定された相続人が相続を承認した場合でさえも，最も多くのものを使用取得した者だけではなく，使用取得者**全員**が責任を負わねばならなくなったからです。

遺言によろうが，法律に基づこうが，あるいは使用取得によろうが，〔相続人となる〕理由はどうでもよかったのです。使用取得者が相続人と**一緒に**は責任を負わないということは，祭祀について責任を負わねばならない人々の様々な等級を定めた神官の規準の中に**はっきり**とは記されていませんでした。しかし，そのことは使用取得者の名前が相続人の**後**に挙がっていたという事実[30]から明らかでした。

最も多くのものを使用取得した者が責任を負うというこの決定は，実務において大きな争いの基となったかもしれません。誰が最も多くのものを使用取得したのでしょうか。次のような推量，すなわち，神官は自ら立てた規準で証明の責任を自ら負担しようとしていたのかとか，あるいは神官がその証明を行なうことが何度か全く不可能であったが，しかしその極めて厄介で，煩わしくて，先が見えない証明をどんなことがあってもこれを行なっていたのではないか——こうした推量をしようとしても，古代ローマ人のことは何も分かるはずがないのです。この決定の意味は，神官によって捕らえられた者は，他の者が自分よりも多く使用取得したことを証明すれば，自分自身を**負担から解放する**ことができる，という意味でしかなかったかもしれません。これはまさしく，公権力によって後見人として捕らえられた者に，私たちの常套文句である「それに一層近い näher dazu」者を指名することを委ねている，後の時代の後見法の適任者の指名 potioris nominatio だったのです——イングランドにおいて国王の証人に与えられたような，そしてローマの査問所手続きにおいて審判人 iudex に与えられたような，自身の義務からの解放であり，**密告の賞金**と言うことができます。これによって，相続財産の先占過程が白日の下に曝されるよう配慮されていたのです——つまり，ある者が他人を密告しました。1人を捕まえることだけが重要でした。とにかく，縺れた糸玉をどこかで手中に収めれば，後は勝手にほどけていくのです。

この決定は，たとえ祭祀のためだけに採用されたのだとしても，やはり債権者たちのためにも異常に高い価値を持っていました。新しい密告はいずれも，彼らに新しい債務者を調達しました。相続財産を構成する個々の物の残

部を神官の裁判所で調べる公的審理手続き——一度これを取り上げてみようと思っています——は，民事訴訟という道において次から次へと請求権を行使させるための証拠資料を彼らに提供しました。またしても，古法のあの抜け目のない制度のうちの一つ——私は，あなたにこのような例をなおもたくさん挙げることができるでしょう——が，結果において過ちを犯すことなく，正当性において議論の余地がないものとなっていたのです。なぜなら，神官の保護に委ねられている祭祀という領域において神官が適当であると考える諸決定を行なう彼らの権利に対し，争いを挑もうとする者がはたしているでしょうか。そして，ここでもまた悪巧みが，寛大さや温情を装って存在しているのです。人が些細なことに寛大であるということ，そして「小泥棒は罰を受け，大泥棒は横行す」という私たちの今日の教訓を逆にして，大泥棒は捕らえられ，小泥棒は横行すということ以上に悪巧みに相応しいものはあったでしょうか。最も多くのものを取った者は，その勘定を支払わせれば良いのであって，他の者たちがした摘み食いが引き続き顧慮されることはなく，その者たちの勘定までがおまけとしてついたのです。それにしても，一体誰が最も多くのものを取ったのでしょうか。この点に関しては，お互いに密告しあうことが仕組まれていたのです。

　祭祀についてのあの神官の規準は，その新しい版ではもう一つの決定を含んでいました。しかし，その決定については，つい今しがた私が検討したものと同様に，正しい理解が見出されていないのです。これは，第4順位者として，「債権者の中で最も多くのものを保有する者 qui de creditoribus plurimum servet」に責任を負わせるものでした。そこから何が起きることになったのか，あまり知られていません。この決定は，相続財産の債権者たちのうち，——私たちの現在の言葉で言えば——相続財産の清算手続きにおいて最高額の配当を受け取る者（この意味で，最も多くのものを保有する plurimum servet）が祭祀を引き受けなければならなかったということを意味するものではありません。なぜなら，すべての債権者がその債権額に応じて同じ割合で満足を受けるときは，最も多くのものを**受け取る**者が，同時に最も多くの

損害を受ける者であったからです。そして遺産から何か**利益を得る**のではなくて，むしろ逆に，**失った者**に祭祀を負わせることはできませんでした——そんなことをしたら，場合によってその者は追加払いをしなければならなかったことでしょう！　こうした窮地において，**サヴィニー**は，キケロのテキストの訂正を提案しました。「債権者の中で最も多くのものを保有する者」に替えて，「債権者らに対し最も多くのものを保有する者 qui creditoribus plurimum servet」と読み，そしてこれを債権者らに対して最高値を示し，その結果として競落した競売財産の買受人 bonorum emptor の意味で理解すべきである，と言うのです。それはあたかも，支払い能力のない相続財産 Masse に対して祭祀を負担させるという，債権者に対する不当な行為が，責任を競売財産の買受人に負わせることによって回避されるかのようなものです。勿論，競売財産の買受人は，相続財産に対する付け値を出すときに祭祀の負担を換算した額を考慮に入れており，そして相続財産に対する付け値をますます下げることによって間接税の転嫁というやり方で，その金額を債権者に負担させていたのです。

　事態は全く単純です。古代ローマにおいて誰かが死にました。そして，その者の遺産が債務を完済するに満たない公算が大きく，そのため相続人は誰もこれを占取しなかった場合を実際に思い浮かべてみましょう。債権者は何をしたでしょうか。きっと何もしないで手を拱いていたわけではないですよ。しなければならない適切なことは，彼らの安全のための**共通**の手段を講じることです。例えば，信頼できる人物を指名して（もっと後の時代には，法務官告示の「管財人 magister」になりました。すなわち「財産を売却する per quem bona veneant」，Gaj. III. 79），その者に相続財産の監視とその他一切合財の管理が委ねられました。しかし，債権者はまた，身を守るために専ら自分のことに思いを馳せ，個々の物を占取する，つまり「保有する servare」[31]という考えを思いついたかもしれません[32]。法は彼に対してどのような態度をとるべきだったでしょうか。法は疑いなく，不利益があるぞ，との脅しを掛けることによって彼を威嚇し，その考えを止めさせるよう努めなければなりま

せんでした。それにしても、どんな不利益だったのでしょうか。相続人のいない物についてよく見かけられる先占者の場合のように、相続財産の使用取得という不利益でしょうか。彼にとって、その不利益はどうやら相応しくなかったようです。なぜなら、こういう言い方をして良ければ、彼は相続人として pro herede ではなく、債権者として pro creditore 占取していたのであり、他人の相続財産から懐を肥やそうとしていたのではなく、むしろ相続人が後に相続の承認をする際に請け出すかもしれない担保を相続財産から取ったにすぎなかったからです。しかし、そうは言ってもやっぱり、人々は債権者のその期待を台なしにしなければなりませんでした。そのために、神官は「債権者の中で最も多くのものを保有する者」、すなわち自己の担保のために最も多くのものを持ち去った者に、事情によっては祭祀を支払わせることによってこれに配慮していたのです。このようにして、ここでもまた、あらゆる異議から庇護されている神法の立場が市民法に影響を及ぼしていました。市民法はこれを、どんな理由であれ、有難いことと思っていたのです。これを定式化すれば、次のようになるでしょう。すなわち、「債権者の中で一方的に自己の債務者の遺産に属する物を奪取する者は、祭祀に対して責任を負わねばならないという危険を冒している。他の債権者が同じことをやった場合に、その者は、債権者でもっと多くのものを持ち去った者がいるということを証明することによって、責任を逃れることができる」と。

それに対して、債権者が、他の債権者らの負担で補償を手に入れるという目的を達成できたかどうかは、全くどうでもよかったのです。他の債権者らが個々の物をすべて彼から取り返すとしても、彼は、一度捕らえられた罠の中に残り、依然として責任を負いました。すなわち、それは「保有していた者 qui servaverit」と言っているのではなく、「保有する者 qui servet」、つまり**先占する者**と言っており、その後に起こったことは考慮されなくていいのです。責任を負うために、相続財産の使用取得の場合のような１年という期間の経過もまた必要ではありませんでした[33)]。それはまたどうしてでしょう。「債権者としての**使用取得 usucapio** pro creditore」というものは、法律

上，知られていなかったからです。

さて，1人の債権者が，多寡を問わず，遺産から占取したかもしれない場合に，他の債権者がもっと多くの物を取っていったことを証明できないときは，彼は責任を負いました。というのは，誰も何も取っていっていない場合には，たとえ1ペニヒだけの価値であっても，これを占取した者が「最も多くのものを保有する者 is, qui plurimum servet」であるからです。他の人々が占取していれば，自分より多く取っていったその他の人々に自分の負担を転嫁するために，先に述べた密告という道が彼に開かれていました。このようにして，ここでも事態に光が当てられました。あらゆる介入を止めていた誠実な債権者らは，遺産を構成する個々の物がどこにあるのか，そしてどの人を相手にしたらよいのかを知るのです——神官の裁判所が，彼らにその住所を教えてくれました。

ところで，これまで述べてきた神法の市民法への影響が，相続人としての使用取得の場合においても債権者らの先占の場合においても，単なる**結果**だったのか——私はこれをいつも反射的効果 Reflexwirkung と呼んでいます——それとも**意図**，つまり**目的**だったのかについては，私は，誰とも不毛の争いをしたくはありません。私としては，結果であったと考えますが，しかし，人々の賛同よりも，むしろ人々の反抗精神を当てにする場合に私の見解を貫徹する見込みがあるということを私は知っていますので，ここでは，意図，つまり目的であったと主張したいと思います。そして，今や私は，相続人としての使用取得について私の後に書く人が私の誤りを悟らせてくれることを期待しています。私が提起しようと考えていた新しい見解は，誰かある人がすでに私に述べた見解であって，全く根拠のない見解であると**論駁する**ぐらい，私が以前から思慮深ければよかったのになぁ，と思っています——私は，いとも簡単にこの新しい見解に入り込める入口を作ったのですよ！

私の葉巻がなくなってしまいました。私は話を止めざるを得ません。

しかし，あなたにお知らせしなければならないことが，私にはまだあります。というのは，その中には，不正な利得による相続人としての使用取得が

持つ，人を罠に掛けるような特性について私の見解を直接，確証させるものが含まれているからです。ごく最近になってようやく発見された，私たちのテーマと関係がある，ローマ古代からの貴重な断片の写しがこれです。昨年，バチカンで，七十人訳旧約聖書 Septuaginta の二重写本 Codex rescriptus の中に（F. 115），詩篇137が記されている一葉があって，その詩篇137の下に記されていた原文が復元されました。そして，その中にラテン語で書かれた，比較的大きな賛美歌集や詩歌集を構成する個々の歌が発見されたのです。今，ここで問題となっている一葉に記されている詩歌は，ナンバー34として記載され，「相続人なくして死亡した債務者の債権者たちの歌 Carmen creditorum debitoris sine herede defuncti」という題名が付いています。偶然の出来事が奇跡的に重なって，この版に見られる二つのテキストは，一方が他方を真似て作られたと考えられ得るぐらい，一致していました。いずれにしても，この二つの最初の詩句の一致は，非常に驚くべきことです。そして，筆写本においてそれらの詩句は外面的にすら一致しています。つまり，お互いに重なりあっているのです。〔両者の〕違いはと言えば，私たちのテキストはローマの債権者たちの**歓喜の歌**であるのに対して，上記詩篇はバビロンの捕らえられたユダヤ人の**悲嘆の歌**である点だけなのです。

　私は，あなたのために詩篇の最初の詩句を記しましょう。これで，あなたはこの一致を確認できるでしょう。ラテン語のテキストを，私なりに訳してみました。ラテン語のテキストは，目下のところまだ出版されていません。

**詩篇137　捕らえられたユダヤ人の嘆きの歌**
  1. バビロンの流れのほとりに座り
     シオンを思って，わたしたちは泣いた。
  2. 堅琴は，ほとりの柳の木々に掛けた。[12]

**賛美歌34　債権者たちの歓喜の歌**
  1. 静かにわが家に座り，相続人が相続を承認して，私たちの債権の支払いをしてくれるだろうかと心配していた。

2. 証書は，丈夫な木箱[34]の中にしまっておいた。これで証書は安全となり，必要な時に手に取ることができるのだ。

3. ところが誰も相続を承認しに来てくれなかった。遺言相続も無遺言相続も行なわれなかった。それは，持っていくものが何もないことをみんな知っていたから。

4. 遺産占有者 bonorum possessor さえ現われなかったし[35]，妻が夫婦としての遺産占有 bonorum possessio unde vir et uxor を申請することさえしなかった——最後に残っていたほんの僅かの希望が，心の中で消えていった。

5. その時，罠に掛かることになる[36]男がやって来て，苦境に陥っていた私たちを救ってくれた。

6. 男は，私たちの放蕩者[37]の債務者の犂が畑にあるのを見つけた。でもそれは，私たちが抜け目ない悪巧みをもってわざと[38]畑に放り投げておいたものだった。

7. そして，男は目の前にあるものが気に入って，折を見てその犂をいただいていくことにした。

8. 夜が来て暗くなると，男が現われ，犂を持ち帰り，馬屋の干し草の山の下に隠した。

9. ところが，私たちは見張り[39]を残しておいた。見張りは，ミネルヴァの鳥の眼で闇夜を見通して，事の一部始終を知らせてくれた。

10. そして，私たちは一言も漏らさずこの知らせを聞いた。そして，種を土壌に蒔く時のように，心の奥底にしまいこんだ。熟する時がやってくるまで。

11. 動かず騒がず，天空の太陽が1年の道のりを巡るまで[40]待ち通した。

12. 「犂が盗まれた。カイウスが干し草の中に隠したんだ。私は自分でそれを探します。皿を持ち，腰帯を付けて〔十二表法第八表

15b〕」[41]

13. よし，見張りの話の通りだ。私たちは証人として他の人たちについていった。
14. はたして，干し草の中から犂がでてきた。それは見張りが話していた犂ではなかったけど，見張り自身，違いに気付かなかった。「君が持ち主だ。君は法に従って犂を取得したんだ。それなら君はシュティクスの相続人になったんだ」
15. 「法はそれを望んでるんだ」，みんなで合唱した，「君は相続人だ。だから債務者なんだ。ここにある証書全部の責任を負ってるんだ」
16. 「三度四度，君に幸あれ，相続財産の幸福な所有者に。相続人を見付けた私たちにも，それに劣らぬ幸あれ」

これで債権者たちの歓喜の歌は終わりです。私はこの歓喜の歌を，「相続法の賛美歌」とか「古代相続法の鼠捕りの雅歌」と呼ぶことを提案することにいたします。

補　遺

この著作の読者の一人が親切に知らせて下さったお蔭で，私は，相続財産の使用取得 usucapio hereditatis の根底にある目的について，私が先の論説の中で展開した見解との興味深い類似例を知ることができました。古スコットランド法によれば，公的権力の関与なくして相続財産を占有した者は，死者のすべての債務について責任を負いました。この点についての注解は，ジェームズ・ボズウェル James Boswell 著『サムエル・ジョンソン伝 The life of Samuel Johnson』第 1 巻119頁に見ることができます。そして，私は投書者が教えて下さった一節をここに掲載します。英語に不案内な読者のために私は翻訳も付けておきます。

It was held of old and continued for a long period, to be an established principle in that (scotch) law that, whosoever intermeddled with the effects of a person deceased, without the interposition of legal authority to guard against embezzlement, should be subjected to pay all the debts of the deceased, as having been guilty of what was technically called vicious intromission.

　古代から行なわれ，長い間維持されているスコットランド法の確立した原則は，公的権力の関与なくして死者の遺産の中に入り込んだ者は，たとえ誰であれ，あたかもいわゆる専門用語でいう遺産干渉と呼ばれる罪を犯したかのように，横領に対する保全のために死者のすべての債務を支払わなければならない，というものである。

385　従って，古スコットランド法による相続財産に関する「私に触ってはいけない」〔原則〕は，私が古代ローマ法に対して考えていたことと同じものだったのであり，ただ古代ローマ法は干渉の他に1年という期間の経過をも要求した点，すわなち先占者に先占した物を相続人又は債権者に返還して債務に対する責任から逃れることを許していた点だけが異なるのです。この投書は，私の見解などは全くあり得ないという異議――この異議は，私の見解に対抗し得るものであるかもしれませんが――を打ち破るのに十分でしょう。それどころか，古代ローマ法は古スコットランド法よりも一歩後ろで踏み止まってさえいたのです。なぜなら，相続財産を構成する物の先占者は，前者によれば1年という期間経過後にようやく責任を負ったのに対し，後者によれば直ちに責任を負うものであったからです。

## 編集部宛の書簡[42)]

あなたは，私が黙り込むかどうかお尋ねですね。もう少しで黙ってしまうところでした。私は怯えており，これまでのようにお喋りを続けることがほとんどできないくらいです。私のお喋りが，ある人々の間で不快の念を抱かせたということが耳に入ってきました。そして，私はそのことについてプラハからの直接の証言を手にしています。その地の執筆者は，私に対して最も辛辣なことを言わんとして大いに苦心しているのです。その執筆者が自分の名を書かなかったという事情のため——彼は，集合的な表現を使って「法律新聞の前読者」と署名しています——，私は彼に対し個人的にお伝えすることができなかったので，彼の手紙の送付先であるギーセンではなく，ゲッティンゲンに住んでいるということを彼に知らせるためにこの機会を利用します。もしもギーセンの郵便局が私の現在の滞在地を彼よりも知らなかったとすれば，彼の手紙は決して私の手元に届かなかったことでしょう。そして，そのことによって私は，私のお喋りがあなたの新聞の，あのプラハの「前読者」たちに与えた印象について知る機会を失ったことでしょう。この名前で発言している発信人は，どうやら私に対してかなり不快なことを精一杯言いたいという意志を持っているようです。そして，この発信人の手紙は，彼の機知が彼の善良な意志と同じ高さのところにあるのであれば，非の打ち所がなかったと思います。そのことについて彼が私に対して提示している証拠からすると，彼が私のお喋りに対して好意を持つことができないということが分かります。私が彼の身になれば，私も全く同感ということになったでしょう。その時私は，ある機知に富んだ人が，その人のいる前で他の人が小胆者 Kopfhänger と呼ばれた時に口にした返事を思い出しました。その返事はこうでした，「私がそんな頭 Kopf を持っていたら，私は項垂れたままだったでしょう hängen！」——もし私がプラハの匿名氏のような頭を持っていた

とすれば，世界は私のところでも，彼のところでも，あるロマニストのお喋りに晒される心配がなかったことでしょう。

　私のお喋りを不快に思った人が彼だけだったとすれば，私は，事態をそれほど深刻に受け取らなかったでしょう。しかし，彼の署名によれば，彼を通じて私宛に拒絶反応を露わにした手紙を送ってきた人は，プラハであなたの新聞を読んでいる定期購読者全員なのです。そして，私がお喋りを続けることによって，プラハにおける定期購読者や，彼らと考えを同じくするその他の地域の定期購読者を失うという危険にあなたを引きずり込まないようにする義務を，私は負っているのです。あなたは事態を甘く見すぎてはいけません。何と言っても，あなたの定期購読者は，これまでの慣れ親しんできた法学の平凡な家庭料理が毎週与えられることを要求する権利を持っているわけですから。そして，あなたは彼らに対して平凡な家庭料理という名称に当て嵌まらないものは提供してはいけないのです。従って，これまで中断していたあるロマニストのお喋りが続くことをあなたが欲しているのであれば——私はあなたの私宛の督促状からこれを察知しているのですが——，次のような方法を採るしか他に手はありません。それは，あなたの新聞の2種の読者層，すなわち一方ではこれまでのしっかりした食事に固執する読者層と，他方このような食事と並んで，もう少し軽い食事でも善しとする読者層の利益と好みに応じるために，あなたの新聞のすべての号について，私のお喋り**付き**のものと私のお喋りの**付かない**ものという2種類の版を用意するという方法です。この手紙の目的は，あなたの新聞のために，何卒，私の提案を受け入れていただきたいと心から願うことにあります。このような同じ新聞の2種発行は，例がないわけではありません。私たちの最高のドイツの新聞のうちの一紙が，すべての号について2種類の版を用意していた時代がありました。つまり，一つは，メッテルニッヒのオーストリアに向けたもので，従順に，危険なく，害を与えないような内容にし，もう一つは，それ以外の世界に向けたもので，あまり臆病にならず，そして食餌療法から逸れるような内容にしていたのです。文学史上においてもまた，同じ作品であってもそれを

手にする人々に対応して異なる内容で印刷された事例が報告されています。多くの人々に対して自分の作品を捧げたい，しかも集団に対してではなく，一人ひとりの読者に対して捧げたいという願望を抱いていたある著者が，この見たところ解決不能の課題を，献呈本の一冊一冊に対して，彼が献呈する人の名前だけが目立つ特別の献辞紙を印刷させることによって解決したのです――これは，文学の領域における共同連帯の有効な模倣なのですが，しかしこれがその目的を達成するには，共同債務者 correus の誰もが他人の存在を知らないということが前提となっているのであり，このことは先ほどのケースでは当て嵌まらないのです。あなたとしては，2種類の版を用意しなければならない場合に，それほど用心深く事を進める必要はないでしょう。2種発行を公然と発表して下さい。そして，あなたの下宿人の一人ひとりに，自分の口に合った方を選ばせるのです。

　手紙による私からのお知らせは，これで終わりです。さぁ，2人で「金鷲亭」に行きましょう。そして，そこで私たちのお喋りを続けましょう。もし私のお喋りがこれまでよりも些か真面目になったとすれば，あなたはそれを，先ほどの手紙が原因で私が意気消沈したためだと受け取って下さい。

## Ⅲ　古代ローマの民事訴訟における富者と貧者

　あなたは，私たちの次の出会いのために私が予定していたものとは別のテーマが出てきたのを聞いて驚いたのではないでしょうか。あなたを見て私は，私があなたに法学珍品コレクションから2番目の逸品，つまり民事訴訟における騙し細工を約束していたことを思い出しました。私はそれを，今日もまた家においてきました。というのは，珍品の中で一気に度を過ごすことになるのではと恐れたからです。読者は，鼠捕りの印象からようやくいくらか心も落ち着いたところでしょう。それはそうと，鼠捕りに関して私は，恥ずかしながら，債権者たちの歓喜の歌（法律新聞15号の末尾）について私は惑わされていたということを白状せざるを得ません。この賛美歌は，暫くした

後に知ったのですが，最初から最後まででっち上げだったのです。サンクニアトン Sanchuniathon〔の偽造者〕やシモニデス Simonides，それからその他の偽造者の手になるものの一つだったのです[13]。そして，つい最近のモアブ人の古代文化遺産という有名な例が示していたように，学術的な団体でさえ彼らの犠牲になっています。その上この偽の断片は，——私は私の弁解に付け加えようと思っているのですが——ここでのケースでは他人を欺いていたのですが，それは私の場合と揆を一にしていたのです。私は，いろいろな方面から，歓喜の歌のラテン語の原文は一体どこにあるのかとか，それはもう印刷されているのかとか，あるいはブルーンス Bruns が『古代ローマ法源 fontes juris Romani antiqui』の新しい版を出して歓喜の歌を学界の共有財産にするまで待っていなければならないのか，といった質問を受けました[43]。これらの問い合わせを受け，私は調査をする気が起きましたが，その調査の残念な結果をあなたにお知らせしました。いやぁ，残念至極です！歓喜の歌が本当に存在していたら，なんと素敵なことだったでしょう。それはそうと，だからと言って，歓喜の歌の中に拠り所を見出したように思われた，不正な利得による相続人としての使用取得についての私の見解を，前より悪くとらないで下さいね。その賛美歌は本当に存在し**得た**かもしれませんし，実際この賛美歌には**内的**真理が含まれていたのです。このことは，古代からの正真正銘の正文で欠損のあるものについて復元の試みを幾度となくやってみるべきだという主張よりも価値があります。この歓喜の歌は，非常に著名な学者たちが行なったローマ法源の正文の数多くの復元に対して恥じる必要はないのです。

では，私たちの今回のテーマにいきましょう。

「古代ローマの民事訴訟における富者と貧者だって」——あなたは不思議そうな顔をして私に尋ねることでしょう——「私は，古代法におけるこのような対立についての話は一度も聞いたことがありませんよ。古代ローマにおいて，貧者のための訴訟法とは別に，富者のための訴訟法が存在していたのであれば，私たちの今日の訴訟扶助を受ける権利 Armenrecht は，太古にま

で遡るということでしょうか」。あなたが不審に思ったのももっともです。私もこのテーマについて，これまで何も聞いたことがありません。これは，世間の注意を引こうとして，まだ誰も見たことのない勲章を付けて現われたあるオランダ人がカールスバートで誇らしげに答えた「私自らの発明」なのです。すなわち，ある人が失礼を顧みずにその勲章について尋ねたところ，„myne eegene inventie〔私自らの発明です〕" との言葉が返ってきたのです。あなたは，私が法史の諸々の発見を仕入れる源泉をご存知ですね。そうです，私の法史の葉巻です。このテーマのためには，上等のハバナ産の葉巻は必要ないでしょう。オーストリア専売局のありふれた葉巻がこの役目を果たすことでしょう。あるいは，比喩を使わずに言えば，以下において私がお知らせしようと思っている事柄は，特別の苦労もなく見出せたものなのです。無理をして頭を悩ます必要はなく，むしろ単純に熟慮すればそれで足りたのです。しかし，勿論，私たちの源泉の中で行間を読む術(すべ)だけは心得ていなければなりません。というのは，味もそっけもない言い方をすれば，私が読み取ろうとしていることは，その源泉には全く含まれていないからです。そして，この点についてもまた，このように行間を読むということを誰も試みたことがなかったので，私の先のテーマは，学問上，全く知られないまま今日の日に至ったというわけです。私は，今後はもはや誰一人としてそのテーマを見落とすことがなくなるぐらい，このテーマの名声を高めることができればという期待を持っています。私がこの作業から得られると期待している利益が，古代ローマの訴訟のこれまで見落とされてきた側面を明らかにすることのみにあるとすれば，おそらく，私のテーマをある読者層，とりわけオーストリアの法律家の前で論じることに，私は躊躇(ためら)いを感じたでしょう。しかし，このテーマに結び付く関心は古代ローマの訴訟をはるかに超えています。私があなたに披露しようと思っているのは，まさにローマ史の一断片であり，しかも貴族と平民との間の階級闘争史に対する貢献なのです。

　これから私たちが行なおうとしている研究の基盤は，古代ローマの訴訟手続き，すなわち法律訴訟です。法律訴訟特有の本質について，私はここで意

見を述べたてるつもりはありません。なぜなら，私はこのために2度書くことになってしまうからです[44]。あなたもご存知だと思いますが，この訴訟の本質は「法律なければ訴権なし nulla actio sine lege」という原則の厳格な貫徹にあるか，あるいは私が前の著作で挙げておいたように，特有の**法定の召喚方法**——この召喚方法によって，裁判所での請求はすべて，法律がそれぞれの請求について述べている同じ言葉を用いなければなりません——にあるのです。

　ガイウス (IV, 12) によれば，こうした古代の訴訟手続きには五つの異なった種類がありました。それらのうち，私たちの目的にとって考慮に値するのは，さしあたり，神聖賭金による法律訴訟 legis actio sacramento と拿捕による法律訴訟 legis actio per manus injectionem の二つだけです。私は，この二つについて，あなたとあなたの読者たちが大学で学んだことをいまだ覚えてらっしゃるか存じませんので，私の目的にとって必要となる範囲でこの二つについてお伝えすることが必要だと考えます。

　先ず最初に，神聖賭金による法律訴訟からいきましょう。これは，古代ローマの訴訟手続きの通常の形式で (Gajus IV, 13 によれば，「一般的なものであった generalis erat」)，他のことが特に定められていなかった場合にいつも用いられる訴訟形式でした。この訴訟形式に特徴的なことは，神聖賭金 sacramentum，つまり敗訴没収金 Succumbenzgeld であり，これは，敗訴した当事者が負担する金員であり，その額は，訴訟の価額 Streitobjekten が1000アス以上のときは500アス，訴訟の価額が1000アス未満のときは50アスでした。形式的にこの訴訟が眼目としていたのは，争点 Streitsache それ自体ではなく，むしろ両当事者のうちのどちらが自分の賭金を失うかという問題でした。その判決は，「（原告又は被告の）神聖賭金は正当である sacramentum (Auli Agerii, Numerii Negidii) justum esse」というものであり，これは，争点が当事者が行なう賭という形態に変えられた先決訴訟の誓約 sponsio praejudicialis に基づく訴えの場合の方式書訴訟に似ていました。同じく，裁判官は，両当事者のうちのいずれがその賭に勝ったのかを判決することによって間接的に

その争点について判断しているにすぎなかったのです。しかし，訴訟における賭という，このような少し新しい時代の形態の場合には，**当事者**の賭金それ自体が認められるか，あるいは否認され，そして賭金はその額から真の――純粋に形式的な――訴訟上の意味を汲み取るに必要最小限に見積もられていたのに対し，他方，神聖賭金の場合の金額決定方法は，これとは異なっていました。神聖賭金は，当事者ではなく，**国庫**のものとなったのです（Gajus IV, 13 によれば，「国家に属していた in publicum cedebat」）。神聖賭金がその名を取得する元となった本来の形態は，私の考えでは，それは礼拝目的のために使われる宗教的基金に向けられていたという点にありました。このような利用は，フェストゥス Festus[45] によって明確に私たちに示されています。彼のこの注解に対して異なる内容の注解を付け加えているのがウァロー Varro です（De lingua latina V, 180）。このウァローの注解は，私見によれば，私たちが事態の本来の形態を完全に再構築することを可能にしてくれるものです。すなわち，当事者は神聖賭金を「聖所に in sacro」あるいは「橋のところに ad pontem」，つまり神官が座る場所である橋杭 pons sublicius のところに預けていたのであろうというのです。従って，神聖賭金は神官らのところに寄託されていたのです。勝訴した者は自分の分を取り戻し，敗訴した当事者は自分の分を失いました。ガイウスが思い浮かべている，後の時代の訴訟の姿では，神聖賭金は，訴訟の開始に際して預けられるものではもはやなく，当事者が法務官に対して訴訟のための担保（保証人 praedes）を供していたのです。敗訴者の神聖賭金は，その場合，フェストゥスが先の一節の中で伝えているように，訴訟終結後に，パピリウス法 lex Papiria に基づいて，執行裁判を委託されている三人審判官 triumviri capitales によって徴収されて，国庫に支払われました。

　神聖賭金を入手するこのような二つの異なる形態，すなわち即座の寄託による方法と事前の担保供与に対する後からの徴収による方法は，この制度の二つの異なる発展段階を表わしており，しかも前者が古いもので，後者が新しいものであるということについては，法史家たちの間でほとんど見解は一

致しています⁴⁶⁾。そして，私はこの見解を採用することの分かりきった根拠をこれ以上展開することは必要ないと思います。ローマ法の発展について多少なりとも知識を持ち合わせている人であれば，同じ制度の二つの形態，すなわち神的・宗教的形態と人的・世俗的形態が示される場合において，前者は古い時代のもので，後者は新しい時代のものであることについて，疑いを持つことはありません。**言葉の上では**，**神聖賭金**は，その名前からしてすでに，本来的に宗教的な意味を表明しています。その上，神聖賭金は**礼拝目的**のために使われたのであり，**宗教を任務とする**役所によって，つまり神官によって徴収されたという，**事実に即した**注解がさらに加わるのです。そして，神聖賭金による法律訴訟はその本来的姿において神官の裁判所の前での手続きを意味していたという私の立てた仮説⁴⁷⁾について人々がどう考えるにしても，いずれにせよ，古代においては神官に権威のある司法権限が割り当てられていたということ，そしてコルンカニウス Coruncanius から始まる法学の世俗化の時期よりも宗教的な時期の方が先行していたということが法源に基づいて証明されているのです⁴⁸⁾。本来の形態における神聖賭金による法律訴訟は，宗教的な時期に起源を発しているのです。これを**宗教的な**神聖賭金による法律訴訟と呼び，そしてガイウスが伝えているものを**世俗的な**神聖賭金による法律訴訟と呼ぶことができます。一方から他方への進歩は，神聖賭金が流れ込む金庫が別のものとなり（神殿の基金から国庫へ），そしてこれを徴収しなければならない**役所**もこれに対応する（神官から法務官へ）ということだけでなく，徴収方法も変わった（訴訟開始時から訴訟終結時へ）ということによっても特徴づけられました。私の考えでは，支配的な見解が後者の変化を単に**徴収**方法の変更であって，**使用**方法の変更ではないと見るとき，それは後者の変化を過小評価しているのです。神聖賭金による法律訴訟からの歳入は，私見によれば，上記の変更以来，ガイウスが述べているように「**国家に属していた**」のであり，ウァローもまた先に挙げた箇所で「**国庫に帰していた** ad aerarium redibat」と述べているので，この点では一致しています。ただ彼は，神聖賭金がいまだ神官によって徴収されていた時代で

もすでにそうであったと考えている点が異なります。このウァローの見方については，私は誤りだと思います。なぜなら，宗教上の教義に基づく神聖賭金額の決定（フェストゥス曰く，宗教的儀式で使用された consumebatur id in rebus divinis〔注45〕）と，世俗的目的のために神聖賭金を使用することが可能となる国庫への払い込みとは，相容れなかったからです。従って，私たちは神聖賭金を神官から**法務官**へ委ねることによって発生する変化を，現代の言葉を使えば，神聖賭金の**国有化 Säkularisation** と呼ぶことができます。

　国家に対してこのような措置をする気を起こさせることができたものは，何だったのでしょうか。神殿の負担で金を貯め込むという欲求からということではきっとなかったでしょう。というのは，共和制の全盛期にローマ国家の意の儘であった莫大な財源と比較すれば，神聖賭金からの収入は取るに足らぬほど少額だったので，国家権力に神殿の権利を干渉しようという気を起こさせることなどはあり得なかったからです。もっと別の理由が存在したにちがいありません。ローマ法源の伝えるところによると，十二表法後の約100年間に，法に基づいて起こった急変にその理由があると考えがちかもしれません。すなわち，神官団の優越的影響から法を解放したことです。この影響が止んだとき，従って訴訟方式の保管者 Depot がもはや神官ではなくなったときに，これとともに，神聖賭金の継続的な徴収権原もまた存在しなくなったのです。しかし，私が，手短かに言って，法学の世俗化と神聖賭金徴収方法の変化との関係を見誤っていなければ，やはりこれだけでは，**その他の点で**神聖賭金による法律訴訟の姿で起こった変更を説明するのに十分ではありません。なぜ人々は，神聖賭金のこれまでの**寄託**に代えて，担保と引き換えに神聖賭金の**信用貸し**をしたのでしょうか。この問いは，先ほど述べた徴収方法の変更とは全く無関係です。これまでの法史の記述は，この問いに対して答えていませんし，この問いを投げかけたことすらありません。それは単純に事実だけで満足しているのであり，その事実の根拠を究明しようとはしないのです。そうは言っても，その事実は，熟慮に値するでしょう。私はあなたに，このような措置は極めて重要な社会的意義を有していたとい

うことを，やがて示すことができればと思っています。

以上で，私は神聖賭金による法律訴訟に関し私の目的に必要な資料を揃えました。今度は，拿捕による法律訴訟に移りたいと思います。

相手方に対して確定力をもって認定される金銭債務，法廷で承認がなされた金銭債務，又は持衡器者と5人の証人を前にして拘束行為という周知の形態で引き受けられた金銭債務（義務づけを通じての遺贈 Damnationslegat もここに入りました）を否認しようとした者，つまり今日の言葉で言えば**手形債務**を否認しようとした者は，その者自身は審問されることがなく，むしろ**保証人 Vindex** を立てなければならず，この保証人は，敗訴の場合に債権者の権利の侵害に対する刑罰として債務者と**並んで**債務額を弁済しなければなりませんでした〔14〕。これが，後の時代の法において，請求権の存在を争って敗れた場合に，それを否認したことに対して債務者に2倍額の刑罰が帰せられる（ubi lis crescit inficiando in duplum）ことになった，すべての請求権の元始の姿だったのです。

従って，拿捕による法律訴訟は，敗訴者に対し刑罰で脅していた点，しかも敗訴者が相手方の請求権を否認したときに善意であったか悪意であったかには全く左右されなかった点において，神聖賭金による法律訴訟と一致していました。人から不正であると言われる者は，まさにそうであるが故に有責なのであり，処罰されねばならないのです[49]。このことは，相手方の興奮した法感情——相手方は，自分の権利の否認を権利剥奪の試みと感じているのです——が要求することであり，そしてこれはまた公共の利益にかなっていたのです。というのは，この共同体は，紛争欲ないしは訴訟欲をできる限り防止することについて大いに関心を持っていたのです。なぜなら，この紛争欲ないしは訴訟欲こそが，民衆の未開性・粗暴性という点でまさに低い文化段階における涸れることのない源泉であり，そして共同体の繁栄にとって最大の危険を孕むものであったからです。口論や紛争は，どんな時代でもまたどんな場所でも悪です。なぜなら，それはもっと有益に使うことができた精力を無駄に消耗するからです。こうした口論や紛争は，私がここで念頭に

置いている時期にはますます大きな危険を内に孕んでいました。なぜなら，争いの火というものは，一度火がつくと，最初に燃えた狭い竈からいとも容易に燃え広がり，最初に関わった人々の他に一連の他の人々，例えば友人，親族，当事者の仲間を巻き添えにし，こうして今にも大火災となるからです。私たちのところでは，訴訟というものは，いつもきまって両当事者間でのみ行なわれます。当事者以外の人々は，両当事者とどんなに近い関係にあると言っても，だからと言って関わりを持つことはありません。私たちの今日の訴訟は，第三者に感染する虞のない病気と似ています。ところが，粗暴な時代においては紛争そのものが高い心理的刺激をいまだに有しています。すなわち，野蛮で過剰な力の排出口の時代であり，個人が自分の気持ちや性格を裏付ける際の手掛かりとなる力試しの時代，つまり裁判所に舞台を移しての果たし合いが行なわれた時代なのです。こうした時代においては，法の主要な任務は，何と言っても，いまだに個人の反抗を抑制して民衆を規律と秩序に馴染ませることに向けられなければなりませんでした。このような時代には，紛争が権利という形態をとっていた場合ですら，中世の「黒死病」と同様に，今日の私たちが夢にも思わないような危険を孕んでいたのです。すなわち，罹病した家を超えて広がってゆき，そして広範囲の人々を巻き添えにするかもしれない破滅的な伝染病の危険です。もともと2人の人の間でのみ燃えあがる訴訟が，ここでは広範囲にわたる災難になり得たのです。それ故，こうした事情の下では，訴訟への誘惑に対して強く対抗することが必要となります。ここで，法が訴訟欲に対して講じている措置は，伝染病の蔓延を防ぐことを任務としている私たちの今日の衛生警察が講じる措置と同列のものでした。すなわち，その措置は，まさに民事訴訟の衛生警察的な措置と名付けることのできるものだったのです。

　このような観点から**訴訟罰**——このような表現を使うのは，それの実際の実体を特徴づけようとする場合に，まさにそのような名称で言わなければならず，訴訟**費用**と呼んではならないからです[50]——の説明がつくのです。私たちは，少なからざる数の未発達の法において，この訴訟罰と出会います。

そのような法は，**訴訟を起こすことに対する経済的な威嚇手段**の規定を持っており，共同体の上に訴訟によって惹き起こされている危険に対して罰する規定を持っているのです。このような観点についていかなる疑義も残さないようにするためには，十二表法が定める以下の刑罰規定が役に立つことでしょう。その法文は，他人の樹木の伐採に対しては25アス，通常の不法侵害に対しては同じく25アス，自由人の骨を折ったこと（os fractum）に対しては300アス，それが奴隷の場合は150アスの刑罰を定めていました。それに対して，神聖賭金による法律訴訟の場合には，訴訟の目的物が1000アス以上のときは，敗訴没収金は500アスとなり，そして拿捕による法律訴訟の場合には，刑罰は債務額全額にさえなりましたので，場合によっては何千アスの額にまでなりました——従って，法律によって決められているいかなる刑罰額も，到底その足下に及ばない金額だったのです。私はさらに，こうした高額な訴訟罰を正しく評価するための別の拠り所として，その時代に作られた二つの法文を付け加えておきましょう。罰金刑（multa）を条文で定めるに際しては，アテルニウス・タルペイウス法 lex Aternia Tarpeja（建国300年）によって羊1頭は10アスとして，牛1頭は100アスとして評価されていました——これはおそらく，かなり穏当な評価だったのであり，少なくとも，両者の当時の金銭的価値と際だった不釣り合いはなかったことでしょう。

このような**経済的**威嚇手段の他に，ローマ法にはさらに**道徳的な**威嚇手段がありました。すなわち，宣誓（濫訴の宣誓 juramentum calumniae）がこれです。

あなたは，古代ローマ人が，訴訟をすることによってこの共同体を脅かす様々な危険を正しく評価し，これに断固として立ち向かう術を心得ていたということをお認めになるでしょう。古代ローマにおける訴訟は，各人各人が熟慮に熟慮を重ねなければならない決断でした。誰もが相手方の腕や脚を二つに切ったり，平手打ちや殴打を食らわす方をやりたかったのです。その場合は，300アス又は25アスの料金を支払うことによって，事態を収拾できました。ところが，訴訟を行なった場合には，もっと多くの金額を失う危険が

ありました。目的物の価額がほんの数アスといった極めて少額の価値しかない場合の訴訟にあっても，神聖賭金は50アスになりましたし，1000アスの価値がある物の場合の神聖賭金は500アスにまでなったのです。そして，この額は直ちに**現金**で支払わなければなりませんでした。これこそが，これまで人々があまりにも注意を払わずにきた極めて重要な点なのです。そして，私たちは以下においてこの点に全注意力を向けたいと思います。

　出捐をするという決断に関して，直ちに現金で支払わなければならないのか，又は支払いを将来に延期することができるのかは，疑いなく大きな違いを招来します。そして，実務家としてあなたは，依頼人が訴訟を起こす際，弁護人に対して支払わなければならない比較的少額の着手金ではなく，最終的な訴訟費用全額を直ちに現金で机の上に払わなければならないとすれば，依頼人の実に多くの人々は事態をじっくりと考えて，十中八九，訴訟を手控えるであろうということをお認めになるでしょう。多くの当事者は，訴訟費用がどのぐらいにまで至るかについて全く予想していませんし，訴訟にあたっての保証金が高いという意識もありません。ところが，古代ローマ人はこれを知っていたのです！

　さらに，知っているということと現金で払うこととの間にさえ，なお大きな違いがあります。単に知っている場合には，人はかの有名な慰めの理由により自ら切り抜けることが珍しくありません。すなわち，これは後になって判明したことですが，人間が非常に好んで将来支払うために振り出すご存知の手形がそれです。現金で払う場合には，このような，将来へ延ばすという言い逃れは存在せず，現在が貪欲な手を伸ばすのであり，手形では満足しないのです。古代ローマの訴訟においては，賭博場のように現金でしか勝負をすることができず，その保証金は訴訟の開始時に直ちに支払われなければなりませんでした。訴訟罰は，こう言ってよければ，裁判所の入口で存在したのであって，裁判所の出口でではなかったのです。ある説教者は，神の善意と知恵の証拠として，神は死を人間の生命の始まりではなく，終わりに置いたということを賞賛していました。訴訟の場合には，人々は，立法が訴訟費

用の支払いを訴訟の終わりではなく，始まりにもっていったということを立法の知恵の証として賞賛せずにはおられないという誘惑に陥るかもしれません。

<u>187</u>　本気でそんなこと言ってるのですか，とあなたは質問するでしょう。率直に言って，否です。同じ制度の様々な側面に対応し得ることが必要である場合には，私は，目下私が取り扱っている側面を，完全に意図的かつ意識的に一面のみを見て考えるという習癖を持っています。すなわち，その一面が，問題となっている唯一の側面であるかのように，その側面に夢中になっているということを，私は言いたいのです。一つの側面から次の側面へと次々とやってくる度に私はその側面に同じように夢中になり，そのときには，前の側面は完全に忘れているのです——このことは，何であれ惚れ込むというときには，同じように頻繁に起こるのです——その場合，私はどの側面も貧乏籤を引くことがないようにしてきたと確信しております。事実，ここでもまた私は，そうしたことを行なったのです。私は，先ほどのローマの制度の長所を強調しましたので，これまで私に追随してきた人は誰でも，私がこの世でこれ以上完全無欠なものを知らないのではないかと考えたにちがいありません。あなたなら以下のこと，すなわち私がその暗い面に対しても開かれた目を持っていることを理解されることでしょう。そして，私はその暗い面に，たった今取り扱った明るい面と同じくらい明るい光を当てることをしてみたいと思います。

　私は，私の代わりに，ローマ建国4世紀の古代ローマ人，つまり平民出身の貧しい男に話をしてもらいます。葉巻をほんの二，三服させて下さい。あぁ，もう彼がそこにいますよ。

　この光景は，法務官の法廷での場面です。法務官を前にして，この男は原告として，彼が法廷召喚した裕福な貴族を伴って現われます。この原告が兵士として戦場にいる間に，その父が死亡し，そして彼の隣人，つまり目下の被告が彼の財産を占有するためにこの機会を利用したというわけです。この隣人が返還を拒否したので，訴訟となりました。原告は，法務官に対しこの

事件の説明をしました。そして，2人の間に次のような遣り取りが始まりました。この遣り取りの場では，法務官には，引用符が付されるという，貴人としての栄誉を享受してもらうことにしましょう。

「お前の所有地の価値はどれぐらいだね。1000アス以上かね，未満かね」

少なくとも1500アスにはなります。

「それならお前は，この事件を係属させる前に，先ず神官のところに500アスを寄託してこなければならない。神官のところに行くんだ。500アスを払い込んで，受託証書を持ってきなさい。そうすれば，私はこの訴えを受理しよう」

そんなお金を工面することは私にはできません。私のような貧乏人が，しかも全財産を被告によって取られているのに，現金で500アスなんて，どこから持ってこいと言うんですか。

「それはお前の問題だ。神聖賭金を先に寄託してこなければ，私はこの訴えを受理することはできない」

でも，私の事件はこの世で一番はっきりしている事件なんですよ。私が連れてきました証人たちは，私が申し上げた事柄のすべてについて宣誓供述する用意ができています。訴訟に負けるのは，私ではなく，被告です。だから，結局，神聖賭金は被告が支払わねばならないのです。

「みんなそう言うんだよ。私としては，お前の力にはなれない。私の手は縛られているんだ。聖職者たちに相談するんだな。もしかすると，彼らはお前の寄託を免除してくれるかもしれないぞ」

これで，最初の光景は終わりです。2番目の光景は，橋杭の上で，神官団のうちのこの年に訴訟の役を任せられていた神官を前にしての場面です。神聖賭金の寄託が問題となっています。

原告が，現金を工面できないことを理由に寄託の免除を請うています。

「お前が裕福だろうが貧乏だろうが，何ら違いはないんだ。私たちは人の外観なんか問題としないんだ。法律の前では誰もが平等なんだ」

こんな酷(ひど)い平等があるものですか！　富者にとっては大したことなくて

<sub>188</sub>

も，貧乏人にとっては乗り越えることができない障害です。虚弱の子どもに頑強な大人と同じ負担を負わせるのが平等ですか——500アスの神聖賭金額は，俺たちのような貧乏な奴らが訴訟を起こすことをほとんど不可能にするために，裕福な連中が考え出した額ですよ。

「ローマの法律を冒瀆することは慎みなさい。さもなければ，お前に天罰がくだるぞ。私はこの法律を適用することができるだけで，それを作ることはできないのだ」

500アス貸して下さい。貸して下さっても，あなたには何の危険もないんですよ。私の訴訟が負けるなんて絶対あり得ませんから。

「神々は信用貸しをしない。神々は現金での支払いを好むのだ。そして，私は神々の法を些かなりとも損なうことはできない。諸々の神聖な書は私にそれを禁じているのだ。というわけだから，お金は他の人から借りなさい」

誰が貸してくれるんですか。もし私が自分の相続財産を思いの儘にできるのであれば，それは私にとっていともたやすいことですよ。でもまさに，それが私にはできないんじゃないですか。

「それだったら，お前に手を貸すことはできない——お前の好きな所にでも行きなさい」

こうして，この男は立ち去りました。他方で，この思いやりのある神官は，昼過ぎに被告——この神官の従兄弟だったのです——の許に赴きました。そして，被告に一部始終を報告しました。

「君の相手方は，神聖賭金を工面することができないよ。おめでとう，彼の耕地はもう君のものになったも同然だ。これは，ひとえに私たちと神聖賭金という賢明な制度のお蔭なんだよ。これに感謝して，君は神殿にまるまる太った牛を1頭奉納したらどうかね」

僕にとってそんなことはお安いご用ですよ。僕はあなたたちに感謝の気持ちを示しましょう——この事件で，僕はすでに牛を1頭手に入れていますからね。

これで，この場面は終わりです。その貧乏人は，お金を工面することがで

きず，結局，その裕福な人がその耕地を持ち続けることになるのです。これはナタン Nathan が語った，金持ちと貧乏人の子羊という寓話です[15]。この寓話は，ローマでは1回だけでなく，1000回も演じられたことでしょう。

　私たちの法史家にとって，神聖賭金の工面というこの点は，何の問題も生じさせません。私は，この点を不快に思った者といまだお目にかかったことがありません。理論家は，法が請求権の存在又は行使の基礎としている諸条件を容易に解決してしまいます——彼が**それを思い描いたら，それがそこに存在しているのです**——詩篇作者の言葉が思い出されます，「主が仰せになると，そのようになり／主が命じられると，そのように立つ」[16]。**思考と存在は一つなのです**。同一哲学 Identitätsphilosophie の思想は理論的な法学者の脳の中で生じますが，その場合と同じぐらい容易に生じる人間の脳というものは存在しないのです。理論家が**抽象的**に立てる諸条件はどのようにして**具体的**に**証明される**のか，そして理論家が諸概念の中から上手に露呈させることができる微細な区別は何を手掛かりにして**認識される**ことになるのかという問いは，理論家とどんな関係があると言うのでしょうか。これは実務家の問題です。実務家がそれをどのようにして成し遂げるのか，これが実務家の関心事であるとしても，理論家にとっては事物を正しく**思い描く**ことだけが重要なのです。もし理論家が法の適用に際しての彼の思考の実際化について釈明しなければならないとすれば，理論家による極端な思想の高翔は完全に阻止され，鉛の錘(おもり)が彼の書く詩句に付けられることになるでしょう[51]。

　ところが実際には，残念ながら，事態はそう簡単ではないのです。最も美しい法は，理論家がほとんど注意に値しないと考える見窄(みすぼ)らしい条件で座礁するかもしれません。500アスという金額は，単に**思い描き**さえすればよい人にとっては些細な額です。ところが，それを**支払**わなければならない者にとっては，事情によっては工面しがたい金額なのです。単に思考のみによって現実の事態を受け入れるという，理論家のこのような技能の感嘆すべき試験片は，私たちの最も学識ある法史家の一人——その人のことを今日生きているすべての人のうちで最も学識ある人と呼んでも，おそらく誰の感情を傷

つけることもないでしょう——が提供しました。それは**フシュケ** Huschke その人です[52]。彼は，全く無邪気に，次のように考えています。すなわち，神聖賭金の**寄託**は，ローマにおいて法律で定められたことは一度としてなく，当事者はその金額を**自由意思**で預けたのであり，「そうすることで，彼らの神聖賭金という正義に基づいて事がうまく運ぶであろうという彼らの期待を表わしていた」というのです。フシュケが思い描いているローマでは，貧乏人も含めて誰もが，法律がこれを要求していない場合であっても寄託できるよう，常に500アスを蓄えていたのです。いつもであれば取得できるはずの利息を誰もが寄託によって放棄しているということは，金儲けに対して古代ローマ人が示した有名な無関心さから考慮されていませんでした。「自分の主張の正当性を証明する」ことのみが重要であったそのような古代ローマ人にとって，利息は一体どんな意味を持っていたのでしょうか。それは，純然たる些事であり，資本と同じだったのです。資本を**持つ**ということは，フシュケの頭にある古代ローマ人にとっては，非常に簡単なことであって，それはフシュケを創りたもうた創造主が自分の手の中で**思い描く**のと同じぐらい簡単なことだったのです！

私の読者の皆さんのうちひょっとしてこの学者の名前をご存知でない方のために，私は，単なる思考のみで動物学を**ボヴィグス** Bovigus で豊かにした人物こそフシュケであったという注解を付け加えておきましょう。ボヴィグスというのは，後に消えてしまった動物で，もはやその化石の残余の一つですら手に入れることはできませんが，それでも，**先験的に存在していたはず**の動物なのです。フシュケは，彼の『セルヴィウス・トゥリウスの国制論 Verfassung des Servius Tullius』(Heidelberg 1838) において，戸口調査による五つの階級に手中物 res mancipi である5種の動物が対応していなければならず，その結果，4人の福音書記述者[17]がそれぞれ自分の福音書を持っているように，どの階級も自分たちの動物を持っていた，という確信に到達しています。もっとも，ローマ人は4種の動物しか知りませんでした[18]。ところが，フシュケはこんなことで悩んだりはしません。なぜなら，彼は欠け

ている5番目の動物を案出することによりこの欠損を除去したのです。彼[192]は，この動物の論理的必然性を基礎づけた後，252頁で，この動物を実在する被造物の仲間の中に入れ，この動物について生き生きとした描写を行なっています。この動物の存在を論理的に説得力あるものとする根拠はこうです。すなわち，「人間が耕作をする時には雄牛に連れ添って歩き，駆り立て，そして犂を操らねばならないわけであるが，こうした肉体の運動は，その**普遍的**な性質に従うと，人間から完全に取り去られ**ねばならない**」，なぜなら，さもなければ「神の御手に由来する天地創造が不完全なままになってしまうであろう」からである——この時，この著者は残念ながら，木を切ったり，パンを焼いたり，長靴を磨いたりすること等の苦労もまた，その普遍的な性質を理由に，そして天地創造が不完全なままになってしまうであろうということを理由に，本来ならばそのための特別の動物によって行なわれるのであるから，人間から取り去られていたのかどうか——こうした問いには触れていません。都市の人々は，農夫に与えられていたのと同じように，特別な動物によって負担を軽減することを要求することができました。そして，天地創造の構想が完全に実現されていれば，「人間から肉体の運動を完全に取り去る」興味深い家畜という素晴らしいコレクションができたにちがいありません。農民が特別の動物に要求することができたのと同じぐらい当然に，木こり，パン焼き職人，靴屋もまた，それぞれ特別の動物に要求することができたのです。しかし，それがどのようにして行なわれるとしても，いずれにせよ，その農民は「人間から先ほどの三つの**肉体の**運動（雄牛に連れ添って歩くこと——その雄牛を駆り立てること——犂を操ること）を取り去って，人間に行為の**精神的な**操縦のみを残す」ような動物を非常にうまい具合に手に入れることができたのです。この動物が雄牛を追い立てました。「これは，**おそらく**長鼻と牙によって行なわれたのであろう」……「犂の保持は，**疑いなく**，がっしりした尻尾によって行なわれたのである」。他方で，人間は，このために「しなやかに」できている背中に座っていたのです。補遺において[193] (716頁)彼は，「天地創造が完全なものとなった後に，ボヴィグスは尻尾で

犂を持っていた」という彼の考えを修正して，「再度吟味した結果，この見解は誤っており，むしろ長鼻がこのために使われたと思う」と述べるに至っております。彼はこのことを，非常に理解できる思弁的な理由を挙げて論証しています。

　今や，あなたはフシュケについて十分知悉するに至ったことでしょう。その結果，彼に従って，ローマ人が法律によって強制されることなく自由意思で神聖賭金を寄託していたとしても，別段不思議に思うことはなくなったでしょう。ボヴィグスの存在を信じる者にとって，このように考えることはまさに朝飯前のことではありませんか！　ところが，確信する力をほどほどにしておけない人は，自分の大きな疑いを言葉に出さずにはおられないのです。ある年老いたローマ人が，必要もないのに，お金を手放したでしょうか。最も裕福な人ですら，これでは利息を失うことになるというそれだけの理由からしても，こんなことはしなかったはずです。というのは，神殿では金銭に利息がつかなかったからです。では一体，フシュケにとって，当事者が目的もなく失うことになる利息とは，何だったのでしょうか。──「彼にとっては，どうでもよいことだったのでしょうか」[19]。そして，ローマの最も裕福な人ですらしなかったであろうことを，私たちは，貧者の場合にさえそれは可能であったと考えているのです。しかし，勿論，フシュケがローマ世界を観察している雲層からは，富者と貧者の間の違いは全く知覚できないので，この違いなどは全く問題ではなくなっているのです。そして，事物と離れては存在し得ないこの世の事柄が，すべてこのような雲層の中で処理されているのです。ここでは，**法概念**，すなわち，法学上の来世に在ってそこにある純粋エーテルの中で遊泳している理想化された実体が存在しているだけです。この法概念を至福な気持ちで眺めながら現世の様々な不安を払いのけ，法学の天国において[53] これらと共に住んでいる精神が神の恵みを受けているのです──願わくは，その精神が自分の役柄を弁（わきま）えない振舞いをしたり，この世に現（うつつ）を抜かして我を忘れたり，実務的な物事についての話なんぞしてほしくないものです！

フシュケを正当に評価するのなら，私はそれ以外に，彼が全力を傾けたあの見解に勝るとも劣らない奇抜な第二の理由——これについて彼が指摘していることを付け加えておかねばなりません。フシュケは，当事者が神聖賭金による法律訴訟を係属させることによって神々に一身を捧げ，それによって神に捧げられた者 homo sacer[20]の状態に我が身を置いていた，という発見をしたのです（前掲書367頁）。当事者は，敗訴した場合に備えて神聖賭金の事前の寄託によって，直ちにこの状態から解放されることを望んでいたことでしょう。なんと言っても，それは彼らに対しそれこそ真剣に勧められるべきことだったのです。というのは，神に捧げられた者——この者は，神を恐れぬ悪人であり，その罪業は身の毛のよだつような悪業であって，いかなる刑罰によっても消すことができなかったのです——は，誰もが彼を殺すことができたからです[54]。

　民事訴訟の場で，この神に捧げられた者に対する相対物（あいたいぶつ）が，姑との口論を少しも気にしていなかった古代ローマの嫁です。彼女は，別の最近の学者[55]の発見によれば，このことに対し同じように法の保護を奪われています（sacra）——誰もが彼女を殺すことができ，従って姑自身も全く遠慮する必要はなかったのです。ローマの貧しい嫁たちの運命をありありと思い浮かべると，ぞっとするような恐怖を感じます——姑と言い争いをすると，彼女らは生命を落としたのです。私は，姑の鏡と目されるような姑がこれをやってのけることができなかったときの嫁の守護神を見てみたいものです。しかし，古代ローマでは姑たちは，私たちの時代とは全く種類を異にする人々だったのでしょう——なんと幸せな都市だったのでしょう！　だからこそ，人々はひたすらその地で生活をしたかったのでしょうね。この地で最貧者にとっても意の儘になった豊かな現金貯蓄のことは全く言わずもがなであったでしょう。

　嫁の話から訴訟における貧者という私たちのテーマに戻りましょう。これまでのところで，私は，神聖賭金による法律訴訟の場合の訴訟提起が貧者にとっていかに困難であったかについて，あなたに示すことができたと思いま

す。これから、私は拿捕による法律訴訟に関しても同じことが言えるということを実証しようと思います。

この法律訴訟の場合、敗訴した被告にとっての罰金額はあまりにも巨額であったので、貧者にとっては完全に勝訴間違いなしと思われる事件の場合にしか訴訟を提起できませんでした。神聖賭金による法律訴訟の場合には、訴訟価額が1000アス未満のときは50アスの危険だけで済んだのに対し、拿捕による法律訴訟の場合には、債務額が50アスであればもう罰金額は50アスに達し、債務が500アスであれば、罰金額は神聖賭金による法律訴訟における最高額に達してしまい、しかもここからさらに額は増えていったのです。その上、もう一つの別の事情が付け加わります。すなわち、この訴訟における被告の訴訟上の状態は、原告のそれに対して、神聖賭金による法律訴訟の場合よりも異常とも言えるぐらい不利に展開されていたということです。神聖賭金による法律訴訟の場合には、原告も被告も同じ危険に晒されていましたが、拿捕による法律訴訟の場合の原告には、何も危険はなかったのです。債権者が敗訴したら、彼は単純に請求を棄却されるだけでした。これに対し、平等の原則によれば、債権者は、被告又は彼の保証人が敗訴した場合に債権者に対してするのと全く同様に、違法に要求した債務額を罰金として被告に支払うことが求められたことでしょう。拿捕による法律訴訟の場合の債権者が何の危険にも晒されないということは、確かに明文の伝承をもって私たちに伝えられているわけではありません。しかし、そのことは、この点についてローマ法源が沈黙しているということを根拠とする帰結を完全に無視すれば、債権者は保証人に対する手続きの中で**原告**としてその**有責判決**を求めているので、ローマの訴訟の諸原則に従えば債権者自身は有責判決を受けることはあり得ないという事実から、極めて明白になります。実際また、後の時代に至って、被告が債務を否認したことに対する2倍額の罰金刑が言い渡され (ubi lis inficiando crescit in duplum)、そして古代の拿捕 manus injectio が新しい時代に対応できるような形態だけを持つようになっても、その時代の訴訟の諸事例の中では、そのような有責判決が言い渡されるようなものはありませ

んでした。従って，両当事者の状態は，訴訟上の正義の原則をすべて取るに足りないものと無視する中で極めて不平等に形作られており，防御と比べると攻撃に対して莫大な優位が与えられていたのです。実際に，この優位は貧困者に対する資本家の優位と同じ意味を持つものでした。法の道は，資本家にとっては平坦であり，貧しい者にとっては険阻そのものでした。債権の存在が不確かであったり，あるいは全く理由のない債権であっても，そのような債権を拿捕の形態で主張することは，裕福な債権者にとって些かの危険も伴っていなかったのであり，そのような請求を否認することは貧しい者にとって非常に大きな危険を伴っていました。拿捕による法律訴訟の場合には，法が貧者を扱う際の不利さ加減が最高潮に達していたのです。神聖賭金による法律訴訟の場合には，なにはさておき，所有権，相続権，家族，自由が問題となっており，これらの関係に対しては，まだある種の節度が見られました。なにしろ，自由に関する訴訟のためには，たとえ申し立てによる奴隷又は自由人がどんなに高い価値を有していようと，常に50アスという低額の賭金が定められているだけでした（Gaj. IV, 14）。それに対して，ローマの資本家の利益を対象とする拿捕の場合には，手加減は一切ありませんでした。ここでは，ローマの高利貸し，つまりローマ社会の吸血鬼が私たちと向かい合っていたのです。この人物がいかに情け容赦がなかったか，そしていかに貪欲であったかについては，この時代の数々の記録が私たちに多くを語ってくれます。2倍額という罰金付きの拿捕は彼の要求にぴったりで，しかも不運な犠牲者の首に投げる縄を縒っていたのは，他でもない彼だったのです。

この法律訴訟の場合の貧者の状態が，神聖賭金による法律訴訟の場合より有利に形作られていたと思われる点が，一つだけあります——それは，訴訟を提起するために現金を必要としなかった点です。しかし，これは見せかけでしかありませんでした。ある下っ端役人が，新しい上司との引き合わせの際に購入した帽子の勘定を業務上の支出として，これを記入しました。上司は，部下が記入した帽子を請求書から消しました。翌年，帽子が再び登場するのです。その上司は，もう一度それを消し，そして部下に対して大真面目

に，今後は帽子を請求書に書いてはいけないと告げました。次の請求書に帽子はありません。「今度は，書類はちゃんとしているな，ついに帽子は消えたな」と上司が言いました。それに対する返事はこうでした——「おや，帽子はすでにその中に入ってますよ，ただ上官はそれをご覧になっていないだけです」。このように，現金もまた拿捕による法律訴訟の中に潜んでいたのです。ただそれは，外見上は目に見えませんでした。保証人を見つけようと骨を折る債務者の後をついて行きましょう——帽子はきっと姿を現わしますよ！

　敗訴した場合に保証人は自分で責任を負わなければならなかったので，当然のことながら，彼は依頼人に対して担保を立てさせたのです。富者であれば，単なる口約束だけで十分でしたし，貧しくても貴族であれば，親族又は氏族 Gens が同じように保証人を用意してくれました。ところが，貧しい平民は，一体どうすればよかったのでしょうか。貧しい平民は，あちらの家，こちらの家と，おそらく法的知識があると評判されているすべての人々の戸口を敲いたでしょうが，しかし，至る所で同じ答えが返ってきたことでしょう——「前払いしてくれなきゃ，君の訴訟を引き受けることはできないね。というのも，私が敗訴したら，債権者の債権を否認したことになるから，債務額について自腹を切らなければならなくなるからね——前払いしてくれよ」

　でも，この事件は絶対に負けないんです。あなたは，これっぽっちの危険にも晒されることはないんですよ。

　「みんなそう言うんだよ。確かに，勝てる事件かもしれないが，一体，誰がその結末を予測できるんだ。裁判所では，どんなことだって起こるんだ——そういう例は幾らでもあるぞ」

　だから，私はあなたに保証人に立ってもらいたいんです。

　「私は，そんなことに関わりを持っていられないね。私が君に対して力を貸すことにより，私が立て替えたお金を再び手にするにはどうしたらいいか，後になって傍観しろとでも言うのかい。君は，それができない相談だってこ

とを理解しなきゃ。でも，君について保証しようという友人がいれば，その友人たちが君にお金を立て替えてくれるんじゃないか」

私の友人たちも，そんなお金は持っていないんです。

「それだったら，私は彼らを保証人とは見ないよ」

こうして，この結末は，貧者が500アスを工面できなかった先ほどの神聖賭金による法律訴訟の場合と全く同じ結果になったのです。つまり，**現金なければ訴訟なし**です。法律訴訟の最上位の原則である「法律なければ訴権なし」は，訴訟を提起する際には，「現金なければ訴権なし nulla actio sine aere」という原則に，その相対物(あいたいぶつ)を見出したのです。

先ほどの下っ端役人の「帽子はすでにその中に入ってますよ，ただ上官はそれをご覧になっていないだけです」という返事はここでも正しいということを，あなたは納得されたことでしょう。

それ故，拿捕による法律訴訟という訴訟形式の場合にも，貧者にとっては，争われている金額を事前に寄託するという要件が，再び出てきただけのことであり，ただ，当事者にとって全くどうでもよい相違，すなわち神聖賭金による法律訴訟における寄託は神官のところでなされるのに対し，拿捕による法律訴訟の場合は保証人のところで行なわれるという相違があっただけなのです。

この要件が実際にどのような影響を持っていたのかについて，私はあなたに説明する必要はないでしょう。目的を達するために現金が必要とされる場合に，これを持っていないか，又は工面することができない者は，排除されることになるのです。そして，後で返してもらえるけれども現金を**一時的**だけでも支払わねばならなかったり，**寄託**だけでもしなければならないという事情もまた，先の事態とは少しも違いはないのです。所有者の寛大な高志によって大衆のために公開されているウィーンの私立画廊又は私立庭園の一つを訪れた際，100グルデンあるいはそれ以上の入場料を払わなければなりませんが，ここを退出する時にその入場料は払い戻されるという場合を考えてみて下さい。このような制度になれば，その必然的結果として，このような

199

場所でよく見かける大勢の人々はここにやって来ることを断念しなければならず，貧しい人々や大抵の子守女はその後は姿を消すことになってしまうでしょう。そして，そのような制度と出くわしたならば，例えば毀損したときの担保であることを口実として，真の意味は専ら**貧者**に対して入口を閉ざすべきであるという点にあるということについて，誰一人として疑う者はいないでしょう。貧者に対して入口を閉ざすということをあからさまに書き表わす代わりに，貧者が支払うことのできない入場料が定められるのです。貧者を遠去けるためにはこれで十分であり，鉄道の１等座席に対する高い値段や高級レストランの高い値段と全く同じことです。となると，ローマ人もまた，現金を持っているということを訴訟提起の条件にすることがどんな意味を持っているのか，このことの持つ意味をおそらく知っていたことでしょう——富者にとってはこのことは**何ら障害ではなく**，貧者にとってはこの点に**大きな困難**があったのです。そして，私が主張したいのは，まさにこのことがお目当てだったのであり，〔かくして〕この制度全体の目的は法的争いにおいても貧者に対する**優位**を富者に与えるにまで至っていた，ということなのです。

　私があまりにも否定的に見過ぎているのではないか，とお尋ねになるのですか。古代ローマ人のことはあなたより詳しいんですよ。私はもう40年間もローマ社会と精神的に付き合っています。私はローマのものの考え方を知っているつもりです。古代全体に，貴族による圧迫についての平民の嘆き，貴族の政務官の恣意についての平民の嘆きがこだましているのです。困窮の耐え難さは共和制の初期に高まり，何の思惑もなく平民を庇護した者たちが王たちと共に姿を消した後は，平民はローマ退去という破れかぶれの決断をするまでに至り，現代の表現を使えばストライキを決断するまでに至りました（聖山への退去 secessio in montem sacrum）——ちなみに，これは歴史上確認される最古のストライキの一つです。ストライキをすることを**発明した**栄誉は，ヘロドトスの伝えているところによれば，バビロンの建設に際し実際にストライキをした**驢馬**たちに与えられなければなりません。驢馬たちは，普段の

重荷を上回る重荷を荷負わされたので，それを拒否したのです——これは，人間世界において相当する事象としてしばしば想起される初めての事例です。この方法は，ローマにおいてもバビロンにおけると同様，効果がありました。そして，ついに貴族は敗れたのです。ところが，同じことがあと2回繰り返されました。富者による貧者の経済的搾取並びに債務法の過酷さ及び貴族の政務官の党派性についての嘆きは，終わることはありませんでした。不文法の不確実性が貴族の政務官に認めていた快適な隠れ家は，十二表法の編纂によって施錠され，そこに入れなくなったのですが[56]，それでも彼らの古くからの遊びを続けるのに十分な余地が残されていました。法学を所有することについて神官団が主張していた優越的立場，すなわち公的な法的知識の独占，つまり人々を圧迫するようなギルド的な法的強制——神官団はこの法的知識の独占を通じて民衆に対しこれを行使したのです——は，さらになお100年もの間維持されました。それに劣らず司法もまた，貴族が独占的に持っている状態がかなりの間続きました。そして，貴族が十二表法の規定があるにもかかわらず，いかに恣意的に司法を用いていたかは，ウィルギーニア Virginia の有名な訴訟における十人官アッピウス・クラウディウスの甚だしい恣意的行為が，ぞっとするような例を提供してくれています[21]。

　これらすべての特徴やそれ以外の数多くの特徴——後者の特徴は，私のテーマからはるか遠くに離れて我を忘れないようにとの目的から，ここでは無視してきたものです——を一つのイメージに纏めるとすれば，そこからは一つの古代の像が明らかとなります。そして，その像は，私が先に述べた訴訟における諸制度の真の目的と企図について私からいかなる疑念をも取り去ってくれるものなのです。札付きの密猟者の家で猟銃を見つけた者は，その猟銃は何に使うのですか，と初めから質問はしないでしょう——雀を撃ったり，射的を使っての射撃のために猟銃を使うわけがないでしょう！　私は，古代ローマの倹約家の密猟者と肝胆相照らす知り合いになりました——そういうことから，私は彼の家で見つけた猟銃の用途についても知っているのです。

　この比喩をもって，ここで私が関心を持っている問題の状態を描き出しま

_202_ した。古代ローマの訴訟は貧者に対する途方もない優位を富者に与えるということが計算されていた——こうした私の主張に対しては，法源の上では直接の根拠を示す証拠はありません。しかし，訴訟において間接証拠による証明が直接の証明を補っているように，歴史においても同じことが言えるのです——歴史における間接証拠による証明のケースがここにあるのです。

これまで，私は，ガイウスが言及している五つの法律訴訟のうちの二つを取り扱ってきただけでした。他の三つについてはどうだったのでしょうか。ひょっとすると，それらは私がこれまで展開してきたことすべてを水泡に帰せしめるかもしれません。

先ず最初に，私は通告による法律訴訟 legis actio per condictionem を考察の対象から外します。というのも，これはもっと後で取り扱うからです。従って，差押えによる法律訴訟 legis actio per pignoris capionem と審判人申請による法律訴訟 legis actio per judicis postulationem が残ることになります。

後者については，ガイウスからは何も分かりません。写本はここに欠損があるからです。従って，推測する以外にありません——法史家の鋭い洞察力と予言能力にとって魅力的な領域です。あなたが私の見解を聞くことに関心がおありでしたら，私は以下のお話をすることにしましょう。それはこういうことです——この訴訟形式が目的としていたものは，裁判官が単純な「はい」とか「いいえ」で認識できる請求権の**存在**又は**不存在**が問題となっている事例ではなく，むしろ請求権の存在を前提とした上で，裁判官がその**額**又はその請求権が現実化するときの特別な**形態**を自ら決定しなければならないような事例なのです。2人の共同相続人が裁判所による分割（家産分割訴訟 judicium familiae erciscundae）を望んだり，2人の共同所有者が所有物の分割（共有物分割訴訟 judicium communi dividundo）を望んだり，2人の相隣者が境界の確定（境界確定訴訟 judicium finium regundorum）を望んでいるとします。これらの当事者は，神聖賭金による法律訴訟の形式でその訴訟を行なうべきで

_203_ しょうか。その訴訟でいくと，敗訴者には，50アス又は500アスの罰金が帰せられることになります。しかし，これらの訴訟では当事者のどちらも**敗訴**

しない，つまり相手方が反論してくるような主張を当事者のどちらも出してこないのであって，両者ともただ一つの**要求**を，しかも全く同じ要求，すなわち「**分割して下さい**」ということを裁判官に求めているのです。従って，彼らの一方，あるいはもっと正確に言えば，両者が神聖賭金を喪失することによって**刑罰を受ける**ことについて，これをどのようにして正当化できたのでしょうか。私たちがこれまでに知るに至った訴訟上の様々な不利益は，実際は刑罰であり，それ自体が意図されていたものであったということを，私たちはすでに見てきました。だからこそ，ここでは神聖賭金による法律訴訟とは別の訴訟形式が必要だったのであり，そしてこの訴訟形式としては，審判人又は裁定人申請による法律訴訟 legis actio per judicis arbitrive postulationem[57]だけであったのです。後の時代になってもまだ，これらの分割訴訟には，**審判人手続き judicia** 及び**裁定人手続き arbitria** という名称が付けられています。この点に，これらの訴訟はこの訴えの古い名称の思い出を持ち続けていました。従って，この法律訴訟の意味での**審判人 judex** 又は**裁定人 arbiter** を，私たちは裁判官と呼ぶことができるでしょう。これらの者の判定は，当事者にとって**刑罰**と結び付きませんでした――その判定には，金員は不要だったのです！

　疑いなく，この訴訟形式だけが用いられていた最古の法のいま一つの事例は，十二表法の四肢破壊 membrum ruptum がこれを提供してくれます。この法文は，「妥協ととのわざるときは，同害報復たるべし ni cum eo pacit, talio esto」と定めていました[22]。原告が自分の請求を裁判所に持っていくやり方は，神聖賭金による法律訴訟では不可能であったようです。なぜなら，ここではこの請求の非財産権的性質が問題となっており，神聖賭金の査定にとっての根拠が一切存在していなかったと思われるからです。また，実務が同害報復に代えて，裁判官によって認定される**罰金刑**を定めたときも[58]，この請求にとってその時まで普通に用いられてきた訴訟形式を神聖賭金による法律訴訟と取り替えることは不可能でした。というのも，当事者は前者の訴訟を求める**法律上の権利**を有していたからです。私が推測するに，同じ訴

訟形式は，古代法において現行盗であれば自由の喪失を，非現行盗であれば目的物の価値の2倍額を内容とする窃盗罪の刑罰についても用いられていたのです。そして，私がその証拠と見ているのは，方式書訴訟における窃盗訴権の請求表示 intentio の特有の捉え方です。なぜなら，これは「**与えねばならないこと dare oportere**」――この場合，**金額**を申し立てなければなりません――に向けられているのではなく，むしろ，「盗人として**損害**を決定しなければならないこと **damnun** pro fure decidere oportere」と呼ばれるもの――これにより，神聖賭金額の決定という目的にとって必要であるように，金額の高額性を原則として回避することが意図されていたのです――に漠然と向けられていたからです。

　この法律訴訟の適用領域が，これらの場合だけではなかったということは，私は疑う余地のないものと考えています。十二表法は，一連の請求権に言及していますが，これらの請求権については，神聖賭金による法律訴訟を用いるという考えは初めから排除されています。例えば，雨水阻止訴権 actio pluviae arcendae，果実収取に関する訴権 actio de glande legenda，妨害樹枝剪除に関する訴権 actio de arboribus caedendis，損害予防訴権 actio damni infecti，加害訴権 actio noxalis，四足動物の与えた損害に関する訴権 actio de pauperie の場合がそうです。そして，これらの請求の場合には，差押えによる法律訴訟も拿捕による法律訴訟も考えられないので，審判人申請による法律訴訟だけが残ったのです。十二表法の原状回復の試みの中で，これらの事例はすべて第七表に見出され，それに不法行為の第八表が続きます。この2表が審判人申請による法律訴訟の適用領域を対象としていたということはあり得ることですし，それに十二表法の意味での「**3人の裁定人 tres arbitri**」（この裁定人は，後の時代の法の裁定人手続き arbitria における裁定人とは本質的に異なります）もまた，審判人申請の**審判人**又は**裁定人**の概念に含まれていたということもあり得ることであり，これについて，ウァレリウス・プロブス Valerius Probus の上述の公式〔注57参照〕が与えている根拠は，とっくの昔に利用されていたものなのです。パンデクテンの中では，分割訴訟（第10

巻）が，ある特定の不法行為訴訟（第9巻，第11巻）と並べられているのであり，そしてこのことに対して何年か前にすでに，**ヘフター Heffter**[59]は，これらは本来的に訴訟上共通の属性を持っているという切れ味の鋭い結論を与えていました。この結論は，すでに他の人々によって述べられている[60]ように，パンデクテンの中には古代の神聖賭金による法律訴訟の主要な適用事例（相続回復請求 第5巻，所有権に基づく訴訟 第6巻，役権に関する訴訟 第7巻，第8巻）が，審判人申請が使われたと推定される事例（第9巻〜第11巻）よりも**先に置かれており**，これらの後に，第12巻，第13巻において不当利得返還請求権，つまり最も新しい法律訴訟である通告による法律訴訟の適用事例が**続いている**という事実によって支持されるのです。

　私は，次のような結果に辿り着きました。すなわち，審判人申請による法律訴訟は明確に画定された特有の適用領域を有していたこと，そして神聖賭金による法律訴訟が適切である事例であるのにこれを用いずに審判人申請による法律訴訟という訴訟形式を選択することは当事者の意思に委ねられていなかったこと，これがすなわちそれだということです。もしこうしたことを認めたなら，先に（183頁）主張した訴訟罰の立法政策的観点を全く別とすれば，当事者が宗教的基金から神聖賭金の収入を奪うことになってしまったでしょう。そして，神官がこうしたことに耐えられなかったであろうことは，ことさらに指摘するまでもないことでしょう。

　これまで展開してきた，訴訟における**無刑罰性**の長所は，審判人申請による法律訴訟も差押えによる法律訴訟もこれを分かち持っていました。一定の請求のために，自力による差押えの権利がその権利者に与えられていました。相手方が請求権の存在を争えば，それ自体，差押えによる**法律訴訟**という名称を持つ特有の手続きになりました。この場合，差押者が原告として登場し，請求の理由を挙げて被告の有責判決を求めねばなりませんでした[61]。ここにおいても，両当事者はいずれも，敗訴した場合に訴訟罰を負うことはありませんでした。しかし，こうした優遇――そして，これは極めて特徴的なことなのですが――は，私法的性格を持たず，むしろ軍事的，宗教的，政治論

的性格を持っている請求権に限定されていました[62]。宗教の利益又は国家の利益が間接的に危険に晒される事例においてのみ厳格性は放棄されていたのです。通常の私法債権は，このような特典を享受していませんでした。債権の2種の取扱いのこうした差異は，私たちに訴訟罰全体が有していた偏向性を示しています。訴訟を提起することは，私人にとっては困難なことでした。宗教と国家がその実現に関心を持っている債権にとっては，道は平坦にされていたのです。

　古代の訴訟の話は，これで終わりです。この訴訟は貧しい階級にとって訴訟提起を困難にすることを意図するものだったのではないか，という疑いから身を守ることができるかどうか，これはあなたの判断にお委せします。私としては，こうした確信から逃れることはできません。古代ローマ法の至る所で，目論見，計算，狡猾さ，悪巧みTücke，陥穽，罠の気配を感ずることが，私の第二の天性となりました。私がローマ法に初めて接して，私を出迎えてくれた事態をそのまま単純に受け入れていたときに持っていた私の敬虔な信頼は，時の流れとともに完全に失われていきました。私は常にすべての法文で，この背後に何が隠されているのかと自問し，そしていつもきまって，一見して期待されていたこととは全く別の何かがその背後に隠れているのを発見していたのです。私は，あなたにいま一度，**古代ローマ法の悪巧み**について一筆認めようと考えています。その時になって，あなたは，私が疑い深い見方をしているのは完全に間違っているかどうかをお決めになったらよいのです。残念ながら，目下の問いに対して，私はここでの文章で取り扱うことができません。そして私は，私が今のところ拭い払うことができない不信と出会っても，これを甘受しなければなりません。しかし，次の二つの反論は，私が心の準備をしておかなければならないものであって，これに対しては，私はそのままにしておこうとは思いません。

　第一の異議は，次のようなものです。すなわち，——私が古代ローマにおいて訴訟費用の高さの原因とした理由が全く受け入れられない他の地においても，訴訟費用が高くつくということは，再三再四起きています。例えば，

イングランドがそうです。イングランドの訴訟費用の高さは，およそ人間の思考をはるかに超えています。込み入った法律事件は，資産全部を貪り食うことがあるのです。そして，溢れ出るぐらいのポンド銀貨を財布に詰め込んでいない人は，いろいろな贅沢はできても，訴訟だけはできないのです――訴訟は，イングランドでは富者にとっての贅沢品でしかありません！このことにより，イングランドにおける法律上の扶助 Rechtshilfe がどれほど困難となっているかは，ある制度が示しています。この制度に対応するものは私たちの大陸では存在せず，そしてこの制度はイングランドの法的状況をくっきりと浮かび上がらせています。つまり，資産のない外国人に対して訴訟扶助を行なう団体が存在しているということです。ところが，イングランドの訴訟費用の高さには，貧しい階級に対する法律上の扶助を困難にすることが計算されているのだ，と主張する人は誰もいないでしょう。古代ローマの訴訟に対するこのような主張は，一体，どのように正当化されるのでしょうか。この異議は，もし私が古代ローマの訴訟費用の高さという純然たる**事実**から上述の結論を引き出したとすれば，当を得た異議だと言うことができましょう。しかし，私が論拠として挙げているのは，費用の高さだけではなく，むしろその高額さを私が目の当たりにした古代ローマ特有の地盤，すなわち歴史的背景であって，その高額さにこのような意味を与えることを私に決心させたローマの環境です。私の見解は，裕福な階級による貧しい階級の計画的な経済的搾取――ローマ人たちが自らこれを証言しています――を歴史的基礎としているのです。

　人々が私に浴びせかけるかもしれない**第二**の異議は，次のようなものです。すなわち，神聖賭金による法律訴訟は太古のものであって，もともと悪意をもって導入されたということはまずない，ということです。確かにそうでしょう！　しかし，だからと言って，十二表法やそれ以前の法律における神聖賭金**額**の決定が悪意によるものではなかったと言うことはできません。50アスとか500アスと決められるのと同様に，10アスとか50アスという数字を使うこともできたのです。私自身，別の場所で[63)]詳述を試みたように，この

209 訴訟の根底に宗教的性質があったとしても，宗教はこの**金額**と何の関わりがあったでしょうか。それに，何故，事前に寄託するのでしょうか。さらに，拿捕による法律訴訟の場合には，どうして保証人なのでしょうか，その場合，どうして2倍額という甚大な罰金になったのでしょうか。

　古代ローマの訴訟の費用の高さは，貧しい階級に対する法律上の扶助を困難にするという，私が考えている目的のために**計算された**ものであったのかという問題は，依然として未解決のままかもしれません——しかし，私には，費用の高さの**結果**としてその困難性があったという考えに固執したいという気持ちがますます高じてくるのです。

　これが何を意味しているのか——これを明らかにすることにしましょう。今まで述べてきた訴訟制度が，ローマ社会に対して結果的にどのような効果をもたらしたのかを考えてみることにします。その際，個々人一人ひとりに視線を向けるのではなく，むしろ大衆に及ぼす効果に注目します。すなわち，生活の場で所有権体系が実際どのように具体化されていたかについての古代ローマの訴訟の成果，つまり財貨の分配に対するその影響に注目するのです。要するに，私たちは，古代ローマの訴訟を**社会経済学的観点**から評価するということです。

　ルーレットをする場合に，これをいつまでも続ける時間があれば，胴元は必然的に，賭ける人（私は，一人ひとりの賭ける人のことを言っているのではなく，むしろ抽象的な賭ける人，つまりその賭博と関わり合いを持った人全員の総体のことを言っています）を身ぐるみ剝ぎ取ることになるにちがいありません。なぜなら，所詮，賭博の構造は，胴元が**チャンス**（ゼロ）を賭ける人よりも多く持っており，しかもこのチャンスというのは，大数の法則[23]によれば，長く賭博をやればやるほど不可避的に利益を胴元のところにもたらす，というものだからです。民衆の知恵は，訴訟を賭事と比較します。これは，賭事の「勝ち負け」と事件で「賭けること」のことを言っています。私たち法律家は，このような比較がある種の正当性を持っていることを知っています。司
210 法が適切に組織され，裁判官が道義的に健全な国においては，今日，当事者

の**個人的**境遇が影響を持つことは全くありません——個人的境遇のどんな点であっても勝訴のチャンスを多く持つということはないのです——富者も貧者も，貴賤(きせん)いずれも，些かも違いはありません。そうです，むしろ貧者は，訴訟扶助を受ける権利のお蔭で有利な立場にあるのです。本質的に**同じ**資産状態にある２人の当事者にとって，このことは，古代ローマにおいても当て嵌まりました。貧者と貧者との間の訴訟，富者と富者との間の訴訟においては，いずれも全く平等な立場に立っていました。この場合には，他方に対して優位に立つ当事者はいませんでした。ある事件においては軽く，また別の事件においては重くても，武器の重さは同じだったのです。ところが，貧者と富者との訴訟の場合には，事態は異なっていました。この場合には，チャンスが平等ではありませんでした。（階級という意味での）富者は（階級という意味での）貧者よりも，ルーレットでの胴元が持っているゼロをたくさん手にしていたのであり，このゼロは，胴元が賭博の構造により自分の財産が保障されているのに劣らず，訴訟構造により富者に対して保障されていたのです。問題の本質がどこにあるかということは，すでに先ほど，あなたに示しました。疑わしい事例では，富者は安心して賭金を賭けることができましたが，貧者は警戒したにちがいありません。貧者にとっては，神聖賭金の喪失は，富者にとって持っている意味とは全く別の意味を持っていたのです。従って，私たちが，疑わしい事例のうち相当のパーセンテージは富者のゼロとなったのである，と言っても，何ら誤ってはいないでしょう。

　裁判所での賭事のこうした第一の障害にさらに第二の障害として加わるのが，現金による賭金という要件でした。すでに見てきたように，ローマの賭博場では現金だけが用いられていました——富者は賭金を手中に持っていますが，貧者はやっとの思いでそれを掻き集めなければなりません。貧者がこれに失敗すると，彼は賭をするという考えを頭の中からすっかり捨て去ってしまわなければならないのです——またしても，富者のゼロです！

　すでに述べた結果をもたらすためには，司法の運用を委託されている貴族の政務官の党派性とか，又は彼らの法的助言若しくは援助を要求する貴族の

神官及び法律家の害意は必要ありませんでした。それは，ルーレットの賭の場合と同じであって，その場合に同じ目的のために胴元の不誠実性は必要ないのと少しも変わることがないのです。訴訟の仕組みは極めて調えられていたので，その結果，訴訟の職に就いたり，訴訟に参加する人々が完全無欠な誠実さを持っている場合であっても，すでに述べた結果が不可避的に惹き起こされたに**ちがいありません**――この**制度**の不正義・不誠実が，**人**のそれを補っていたのです。普段は同じ力の場合でも，武器が不平等に割り当てられているときは，粗末な方の武器を携えている側が必然的に負けざるを得ず，その相手方は勝者となるのです。

ローマ人の数々の記録が，古代ローマの訴訟のこうした生命(いのち)取りとなるような効果――私たちはこれを，ポンプが裕福な階級の手の中にあり，それが貧しい階級に対して向けられている場合と対比することができます――について私たちに何も伝えていないことを，人々は不審に思うことでしょう。これらの記録は，一方で，貧しい階級の窮境及び辛酸について，並びに富裕な階級による圧迫及び略奪についてしばしば言及し，そしてまたこうした目的のために使われる手段，とりわけ高い利率と古代の人身執行の過酷さ[64]を漏らさずに挙げてはいるものの，他方で，私が述べてきた古代の訴訟制度がこのことに関与していたということについては一言も触れていません。以上のことから，そのような関与がなかったという結論を引き出すことが許されるのか，あるいはむしろその関与を民衆が意識していなかったという控えめな結論しか引き出せないのか――これについては，誰もが，これまで詳しく述べてきた事柄に従って自分の意見を述べることができるかもしれません。ローマにおける悪は，それを感じている人々によって完全に正しく認識されていただけでなく，その悪はかなりの時間ずっと平民の不服申立ての一つとなっており，そして護民官 Tribun によって彼らの煽動の対象，そして彼らの改革提案の対象にされていたものと，私は固く確信しています。私は，ローマにおいては，例えば私たちの時代のような技術的理由によって惹き起こされるのではなく，むしろ**社会的理由**によって惹き起こされる**民事訴訟改革**

問題――これは民事訴訟の改革をもって解消されました――が存在していた，という結果に到達しました。これをもって，私は私の話の第二の部分といたします。そのテーマは，**貧しい階級のための法律上の扶助の容易化という意味での最古の民事訴訟改革**ということになります。

　これまで，私は前に述べた訴訟制度の関心の中心である身分の対立を，貧しい階級と裕福な階級の対立と呼んできました。この対立がローマにおいては平民と貴族の対立に一致**していなかった**ということを，あなたはご存知のことと思います。ローマにおいては，それより古い時代にすでに，裕福な平民と貧しい貴族が存在していたのです。しかし，私が先ほどの訴訟制度の圧迫のもとでさんざん苦しめられていたのは，実際は貧しい平民だけであったと考えても，誤りはおかしていないと思います。貧しい貴族には，彼の当然の権利を資産がないが故に放棄するという危険から守ってくれる，氏族という後ろ盾があったからです。従って，私は，結局，前述の民事訴訟改革問題を**平民特有の改革問題**と特徴づけることができると思っています。そして，そのための証明がその改革を引き受けたのが他でもない**護民官 Volkstribun**であったという点にあると，私は見ています。

　このような方向での訴訟制度改革の努力には，二つの目標が内在していました。すなわち，敗訴没収金という罰金の**現金払い**を暫定的な**信用貸し**に替えることと，その金額の**減額**がこれです。

　フェストゥスは，（神聖賭金という名のもとで）神聖賭金徴収のための特有の役所である三人審判官を導入したある法律の名称を私たちのために記録に残しておいてくれました。護民官パピリウス Papirius によるパピリウス法がそれです。この法律に関わる真の事情については，非常に争われています[65]。唯一確かなことは，この法律は外国人担当法務官 praetor peregrinus の導入（建国507年）後の時代にできているということです。なぜなら，その法律によれば，民衆の選挙によって毎年上記役所を選任するに際してどのように取り扱うかは法務官の手にあったのではなく，むしろ**市民間**について判決を下す法務官 praetor, **qui inter cives** jus dicet, すなわち市民担当法務官 praetor urbanus——この語は，外国人担当法務官との対比という意味を含んでいます——の手にあったからです[66]。様々な見解を並べてあなたをうんざりさせないためにも，私の見解をお伝えするだけにいたします。

　パピリウス法それ自体が神聖賭金の信用貸しを導入したのか，あるいはそれ以前に起こっていた神聖賭金の信用貸しの導入によって必然的に生じた，徴収する役所を設置するという補充的措置を後になって指示しただけなのか——これについては，疑問が生じるかもしれません。私としては，最初の見解を採ります。なぜなら，ローマの立法が神聖賭金の寄託をその信用貸しに替えることを内容とするような極めて重要な刷新を行なうことができるためには，同時にこれをもっと綿密に具体化する道を講じなければ，到底考えられ得ないからです。これとは逆の見解は，ローマ人が**原則として**，寄託制度を信用貸し制度に替えるという決議だけを行なうが，しかし他方，この措置の実際の現実化に関する問題はすべて延期することを要求しているということになるでしょう。私の眼から見れば，それは，あたかもある立法が期間を指定せずに消滅時効を導入しようとしているのと全く同様，不完全な措置でしかないということになります。

　こうして，私は次のような結果に辿り着きました。私はこれを，一目瞭然なものとするために，若干の命題の形で解明しようと思います。

　1．パピリウス法は，神聖賭金の即時の**寄託**を**信用貸し**に置き換えることを目的としていました。

　私はこれまで，貧しい階級に対して古代の制度が圧迫していたことについて述べてきましたが，こうした刷新の意味と傾向について疑いを差し挟む余地はないでしょう。この刷新は，貧しい階級にとって訴訟提起を容易にするものと考えられ，事実，それを意図していました——それは**社会的**措置として行なわれたものだったのです。それ故に，あなたは，この措置を提案したのが**護民官**であったという事情を私が決定的に重視するとき，そのことを理解して下さるでしょう。古代の状態がその後はもはや維持できないということを理解するためには，当時の時代状況を思い浮かべてみなければなりませ

ん。外国人担当法務官の前での手続きでは，適切な見解によれば，神聖賭金と拿捕は，そしてそれと同時に訴訟罰の原則は受け継がれませんでした。従って，この点に関してローマ人は，訴訟提起に関し外国人がローマ人よりも有利であったという奇異な不均衡について明確に認識していました。つまり，ローマ人は，外国人がローマ生まれの者よりも優遇されていたということを分かっていたのです。人々は，この不均衡を言い繕うために，次のような事情を考慮に入れておかなければならないと考えていたのかもしれません。礼拝に必要な神聖賭金を国家の神々に対して支払わなければならないのは，外国人ではなく，ローマ人だということです。そしてローマ人が支払いをする公課は，神官がそのローマ人に対して与える代償によって正当化されるということです。神官は，ローマ人が訴訟をするために必要となる法的知識の受託者であり，そしてこのことのために，神官がまさに彼ら自身のためにではなく，神々のために要求してくる貢ぎ物は，当然彼らに与えられて然るべきだということになるのです。彼らは**かつては**そう**だった**のです，と平民の代弁者であるパピリウスは答えます。彼は，神官に向かって大声で呼び掛けます。——あなた方の知識の専門家集団の魔力は打ち破られました。あなた方の煩わしい法的手続きはかなり前にすでにフラウィウスによって公にされてしまいました。今日では，コルンカニウス（建国500年）が法知識を世間一般の共有財産としました。時代は，あなた方の上を通り過ぎてしまいました。そして，かつてのあなた方の法の独占に関しては，あなた方が徴収していた神聖賭金もまた根拠のないものとなりました。今後は，神聖賭金は国家に支払われるのであり，国家はあなた方がいなくても司法を執行することができるのです。神聖賭金が国家に委ねられるのであれば，これにより，あなた方が信用貸しに反対する（189頁）という障害もまた除去されます。あなた方は神々は信用貸しをしないと仰いますが，国家はそれを行なうのです。私は，神聖賭金を国庫に委ね，そうすることによって神聖賭金の信用貸しを可能にする法律案を民会に提出しようと思います。

2．神聖賭金の額の決定は，従来通り**訴訟開始時**に行なうのではなく，**訴**

*215*

**訴訟終結後**に至って初めてこれを行ないます。法務官は，両当事者に対して**将来**の金額のための保証人（praedes）を立てさせます。この金額のその後の算定及びそれに続く徴収は，三人官（三人審判官 triumviri capitales）会がこれを行ないます。三人審判官の推挙は，法務官が年の初めに民会に対して行なわなければなりませんでした[67]。

216   神聖賭金の額は，訴訟物 Streitobjekt の価格査定によって決まりました。そして，訴訟物の価額が1000アスという限度の前後を動く場合には，訴訟物が活発な争いの対象となったことは明らかです。なぜなら，査定における僅かの差が，例えば980アスではなく，1000アスという査定が50アスの神聖賭金額を500アスに飛躍させ，従って訴訟物における20アスの差が神聖賭金においては450アスという莫大な差を惹き起こしたからです——なんと高くつく20アスでしょう！　神聖賭金が神官に支払われる限り，当然のことのように，この先決問題の決着は神官の手に帰せられました。神官がこの問題を自ら規制していたのであれ，あるいは彼らが指名する特別の価格査定人によって規制されていたのであれ，いずれにしても神官は，査定に際して自分たちの利益を損なわれることがないよう注意していたはずです。それ故，訴訟物の査定が当事者の激しい不服申立ての対象となったことが稀ではなかったと考えても間違っていないと，私は思っています。そして，このことから私は，パピリウスは自分の改革提案をこの点にまで広げていたものと考えています。彼は，三人審判官に対して神聖賭金の徴収（„exigunto sacramenta"）だけでなく，その額の決定をも（„sacramenta **judicantoque**"）委ねていました。これまで人々は，この最後の言葉を持て余してきました。そして，ごく自然に思い付くことを見落としたために苦境に陥ってしまい，この上なく不自然で，到底維持できない説明をしてきたのです[68]。もし人々が事態を実際に即し

217 て考えていたならば，個々の事件における訴訟物が1000アス以上か，1000アス未満かという問題は，自ずと決定されるのではなくて，むしろ当事者と役所との間の激しい抗争の対象となったかもしれないということに気付いたことでしょう。所得税のための収入査定に際しての今日の揉め事のことを想起

しさえすればよいのです。そうすれば，使用料の**徴収**について定める法律に，**額**について争いとなった場合に誰が**決定**を下すかについての規定が欠けていてはいけないということに気付いたでしょう。この問題についての私の見方で疑念を招くかもしれない唯一のことは，先ほどお伝えした sacramennta exigunto judicantoque というフェストゥスの章句において，judicare〔決定する〕という語が exigere〔徴収する〕という語の後ろにあるという事情です。なにしろ，外見上，順序が逆であった方が自然であるはずです。この疑念は，徴収することは**常に**必要であったけれども，決定することは訴訟物の価額が1000アスという限度の前後を動いていた場合にのみ必要であった，と考えることによって解消されます。大抵の場合，使われる神聖賭金額は完全に明らかだったので，争いとなることが全くあり得ませんでした。ここでは，単に徴収することだけで足りていたのです。そして，訴訟物の価額が1000アスという，前に述べた限度の前後を動いていた場合や，敗訴した当事者が三人審判官によって徴収されるのは500アスの神聖賭金ではなくて，もっと少ない50アスという金額であると要求することができると思っていたといった，極めて稀な例外的ケースにおいてのみ，三人審判官によって決定がなされました。この場合，この決定は，当然のことながら，三人審判官全員によって，従って多数決によって行なわれました。その一方で，神聖賭金の徴収又は受領に際しては，1人の審判官で足りたことでしょう。これが「三人審判官による金額の**決定 judicium** triumvirûm」（Varo, De L. L. IX, 85）ということだったのです。

　この点においても，パピリウスの法律は，疑いなく進歩を含んでいました。この法律は，神殿の基金の利益を峻厳に擁護することに関して神官団に対し責任を負っている**1人の神官**[69]に代えて，このような影響から完全に保護されている役所を設置したのです。

　神聖賭金額の決定が，これまでのように訴訟開始時ではなく，訴訟終結後にようやく行なわれたのはなぜなのでしょうか。この点に古代法の質の悪化があると，人々は言いたいのかもしれません。なぜなら，以前であれば当事

者は訴訟開始時にどのような危険を冒すかを知っていたのに対して，この時には神聖賭金額という重要な問題は訴訟終結まで先延ばしされ，当事者はこの点について不確実な状態の中に漂っていたからです。その理由は，訴訟物の真の価額が訴訟によって初めて明らかにされることが稀ではなかったということ以外にあり得ないと，私は考えています。相続財産回復請求 hereditatis petitio に関し，申立てによれば被告は総価格において1000アスという額をはるかに上回る相続財産の個々の物を不当に我が物としたが，他方で審理が進むうちに一つの物だけだと1000アス未満の価額しかないということが判明した場合，あるいはまた，善意の相続財産要求者のところで個々の物が彼の過失によらずに，偶然 casus によって滅失してしまい，その結果彼の占有物全体がもはや1000アスの額に達しなくなった場合，さらにまた，羊群返還請求訴訟において，被告がその何頭かについて反対主張 contravindicatio をもって対抗してきた場合[70]——従って，この場合には引き渡すべき頭数は判決後になってようやく決まることになります——のことを考えてみて下さい。訴訟終結**後**の神聖賭金額の決定が訴訟開始時の決定よりもはるかに当事者の真の利益に適っていたということは否定できません。というのは，当事者は，本来の訴訟物の価額に従って算定された神聖賭金を失う危険を冒すことはなく，またそれと同時に，実際に責を負わねばならない訴訟物の価額ははるかに少額であることが後から判明するからです。

次に，拿捕による法律訴訟に目を転じて，パピリウス法が神聖賭金による法律訴訟のためにやり遂げたのと**同じような，寄託制から信用貸し制への移行**が，この法律訴訟の場合においても起こっていたことを証明したいと思います。

それは，**保証人**の排除によって行なわれました。ガイウス (IV, 25) が挙げている二つの事例のためだけにその要件は維持されましたが，その他の場合には，債務者に対して自分のために保証人となることが許されました。すなわち，自ら訴訟をすることが許されたのです（自ら手を払いのける manum sibi depellere）。勿論，その場合，彼は，敗訴したとき，本来の債務者であると

ともに保証人でもあるという彼の二重資格の故に、争われていた債務の2倍額を支払わなければなりませんでした（lis inficiando crescit in duplum）が、手持ちの現金がなくても、訴訟を開始することができるという大きな利益を得ることになったのです。神聖賭金による法律訴訟の形式において全く不当な要求を受けていた最貧者に対しても、パピリウス法によって、訴訟の開始及びそれに伴う手持ちの現金なしでの勝利が可能とされたのと全く同様に、その後は、拿捕の形式で主張される請求の場合においても、抵抗と勝利が可能となりました——貧者は現金がなくても、**訴訟ができる**ようになったのです。こうした重要な改革は、ガイウス（IV, 25）によれば、ウァッリウス法 lex Vallia[71] によって導入されました。ウァッリウスという名を持つ人物は、人の目につくような所にはどこにも名前が挙がってこないので、私たちとしては、平民の中にその生みの親を探すことが当を得ていること、加えてその法律がある**護民官**によって実現され、かつパピリウス法と同じ意図を持つ平民会議決であると看做すことにも然るべき理由があるのです。その一般的な措置に先行するものとして、すでに特別の法律がありました。これらの特別法は、このような手続きの容易化を、初めて二、三の事例に対して導入しました。そして、ガイウス（IV, 23）は私たちのためにその二つの法律名を挙げています。すなわち、フリウス法 lex Furia とマルキウス法 lex Marcia であり、両者は、法律に違反してなされた支払いの取消を対象としているという点で内容が一致しています。フリウス法は、この法律によって定められた限度額である1000アスを超える遺贈の支払いを、マルキウス法は法律違反の利息の支払いを対象としていました[24]。フリウス家は、古代貴族の家系でした。1人の貴族に、過酷な拿捕による法律訴訟をこのように弱化させる誘因となったのは何だったのでしょうか。ひょっとしてこの点を、貧困身分に対する博愛の心情が初めて起こったのだと、つまり高い身分の人々の中で正義感が目覚めたのだとして歓迎すべきなのでしょうか。いえいえ、そんなことは絶対にありませんよ。フリウス法は、貧困者の利益ではなく、裕福な人々の利益を対象としていました——そもそも貧者に対しては、遺贈の限度を定める

221 必要なんかなかったのです！　ウァッリウス法ができるまで人々が貧者に対して頑として付けさせていた保証人は，裕福な人々にとっては余計なものとして捨て去られました。ある裕福な男が，1000アスを超える遺贈を受け取り，そのことによって科せられる超過分の4倍額の支払いを求められて訴訟を提起された場合，その男は，自らその訴訟を行なうことが許されたのです。高利貸しに対しても，マルキウス法によって全く同じことが許されました。高利貸しによって債務の返済を訴求される貧者は，保証人を必要としました。貧者が高利貸しに対して法律違反の利息の返還を訴求する場合には，高利貸しは保証人を必要としなかったのです。この法律もまた，富者の党派的鉄筆を暴露するものでした——マルキウス家は，すでに早い時期に貴族と結託する平民層の最も裕福にして，最も上流の家系に属していました[72]。従って，単純拿捕 manus injectio pura を**自分たち**のために誕生させたのは，他でもない富者だったのです。彼らにとっては，貧者の訴訟提起を妨害していた保証人は，無意味なものとして用がなかったのです。しかし，この改革は彼らに対して苦みのある果実を結ばせました。すなわち，彼らが自分たちのために発明したことを，ウァッリウス法が貧しい階級にまで広げたからです。これにより，裕福な債権者の貧しい債務者に対する訴訟上の優位——これは，保証人の調達の困難性に起因していました（198頁）——は，打ち砕かれました。二つの場合にだけ（Gajus, IV, 25），保証人を要するという手続きの古代からの厳格さが，法律訴訟手続きがなくなるまで維持され続けました。この最後に残ったものも，方式書訴訟が導入されるとともに途絶えることになりました。

　これにより，訴訟提起は，**このような**負担からも解放されたのです。次は，訴訟罰が，結局どうなったのかを見てみましょう。

222 　訴訟罰の存続は，その**徴収**方式の変更から少しも影響を受けたことはありませんでした。両者に関しては，全く異なる事情があったからです。**寄託**という要件は，債務を負っている者に対しても，債務を負っていない者に対しても一様に訴訟を困難にしていました。それに対して訴訟罰は，ただ有責者，

すなわち訴訟の意味での有責な者，訴訟に敗れた者に対してのみ科せられていました。債務を負っていない者がする訴訟提起は，容易にこれを行なうことができたのですが，しかしながら，債務を負っている者に対しては相変わらず刑罰に処することができました。そして，ローマ人はそれと手を切ろうとはしませんでした。訴訟罰は，たとえその形態が緩和されたとは言っても，なお長い間，露命を繋ぎ，ばらばらにされながらもユスティニアヌス法の中にまで入り込んで，生命を持ち堪えたのです。

法律訴訟手続きにおいては，神聖賭金による法律訴訟の場合と拿捕による法律訴訟の場合には，訴訟罰は形態が変わることなく永続しました。しかし，神聖賭金による法律訴訟の場合には，訴訟罰は，実際，古代の銅貨の恒常的に進む平価切り下げと貨幣価値の下落によって徐々に弱められてゆき，500アスという罰金額は，共和制期の建国6世紀半ばには，古代における50アスそこそこの価値しかありませんでした。その時代における50アスという額の実際の貨幣価値は，今日の貨幣制度で言えば，およそ3グルデン又は6マルクであり，従って500アスというのは30グルデン又は60マルクといったところでした。

プリニウス Plinius[73]は，アスを半ウンツェ，すなわち本来のポンド量の24分の1に低下させたパピリウス法 lex Papiria に言及しています。そして，彼が自分の考えを述べる書き方からして，この法律は，ローマ建国6世紀の後半に定められたと見てよいでしょう。このことは，以前は一般的な見解でもありました[74]。ところが，今では，ボルゲージ Borghesi の近時の研究を根拠に[75]，その法律は建国665年に定められたとされています。今，私の頭の中に浮かんでいる考えは，訴訟終結後の神聖賭金の徴収についてフェストゥスが触れている先ほど述べたパピリウスの法律と，貨幣品位の引き下げについてプリニウスが触れているこの法律とは，同一の法律だったのではないかというものです。もしそうだとすれば，私の知るところではこれまで顧慮されてこなかった点ですが，この二つの措置が関連付けられ，相関的に説明され，補足し合うことになるでしょう。パピリウスが考えたことは，貧

しい階級のために神聖賭金による法律訴訟の提起を容易にすることだったのではないでしょうか。この目的を実現するために，**第一に**神聖賭金の徴収を訴訟終結まで延期し，**第二に**古代からの制度を**外観だけ**維持することができる最低限の額にアスを引き下げたのです。それと同時に，この制度は**内的には**ほとんど排除されました。すなわち，この制度が訴訟提起に対して加えていた厳しい圧迫は，ほとんど排除されたのです。アスを本来のポンド量の24分の1に引き下げたということは，国家の富が莫大に増加し，加えて（建国5世紀末期に）銀貨が導入された結果として貨幣の内的価値もまた尋常でないぐらい下落した時代にあっては，神聖賭金にとって，そのかつての額の24分の1に低下することよりもはるかに大きな意味を持っていたのです。

こうして，人々が必要と考えられる改革をしながらも，古代からの神聖賭金による法律訴訟を維持し，方式書訴訟導入後も百人審判所のためにこの法律訴訟を存続させたということが明らかとなるだけでなく，どのようにして

224 ――銀貨の登場によって実際に背後に押しやられた――古代の銅貨に関して変更を行なうに至ったのかも明らかとなります。実際，この変更は，ポエニ戦争という極度の苦境にあった時代に余儀なくされた変更すらこれをはるかに背後に押しやるものだったのです。私の推測では，この貨幣の措置に対してはそれなりの実際的理由があったのであって，この貨幣の措置がフェストゥスによって確認されるパピリウスの訴訟改革を終了させ，これを白日の下に曝すことになったのです。この措置を講じたのが他でもない**パピリウス**という人物であったという事実もまた，意味がないわけではありません。（建国324年に）神聖賭金に用いられる罰金 multa（公的権力の命令に対する反抗を理由とする秩序罰）のために，羊と牛を，金銭による査定（羊1頭が10アス，牛1頭が100アス）に取って代えたのは，他でもないパピリウスという名の人物だったのです。そして，ある家系に属する後世の人々が自分たちの先祖の一人の適切な立法思想を改めて取り上げる（例えば，ウァレリウス家，Liv. 10, 9 tertio ... lata est semper a familia eadem）ということがローマの歴史において珍しくはなかったように，ここにおいてもまた，建国6世紀のパピリウスにと

って，建国4世紀の先祖が，訴訟及び国庫に関する似たような措置にとっての手本として役に立ったのかもしれません。

　従って，古代の神聖賭金による法律訴訟は，実際，確かに**外観上は**変わることなく存続し続けましたが，**内的には**完全に形を変えていたのです——実際にはほとんど用済みとなってしまった後も，外観上は細々と継続させられた多くのローマの制度と同類のものだったのです。

　ところが，それより前にすでに，ある重要な適用領域がその法律訴訟から除外されていました。私たちはそれを，（拿捕によって特典を与えられていた債務とは異なり）**通常債務**の適用領域と呼ぶことができます。通常の貸付，すなわち拘束行為の形式という衣を纏っていない貸付は，以前は，神聖賭金による法律訴訟の形式で訴訟を提起しなければならず，これは，当時，専ら訴訟の対象となり得るとされていた，確定物 res certa を与える債務の場合と同じだったのです。こうした点で，法律訴訟が継続していた時代にすでに，相当な容易化——私見によれば，訴訟罰というものを知らない民族間の法的交流が理由となってもたらされた容易化が起こっていました。すなわち，その容易化は，五つの法律訴訟のうちの最も新しい法律訴訟である**通告**による法律訴訟という形となって現われたのです。この法律訴訟は，**シリウス法** lex Silia によって金銭債権のために初めて採用されました（Gaj. IV, 19）。すなわち，金銭消費貸借の場合のみならず，原告が正確に確定された金額（確定額 certa pecunia）を要求するあらゆる種類の金銭債権の場合のために採用されたのです。このことは，後の時代において，つまり誠意契約 contractus bonae fidei が訴訟の対象となって以後，**不確定な**金額（incertum: „quidquid dare facere oportet")を求める訴えが与えられる契約の場合ですら，原告にとってもともと必要なことだったのであり，事実，そうしなければならないことであったのです[76]。

　この改革は，**カルプルニウス法** lex Calpurnia によって（Gaj. IV, 19），「確定物 certum」を求める他のすべての債権に，従ってとりわけ確定物，つまり個性に着眼して規定される目的物を「与える dare」（売買の場合のように，

単に「持つことが許されている habere licere」のではありません）のか，あるいは大量の代替可能な物を「与える」のかを約束させられた問答契約にも拡張されました。これらの場合や，また先決の訴えという例外のある方式書訴訟のすべての訴えにおいて，裁判官の判決は金員に基づいて出されていたとしても，やはり原告はその額を訴えの中で申し立てる必要さえなかったのです。それどころか原告は，「その物は幾らなのか quanti ea res est」という言葉により，その額の評価を裁判官に委ねていたのです。

この二つの法律の発案者は**平民**，つまり，彼らが提案をした時は**護民官**でした。そして，私がこうした事情を特に強調するとき，私が何を言おうとしているのか，あなたはお分かりでしょう。私は，彼らの措置は，先に述べたように，パピリウスとウァレリウスという同じ身分の人々が行なった措置と同じ目的，すなわち貧しい階級の人々が**訴訟を提起し易くする**という目的を追求するものであったと主張するための根拠として，先ほどの事情を使おうと思います。

カルプルニウス法については，そのような容易化という事実は全く明らかですが，シリウス法については，争いがあります。すなわち，通告による法律訴訟に範をとった，方式書訴訟たる確定貸金額返還請求訴訟 condictio certae creditae pecuniae に関しては，ガイウスは3ヶ所で（IV, 13, 171, 180），敗訴した側に科せられた**罰金**は訴求金額の3分の1であったことを私たちに伝えています。この罰金は，訴訟開始時に両当事者が問答契約 stipulatio 及び再問答契約 restipulatio によって引き受けなければなりませんでした。ガイウスは，このような制度がシリウス法によってすでに創設されていたとは言っていませんが，しかしこのことは極めて蓋然性が高いのです[77]。ところが——そして，これは非常に重要なことですが——この罰金は，人々が通常考えているように**必要不可欠**というものではなかったのです。ガイウス（IV, 171）が用いている言い回しから読み取れることは，罰金の付加があり**得た**ということであって，**しなければならない**というわけではありませんでした。すなわち，誓約をすることが**許される** sponsionem facere **permittitur**

と言っているのであって、これによれば、誓約を欲するか、あるいはこれを断念するかは、当事者の意思に委ねられていたのです[78]。従って、罰金の付加が義務的であった神聖賭金による法律訴訟と拿捕による法律訴訟に対して、この訴訟には少なくとも一つの進歩が含まれていました[79]。このことは、拿捕による法律訴訟と比較すると、罰金**額**についてさえも当て嵌まりました。なぜなら、通告による法律訴訟は、罰金額を債務の**総額**から**3分の1**に軽減していたからです。この訴訟のもう一つの長所は、原告と被告は敗訴した場合に同じ危険に晒されていたということです。この訴訟の場合には危険は当事者双方が負っていたのに対して、拿捕による法律訴訟の場合には当事者の一方のみが負っていました——罰金を債務者に対してのみ科しており、債権者は請求が棄却されても何の刑罰も受けずに済むという、当時より古い時代の法が有していた不公平さは、こうして排除され、均衡が作り出されたのです。

　カルプルニウス法に基づく返還請求 condictio ex lege Calpurnia においては、法律訴訟ではすでに手に負えない状態になっていました。すなわち、**原理的に訴訟罰の上に建てられている法律訴訟の基礎構造**を超えていました。そして、この返還請求は、**原理的に無刑罰性**の原則の上に建てられている方式書訴訟への移行の仲介者だったのです。私は、この二つの訴訟制度の対立という理解は明らかに矛盾に遭遇するものと確信しています。おそらく、次のような説明をすれば、私の見解はもっと理解しやすくなるでしょう。

　方式書訴訟にもまた、様々な訴訟罰があります。そのうちの幾つかは、古代の手続きから引き継いだものであって、ただその形態がそれ相応に変形しているだけなのです。例えば、確定した請求——これは、以前であれば拿捕が用いられていました——を否認したことに対する2倍額の罰金、確定金銭返還請求訴訟 condictio certae pecuniae の場合における3分の1の誓約 sponsio tertiae partis、2倍の果実 fructus dupli の賠償という古い罰金に代わって、取戻訴訟において敗訴した占有者のために登場した、占有訴訟の果実の提供 fructus licitatio がこれにあたります（Gaj. IV, 166-170）。これ以外のものは、

新たに生じたものであって，少なくともこれより古い時代から存在したものであるかは証明されていません。すなわち，特示命令手続きにおける罰金の誓約（Gaj. IV, 162-165），反訴 contrarium judicium の場合の〔請求額の〕5分の1又は10分の1の罰金（Gaj. IV, 177, 178），濫訴訴訟 judicium calumniae（Gaj. IV, 175, 178），法務官による弁済約束された金銭に関する訴権 actio de pecunia constituta の場合の〔請求額の〕2分の1の誓約 sponsio dimidiae partis（Gaj. IV, 171）がこれです。ところが，こうした夥しい数の事例にもかかわらず——もっともこれらは，罰金は敗訴側が支払うべきであるという太古からの思想が後の時代になっても放棄されなかったということを証明するものです——，なおも私の主張は維持することができると，私は考えています。私の主張をはっきり述べれば，訴訟罰は方式書訴訟には**ない**というものではなく，むしろ訴訟罰は，——法律訴訟にとってそうであるように——**本質的な構成要素**をなしていない，つまり方式書訴訟の**有機的な**制度をなしているのではない，ということです。**方式書 formula** には——そしてこのことは，私が見る限り，決定的なことなのですが——**罰金はありませんでした**。罰金は，拿捕を範にとった2倍額を求める訴えを別にすれば，**ある特別の行為**によって初めて**外から**付け加えられていたか，又は主たる訴えに附随する**特別の訴え**によって追求されなければなりませんでした——神聖賭金による法律訴訟及び拿捕による法律訴訟の場合には，罰金はそれに**内在しており**，この二つの法律訴訟は，主たる請求と罰金とを**同時に**含んでいたのです。

229 それから，刑罰の過酷さも——たった今言及した古代法の遺物については再三再四，度外視するとして——方式書手続きの中では，かなり緩和されました。罰金額は前よりも少なくなりましたし（1/10, 1/5, 1/3, 1/2），古い時代に存在した2倍額に達するものはもはやなくなりましたし，あるいは罰金の制度も，どの当事者も自分の好きな額のものを提供することができる果実の提供のように，完全に当事者の気持ち次第になりました。そして，罰金の完全回避すら可能となったのです。すなわち，確定金銭返還請求訴訟の場合における3分の1の誓約という罰金，弁済約束された金銭に関する訴権の場

合における 2 分の 1 の誓約という罰金（Gajus IV, 171 によれば，誓約をすることが**許される**），そして，危険のない手続き Verfahren sine periculo による，特示命令手続きにおける危険を伴う手続き Verfahren cum periculo の排除（Gaj. IV, 162-164）がこれです。これに加えて，古代法がこれっぽっちも注意を払っていなかった**主観的有責性**の契機もまた，少なくともある特定の事情の下では顧慮されるようになりました。無責の判決が下った被告が，請求を棄却された原告に対して行なうことのできる濫訴訴訟は，不法性を**意識していた**ことを証明しなければ提起できませんでした（Gaj. IV, 178）。そして，相続人・婦女・未成熟者は，他の人々が罰金の誓約を結ばなければならない場合であっても被告として単に濫訴の宣誓 juramentum calumniae をするだけで済んだのです（Gajus IV, 172）。

　方式書訴訟全体が外国人担当法務官を前にしての手続きを究極の起源としていた[80]という見解，そして方式書訴訟の導入がその直前に民族間の法的交流のために，古代ローマの訴訟との接続のため必要となった特有の修正を行ないながら形成された手続きを引き継ぐもの以外の何ものでもなかったという見解——こうした見解が正しいとすれば——私はこれが正しいと考えています——，同時にこのことにより，訴訟罰の問題に対して新しいローマの訴訟形式が原理的に全く異なる態度をとっていたことの説明がつくのです。民族間の法的交流にとって，**罰金**は原理的に馴染むものではありませんでした。なにしろ外国人担当法務官は，私的な不法行為に対する必須の刑罰を**擬制**を用いてローマ市民法から引き継がざるを得なかったわけですから（Gaj. IV, 37）。ローマにおける外国人が提起できたすべての訴え——例えば，債務法の誠意訴権 bonae fidei actiones，あるいは所有権法の所有物返還請求方式書を通じての対物訴権 in rem actio per petitoriam formulam——のどこにも，訴訟罰という痕跡はこれっぽっちも見出されません。それ故，法律訴訟がその本来的な構想によれば**訴訟罰**という原理に依拠しているように，方式書訴訟はその原理的な構想によれば訴訟罰の**欠如**に依拠していたという主張の正当化が可能であると，私は思っています。この主張の前半部分に対して，先

に述べたように審判人申請による法律訴訟及び差押えによる法律訴訟において訴訟罰がなかった場合があるということを持ち出すことができないのと同様，その主張の後半部分に対して，先に述べたように訴訟罰が個別化された場合を持ち出すことはできません。なぜなら，それらはまさに**例外事例**であって，その対立を原理的に定式化する可能性を排除するものではないからです。最後に，私は次のように述べて終わりにしたいと思います。すなわち，ユスティニアヌス法は，古典期に方式書訴訟の中になおも存在した訴訟上の罰金すべて——私たちは正当額以上の請求 pluspetitio という刑罰もこれに含めなければなりません——を，あなたがあらゆる概説書の中で見出せる，全くどうでもよいような幾つかの残り物（例えば，**Arndts**, Lehrbuch der Pandekten, §252) を別として，これを取り払ってしまったのです。

さて，そろそろお別れの時かもしれません。私たちの今日の出会いは，もしあなたにとって古代ローマの訴訟を一度，別の視点から見る切っ掛けとなったのであれば，そしてこのようにも付け加えることができると思うのですが，私たちのこれまでの文献では見ることができない実り多い視点から見る切っ掛けとなったのであれば，出会いの目的を達成したことになります。私が狙っていた目的を達成したのであれば，古代ローマにおいて貧しい人間は裕福な人間に対して不平等な武器により自己の権利のために闘うという，貴族か平民かという像が，あなたの家路の道連れとなって付き添ってくれるにちがいありません。私としては，自分がそのような夢を見ることはないといった確信は持てませんけどね。私が寝る前になおも法史の葉巻の１本を吸うとすれば，夢の中で二つの光景が私の前に現われることでしょう。第一の光景は，貧者が富者によって訴えられ，急き立てられ，搾取されている光景です。その時，法は富者に援助の手を差し伸べているのです。第二は，パピリウス，ウァッリウス，シリウス，そしてカルプルニウスという４人の護民官が彼らの法律案を持っている光景です。これらの法律案は，そのような状態を終わらせることを内容とするものなのです。

終わりに臨んでもう一つ，私のこれまでの考察を回顧する補足として，将

来を一瞥しておきましょう。つまり，私自身に関する予言です。それは，博士学位申請論文に関することです。その題名は，「イェーリングの見解に対する反論の書——法律訴訟における富者の状態とは異なる貧者の状態——Refutata Jheringii opinio asserentis aliam fuisse in legis actionibus conditionem pauperum quam divitum」です。この場合，この著者がドイツ語を使いたいというのであれば，私の表題「古代ローマの民事訴訟における富者と貧者」は使えないでしょうから，私は彼に「法律訴訟のいわゆる**金権的**傾向——半可通人博士によって明らかとなったその無根拠性——Die angebliche **plutokratische** Tendenz des Legisaktionenprozesses in ihrem Ungrunde nachgewiesen von Dr. Weißesbesser」という題名を提案することにしましょう。こうすれば，そのテーマは，それに相応しく学術的な意味を持つことになります。そして，それどころか，学部でさえこうした意味づけを懸賞問題として使うことができるかもしれません。あなたは，それが美しいテーマであると，お認めになるでしょう——よく知られているように，大多数の博士学位申請論文については褒め称えることができない斬新性という長所を，このテーマは持っているのですから。私がすでに博士学位申請論文を書いてしまっているとは，いやはや，なんと残念なことでしょう。法源の中にこれっぽっちの拠り所も見出せない見解を，私はどのようにして論駁したらいいのでしょうか——これで一切が言い尽くされているのです。というのは，法源の中で積極的に証言されていないことは，単なる幻想に基づいており，目下の場合は，法史の葉巻による幻覚作用に基づいているからです。私自身がもはや博士学位申請論文を書くことができないとしても，少なくとも他の人々に，そのための役に立つ素材を提供することがまだできるということで，私は自らを慰めております。さらにまた，私の新しい見解が何の成果ももたらさなかったとしても，常に最低でも**一つ**の成果は確実に存在していたのです。すなわち，論駁という成果です——さらにまた，自分自身の見解にすら行き着くことのできない人々は，一体，どのようにして生きていったらよいのでしょうか。

*232*

補遺Ⅰ　神聖賭金による法律訴訟の起源——神審

　この著作の初版が刊行された後に，私は，神聖賭金による法律訴訟の起源に関して新しい見解を持つに至りました。それを，以下で述べることにします。神聖賭金という名称，敗訴没収金を神官のところに寄託すること，そして宗教的目的のためにそれを用いること，この三者から疑う余地がないわけですが，この訴訟がその本来の姿において宗教的関連性を有していたという事実から出発すれば，私は，最初は，宣誓の力を借りることによってこの宗教的関連性についてお伝えすることができると思っていました[81]。ところが，後になって[82]，この考えを捨てて，この関連性の説明は，神官が古代の律法学者として何にもまして困難な法律問題を判定する能力があったという点にあると考え，そして神聖賭金はそのために支払われねばならない判定料であり，この判定料は宗教的基金に与えられねばならないと考えるに至りました。この宗教的関連性については，神聖賭金は神々に対して，神官が法的な争点の判定をすることによって本来の職務の時間を奪われた結果失われた時間の補償をするためのものであったということによって，これを作り出そうと，私は試みました。私は，この見解についても弾劾せざるを得ませんでした。先ず初めに，その見解が解決しようとしていた宗教的関連性は，非常に稀薄なものであって，この関連性は，裁判官が同時に聖職者でもあったという偶然の事情のみをその基礎としているにすぎません。それに加え，訴訟物の価額が1000アス以上の場合の500アスの神聖賭金という桁外れに高い額は，単なる判定料の観点とはまるで適合しないのです。もともと提供されていた牛や羊を算定する際に，牛1頭は100アス，羊1頭は10アスと査定されたこと，そして，自由人の骨を折ったことに対する贖罪金は300アス，それが奴隷の場合は150アスだけ，不法行為及び〔他人の〕樹木を伐採したことに対しては25アスだけであったことを考慮に入れれば，1回の判定料が500アスと査定されなければならなかったということは，およそ考えられ得ないものであったにちがいありません。私は，2度も無駄骨を折ったこの謎

解き——今となっては，それが無駄骨であったと確信していますが——を，ついに解決したと思っています。その解答はこうです。**神聖賭金による法律訴訟は，原始時代の神々の審判に代わって登場しました。神聖賭金は，これまで神に帰属していた裁判権限を分離させるための補償金という意味を持つのです**——肉体による償い luere in corpore は，貨幣による償い luere in aere によって取って代えられたのです。

神々の審判は，古代アーリア人の制度でした。そして，このことが行なわれていたことを証明することは，アーリア人原民族が後に分かれていった三つのすべての分枝——インド人，イラン人，インド-ヨーロッパ語族——にとって可能です[83]。しかし，インド-ヨーロッパ語族の四つの種族——ギリシア人，ケルト人，ゲルマン人，スラブ人——については，部分的に，時代が下って歴史時代まで神々の審判がなお維持されていたのに対し，ローマ人はこれを前史時代にすでに廃止してしまっていたのです[84]。これは，法の民族という使命を授かっていたことに相応しい行為であり，この民族が過去に成し遂げた最も驚くべき偉業の一つでした。なぜなら，この〔廃止〕行為は，過去との完全な決別を内に孕んでいた——もっともローマ人は普段は非常にびくびくして過去に固執していましたが——ばかりでなく，もっと重要な問題であったのですが，**宗教的**制度を除去することを前提としてもいたからです——揺り籠の中のヘラクレス Herkules の功業だったのです。神々の審判の持つ欺瞞性ということについての確信は，そのような歩みを善しとしない疑念を克服するために，民衆の中にどれほど固く根付いていたことでしょうか。そこで問題となっていたことは，これまでは神の御心の儘に行なわれていた裁判官職を神から剥奪すること，すなわち神の法に介入すること以上でも以下でもなかったのです。神の法を執行する資格を与えられた代行者である神官は，このことにどうして同意を与えることができたでしょうか。

その回答はこうです。すなわち，神の裁判権限は，単純に**廃止**されたのではなく，むしろ**代替**が行なわれたのであり，それもただ 1 度だけ行なわれたのではなく，むしろ個々の事例ごとに行なわれた，というものです。これこ

そが，敗訴した側が失うことになる神聖賭金が持っていた使命だったのであり，その本質は，生け贄の家畜，すなわち目的物の価額が1000アス以上のときは5頭の雌牛，目的物の価額が500アス以下のときは5頭の羊にあったのです。こうすることが神にとっては，敗訴した側が神審 Gottesgericht で苦痛や創傷を受けるよりも好都合だったのです。フェストゥスは，ローマにおいて生け贄の動物が存在しない時代があったことを私たちに教えてくれています。そして，彼はまさしくこの欠如と神聖賭金とが関係あるものと見ています[85]。もっとも，神聖賭金を本来的に導入したのではなく，むしろ，ただ以前の生け贄の家畜に取って代わった金員に対して神聖賭金 sacramentum という名称を転用しただけだったのですが。しかし，この言語上の事実が生け贄の動物の欠如と関連することになるというのは，全く不可解です。フェストゥスがただ単に誤って解釈したのとは別の関連が存在していたにちがいありません。フェストゥスは，彼が自由に使える法源の中に，神聖賭金は生け贄の動物の欠如を根拠としているという注釈的説明を見出したのでしょう。その時，彼はこのような**事実に即した**関連性を，先に述べたように**言語上の関連性**に転用したのです。

　神聖賭金による法律訴訟における生け贄の動物が，どうして sacramentum という名称になったのでしょうか。単に，生け贄のために使われたからでしょうか。そうだとすれば，あらゆる生け贄の動物にこの名称を付けなければならないことになるでしょう。しかし，よく知られているように，こんなことは起きていないのです。なぜ，神聖賭金による法律訴訟における生け贄の動物に sacramentum という名称が付与されたのでしょうか。

　これは，神聖賭金による法律訴訟それ自体としか結び付けることができないようです。何らかの宗教的関連性がそれの根拠となっていたにちがいありません。この関連性は，裁判所の手続きのこれ以外の方式とは異なって神聖賭金による法律訴訟に特有のものだったのです。ところが，そのような関連性は，ガイウスの叙述において，この法律訴訟がもともと持っていた形態の中には発見することができません。ここでは，この法律訴訟は，これ以外の

すべての法律訴訟と同様に，全く世俗的な訴訟形式として姿を現わしており，従って宗教的関連性は先史時代にのみ存在し得たのです。すなわち，**神聖賭金による法律訴訟は，原始時代の宗教的手続きを引き継いだものであったにちがいないのです**。そのような手続きとして，すべてのインド-ヨーロッパ語族の民族には神審があったことが私たちに示されていますが，ただローマ人のところでは，それは存在していませんでした。それはどこで存在し続けたのでしょうか。単純にかなぐり捨ててしまったのでしょうか。それはローマ人のやり方ではありませんでした。過去との決別は決して行なわれなかったのです。至る所で，これまであったものと新しいものとの間に橋が架けられて，新しいものはこれまであったものに結び付けられていました。そして，神審のような何千年もの間ずっと神聖なものとして崇められてきた，まさしくこのような宗教的制度の場合に，ローマ人は，はたしてこの彼らのやり方に背いたと言えるでしょうか。これを肯定し，主張する人は，ローマ人というものを分かっていないのです。ローマ人が採用した唯一の道は，専らこの神審という制度を別の手続きに**取って代える**という点にあったのかもしれません。そして，このことはまさに神聖賭金による法律訴訟によって行なわれました。その法律訴訟によって行なわれた刷新は，神が判決を下すというこれまで有していた権利を奪われたという点にはないのであって，**根本において**はその権利は維持されており，個別の事案においてのみその権利は，神に対して提供されるべき生け贄の動物によって**償われた**のです。

　こう考えることで，なぜこうした動物に，しかもこうした動物のみに sacramentum という名称が付与され得たのかが説明されます。これは，他のすべての生け贄の動物のような動物ではなく，むしろ，他のいかなる動物にも与えられていなかった全く特別の使命を持っていました。すなわち，**神**にとっては，神が裁判官職を行使しないことに対する補償の使命を，**当事者**にとっては，神審において敗訴した場合に被ることになるであろう身体の傷害の代わりに登場した財産による贖罪の使命を持っていたのです。つまり，肉体による償いを財産による償い luere in bonis に代替するものだったのです。

このようにして，5頭の牛が，後に500アスという，判定料としては全く理解できない（386頁）高額な神聖賭金額になったことが説明されます。神に対する補償金は，かなりの金額にするしかないのです。そして，火審 Feuerprobe の場合に（水審 Wasserprobe については下記参照）当事者がどれほどの危険に晒されていたのかを考慮すれば，それに対する神聖賭金は非常に高く査定するしかなかったということが理解されるでしょう。こう理解することで，この金額と，自由人の骨を折ったことに対する300アスという罰金額との間に存在する外見上の不均衡は解決が付くのです。

　神聖賭金による法律訴訟の場合において，もともと利用可能な対象である家畜が金員に換算されたとき（牛1頭＝100アス，羊1頭＝10アス，つまり神聖賭金額の高い方は500アス，低い方は50アス），そしてこの法律訴訟開始時の寄託が訴訟終結時の支払いに取って代わったとき，没収される金額の徴収は固有の役所，すなわち**頭格に関する**三人審判官 triumviri **capitales** に委託されました。これ以外のすべての科された罰金については財務官が徴収義務を負っていたのに，その財務官に委託されなかったのは，なぜだったのでしょうか。なぜ，ここで特別の役所の設置が必要だったのでしょうか。そしてなぜ，その役所に神聖賭金の徴収のみを委ねて，それ以外の刑罰又は納入すべき金員の徴収をも委ねることはしなかったのでしょうか。加えて，その役所を triumviri **capitales** と名付けたことは，その役所のそれ以外の任務と全く適合しない**金員徴収**とどう調和するのでしょうか。

　この問題は，これまで提起されたことが全くありません。いわんや解答が与えられたこともないのです。ここで私たちは，法史上の謎に直面します。この謎の解決は，これまで述べてきたことによって行なわれ得ると言ってよいでしょう。神審は，**頭格に関する**事件 causa **capitalis**，すなわち生命，つまり身体に及ぶ手続きを含んでいたのです！　だからこそ，古代の手続きにおいて**肉体**による償いに代わって登場した金額を徴収しなければならなかったのが，**頭格に関する**三人審判官であったのであり，だからこそ頭格に関する三人審判官の徴収権限は専ら**この**金員に限定されたのです。従って，この

名称の中に，原始時代の神審を思い出させる言語が保持されていたのです。頭格に関する三人審判官にこうした任務が委ねられていた時代となっても，民衆の中にこれに対する記憶がいまだ生き生きと残っていたにちがいありません。さもなければ，人々は，頭格に関する三人審判官ではなく，財務官にこの徴収を委託していたことでしょう。

　それ以外に，言語の形をとって思い出させるものが他にあったでしょうか。神聖賭金による法律訴訟の中に神審が生き続けたとき，これまで神審に冠せられていた名称を新しい手続きに転用することよりももっと容易に思い付くものとして何があったでしょうか。通告による法律訴訟 legis actio per condictionem に代わって，方式書訴訟の不当利得返還請求訴権 condictio が登場したとき，condictio という名称にこれが起こりました。そして，sacramentum という名称に関しても事態は全く異なるところがなかった可能性が極めて高いでしょう。そうであるとすると，その名称は，神聖賭金による法律訴訟のために初めて新たに作られたのではなく，むしろ神審からこの法律訴訟に転用されたと見るべきでしょう。

　sacramentum というラテン語には，よく知られているように，もう一つの別の意味があります。つまり，宣誓という意味です。この意味における sacramentum は，神審という意味の sacramentum と関連がないと言えるのでしょうか。英雄時代におけるギリシアの神審と宣誓との関連についてソフォクレス Sophokles[25] が伝えている証言は，このことを疑いのないものにしています。ソフォクレスは，『アンティゴネー』の中で番人に，こう語らせています（265行以下）。

　　わしらはいつでもやってやるぞ，
　　**まっ赤に焼けた鉄**を摑むことも，**烈火の中を歩くことも。**
　　**神々に対して，わしらがやったんではないと誓って言うぞ**[26]。

神々の審判は，ここでは，以前に行なわれていた宣誓，すなわち今日の法律

用語で言えば**無罪の宣誓** Reinigungseid の真実性を確証するものであったように思われます。従って，私は以前，神聖賭金による法律訴訟と宣誓との関連について推察していたのですが，これは全くの見当違いというわけではなかったのです。ただ私は，神聖賭金による法律訴訟のために関連づけたところに誤りがあったのであって，むしろ私は，神聖賭金による法律訴訟に先行する神審による手続きという形態のために関連づけるべきだったのでしょう。

　神審の存在を私たちに対して示してくれるそれ以外の三つのインド-ヨーロッパ語族の民族の中で，私の知るところでは，宣誓はゲルマン民族にのみ存在し，ケルト民族とスラブ民族には存在しません。ゲルマン民族では，二つの場合にそれを見ることができます。すなわち，決闘による神審の場合（ザクセンシュピーゲル 1, 63 にも残っています）と，フリジア法[27]に見られる (lex Frisionum 4, § 8, 9)，窃盗の現行犯（ローマで言う現行盗 furtum manifestum）のときの探湯 Kesselfang による神審の場合です（下記参照）。二つの場合において，両当事者は宣誓をして，その宣誓を神審によって強化しなければなりませんでした。古代アーリア人の法（下記参照）には決闘がなく，火審と水審しか知らなかったという事情が，宣誓の存在の証拠力を失わせたということはありません。ゲルマン民族がこの第三の神判――これは，すでに前史時代に行なわれていました (Vellej. Pat. II 118: solita **armis** discerni) ――を先ほどの二つのやり方に付け加えたとき，宣誓は彼らによって神判に導入されたという結論が正当だということになります。宣誓の付加は，ゲルマン民族がキリスト教化されていく時代に行なわれたということはありません。というのは，キリスト教教会は，宣誓を助長させるというよりも，むしろ宣誓を抑止しようと努めていたからです。そして，フリジア法による探湯の場合の宣誓にまさにこのことが言えるのです。従って，私たちは神審の場合の宣誓を，インド-ヨーロッパ語族の民族の原始時代の一制度と看做さなければならないでしょう。宣誓の存在がケルト民族のところでも，またスラブ民族のところでも証明され得ない上に，また大抵のゲルマンの部族法においても，

火審と水審の儀式を記述する際に宣誓については全く言及されていないわけですが，このことの理由としては，宣誓が世間周知にして，何ら言及の必要がない事柄として沈黙されていたためなのか，あるいはキリスト教教会が宣誓を排除していたためなのか——こうしたことを考えることが可能です。いずれにせよ，宣誓が原始時代の神審の不可欠の要素をなしていたということを明らかにするためには，ソフォクレスの証言で十分なのです。

　従って，原始時代の神審は，**誓約された宣誓の真実性を確実にするもの**だったのでしょう。それ故，神審の基礎にある思想は，事態が不明確な場合に人間にはできないと感じられる判断をすることにあったのではないのです。困った時に神に逃避するのは，人間の認識が不十分であるからではありません。そうではなくて，神が介入してくる理由となるのは，宣誓が事態が不明確な際に行なわれるからなのです。神は，事態それ自体の中に存在する**正**と**不正**について言い渡すというよりも，むしろ，その男の宣誓が**真実の宣誓**だったのか，あるいは**偽り**の宣誓だったのかについて言い渡すのです。この点についての判断権限は，神だけに帰属するのです。そして，神はその男が受けなければならない神判の結果によって判断を下します。その男が真実の宣誓をしたのであれば，神はその男を神判で罪なしとし，偽りの宣誓をしたのであれば，罪ありとするのです。神は公正であり，神は罪のない者に御心を廻（めぐ）らすのです。罪のない者に対しては，まっ赤に燃える鉄でさえも何も傷つけることができないのであり，罪のある者だけがそれによって傷を負うことになるのです。まっ赤に燃えた鉄から彼が受ける苦痛，損傷，肉体侵害は，神が偽りの宣誓をしたことについての報復として彼に科した刑罰なのです。

　このようにして，つまり神審と宣誓とが結び付くことによって，初めて神審は満足のゆく姿を持つようになります。こうして，神が持ち出されることの説明がつくばかりでなく——神のみが，誓約された宣誓についての判断を行なうことができました——，神判で罪ありとされた男に帰せられた厳しい禍事（まがごと）もまた，その正当化の根拠を見出すことになるのです。それは，偽りの宣誓をしたことに対するそれ相応の刑罰だったのです[86]。他方で，それが

394 法的争いにおいて単に敗れるということの結果として帰せられたのであれば，彼に負担させられる責任と全く釣り合わないものであったことでしょう。神聖賭金による法律訴訟における判決主文もまた，これによって予想もしなかった光を持つようになります。よく知られているように，それは所与の判決形式のように無罪判決とか有罪判決とかではなく，むしろ，無罪の場合には「宣誓は正当である sacramentum justum esse」，有罪の場合には「宣誓は不当である sacramentum injustum esse」という判決でした。どうしてこのように，法的争いが直接判断されるのではなく，間接的にのみ判断されていたのでしょうか。私はその答えを探し求めましたが，無駄でした。それは，これまでに展開してきた見解で与えられているのです。神審の場合に神に対して出される問いは，その男は正しいのか，正しくないのかというものではなくて，むしろ，その男は真実の宣誓をしたのか，偽りの宣誓をしたのか，すなわち**宣誓が正当なのか，不当なのか**という問いなのです。そして，このような問いの形式とそれに相応する判決形式は，神聖賭金による法律訴訟が宣誓と神審に取って代わった際に，この法律訴訟の中に導入されたのです。それ故，神聖賭金による法律訴訟の前には神審における宣誓について直接的判断が行なわれていたわけですが，この法律訴訟において法的問題が間接的に判断されるのは，その歴史的残滓にすぎなかったのです。

　神審における宣誓は，単純に肯定的宣誓ではなく，**無罪の宣誓**です。私たちの言い方で言うところの被告人は，これによって自分に対して出されている容疑を晴らすのです。自らの請求を立証するために原告が宣誓をするのではありません[87]。そうではなくて，原告から出されている容疑を晴らすた
395 めに，被告人が宣誓をするのです。彼は，**この宣誓をすることで解放されるのです**。もし無罪の宣誓をし，それと結び付いている神判を受けなければならない状態に誰かを陥らせるためにはどんな容疑でもよいというのであれば，その者が一点の曇りもない，かつ世間から最も尊敬された人物であったとしても，彼の肉体，生命，名誉は，その人物に悪意を抱いている者の思いの儘ということになってしまうでしょう。誰もが，すべての人をこのような

運命に陥らせることができたことでしょう。これでは，神審は果てることなく続いていくことでしょう。偽り，悪意，復讐心が大手を振って歩いていくことになるでしょう。このように，完全な無法状態と同じになってしまうという危険に対して，保証が必要でした。その保証は，容疑を唱える者に対し，それを正当化する事実，つまり間接事実あるいは証人の証言の提示を要求することによって初めて成立したことでしょう。このように原告の側から出された証明に対して，被告人は宣誓をして，自分は無罪であると主張することで対抗しました。つまり，被告人は神に証人になってもらい，神判によって神の言明に服したのです。先ほどのソフォクレスの『アンティゴネー』の場面においても，このようなことが起こっています。つまり，そこでは死骸が見えなくなったという事実によって，番人の不注意がすでに**証明されていた**のです[28]。

　従って，このような意味で，神審における宣誓は無罪の宣誓でした。つまり，それは眩(まばゆ)いほどの外観と真実とを区別することができる神による言渡しを通して，人間の判断に従って容疑者にかけられていた疑いから彼を救うものでした。すなわち，それは提示された証明を打ち破るというものでした。ところが，それは——そして，このことは，神審の意義を正しく把握するために極めて重要なことなのですが——**同一**の手続きの中で行なわれたのではありませんでした。もしそうだとすれば，人間の前で始まった争いごとが神の前で終結していたことでしょう——そうではなくて，最初の手続きが完了したのです。それは，被告人の有罪判決によって終わったのです。そして，その後で第二の手続きが始まります。すなわち，有罪判決を受けた者が神に対して上訴するのです——神は**第一審**としてではなく，**第二審**として判決を下すのです。このことについての反論の余地なき証拠として，神聖賭金による法律訴訟を開始する時の厳粛な式語が挙げられます。すなわち，神聖賭金によって**挑むこと** provocare sacramento (Gaj. IV, 16 によれば，私は500アスの神聖賭金によって汝に**挑む** D. aeris sacramento te **provoco**) という式語です。人々はこの言い回しを，これまで完全に見落としていました。ところが，言い回

しの方は人々に熟慮を促していたはずなのです。挑むことというのは，上級審に上訴するときに用いられる古法の専門的表現です。つまり，国王，国王によって選ばれる反逆罪審理二人官 duumviri perduellionis (Liv., I 26: si a duumviris provocaverit, provocatione certato)，又は政務官の下した刑事判決について民会に上訴するときに使われていました。従って，神聖賭金手続きのためにこの表現を用いることは，この手続きがその採用時においては**裁判手続請求の手続き Provoctionsverfahren** として考えられていたということを示しているのです。このことは，神聖賭金手続きと神審について私が述べてきた関係からすれば，この手続きが原始時代から同じように考えられてきた場合にのみ可能でした。それ故に，神聖賭金によって挑むことというのは，原始時代には，**神審でいきたい**という意味だったのです。そして，この式語は神審が神聖賭金による法律訴訟によって取って代わられた際，宣誓は正当であるとか，宣誓は不当であるという式語と全く同様に維持されていたのです。

とは言うものの，provocare は，後の時代の使い方では，法学者の使い方においてさえも（例えば，Gaj. IV, 93, 165 によれば，provocare sponsione〔誓約によって挑むこと〕)，単なる要求の意味で使われていました。**式語**の中では，このような意味では決して使われませんでした。そして，このような厳密性を欠く用語法が**古法**の式語の中で用いられることはあり得ないのです。従って，この用語をもって神聖賭金による法律訴訟を裁判手続請求の手続きと特徴づけるという意図を推論することは，およそ避けられ得ないことなのです。そして，この訴訟自体がそのようなものであるとの手掛かりを全く提供してくれないので，それに先行していた手続きの中にそのための説明を見出すしかありません。**provocare** sacramento というのは，**sacramentum** という表現と全く同じであって，sacramentum **justum, injustum esse** という判決形式と triumviri **capitales**〔という名称〕は，神審時代からの言語上の残滓なのです。

私見によれば，先ほど提示した無罪の宣誓の考え方は，原始時代には確か

に知られていた二つの神判，つまり**火審**と**水審**の選択と関連があります。神に捧げられた食物の神判と決闘の神判の起源はもっと遅いのであり，アーリア人の場合にはそれらは存在していませんでした。どうして火審と水審だけが行なわれ，しかもなぜよりによって，その二つだけが行なわれていたのでしょうか。それは大胆不敵な問いだ，と人々は言うでしょう。これらの神判の選択に際し古代アーリア人に影響を及ぼしていたものは何だったのか──どのようにすれば，私たちはこれを突き止めることができるのでしょうか。私は，それは明白であると考えています。神判の**危険性**という視点が影響を及ぼしていたのだということはあり得ません。その視点は，火審にのみ当て嵌まり，被告人に全く危険が及ばない水審──彼がその神判を乗り切れるかどうかはともかくとして──には当て嵌まらないからです（下記参照）。危険性という視点が神判の選択に影響を及ぼしていたとすれば，火審の他に別の神判が望まれた場合に，水審に代えてそれよりもはるかに危険な多くの神判が使われていたことでしょう。従って，これとは別の，二つの神判に共通の視点というものが存在していたにちがいありません。そして，それは神判という目的にとっての火と水の意味をじっくり考えることで明らかになります。そもそも神判は，被告人に罪がないということ，すなわち**穢れがない**ということを証明するものです。**そして，火と水は穢れのない二つの元素であり**，これらが被告人に対しどのように反応するかということから，彼が真に**穢れがない**のかどうかを確かめることができるのです。

　水審は，被疑者が水の中に投げ込まれるというものでした。彼が沈めば，彼は無罪とされました──その際，当然のことながら，彼が直ちに引き上げられることが前提となっています。さもなければ，彼は無罪であるにもかかわらず，溺れ死ぬことになってしまったでしょう──彼が沈まなければ，有罪とされたのです。なんとも奇妙なことでしょう！　ちょうど逆のことが期待されていたことになります。つまり，沈むことが有罪の証明とされ，水の上に浮かぶことが無罪の証明とされるのではないでしょうか。〔そうすれば〕有罪の者は沈んで溺死し，無罪の者は上に残って水は彼に何も危害を加える

_398_

ことができないではありませんか。ところが，見かけ上は自然と思われることがこのように反転しているというまさにこのことによって，水の意味という先ほどの考え方が確証されるのです。すなわち，**穢れなき水は，穢れなき者を受け入れる**のです。水を汚染する可能性のある穢れある者については，水は自己の中に入ることを許さず，その結果，**水は彼を投げ出す**のです。

火審——これには様々な方法が存在し，以前，誤って水審の中に入れられていた[88)]熱湯による神判（探湯）もここに入ります——は，水審と同様の思想に基づいています。すなわち，そもそも火は，水と同様に，いかなる穢れをも許さず，穢れある者にとってのみ火は危険なものとなります。つまり，火は彼を焦がし，そして火傷を負わせるのです。〔それに対し〕穢れなき者に対しては，何も危害を加えることができません。彼には，火によって消滅され得る穢れが付着していないのです。

こうして二つの神判は，**被告人の穢れのなさを確かめる**という神審の根本思想に沿うことになります。そしてまた同時に，**無罪の宣誓**としての宣誓の意味について私が先に展開した見解にとって一つの拠り所を与えてくれます。無罪の宣誓と，それから火と水という二つの穢れのない元素によるその宣誓の主張の強化という，手続きにおける二つの構成要素は相互に支え合っています。この二つは同一の思想へと注ぎ込むのです。**穢れのなさ**という思想がこれです。

さて，一方で，火審が使われたのはどんな場合なのでしょうか。また他方で，水審が使われたのはどんな場合なのでしょうか。それについては私たちは何も分かっておりません。しかし，全く疑いがないと私が見ていることは，その点についての確固とした定めが存在していたということです。もしそのような定めが存在しなかったならば，そして**被告人**にその選択を委ねていたとすれば，被告人は言うまでもなく，常に水審を選んだことでしょう。不利な結果となる場合に水審が彼に与える唯一のことは，反対証明がなされないということだけであり，それによって彼は少しも害を被ることはなかったのです。同様に，**原告**にその選択が委ねられていたということもあり得ません。

もしそうなれば，彼は常に，火審を選んだことでしょう。神審に際し加わらなければならなかった**裁判官**又は**神官**に選択が委ねられていたということもありません。もし彼らに委ねられていたとすれば，被告人の運命はほとんど彼らの意の儘であったことになるでしょう。彼らが好意を持っていた人に対しては彼らは水審を科し，彼らが悪意を持っていた人に対しては火審を科すということになったでしょう。従って，どんな場合に火審が開始し，どんな場合に水審が開始することになるのかについての確固とした定めが存在していたにちがいありません。そして，火審の様々な方法についても同じことが言えるでしょう。実際，そのような定めがないわけではなかったということがすでに知られています。私たちは，ゲルマンの法源から，探湯のために「**計量の通常の方法** mos solitus mensurae」が存在していたということを読み取れるのです。「1 倍額の訴え」の場合には，手首の関節まで浸けるだけでよかったので，熱した石は関節の深さのところに置かれ，「**3 倍額の訴え**」の場合には，肘まで浸けなければならなかったので，熱した石は肘の深さのところに置かれました[89]。アングロサクソンの法によれば，これと似たような区別が，まっ赤に焼けた鉄を持ち上げる場合のために存在していました。つまり，1 倍額の訴えの場合にはその重さは **1 ポンド**，3 倍額の訴えの場合には **3 ポンド**だったのです（in **simplo** unum pondus, in **triplo** tria)[90]。こうして，**係争事件 Streitsache の相違**が**神判**の相違にとっての基準となっていたということが証明されます。そして，その係争事件の相違が，同一の神判**内**での段階という，**重要性の低い事柄**にとって基準となったのであれば，**火審か**それとも**水審か**という，はるかに**重要性の高い事柄**にとっても基準となっていたことでしょう。

さて次に，神聖賭金による法律訴訟の中で，火審と水審から何が生じたのかを見てみましょう。

火審に対応するのが，5 頭の牛（500アス）という神聖賭金額であり，水審に対応するのが，5 頭の羊（50アス）という神聖賭金額です。こうして，以下のことが説明され得るのです。

1) **神聖賭金額**は，**2種類**だけ定められていました。これまでは人々は，この点に全く抵抗を感じていませんでした。でも，これに抵抗を感じるべきだったのではないでしょうか。なぜなら，このような2種の金額の設定は，ローマ法のいつものやり方とは明らかに相容れないものであったからです。同じやり方が採用されている例は一つもありません。古法が，そして近代法であっても，訴訟物の価値を基礎にして罰金の額を算定している場合はすべて，**倍数**という方式であれ[91]，**比率**という方式であれ[92]，**比例**計算という方式で罰金の算定が行なわれています。〔それに対し〕神聖賭金による法律訴訟においてのみ，訴訟物 Streitsache の価値が神聖賭金の算定にとって基礎となってはいるものの，その額は50アスと500アスというように，比例ではなく観念的に定められています。これは，なぜでしょうか。それは，神聖賭金が神審における神判を引き継いだものであるという宿命を有していたからです——**二つの神判，二つの神聖賭金額**。もしここで訴訟物の価値という思想が決定的なものであったとするならば，他のいずれの場合と同様に，神聖賭金も比例的に定められていたことでしょう。ところが，そのようには定められていませんでした。神聖賭金によって神判に取って代わるという思想が決定的となっていたのです。それ故に，危険のない水審の場合には低い金額が，危険を孕んだ火審の場合には高い金額が定められたのです。訴訟物の価値は，どのような場合に高い方が使われ，どのような場合に低い方が使われねばならないのかという点に関してのみ考慮されて，その価値による算定が行なわれたのです。

2) こうして，神聖賭金額が，**1倍の金額**（5頭の羊，50アス）から**10倍の金額**（5頭の牛，500アス）にぐっと**跳ね上がる**ことの説明も可能となります。人々が固定金額を定めようとしたときに，100アスごととか，250アスごとというように訴訟物の価値に応じて段階的に上がっていく金額を定めなかったのは，なぜだったのでしょうか。訴訟物の価値の相違に従った場合に，個々の事件における二重金額が行き着かねばならなかった著しい不均衡を思い浮かべてごらんなさい。こうすることで，それを引き受けることについてのロ

ーマ人が定めた根拠が，いかに止むを得ないものであったかが理解できるのです。1頭の羊の返還請求の場合，神聖賭金額は5倍になります。950アスの価値のある土地の返還請求の場合は19分の1，1000アスであれば半分，5万アスの価値のある相続財産の場合であれば，実に100分の1になるのです。なんと不条理な結果でしょう！ ローマ人のような健全で，実際的な感覚を持った民族が，ただ手が空いているという理由だけで，不条理な結果に手を差し伸べるという考えにどうして立ち至ったのでしょうか。ところが，まさに手が空いていなかったのです。二重の神聖賭金額は二つの神判によって定められており，二つの神判はこの金額によって贖(あがな)われることとなりました。その金額を高く算定しようが低く算定しようが，とにかく二つの金額があればそれで善しとしなければなりませんでした。それに対する権利を持っていたのは，神だったのです。そして，この権利が生け贄の動物で取って代わるということに対して神官が同意を与えたとき，神官は，神が権利を持っているということを守らなければなりませんでした。神の権利に対してこのような配慮がなされていたことを考えなければ，ローマ人の手に由来するすべての法制度と明白に矛盾するこうした制度に，ローマ人がいかにしぶしぶ同意せざるを得なかったか，これを理解することはできないでしょう。

　3）こうして，最後に，水審の**査定は低く**，火審のそれは**高い**ということが明らかとなります。このことは，身に降りかかる危険の程度の相違から説明がつきます。十二表法中の自由人の骨を折ったことが300アスと評価されていることを考慮すれば，火審が500アスと査定されているのは，低すぎるというよりもむしろ高すぎだったということを認めなければならないでしょう。そして，同じことは水審の場合にも言えるのです――神官は，神審が引き継がれる時に神の存在を無しにしてしまわないように配慮をしたのです。

　このようにして，神聖賭金の二重金額と，低い方と高い方との間の意外と思えるほどの隔たりは，私が考えてきた発展の歴史的関連にうまく当て嵌るばかりか，さらにこの両者の中に私の，見解の正当性の非常に有力な論拠が見出されるものと，私は考えています。

疑念を生じさせる点が，あと一つだけ残っています。神審においては，被告人だけが神判を受けており，原告は受けていませんでしたが，神聖賭金による法律訴訟においては両当事者は完全に対等の立場に置かれ，両者とも，神聖賭金を寄託しなければなりません。法学的な表現をすれば，神審は**一方的**手続きであり，神聖賭金による法律訴訟は**双方的**手続きでした。これはあまりにも根本的な相違なので，一方が他方を模倣しているとの考えは，いやそれどころか両者を結び付ける試みは不可能であるように見えます。

この異議は，神審の場合における両当事者の証明義務について私が先に（395頁）提示した事柄によって片付けることができます。当事者は二人とも証明をしなければならなかったのです。原告が自分の証明を行なって初めて，その証明を神の審判によって打破するという順番だったのです。従って，このような意味でこの手続きは双方的手続きと呼ぶことができます。つまり，当事者はいずれも，相手方がするのと全く同じことをしなければなりませんでした。ただ反証のやり方が，本証のやり方と違っていただけでした。神審が廃止されることで，このような立証の相違がなくなり，それ以後は両当事者は同一の証明手段を用いたのです。こうして，一方の証明を特別の手続きという形態をとって他方の証明に先行させるという強制がなくなりました。手続きは一つだけで十分でした。この手続きは両当事者の完全な平等という思想に基づいています。両当事者は，原告と被告として同じように扱われています（**複式訴訟** judicium **duplex**）。両当事者は，自己の主張を**同時に**，そして**同じ方法で**（同一の証明手段を使って）証明します。両当事者は，同じ賭金を出さなければならず，敗訴したときにそれを失うのです。この最後の点は，意外の念を起こさせます。神聖賭金が神判を引き継いだものであるという宿命を持っていたとすれば，原告は神判に耐え抜く必要がなかったのに，原告に神聖賭金の支払いを義務付けることは，どうして可能となったのでしょうか。その答えは明白です。もし被告だけが神聖賭金を寄託しなければならなかったとすれば，被告が免責される場合に，神は不利益を被ることになったでしょう。他方で，何と言っても，人々が神の所持する固有の判定権を神か

ら買い取る際の代価の請求は，いかなる事情があっても，つまり訴訟の結果がどうなるとしても，これを保証しておかなければなりませんでした。そして，原告は，以前の手続きにおいては神判に耐え抜く必要はなかったとしても，それでもやはり同じ手続きにおいて別のことが義務となっていました。それはつまり，神審に至る前に証明をすることでした。これに代えて，神聖賭金による法律訴訟においては，原告は**いまだ証明されていない**主張で許されたのです。彼がその主張を証明すれば，以前の手続きのときと同様に，彼は何も不利益を被ることはありませんでした。彼がその主張を証明しなければ，同じ場合に，被告が被るのと同じ不利益を彼が被ることは公平であるばかりでなく，さらにこのことは，被告のために，つまり全く根拠のない請求から被告を守るために不可避的に必要なことでした。もしそうでなければ，原告は，訴訟の結果が彼にとって不利となる場合に何の危険にも晒されず，〔逆に〕被告は同じ場合に神聖賭金を失うという危険に晒されることとなってしまったでしょう。古代の手続きにおいては，原告がいまだ証明されていない主張によって被告人を神審に耐え抜く状態に陥らせることができたわけですが，これと比べて些かも改善されていないではないか，ということになってしまったでしょう。原告の神聖賭金は，新しい手続きが導入されたお蔭で彼が受けた利益——つまり，**いまだ証明されていない**主張によっても，神審において**証明された**主張をした場合と同じ状態に被告を陥らせることができるという利益を贖わなければならない代価だったのです。

　私の話はこれで終わりです。さて，私は今や，読者に対して，これまで述べてきた見解について決断の決意をしていただきたいと思います。私は以上の見解に対し直接的証拠を提示できませんでした。それは仮説以外の何ものでもありません。そして，そもそも仮説というものを拒否する者は，この仮説もまた拒否するにちがいありません。読者は判断能力をお持ちでしょうから，私はこのような危険を恐れる必要はないでしょう。裁判所の手続きにおいて間接証拠が真実の発見にとって根拠を持つのと同様に，この仮説は歴史的真実の発見にとって根拠を持っているのです。人々はこの仮説を歴史的間

接証拠と呼ぶことができます。証明されていない事実を確定的な事実からの推論という方法で明らかにすることを試みるのが**間接**証明であり，これは証明されていない事実を直接，証明しようと試みる**直接**証明と対立するものです。2種類の間接証拠に適用されなければならない基準は，異論なく論理に適っているという基準です。間接事実として用いられる事実は，証明されるべき事実がその他の仮定ではあり得ないという程度の推論を基礎づけるものでなければなりません。その他の仮定の存在の余地を残す仮説は，その仮説によって主張されている事態の**可能性**を私たちに示してくれるにすぎません。そして，このような仮説もまた学問的には有益であり得るのです。というのは，そのような仮説も視野を広げ，そして研究に新しい軌道を開くものだからです。あらゆるその他の仮定を排除する仮説は，私たちに**現実**を与えてくれます。それは，直接証明と同一のものなのです。

　これまで私が提示してきた仮説は，このような，仮説の中の第二のカテゴリーに入れることができると，私は信じています。そして，この仮説が拠り所としている決定的な論拠を，最後にここで，一目瞭然の形に纏めることをお許し願いたいと思います。論拠は2種類あります。

　先ず第一に，**言語上の論拠**です。

　1．**sacramentum** という表現　　この表現は，他のいずこにおいても生け贄の動物のために使われることはないので，従って神聖賭金による法律訴訟において本来的に生け贄の動物のために作られたということはあり得ず，むしろ生け贄の動物に転用されたにちがいありません。この表現が普通持っている意味は，宣誓という意味です。結論として，神聖賭金による法律訴訟は宣誓と関連があったにちがいありません。

　2．**sacramentum justum, injustum esse**〔宣誓は**正当である**，宣誓は**不当である**〕という判決の形式　　これは，宣誓にとって，そしてその男が偽りの宣誓をしたのか，真実の宣誓をしたのかについて神が言い渡すことになる神審にとって，適切な形式です。〔しかし〕請求権の行使に向けられた手続きにとっては適切ではありません。むしろ，この場合には，判決形式は無

責か有責かというものでしかあり得なかったことでしょう。

　3．sacramento te provoco〔私は神聖賭金によって汝に**挑む**〕という式語　　この式語は，神聖賭金手続きそれ自体からは説明がつきませんが，神審を引き合いに出すことによってのみ理解可能となります。なぜなら，神審は実際に裁判手続請求の手続きだったのであり，そして神聖賭金による法律訴訟は，これに代替するものであったからです。

　4．triumviri capitales〔頭格に関する三人審判官〕　　この点についてはすでに (390頁) 述べた通りです。

次に**事実に即した**論拠です。

　1．ローマ人の間に**神審**がなかったということ　　これはまさしく一つの事実です。そして，これはローマ法史の講義の中で，私の仮説を受け入れない人によってすら黙殺されてはこなかった事実です。存在**していない**ということもまた，ここでのようにそれとは別のことが期待されるにちがいないとすれば，これについて当然言及しておかねばなりません (387頁)。私の見るところでは，学問的研究が消極的な面に全く注意を向けていないということは，歴史的知識の実に多くの領域において学問的研究がなされていないということを特徴づけています。この消極的な面というのは，事情によっては積極的な面よりも意味を持つことがあり得るのです。ローマ人は原始時代にすでに神審を廃止していたという事実は，以前からすでに彼らに生命の息吹を与えてきた精神の印にとっては，法の領域において見られる彼らの実に多くの積極的成果よりもはるかに特徴的なことであったのです。しかし，ローマ人は神審を単純に捨ててしまったはずはありません。そのようなことは，旧来の法を変更するすべての場合において彼らに影響を及ぼしてきた保守的な特質とは全く相容れないことだったでしょう。そして，それはこの制度の**宗教的**性質と最も適合しないことだったのではないでしょうか。従って，ローマ人は提起されていた問題を解決するという方法でのみ，すなわち神の利益を人間の利益と和解させるという方法，つまり法と宗教との間に対角線を見出すという方法でのみこの制度を変革していたはずなのです。その手段が，

神聖賭金という形で神審を引き継ぐことだったのです。

2．神聖賭金と**神**との関係，つまり神官のところに神聖賭金を寄託することと神聖賭金を生け贄の目的のために使うということ　他のすべての訴訟では，このような関係はありません。神は法的争いと何の関わりもないのです。

3．**神聖賭金額の二重性**　これは神審の場合の神判の二重性に対応しているのです。

4．二つの神聖賭金額の間に**極度の隔たり**があること　これは火審と水審との間の大きな隔たりに対応しているのです。

これまでに指摘してきたことはすべて，円の半径のように，私が考えてきた仮説の中心を指し示しています。つまり，神審は神聖賭金による法律訴訟によって取って代えられたということです。この視点を無視してしまうと，私たちは言語の点でもまた事実の点でも，ただただ不可解なものの前に立つことになるのです。これらの点を意識するようになった者に対して神聖賭金による法律訴訟が掛けた謎は，このようにして解き明かされ，そしてまた，ローマにおいて神審が奇妙にも消滅しているということの説明もなされると言えるでしょう。

<u>408</u>　補遺Ⅱ　所有権に対する違法行為と人身に対する違法行為を理由とする古法の罰金額における富者と貧者

私は，以下において民事訴訟における富者と貧者との相対物(あいたいぶつ)をお見せすることにいたします。これは，実体法，それも古代の私刑法から取り出されるものです。よく知られているように，古代ローマの刑法は一つの対立——これは，私たちの今日の時代にとってはその意味を失ったようなものです——によって支配されています。すなわち，私刑法と公刑法との間の対立です。言い換えると，自力救済という形であれ，通常の私訴という形であれ，その処罰が被害者自身の手に委ねられている違法行為と，それに対して設けられている刑罰が被害者に与えられることになる違法行為（不法行為 delicta）と，

それから国家権力が公的起訴という形で訴追するか，又はそれに対して神に捧げられたるもの Sacertät と定められている違法行為（犯罪 crimina）との間の対立です。私刑法には，2種類の違法行為，つまり所有権に対する違法行為と人身に対する違法行為とがありました。私刑法がそれらに対して定めていた罰金額は，以下に述べるように，富者と貧者という視点に基づけば批判が加えられるべきでしょう。すなわち，ここでもまた，再び富者の鉄筆がこの法律を書いたのです。つまり，罰金額は持てる階級の身分上の利益に適合するように定められていたのです。

　誰かが他人の腕や脚を二つに折った場合（自由人の骨を折ったこと os fractum），十二表法によれば，彼は300アスでこれを償いました。たとえ極めて価値の低い物であっても，誰かがそれを盗もうとした場合に他人によって取り押さえられたとき（Gajus III, 184 は，例としてオリーブ又はぶどうの房を挙げています），あるいは厳粛な家宅捜索により彼の許でその物が発見されたときは（皿を持ち，腰帯を付けて発見された盗品 furtum lance et licio conceptum〔注41参照〕），彼は肉体的懲罰と自由の喪失でこれを償いました。彼は窃盗被害者の奴隷となったのであり，夜間の作物窃盗であれば，死刑も付加されていたのです。人身と所有権の評価がなんと不釣り合いであったことでしょう。骨を砕かれれば，誰であっても永遠に労働不能となります。それなのに，被害者はそれに対して300アスを賠償として受け取るだけです。彼が失ったものと比べると，全く人を食った話です[93]。それに対し，誰かが他人の財貨に手を伸ばしたときは，彼は，死刑を除いておよそ考えられ得る最も厳しい刑罰に見舞われるのです。彼は，窃盗被害者から生涯にわたって無遠慮に搾取され，そして虐待や残虐な扱いさえ受けるのです。そうである以上，そのような甚だしい不釣り合いは，どこにその根拠があったのかしら，という問いを出さない人がいるでしょうか。おそらくその問いは，とうの昔に提起されるべきであったのでしょう。ところが，私たちの法史家は，不注意にもその問いを見落としてしまいました。ここでもまた，法史家は，その根拠について考えることなく，単に実定的規定を纏め上げることで自分たちの任務は能事

終わりと何度，思っていたことでしょうか。しかし，もしかするとこの問いは，全く答えることができないものなのでしょうか。〔私は，〕それをここでやってみることにします。富者と貧者の対立が期待通りの説明を提供してくれるかどうか，やってみましょう。

　富者は物を盗みません。盗むのは貧者だけです。しかし，逆に言えば，盗まれるという危険に晒されるのは貧者ではありません。富者だけが，盗まれることを恐れなければなりません。貧者は貧者からは盗まず，富者から盗むのです。こうして，古法が窃盗に対して定めている過度の刑罰の説明がつきます。つまり，過度の刑罰は貧者に向けられたものなのです。盗まれる者として想定されているのは富者であり，貧者は盗む者として想定されているわけです。それ故に，富者の所有物，つまり城塞は矢来によって取り囲まれており，その先端の所では，矢来を乗り越えることを許された者でも矢来の先に突き刺さる危険を冒すことになります。ローマにおいて，富者は自分たちの所有物を守る術(すべ)をちゃんと心得ていたのです。

　ところが，こと人身に関しては，彼らは守る術を心得ていなかったようです。富者が誰かから骨を折られたとき，300アスという金額は彼にとってどんな意味があったのでしょうか。富者にとっては，それは乞食にやる施し銭です。ところが，彼が受けた苦痛と骨を折られたことは，この金銭で折り合いが付くことになるでしょうか。その危険を気遣わねばならなかったのが富者だったとすれば，罰金額はきっともっと違った結果となっていたことでしょう。しかし，彼にはそのような危険はありませんでした。**富者は危険に晒されません**——広く尊敬された人々は，今日におけると同様，ローマでも骨を折られることはありませんでした。**貧者も危険に晒されません**——今日のように，貧者が富と広く尊敬される地位に対して抱く敬意が，そのような結果を惹き起こしていたのです。従って，危険に晒される人物としては，低い階級の男だけが残っていました。専ら彼だけが危険に晒されていたとすれば，有産階級は，刑罰の査定額が高かろうと低かろうと，それには全く身分的関心を示さなかったことでしょう。富者にとってこの高低は，何の意味も

なかったでしょう。ところが，富者にとっては事態はそうではなかったのです。富者は，罰金額が可能な限り低く査定されることに強い関心を持っていました。このことを理解するためには，後の時代のようにはまだ奴隷が多くいなかった古い時代においては，——後の時代においてもそうであったとしても——富者の所有地における労働力の必要性が，低い階級に属する自由人によって賄われていたという事実を知っておく必要があります。つまり，日雇労働者や出来高払いの労働者[94]，父親により譲渡され奴隷的状態に陥った下男・下女[95]，そして債務奴隷[96]がこれらの人々です。これらの三つの関係のうち，私たちが関心があるのは，二番目と三番目だけです。両者は人的従属関係を作っていましたが，この関係は，奴隷の関係とある種の類似性を持っており，そして高圧的で怒りっぽい主人に，自分は自由人を相手としているのだということをいとも容易に忘れさせてしまうような関係でした。もっとも，法律上は，これらの者は彼らの主人による虐待から守られてはいましたが，しかし彼らの置かれている関係は，気性の激しい主人に対し，彼らが何かしくじった場合に事実上彼らに暴行を加える機会を，困ったことにいとも容易に与えていたのです。主人がそれをやってしまった場合には，主人はそれを償わなければなりませんでした。でも，一体，どうやってでしょうか。主人が，彼らを痣（あざ）ができるほどさんざん殴っても，彼はたった25アス支払うだけでした（下記参照）。彼が彼らの腕や脚を折ったときは，300アス支払うだけでよかったのです。

このようにして，古法が，何故に自由人の骨を折ったことに対してあのように極めて少額の刑罰を科していたのかについての根拠を提示できたものと，私は考えています。違法行為が行なわれる場所として裕福な男の家が，行為者として富者自身が，被害者として彼の家の中にいる債務奴隷，下男・下女が念頭に置かれているのです。もし古法の罰金額がすべて同じように低く査定されていたとすれば，そのための偏った動機を探し求める理由はなかったでしょう。ところが，盗訴権との間の顕著な対照は，両者の罰金額に意図が存在したということを受け入れざるを得なくするのです。二つの場合に

おいて罰金額は富者の利益によって定められていました。すなわち、**富者自身が**貧者に対して違法行為を行なった場合には低く、**貧者が**富者に対して違法行為を行なった場合には高く定められていたのです。古代ローマの正義は、二重の重さを持っています。すなわち、富者にとっては重く、貧者にとっては軽いのです。このように貧者より富者を優遇することは、外見上は、法律の中では全く際立った形をとって現われていません。両者は一律に扱われています。貧者と富者は、法律の前では完全に平等です。しかし、この法律の前の平等は、**最高の法は最高の不法 summum jus summa injuria** という命題通り、実際は極度の不平等を内に含むものだったのです。

これまで、私は、人身に対する違法行為のうち、不法侵害 Injurien に対する25アスについて一時的に言及したことを別にして、自由人の骨を折ったことに対する300アスの罰金額だけに注目してきました。なぜなら、それは私の視点にとって、反論の余地のない証拠を与えてくれるように思えたからです。ところが古法には、自由人の骨を折ったこととは別に、もう一つの肉体侵害がありました。すなわち、四肢破壊 membrum ruptum がこれです。私たちの法史家は、四肢破壊という語で何が想定されているのかという問いを、いつも避けています。法史家の中の１人の著作にだけ (**Rudorff**, Röm. Rechtsgeschichte, II, S. 355)、私はその問いに対する回答を見つけました。曰く、四肢破壊は「手足 Glied の切断ないしは破壊」という意味だと言うのです。もしこれが正しいとすれば、四肢破壊と自由人の骨を折ったことは重なることになるでしょう。というのは、骨折は「手足の切断ないしは破壊」を内に含んでいるからです。そして、非常に重傷の刺し傷や切り傷についても不法侵害の25アスで満足しなければならなかったということになったでしょう。なぜなら、そのような傷はどちらの不法行為概念にも該当しなかったからです[29]。骨は折られていませんし、私たちが今日使っている意味で「手足」の切断も、破壊もされてはいないからです。負傷者は、苦痛を除けば、重傷を負っただけでした。しかし、rumpere という語は、古法の用語法では、破壊する〔Zerbrechen〕という意味ではありません。その場合には、rumpere

という語は，frangere という語と重なってしまいます。十二表法の自由人の骨を折ったことと四肢破壊におけると同様に，アクイリウス法の „fregerit ruperit" においても rumpere と frangere は厳密に使い分けられているではありませんか。rumpere という語は，破壊するという意味ではなくて，全く一般的に損傷を与える〔Beschädigen〕という意味です[97]。従って，四肢破壊は**肉体侵害**ということなのです。しかも，自由人の骨を折ったことも肉体侵害を含んでいます。両者はどのように区別されるべきでしょうか。実に単純な基準に依るのです。自由人の骨を折ったことは，**内部**の損傷を内容としており，これは第三者が**感じ取る**ことができるだけで，**見る**ことができません。四肢破壊は，**外部**の損傷であり，第三者の**目**に認識可能なのです[98]。両者に共通な点は，いずれも**感覚的に知覚可能な痕跡**が残るという点にあります。そして，このことにより両者は十二表法の第三の違法行為概念である不法侵害から区別されるのです。不法侵害の場合，このことは当て嵌まりませんが，他方この概念は，よく知られているように，口頭の不法侵害だけでなく，現実的な不法侵害をも含んでいました[99]。目で見ることのできる痕跡を肉体に残さない一撃，つまり殴打は不法侵害の概念に入ったのです。逆の場合には，四肢破壊の概念に入りました。三つの不法行為概念の区別は，非常に明確なものであったのであり，個々の場合へのそれらの適用に疑いの余地は全くなかったのです。

　四肢破壊は，さほど重くない傷から流血の酷い傷に至るまで，さらに手足の一本全体が切り落とされたり，眼球が刳り貫かれることに至るまで適用場面が非常に広いので，法律が固定の罰金刑を止め，それに代えて同害報復を指示していたということは納得のいくことです。法律は，こうすることで負傷者に対し，まさに諸刃の剣を与えていました。つまり，彼はそれにより相手方と同じ状態に自分自身を置くことができたのです。人々はローマ人のことを正しく理解していなかったにちがいありません。そのため，負傷者甲が乙に対して与えた損傷が，乙が甲に対し与えた損傷と全く同じではなかったときには，甲としては同害報復の超過を償わなければならなかったというこ

とを知らなかったのです。彼は1ポンドの肉を切り取る際のシャイロックと同じ危険に晒されていました。古代のローマ人が負傷者による権利のそのような超過をどのような目で見ていたのかについては，十二表法〔第三表6〕が，部分部分に切り刻むこと in partes secare の実行に関して慎重な内容の条項——si plus minusve secuerint, sine fraude esto.〔大きく又は小さく切り刻んでも，罪なかるべし。〕——を付け加えることを必要と考えていたことからも明らかです。同害報復の場合に，そのような救済条項 clausula salvatoria は作られていませんでした。従って，同害報復は忠実に原型に合致していなければなりませんでした。同害報復がこれを超えたら，弾丸が跳ね返ってくる時のように，同害報復の権利を有する者に対して同害報復が返ってきたのです。このような事情があるだけですでに，負傷者は，金銭賠償についての相手方の提案に——彼がその提案を撥ね付けてしまえば，何の収穫も得られなくなるということを一先ず措くとしても——好意的に耳を傾けようという気持ちになったにちがいありません。四肢破壊の場合に，自由人の骨を折ったことの場合と全く同様に，私たちがいつも要求権限者として想定しなければならない下級階級の男にとって，どちらを選ぶか，その選択は明々白々でした。原則的に金銭賠償に同意すれば，彼にとっては，どれだけの賠償をとれるかだけが重要でした。この結果は，きまって賠償額について申し合わせを行なうということになったでしょう。そして，まさにこのことを法律は狙っていました。すなわち，当事者は比較することとなったのです。「同害報復たるべし talio esto」という語に付け加えられている「妥協ととのわざるときは ni cum eo pacit」という文は，まさにこのことを意図していたのです。従って，同害報復の指示は，部分部分に切り刻むこと in partes secare の指示の場合と何ら異なるところはなく，両者は，当事者間の平和的な合意を強要するための圧迫手段の規定でしかなかったのです。「同害報復たるべし」というのは，「部分部分に切り刻むべし」の場合に〔実際には〕切ら**ない**のと同様に，同害報復を**する**な，という意味でした。そして，先ほど（395頁〔原書394頁から395頁にある注87〕）言及したフリジア法の窃盗に対す

る訴えは，訴える**な**，という意味であり，不正な利得による相続人としての使用取得は，他人の相続財産から何もとる**な**，という意味でした。この四つの場合はすべて，「私に触ってはいけない」というのがそれぞれの法律の意図だったのです。それにもかかわらず，法律が自らこうした権限を与えた理由は，法的帰結としてのその権限を回避することができる，と法律は思っていなかった点にありました。しかし，法律は，当事者が自分自身のためにその権限を実際には行使しないであろうということを当てにしていたのです。四肢破壊の場合，賠償金の額について当事者間で平和的に合意に達しなかったときは，ゲリウス Gellius の証言（XX, 1）によれば，審判人による賠償額の決定が行なわれたのです。

　このような事態は，おそらくもっと後の時代になってようやく起こる法発展の中に見られるものでしょうが，この事態に私たちが忠実であれば，自由人の骨を折ったことと四肢破壊の場合の罰金の相違の本質は，前者は**抽象的に定められ**，後者は審判人によって**個々の事例ごとに**算定されたという点にありました。後者の場合，審判人は，負傷者が貧者で，加害者が富者であったときにどのような態度をとったのかについては，私たちが古代におけるパトリキ出身の政務官の党派性について知っていることからすれば，説明の必要は全くありません。

　これまで私が述べてきたことの結末を，次のような命題に纏めることができると思います。つまり，富者は，貧者に対する自分たちの違法行為があまり高い出費にならないように用心していました。ここでも，富者は自分たちのために法律に手を加えていたのです。訴訟制度や所有権保護の場合と全く同様に，法の前の平等という見せかけの外観の下で，実際には，甚だしい不平等が起きていたのです。

　特定の意図をもって，純粋に身分的利害の下で行なわれた法律の起草に対して，これを非難する——まさにその点で，私は古代ローマの持てる階級に対して非難の声を挙げます——ために，もう一つの論拠を以下に出すことにしましょう[100)]。それは，前にも（407頁）強調しましたが，消極的な面を考

慮しないという習慣を忠実に守り続けているこの学問が，これまで全く顧慮してこなかった点です。

　十二表法が刑罰を科している人身に対する違法行為の中には，一つのことが完全に欠けています。それは，実にこれ以外の点では十二表法に大きく後れをとっているゲルマン部族法が触れているもの，つまり**強姦**です。十二表法がこれを無視していたということは，疑う余地のないものと，私は考えています。もし十二表法がこれに触れていたならば，もっと後の時代の著述家の著作の中に，そのことについての何らかの記述が発見されなければならないでしょう。強姦に対する考えは，十人官にとって無視できるぐらい関係の薄いものだったのでしょうか。アッピウス・クラウディウスがウィルギーニアに対する強姦を目論んでいたことからすれば，彼はまさしく男性以外の何者でもなかったのではないでしょうか。男性の官能的喜びに対して女性にどれだけの危険が迫っていたかについては，ローマ民族はすでに以前にルクレティアの事件で経験していました。その記憶たるや，その事件の結果と結び付いて，ローマ民族の記憶の中に消え去ることなく残っていました。ローマ民族は，ウィルギーニアに対して起こったその事件によって改めてはっきりとそのような危険を認識することとなったわけですが，人々はこのような危険をはたして見落とすことができたのでしょうか。そんなことはありません。人々はそれを知っていたのですが，それを防止しようとはしませんでした。どうして，しなかったのでしょうか。富者の家の中に下女がいることが想定されていた，これが答えです。上流の身分に属する妻や女性に対する強姦事件は，小タルクイニウス Tarquinius の見せしめの例によれば，危惧する必要はありませんでした。彼女たちが持っていた親族という後ろ盾は，そのような目論見をすべて不可能にしたのです。そして，貧者の家の中で生活していた貧者の妻や娘もまた，実際にはそのような危険に晒されることはほとんどありませんでした。ところが，奴隷という身分で富者の家の中で生活していた下女が最悪だったのです。自分の下女を強姦した主人にどういうことが起きたでしょうか。ここでは四肢破壊あるいは自由人の骨を折ったこと

の必要条件が存在しませんので，それに適用可能な唯一の刑罰規定は不法侵害についての規定でした。加害者は25アス支払いました。これで万事，片が付いたのです。例えば，できてしまった子どもは，彼とは全く関係がありませんでした。非嫡出子の父の扶養する義務などというものを，法は知りませんでした。従って，ローマの富者は25アスで自分の下女に対し，自分の欲望を満たすことができたわけです。この喜びに対する出費は，彼にとって痛くも痒くもない額だったのです！　別の説明を見つけることができるかどうか，どうぞやってみて下さい。

　私は，民事訴訟における富者と貧者の中で，古代において富者が権利の追及に際し訴訟制度を用いて獲得してきた貧者に対する優位が，後の時代になっていかにして倒壊されるに至ったのかを示しました。同じことは，これまでに指摘してきたことですが，持てる階級の所有権の評価と持たざる階級の人身の評価との間に存在する，身分的利害によって惹き起こされた不均衡にも当て嵌まります。それは，後になって，この二つの財についての全く異なる評価に席を譲ることになりました。およそ所有権侵害はすべて，古代ローマの所有者にとってはあたかも自分の人身の一部が危険に晒されているかのように，彼を激しい憤慨状態に陥らせ，そしてこの激しい憤慨が所有権問題に対する彼の態度を法に押し付けていたのです。しかし，この憤慨はこの民族の財産生活の中で起こった変化——これについてはすぐ後に述べます——に直面した際に持ち堪えることができませんでした。新しい時代のローマ人の所有権に対する基準は，古代におけるローマ人のそれと全く異なったものとなりました。まさにこのことは，政治情勢における激変によって，正反対の意味でではありますが，人身の価値の考え方に関しても惹き起こされたのです。古い時代の対比は正反対のものとなりました。つまり，以前は，**所有権の評価が高く，人身の評価は低かった**のですが，今度は，**所有権の評価が低く，人身の評価は高くなった**のです。

　先ず第一に，**所有権**の方から見ていきましょう。

　古法は，所有者に対しその所有物を渡さずにいた者が，自分に当然の権利

があると信じて渡さずにいたのか否かということを区別しませんでした。彼が訴訟で敗れれば，彼は，自分に権利があると信じていた場合であっても，原告に対して 2 倍の果実を返還しなければならず，偶然の事故によりその物が滅失した場合には，その価値を賠償しなければなりませんでした。所有者の激しい憤慨感情が，この〔返還〕債務基準を拒否し，善意であったか悪意であったかに関係なく，所有権が脅かされたことに対する償いを要求したのです。そして，法律は所有者の要求に屈していました。新しい時代の法は，全く違っていました。それは，**善意**の占有者に対する場合と**悪意**の占有者に対する場合とで別の基準を有しており，しかもその悪意の占有者ですら，返還すべき時期に返還した場合に原告が取得したであろう額を超えて責任を負うことはありませんでした。自ら支払不能を惹き起こした者だけが総財産の公売 bonorum venditio という辱めを受ける破産の場合も，全く同じです。

<u>419</u> それに対して，無責の者は総財産の譲与 cessio bonorum の特典を享受しました。そして，窃盗ですら別の目で見られていたのです。現行盗は，法務官告示によれば，盗まれた物の価値の 4 倍額の支払いで責を免れ，目的物が価値の低い物である場合には，あまり厳しくない刑罰を受けました。法務官は，古い時代の法と正反対の極端な状態に陥りました。つまり，法的安定性という利益とあまり調和しない寛大さという状態です。後の時代の法に至ってようやく，窃盗に対する民事法上の訴追に刑事法上の訴追が加わることで，この過ちを償ったのです。

ちょうど正反対の発展過程を，私たちは**人身**の法に見ることができます。自由人の骨を折ったこと，四肢破壊，不法侵害についての十二表法の規定は，もっと完全なものとなった新しい規定に取って代わりました。前二者は準アクィリウス訴権 actio legis Aquiliae utilis に，後者は評価的不法侵害訴権 actio injuriarum aestimatoria に取って代わったのです。この二つの訴権により，審判人は，被害者の請求を全面的に正当に評価できるようになりました。そして，刑法は私法的保護に刑法的保護を付け加えました。しかも，例えば自由の強奪（ファビウス法 lex Fabia），強姦（公の暴力に関するユリウス法 lex

Julia de vi publica) のような，古い時代の法が全く考えていなかった人身に対する違法行為を原因とする場合ばかりでなく，重大な名誉毀損（不法侵害についてのコルネリウス法 lex Cornelia de injuriis）を原因とする場合にも，刑法的保護が付け加わったのです。コルネリウス法が定めていた刑罰は罰金ではなく[101]——このことは，不法侵害訴権 actio injuriarum に鑑みれば，全く余計なことだったのでしょう——，むしろ死に値する重罰[102]，つまり流刑でした。それどころか，帝政時代の刑法実務は，それをもっと超え出ていました[103]。庶民の中の最下層の男に対してまるで痛みを伴わない一撃を加えた場合でも，流刑によって処罰されたのです[104]——25アスで男をさんざん殴ることのできた古代と比べると，何という違いでしょう。後の時代の自尊心がはるかに高められていたにちがいありません。否，もっと正確に言えば，亢進し過ぎていたにちがいありません。その結果として，理性的な程度を完全に超えているそのような刑罰を要求していたのです。自尊心のこのような敏感さにとってこれまた特徴的なことは，ローマの法学者が名誉毀損の概念を極めて広く捉えていたということです[105]。彼らは，例えば軽率な法廷召喚 in jus vocatio の場合とか，主たる債務者を無視して保証人に催告した場合とか，また，根拠のない債権を故意で行使した場合のように，古代のローマ人が名誉毀損のほんの僅かの気配さえも見ていなかった事例群においても，不法侵害訴権を認めているのです[106]。

　このようにローマ人の民族としての自尊心が過度に高ぶっているのは，何に由来するのでしょうか。私たちはその点を，ただ進化した洗練さの結果でしかないと看做さなければならないのでしょうか。私はそうは思いません。むしろ，私は，後の時代のローマ市民の最高に高められた政治的自負心がはるかにこれに寄与していたのであろうと考えています。Civis Romanus sum〔私はローマ市民である〕という自尊の言葉が，彼にとってどんな内容を持っていたのかを知るためには，彼の心の状態に身を置いてみなければなりません。Civis Romanus と彼が口にするのは，次のことを意味していました。すなわち，法的安定性と誰一人として侵すことのできない自由とを有してお

り，法律にのみ従属し，そして民会において国の最重要案件について，つまり法律案の可決や否決について，役人の選出と責任について，市民の生死について決定し，それから主権をもってこの世界を支配している民族の一員として，私は世界の共同の支配者でもあるという意味だったのです。

真の自負心は，同時にまた自尊心でもあります。自尊心というものは，自分自身による自己評価，つまり**他者の**行動においてのみならず，**自分自身の**行動においても，その人が理想的な価値について持っている表象と調和しないものについては些かも我慢することはないというものです。このような価値が，その人によって高く評価されればされるほど，その人の自尊心はますます敏感になっていくのであり，このことは，個人の場合と民族の場合とで異なることはないのです。

こうして，後の時代の法においてどうして人身の法的保護が極度に高められたのかについて説明ができると，私は考えます。人身の価値それ自体が全く別のものになったのです。立法は，この事実を，名誉に関して人格の法的保護を高めることによって承認したのです。これの相対物をなすものが，後の時代に至って，名誉と調和しないものはすべてこれを回避し，これによって名誉を**自ら**維持しようという声が高まってきたことです。これについては，戸口総監の譴責の記載 nota censoria，破廉恥についての告示の有名な規定，そして汚辱 turpitudo という形態で生活の中で破廉恥が拡大していたことを引き合いに出せば，それで十分でしょう。

帝政時代の法学は不法侵害訴権の場合の名誉毀損概念に対してあまりにも広い拡張を行なったわけですが，この点に関してのみ，私は別の理由を持ち出す必要があると考えています。この拡張は，もはやローマ市民の**政治的自負心**に帰せしめることができません。というのは，ローマ市民の政治的自負心が強まっていったというよりも，逆に弱まっていった時代に，このような拡張が起きているからです。むしろ，私は，このことは帝政時代の**比較的高い階級**が持っていた，極限まで感受性の高まった**社会的自尊心**の産物でしかないと見ることが可能だと思っています。共和制時代における比較的高い階

級が持っていた健全な功名心——これは，公共善を促進する優位な地位と意識の中に自らの満足を探し求めていました——に代わって登場したのが，病的な名誉欲でした。この名誉欲は，その**中味**ではなく，その**名称**が与えられれば，それで満足しました。つまり，**実際**の権力の代わりに，権力を持っているかのような**外観**であり，皇帝たちが比較的高い階級の者を自分に従属させるためにとことん用いていた手段でした。法学者が人格権侵害の場合の名誉毀損概念を広く拡張したのは（420頁で例を幾つか挙げました），比較的高い上流社会階級の自尊心が病的なまでに過敏になっていたことに，法学者が屈服してしまったからに他ならなかったのです。彼らも，時代の子でした。共和制時代における法学者にとっては，名誉概念のこのような広い拡張は全く考えられないことでした——帝政時代初期の法学者にとってさえも変わりありませんでした。彼らは，帝政時代の重苦しい空気よりも，健康的な空気を吸い込んでいました。法学が世話をしてきた温室植物の生育にとっては，何よりもこの時代の温室の雰囲気が必要だったのです。〔ところが〕この植物は生育能力はありませんでした。私たちの今日の裁判は，名誉概念のこのような極端なまでの拡張を知りません。

　民衆の目から見て，従ってまた法の目から見て人身の価値を高めた外的な事情の中で人身の評価が高められたことの根拠は，どこにあったのでしょうか。同様に，所有権意識を弱めることによって所有権の評価の低下がもたらされたことの根拠は，どこにあったのでしょうか。その根拠は，時の流れの中で国民の財産生活において進展した二つの極めて重要な変化にありました。そのうちの一つは，**国富**が莫大に**増加**したことでした。国家と個々人の手の中にある財貨は，ローマが世界制覇を達成した頃には，十二表法の時代と比べると計り知れないほど増加していたのです。それぞれの戦争で勝利する度に，途方もない量の戦利品がもたらされ，世界の半分の金と財宝がローマに集まってきました。いま一つは，**取得**の**方法**の変化でした。古代のローマ人は，自分の耕地を自ら耕しました。つまり，**彼は労働をしていた**のです。後の時代のローマ人は，奴隷に耕地を耕させました。手工業は蔑まされ，

423

被解放奴隷の手に委ねられたか，あるいは奴隷たちが労働をする工場という形で資本家によって経営されていました——世界制覇をした頃のローマ人は，**もはや労働をしなくなっていたのです**。これとは別の，重労働を自分で行なわずに済む取得源は，彼の意の儘でした。つまり，ローマ人は属州長官として，あるいはその協力者として，あらゆる形態の暴力行為と恐喝という形で属州の略奪をし，資本家として，金融業，大取引商，海運業，海上保険業，租借業に従事し，役所への納品及び役所の請負仕事の引受け等々に携わり，兵士として，俸給とともに戦利品や土地への割当てが見込まれ，民会あるいは陪審裁判所の投票権ある構成員として，自己の票を売却していたのです。当時，数十万人存在していたと考えられるローマの無産階級は，国家の負担と富貴な人々の気前の良さのお蔭で生活していました——ローマにおいては，餓死することがないよう，誰も手を貸す必要はありませんでした。

　従って，古代における労働と取得との関係は，後の時代においては全く正反対のものに急変しました。つまり，古代においては取得に苦労が多く，豊かさは適度なものであったわけですが，後の時代に至っては取得に労苦を伴うことなく，莫大な富を得ていたのです。取得の状況にこのような実際の変化があったために，ローマ人から見て所有権の価値が低下したにちがいない

424 ということは明らかです。古代ローマ人は，所有権を尊重していました。彼は，所有権が汗と苦労の 賜 (たまもの) であったことを知っていました。彼は，倹約家であっただけでなく，貪欲でもありました。他人に何かを贈るなどという考えは，彼には理解できないことでした。ポリビウス Polybius が私たちに伝えてくれるところによれば，ローマでは何百年もの間ずっと贈与というものが行なわれることは決してなかったというのです。こうして，古法が贈与のための特別な方式を知らなかったことが理解できるのです。贅沢，つまり浪費は知られていませんでした。祖先伝来の習俗に背き責任を負わなければならなくなった者は，戸口総監から弁明を求められ，そして後見に付されることすらありました。後の時代のローマ人とどれほど異なっていたことでしょうか。後の時代のローマ人にとっては，金銭というものはもはやそれほど価

値のあるものではなく，容易に手に入れることができ，簡単に手放すことができるものであって，贅沢や浪費は頻繁に行なわれ，そのため，立法がたくさんの法律（オッピウス法 lex Oppia，オルキウス法 lex Orchia，ファンニウス法 lex Fannia，ディディウス法 lex Didia，リキニウス法 lex Licinia，コルネリウス法 lex Cornelia，ユリウス法 lex Julia）によってこれらと闘わざるを得なかったほどであったのです。気前の良さという性癖――これは，自己否定の好意による気前の良さではなく，むしろ世間を騒がそうとする虚栄心からの，これ見よがしの気前の良さのことです――に対してすら，立法は立ち向かわざるを得ませんでした。つまり，立法は生存者間の贈与（キンキウス法 lex Cincia），遺言による解放（フリウス・カニニウス法 lex Furia Caninia）そして遺贈（フリウス法 lex Furia，ウォコニウス法 lex Voconia，ファルキディウス法 lex Falcidia）に対して限度を定めることにしたのです。

　**所有権意識の衰弱，自尊心の高揚**，すなわち国民生活の中で起こった**実際**の変化の結果たる両者――この両者は後の時代の法の中で明瞭に見て取ることができます――このことこそが，私の考察から得られた結論なのです。

　私法の形成に対しても，また訴訟法の形成に対してもかつては強い影響を及ぼしていた富者と貧者の対立は，新しい時代の法においては，もはやその痕跡を発見することはできません。公刑法の領域においてのみ，その対立は帝政時代に多少，形を変えてもう一度姿を現わしました。すなわち，**上流階級**と**下層階級**との対立という構造です（高貴な人々 honestiores，高貴な人々に匹敵する人々 honestiore loco positi 対卑しい人々 humiles，下層民 tenuiores，平民 plebeji 等々）[107]。この対立は，古代において貧者に対して行なわれた不正と同じように正義の要請と調和しない影響を，刑罰を科すことに対して与えることになったのです。従って，以上のことを顧慮すれば，ローマは法の中で身分的対立を克服したことは一度もなかったと言うことが可能です。それでは，**私たち**はそれを克服したのかですって。この問いに関心があり，かつそれを解くために時間と苦労を振り向けたいと思っている人に対しては，「**今日の刑法における財産刑に関する富者と貧者**」というテーマを推奨したいと

思います。そのための素材が足りないなどということは，まずあり得ないことでしょう。

## IV　民事訴訟における騙し細工[108]

ローマ民事訴訟における騙し細工だって。それが現われる場所としては，なんと奇異な場所でしょう！

Attrappe〔騙し細工〕の定義は，外来語辞典によれば，人を欺いたり，愚弄するために用意されたものとなっています。ローマ民事訴訟の中に，名称がこれに打って付けの制度が見つかるかどうか，よく見ていて下さい。

私が読者に対して披露する光景は，一見して人を愚弄するような印象を与えるもののようには思われません。それは，破産した債務者に対して復讐心を晴らし，そして債務者の肉体に対して十二表法〔第三表6〕の「部分部分に切り刻むこと in partes secare」を実演しようとしている古代ローマの高利貸したちの光景です。

私の法史の葉巻に火を付けましょう。私には，債権者が債務者と一緒に広場にいる場面が見えます。しかし，部分部分に切り刻むことが行なわれることはなさそうです。人々は，シャイロックのようにナイフを身に着けてさえいません。

私は尋ねます――「どうしたんですか。あなた方は切り刻まないんですか。法律はあなた方にそれを許しているんですよ。あなた方が人間らしい心の動きを持っているなんて，私には全然思えないんですけどね」

わしたちの代わりに，お前さんがそれをやりたいとでも言うのかい。そんなことしたら，お前さんは民衆からバラバラにされちまうだろうよ。原始時代にはそういうことが行なわれていたかもしれないが，今日ではもはやあり得ないことなんだ。わしたちの勇敢な祖先が全く知らなかった，人間性という現代の馬鹿げた考えが，あれを不可能にしてしまったんだ。

「それは困りましたね。あなた方の権利は，鳥がすぐに自分たちに何ら危

害を加えるものではないということに気付いてしまう案山子と同じですね。実際，あなた方の債務者は，きっと鳥と同じように賢くなったのでしょう。彼らは，法律の中に規定されているだけで，決して適用されることがない威嚇の手段を嘲笑っているのでしょうね」

でも，そんなことは大したことではないよ。もっともわしたちは，一切れの肉を人間の肉体から切り取るなんてことは，そんなことしたら直ぐに死んでしまうから，それはやらないよ。でも，わしたちは，彼が財産を隠匿したと疑うか，又は彼の親族若しくは友人が彼のために何かをしたと考え得る場合には，耳，鼻あるいは身体のその他の部分を切断することが彼や彼女にどんな印象を与えることになるか，これをやってみることは一切差し支えないんだ。そうすることによる脅しだけで，彼や彼女に最善を尽くすことを十分に強要することになるからね。

「でも，その男自身が何も持っておらず，また彼の親族又は友人が彼に手助けしてくれないが故に，そのやり方が功を奏しない場合は，どうなるのでしょうか。その場合，法律はその男を売却する権利をあなた方に認めていないし，そしてまた民衆のことを考えるとあなた方が彼をずたずたに引き裂くことはできないわけだから，あなた方は彼を自由の身にしてやるしかないということになりますね。法律は明確に『第三の開市日に部分部分に切り刻むべし tertiis nundinis partes secanto』と言っています。部分部分に切り刻まないで第三の開市日が過ぎ去ったとすれば，あなた方の権利はもうおしまいです。あなた方は指をくわえて見ていなければなりませんよ」

わしたちは，第三の開市日が経過してこの事件がおじゃんにならないように，予め手を打っているよ。

「それでは，あなた方は一体どういう手を打てるんですか。あなた方ができることと言ったら，債務者を切り刻むことだけであって，売却することはできません。売却することは，私の知るところでは，債権者が1人だけの場合しか許されていませんよ」

まさにそのことが，わしたちがどういう道を取らねばならないかを教えて

くれているんだ。もしお前さんが，ここにいる債務者の代わりに執行の対象として馬，絵画，彫像を思い浮かべていても，債権者が1人のときは執行の対象を売却する権限を持つのに対し，債権者が複数のときはこれを切り刻んだり粉々にする権限しか持たないという法律の規定がある以上，お前さんはどうするつもりなんだ。どのようにして，お前さんは目的物売却の可能性を問題なく手にするつもりかね。

「**1人の債権者**という法律上の要件は，全債権者が自分の債権を彼らのうちの1人に譲渡するということによって処理しようと思います」

債権の譲渡については，わしたちは知らないよ。しかし，帰するところは，同じことになるがね。わしたちのうちの1人が他の者に対して内済金を払うんだよ。そして，これまではわしたち全員のものであった債務者が，今やその1人の債権者のものとなり，法によって**彼**に帰属するもの adjudicatus となるんだ。

「でも，部分部分に切り刻むことが，結局のところ内済ということに帰するのであれば，どうして立法者は，このような場合にも，債権者が1人しかいないときのように売却を許さなかったのですか」

それではお前さんは，債権者はその男を売却すべきものと，法律が定めるべきであったと考えているのかね。

「そうです」

そんな法律は最悪の法律だ。その売却は，一体，どうやって行なわれるんだね。ここローマでは，そんなことをやってはいけないんだよ。

「どうしていけないのですか。その男は，ここでは奴隷になり得ないからとでも仰るのですか」[109]

それが理由じゃないよ。現行盗は，窃盗被害者の奴隷となってローマに留まるんだからね。もっと別のところに理由があるんだ。支払不能の故に奴隷として売却された債務者全員がここローマに残っていたとすれば，彼らは，わしたちにとって非常に危険な存在となるだろうよ。彼らは絶えずわしたちに反対する煽動活動をし，陰謀を廻らすだろう。そして彼らの友人や親族た

第二部　あるロマニストのお喋り　257

ちと共に民衆を 唆(そそのか)してわしたちに反抗させ，それから，民衆に対して，わしたちの〔手による〕犠牲者の数がいかに多いかをいつも目の当たりに見せつけるだろう。言うならば，人身執行の統計の生々しい原状と変動を見せつけるんだよ。この時すでにわしたちを非常に困らせていた護民官が，民衆の怒りをわしたちに向けさせるためにこの素材をどんなふうに使うか，考えてみてくれよ！　そうなれば，通常の取引人の商売と生活がほとんど台無しにされてしまうんだよ。これではとんでもないことになる！　その男は，ローマから出て行かなければならないんだ──去る者は日々に疎しだ！──そうなれば，彼は間もなく忘れられてゆき，そして，彼がわしたちに対して廻らしていたすべての陰謀からわしたちの身の安全が計られるということになるわけだ。外国への売却という規定は，わしたちの素晴らしい債務法の中で最も賢明な規定の一つだよ。もしこの規定がなかったなら，わしたちの債務法は実のないクルミの価値〔すら〕もないことになるだろうよ。

「あなた方としては外国への売却ということが，どうしても必要だということに，納得がいきました。現行盗はローマに残ることができ，誰もが彼らの運命を善しとするでしょう。売却された債務者はローマに残れません。下層の人々は皆，彼らに同情するというわけですね」

お前さんが賛意を表してくれて，嬉しいよ。ところがこの外国というもの，つまり異国というものは遠いんだ。そして，この場合，先ず買主を探し出さなければならない。街道に買主がいるわけではないんだよ。わしとしては，わしたちのうちの1人が買主を見つける役を引き受けてくれたらなぁと思うよ。その者が債務者と共に出立するんだ。勿論，債務者は，逃げられないように鎖に繋がれている。先ず最初に，その者は隣町のフィデネ Fidenä に行く。そこは，今のところわしたちローマ人が全く好かれていない──目下，建国320年のことを書いています──場所なので，フィデネは是非とも行ってみたいような場所ではないんだ。ここローマでは少なくとも1000アスの価値のある男について，その地では600アスの値しか付かない。そこで，次にフェイ Veji に行くんだ。650アスの値が付くんだけど，これまた低すぎる。

236

その者は，少しも労を厭わずにファレリー Falerii へ向かうが，そこでも670アスまでしかいかないんだ。これまた低すぎる。そこで，もっと遠くへ——クルシウム Clusium, アッレティウム Arretium, フェスレ Fäsulä にまで足を延ばすんだ——北エトルリアの方が，南エトルリアよりも奴隷の値段が高くなるからね。他の債権者たちはそのように言っていたが，言うだけなら簡単だ。そして，彼らのために旅という苦労を引き受けたこの者は，今となっては彷徨い歩くことに疲れ果て，ローマに帰って来ることになる。彼はローマに着くと，報告をする。彼がどのような歓迎を受けるか聞いてみようか。

（債権者の合唱）「これほど元気な男が，最高で670アスにしかならないだって。それはまるで話にならない金額だ。お前の売り方が下手糞だったか，もっと高い値を付けてもらうように力を尽くして努力しなかったか，きっとそのいずれかだったにちがいない」

それが私の苦労に対する感謝の言葉ですか。もう二度と，そんな仕事は引き受けたくないね。他の人を送り出して，もっと高い値が付くかどうか見て来て欲しいもんだ。

「わしたちもそうしたい。わしたちのすべての関心はそこにあるわけだから，この仕事に対してやる気のある人は誰かきっと見つかるだろうよ。誰か志願する人はいないかね」

（声）私はもう年なので……。

わしは，自分の店があるので，ここから離れるわけにはいかないんだ。

自分は，近日中に法廷での弁論があるんでね。

わしは，自分の土地を耕さなければならないんだ。

ある一人が声を挙げて曰く，俺が行ってもいいぞ，でも，俺の貴重な時間を無駄に犠牲にしたくはない。あんたたちは，是非とも俺の旅の補償をして欲しい。

「それがどういう意味なのか，わしたちは先刻承知だよ。君は，君自身の仕事のためにクルシウムへ行かなければならないのに，わしたちに自分の旅費を支払わせようという魂胆だ。でも，君も見るべき成果が何もなかったと

きは，どうするんだね。その場合には，わしたちは前と比べて事態が全く進展していないことになって，わしたちのお金が全く無駄に使われたことになるよな。旅費を出しても，何の意味もないじゃないか」
　ちょっとそこの余所の国のお人よ，お前さんは，わしたちの法を良くすることができると思っているようだが，今度はどうしたらいいのかね。
　「私は，債権者団による外国への売却は困難を伴うと確信しています」
　でも，お前さんは，いまだにある事態のことを全く考慮に入れていないね。債務者は，法律によれば，売却のために定められた期日にはローマから永遠に去らなければならないんだよ。この事態に対してお前さんがどのような手を打とうとも，債務者は，相応の値段に達してこの値段が債権者たちによって受け入れられるまで，常にローマに再び帰ってくることになるじゃないか。
　「勿論，そんなことにはなりません。でも，その困難な点は，債権者たちが信頼できる人物を選んで売却を自ら委託することによって容易に回避できますよ」
　債権者の皆さん，皆さんはこの新しい提案をどう思いますか。
　(債権者の合唱)「その男は，商いについてそんなに理解していないようだ。その男には，わしたちを相手に自らその証を立ててもらわなければならない[238]な。では，わしたちは何をすべきかね」
　「あなた方は，あなた方の仲間の1人に売却を依頼すべきです」
　指値で依頼するのかね，それとも成り行きでかね。
　「指値の方が，きっと間違いないでしょう」
　それなら結構！　指値でいこう。指値を決めて下さい。
　(声) わしは1000アスだ。
　それでは債務者を売ることはできない。俺は800アスだ。
　あまりにも低すぎる。わしは最低950アスだ。
　言うだけなら簡単なんだ。そんなに高額な指値を設定したら，おそらくうまく売却できないだろうが，そのときはどうすればいいんだ。指値というも

のは，できるだけ低く設定しておかなければならないんだ。私は700アスとする。

わしは750アスだ。

俺は850アス。

それでは余所の国のお人よ，さぁ，お前さんが決めて下さい。指値はどのぐらいの額にしたらいいのかね。

「債権者の皆さんが金額について一致できないのであれば，まさしく指値なんかないんですよ。その場合は，選ばれた信頼できる人に，事情により誠心誠意を尽くして売買契約を締結する権限を与えるしかありませんよ」

（声）それでしたら，どうか自分を選んで下さい。自分なら旅費や仕事の報酬を請求するようなことは決してしませんよ。

（債権者の合唱）わしたちもそれを考えていたよ。そういう条件なら，わしたちみんなが志願するよ。それよりおいしい仕事は，まぁないだろうからね。それがどういう意味なのか，わしたちは分かってるぞ！　わしたちが選んだ信頼できる人が受領した金額の半分を自分のポケットに入れないという保証は，一体，どれだけあるんだね。

「勿論，あなた方は，信頼できる，誠実な人を選ばなければならないでしょう」

信頼できる，誠実な，だと。わしたちはみんながそうなんだよ。単にそれだけのことが問題となるだけであれば，わしたちのうちの誰もが立派に任を果たすはずだ。

「それだったら，選んで下さい！」

私は自分に投票します。

わしもそうする——俺もそうする——わしも自分に……。

「こんなことでは選出は不可能ですね」

お前さんは，今頃になってそんなことに納得したのかね。お前さんは，こんなことは予め知り得たはずなんだがね。わしたちは，誰もが自分しか信用しないんだ。他人を信用する者なんていないんだよ。

「あなた方がそれほどまでに不信感が強いのでしたら，みんな一緒に遍歴の旅に出て，お互いに監視し合うより他に手はないですね」
　ちょっと余所の国のお人よ，ふざけるのもいい加減にしな。お前さんは分かってるはずだ，立法者という職務は，お前さんにはないんだ，そしてわしたちの法をどのように整備しなければならないかは，わしたちローマ人の方がよく知っているんだよ。債権者団の側からの売却は，全く馬鹿げたことなんだ。債権者が全員揃って旅に出ることなどできるはずがない。そして，1人の人物を選ぶことについて意見が一致するなんてことは決してないだろう。なぜなら，どれほどの危険を冒すことになるのか，みんなが分かっているからだ。債務者の外国への売却は，自分自身の利益しか頭にない1人の人物だけのときしか，できない相談なんだ。これこそが，わしたちがこれまで事件を解決してきたやり方であって，わしはこのやり方が唯一正しい方法だと考えているよ。お前さんは，事態がこのように進展したまさにこの瞬間にやって来たんだ。わし自身，このやり方を始めるつもりだ。
　お集まりの債権者の皆さん，債権額は全部で幾らになりますか。
　全部で2000アスです。
　諸君の中で誰か，この額で債務者を買いたいという方，いませんか。
　1000アスだって嫌だよ。900アスといったところだね。
　わしは950アス。
　「私は1000アス払おう」
　それ以上の方，いませんか。

_240_

　「その値段は低すぎる。その男は少なく見積もっても1100アスの価値はあるぞ」
　君は1100アスの値を付けるんだね。
　「いや，付けないよ」
　そうなると，値段は1000アスのままです。その金額で，その男を売り捌くことにしましょう。
　「異議あり！　法律上諸君は，わしが同意することを強制できないんだ。

こういう状況であれば，むしろ，わしは，部分部分に切り刻むという，わしが持っている法律上の権利を行使する方がいいよ」

（債権者の合唱）そうすることで君が何を企んでいるか，わしたちはよく分かっているぞ。君の異議を打ち破るためには，わしたちは君の債権全額を君に払わなければならなくなるんだ。でも，そんなことするわけないじゃないか。そんなことしたら，誰もがこの手を使って，公共の利益の要請に逆らうことができることになってしまう。その結果，他人を犠牲にして1人だけ大儲けすることになってしまうよ。ここでは，誰もが運命を共にしているんだ。切り刻むという君の要求は，単なる威嚇射撃にすぎず，わしたちを怯えさせることを狙っているにすぎない。しかし，わしたちは怖がったりはしないぞ。わしたちと全く同じように，君も人間の肉よりもお金の方が好きだってことはよく分かっているさ。さぁ，君の脅迫を実行してみろよ。それは君にとって高くつくはずだ。君がわしたちのものを奪ったことに対しては，君の生涯にわたってわしたちは仕返しをすることになるだろうよ。

「それでも，わしはきっとやってみせるぞ」

それじゃあ仕方ないな，切りなさいよ。ここに小刀があるよ。ローマ市民の皆さん，こちらへお越し下さい。さぁ，見せ物が始まりますよ。スプリウス・ポストゥミウスが切り刻もうとしています。

おや，躊躇っているのかね。そんなことは分かってたんだよ，君が空威張りしてただけだってことは。今度からは，そんな妨害は慎んで欲しいね。君がそんな妨害をしても，わしたちのところでは何の役にも立たないし，それにそんな妨害は無駄な抵抗になるだけなんだ。

最高の値を付けたのは誰ですか。

「私です。ティトゥス・アウフィディウスです。私は皆さん方すべての方に対して，今直ぐに，皆さんの債権の50%を支払うことができます——さぁ，ここに現金があります」

ところで，余所の国のお人よ，お前さんは何を考えているんだね。事は，正しく行なわれたかね。

　「全く正しかったですよ。事態は，総財産の公売 venditio bonorum──これは法務官告示によってようやく登場するもので，勿論，あなた方はまだ知る由もないのですが──の場合と全く同じ結果になっています。この場合，破産財団が公的に売りに出されて，債権者たちに最も高いパーセンテージを呈示する者が買受人となります。以前，私は，これは法務官の発案だと思っており，しかももともとは外国人担当法務官の発案だと考えていたのですが，法務官はあなた方から借用したにすぎないということを，今，私は確信しましたよ。

　しかし，今，私にはまだ幾つかの質問があります。先ず第一に，どうして，あなた方は債務者の人格を競売にかけるだけで，債務者の財産をも競売にかけようとしないのですか」

　債務者の財産は，わしたちの中の幾人かによってすでに前に，債務者から奪い取られているからなんだよ。もし債務者がなおも何らかの財産を持っているとすれば，その財産は彼を購入した人のものになるだろうね。そして，その場合には，値を付ける時にその財産の存在が考慮に入れられることになるだろうよ。債権者に引き渡されるべき債務者は，彼の人格と彼が持っているものすべてとともに債権者のものとなるんだよ。

　「私には，彼と別れを告げる妻子が彼の側（そば）にいるのが見えます。あなた方は，彼に帰属するものすべてがあなた方のものになるという理由で，彼の妻子も一緒に売却することができるんですね」

　この男は用心深い男だったんだよ。自分はもう助からないということに気付くと，この男は妻子を解放したんだよ。そして，わしたちは今や遅れをとって損をしてしまったんだ。貧しい階級の間では，女性は婚姻の締結の時にすでに，彼女たちが遭遇するかもしれない夫の隷属状態という運命を恐れて，夫権を伴う婚姻を締結しないというやり方で自分の身を守っているんだ。そして，女性たち又は女性たちの父がわしたちを前にして，彼らの嫁資債権に

_242_

基づいて，わしたちと同様に，破産財団から取り分を求めてくるんだ。こんなことすら，わしたちは我慢しなければならないんだよ。この目的のために，彼らは問答契約，つまり嫁資返還の担保 cautiones rei uxoriae という形式で嫁資債権を求めてくるんだ。古き良き時代には，妻は，嫁資を理由としては破産財団からは何も受け取ることはなかった。ところが，時代はもはやそうではない。人々は，とにかくずる賢くなってしまったんだよ。

「もう一つ質問があります。十人官が債務者に対して身体刑を科することに本気でなかったとすれば，つまり，むしろあなた方がいつも採用するようなやり方を十人官が先に行なっているとすれば，どうして彼らはそのようなやり方を明確に示さなかったのですか」

お前さんがローマ人でないことは分かっているよ。私が指差している十二表法の法文を見て欲しいね。何と書いてあるかね。

「もし彼が〔他人の〕四肢を分離せしめ，妥協ととのわざるときは，同害報復たるべし Si membrum rupit, ni cum eo pacit, talio esto [30]，とあります。これが私の質問と，一体どんな関係があるんですか」

お前さんはそれを知ることになるよ。この法律は，同害報復という脅迫の規定を置いているが，実際は，そのような事態には今のところほとんどならないんだ。当事者は，彼らの財産状況に応じて，そしてまた彼らの強い意志，不屈の精神，粘り強い態度如何によって金額が変わってくる内済額について合意することになるんだ。勿論，彼らが同意することができずに同害報復に着手することになったという事態はすでにあったよ。しかし，その場合でも，最後の決定的瞬間に，どちらか一方が譲歩していたんだ。一方は，彼が過剰に要求していた債権についていくらか減額し，他方は，提示した金額にもう少し追加していたんだ。まさにこのことこそが，法律が意図していたことであって，同害報復の脅しは，当事者に平和的な合意を強制するための圧力手段でしかないというわけだ。このことは，「妥協ととのわざるときは ni cum eo pacit」という付加語からはっきりと読み取れるよ。しかし，十人官は，賢明にもこの妥協 pacere を直接定めることに用心していたんだ。もし同害

報復がその背後になかったならば，まるで効果のないものとなっていたことだろうよ。ただ同害報復だけが，両当事者を牽制しているんだ。「部分部分に切り刻むこと in partes secare」の威嚇についても，事態は全く同じなんだよ。「部分部分に切り刻むこと」は，圧力手段という目的しか持たない。「部分部分に切り刻むべし in partes secanto」という十二表法の言葉について，お前さんは，圧力手段という意味で「妥協しなければ ni pacunt」という語を入れて考えなければならないよ。この妥協を，法律は狙っていたんだよ。そして，法律は適切な手段を選択したので，目指していたことが機能しなくなるということは決してなかったんだ。お前さんは，このことを前に経験しているよ。

「実際，その手段は巧みに選ばれました。これには，私たちの今日の時代のある制度を思い起こさせるものがあります。つまり，イギリスの陪審員 Jury がそれです。彼らの判定には，意見の一致を必要とします。そして，法律は，陪審員が全員一致となるまで審議室を出ることを許さないとすることで意見の一致を強要しているのです」

私の葉巻が終わりました——光景も消えました。もう私には，火を付ける新しい葉巻がありません。私にはもはや葉巻の必要はないのです。私は，夢の中で法的な光景を自分の中に呼び出す天賦の才が備わっていることを発見しました。そして，このことは前よりも容易なことです。私は，眠っている間にそれをやるので，昼間の労働時間を節約できるのです。次に，私がこの才能を初めて発見した時に見た夢の話に移ることにいたしましょう。

第二部　原注
1)　マックス・ブリアン／ロター・ヨハニー編「法律新聞」Juristische Blätter, hrsg. von Max Burian und Lothar Johanny 第9巻，ウィーン，1880年10号。
2)　私の手による匿名氏の書簡は，時間が経つうちに私が書いたということが知られてしまいましたが，ここでの寄稿は，その書簡の続編とすることを目的としていました。
3)　「法律新聞」1880年11号。
4)　私の言っていることを確認しようと思っている読者のために，法源の引用を注

5) § 11 J. ibid.
6) **Gajus** IV, 16 maxime enim sua esse credebant, quae ex hostibus cepissent.
7) **Gajus** IV, 37.
8) L. un. Cod. de nudo jure (7, 25).
9) 前掲12号-15号。
10) Gajus II, 52-58 ; III, 201.
11) ローマ人たちは，occupare という表現を**無主物の所有権**を先占する場合ばかりでなく，他人の物の**占有**を先占する場合にも用いています。これは，占有状態にある物であれ，占有状態にない物であれ，事態は変わりません。l. 3, § 8 de A. P. (41, 2) ... domum a latronibus occupatam, l. 1, § 2 quod legat. (43, 3) ... quod quis legatorum nomine occupavit 参照。
12) **H. Dernburg**, Die Institutionen des Gajus ein Kollegienheft aus dem Jahre 161 nach Christi Geburt, Halle 1869, S. 96 :「日常語に属する彼の名称の一つ」。S. 97 :「そして，親愛な名前で呼ぶことは，私たちの法学者の活動によって教育される大学生たちの用いる呼称に由来するという説明よりも，ファーストネームによる説明の方が容易だということがどうして言えるであろうか。彼らは，友人が友人を呼ぶときのように，卓抜した教師をファーストネームで呼んでいたのである。彼らは，この呼称をこの学生たちの後に続く世代の間でも，そしてまた書籍出版界でも定着させていった」
13) つい先ほど挙げた著述家の見解。
14) Jahrbuch des gemeinen deutschen Rechtes, III, S. 1 ff.
15) l. 1, § 2 Quod leg. (43. 3) : Ut quod quis legatorum nomine non ex voluntate heredis occupavit, id restituat heredi.
16) オーストリアにおいても，この「**ただなんとなく bloß so**」という極めて特徴的な言い回しがあるのかどうか，私は存じません。この言い回しの解説のために，私は次のような事例を挙げておきます。田舎のまだ結婚していない卵売り娘が，これまでは独りで顧客のところに来ていましたが，ある日，1人の男の子を連れて姿を見せました。「この子は誰の子だい」。私の子よ。「あなたが結婚してたなんて，全然知らなかったよ」。私だってそんなこと知らなかったわ。私は**ただなんとなく**その子を授かったのよ。もしローマの法学者であれば，この „bloß so" を civiliter〔文化的な〕と対比して，naturaliter〔自然に〕と表現したことでしょう。
17) 聖職者の遺産に関してかなり早い時期から行使されていた聖職者遺産権については，Herzog's Real = Encyklopädie für protestantische Theologie und Kirche, Bd. 14, S. 683-688 の中の**フリードベルク Friedberg** の説明を見て下さい。「すでに初

期の頃より，聖職者が死亡するや否や，他の聖職者は，相続人たる教会の代表者として振舞い，何も考えずに死者の遺産を我が物とするという慣習が形成されていた。そのため，カルケドン公会議（451年）において，次のように述べられている。『聖職者は，司教の死後，自らが取得することになる物を強奪してはならない non liceat clericis post mortem episcopi rapere res pertinentes ad eum』。また，イレルダの地方教会公会議（524年）において，次のように述べられている。『神父が亡くなると，彼らは我を失い，峻厳な規律を軽んじて，野卑にも教会の中で見付けたものに飛びかかり，これを奪い取った occumbente sacerdote exspectoratoque affectu totaque disciplina severitate posthabita immaniter quae in domo pontificali reperiuntur invadunt et abradunt』」（681頁）。世俗の諸侯たちも聖職者に追随し，彼ら自身もまた聖職者遺産権を行使するようになりました。インノケンティウス3世 Innocenz III は，「ありとあらゆる生き物が，盗賊のやり方で大はしゃぎし，貪欲にも貪っている more praedonum debacchantes ... crudeliter abducentes animalia universa etc.」と見解を表明しています。なにしろ，1279年のブレスラウ公会議の言葉によると，「なぜなら，教会の中にあっては，窃盗は鋭敏なこと，強盗は正直なこと，暴力は強靭なことと評価されているからである quod in rebus ecclesiae furtum reputatur sagacitas, rapina probitas, et violentia fortitudo」。さらに，901年のローマ会議 Concilium Romanum が述べるところでは，かの聖なる都市ローマでは，**教皇の遺産についてすら**，俗人と聖職者とが共同で聖職者遺産権という「極めて恥ずべき慣行 scelestissima consuetudo」を実行していました。後になると，教皇たちですら，聖職者遺産権を主張するようになります。これ以上のことについては，フリードベルクを見て下さい。

18) どのようにしてフラウィウスがこの「**編集**」を行なったかについて，あなた方は，おそらくローマ法史の講義で聞いたことを思い出すのではないでしょうか。„subreptum librum populo dedit〔書物を盗み出し，これを人民に与えた〕"（l. 2, § 7 de O. J. 1. 2），つまりこれが歴史的に証明できる，歴史上最初の複製の事例です。私はこの機会を利用して，ローマ法史のあらゆる試験実施者に対し，これまで完全に見過ごされてきた見事な試験問題についての注意を喚起することにいたします。「この世で初めて複製を行なったのは誰ですか」。グナエウス・フラウィウス Gnäus Flavius です。──1870年6月11日のドイツ帝国法律第4条と比較して下さい。すなわち，「著作物を機械的に複写することは，権利者の許可を得てなされたものでない限り，複製にあたり，これは禁止される。──手書きの複写も，これが印刷物の代用物を作る意図でなされるものであれば，機械的複写と看做される」。代用物についての定めがあるがために，フラウィウスは，印刷機械が存在しなかったにもかかわらず，彼の時代においても，複製を作ることができました。「ハイゼ版パンデクテンノート Heyse'sches Pandektenheft」の編者

であるヴェーニング＝インゲンハイム Wening = Ingenheim は，この書物を自己の名で普通民法の教科書として出版しました。――「書物を盗み出し，これを人民に与えた」――彼は，もっと容易にこれを実行することができました。彼はこのノートをただ一度だけ，書きさえすればよかったのであり，あとは植字工がやったのです。彼は，この書物を原著者に捧げる注意を払っています。モルシュタット Morstadt による正鵠を射た表現によれば，「それは，あたかも乳母が新生児を父の腕に抱かせるかのようなものであった」。当時，リューベック高等裁判所の所長であったハイゼは，この後の版を裁判所の図書室に収蔵させることはしませんでした。ハイゼは，この書物がもはや自分のものであるとは承認していなかったのです。というのは，ヴェーニング＝インゲンハイムは，彼の書物では，彼のローマの先達たちとは異なる道を歩んだからです。すなわち，フラウィウスは毅然と拒絶したのですが („nec de suo quicquam adjecit libro〔自分の書に一切加えることはしない〕", l. 2, §7 de O. J. 1. 2)，彼はハイゼの版に書き換えを行なうことを拒絶できなかったのです。これは，両者の唯一の相違です。その他の点では，この両者の間には完全な一致が支配しており，そのため，ヴェーニング＝インゲンハイムを私たちのフラウィウスと，フラウィウスをローマのヴェーニング＝インゲンハイムと称することができるぐらいです。いずれの場合においても，他人の心を強く摑んだ偉大な貢献がなされたのです („gratum id fuit munus populo〔この贈り物は人民に大変感謝された〕", l. 2, §7 cit.)。というのも，アッピウス・クラウディウスも，ハイゼ――彼もこの古代のローマ人と同じく自ら記録をとることができました――も，自分の業績を敢えて自分の手で出版しようとはしなかったからです。従って，これらの業績を世人が手にするためには，別の人の手を必要としたのであり，いずれの場合でも，業績は原著者の名前ではなく，一番最後の功績をしたと認められるべき者の名前で呼ばれています。フラウィウスも，ヴェーニング＝インゲンハイムも，賞賛に事欠くことはありませんでした。フラウィウスはローマの護民官となり，ヴェーニング＝インゲンハイムはミュンヘンの教授となりました。

19) このことから，この出来事は，建国446年のことであることが分かります。なぜなら，Livius, 9, 42 によれば，この年にアッピウス・クラウディウスと L. ウォルムニウスが執政官だったからです。

20) §2 J. de reb. corp. (2. 2).

21) Liv. 9, 41.

22) l. 1 §5, 6 de O. J. (1. 2).[31]

23) Varro, de ling. lat. VII, 46：Catus Aelius Sextus, non, ut aiunt, sapiens, sed acutus〔カートゥス・アエリウス・セクストゥスは，人々が言っているように賢くはないが，才気走っている〕．セクストゥスがアッピウスの曾孫であったことについて

は，私たちはこの機会にようやく知ることになりました。
24) Ex his, quae forte uno aliquo casu accidere possunt, jura non constituuntur. Nam ad ea potius debet aptari jus, quae et frequenter et facile, quam quae perraro eveniunt.
25) **Gajus** IV, 11.
26) Seneca, de beneficiis VI. 5. Jureconsultorum istae acutae ineptiae sunt, qui hereditatem negant usucapi posse, sed ea quae in hereditate sunt, tanquam quidquam aliud sit hereditas quam ea quae in hereditate sunt.
27) l. 83 pr. de furt. (47. 2) の中の遺言者の死についての錯誤に関しては，他と異なる取扱いがなされていますが，これが古代の法学者から好意をもって見られていたことはまずなかったでしょう。そのような言い逃れを許容することで，どこに行き着くことになったのでしょうか。
28) 「ローマ法史からの幻想」のⅠ，127頁。
29) Cicero, de legib, II. C. 19-21.
30) その規準の当初の版では，第2順位でした（si majorem partem pecuniae capiat, その際，頭の中で usu が補われていました）。新しい版では第3順位になっています（一層明確に次のように言い表わされています：qui de bonis ... **usu** ceperit plurimum possidendo）。この違いは，私たちの目的にとっては意味のないことです。
31) こうした意味での „servare" の専門的意味は，よく知られています。私は，遺贈保持のための担保 cautio legatorum **servandorum** causa，保全されるべき物のための債権者への付与 mssio **creditorum** rei **servandae** causa l.1, l.8 を思い出します。Quib. ex c. (42.4), l.1, § 9. Si quis omissa (29.4) ... **crediti servandi** causa venisse in possessionem. 他方で，サヴィニーによるローマの言語慣用における servare という語の説明は，些かも手掛りを与えてくれません。
32) このケースは，パンデクテンの中では l. 95, § 8 de solut. (46. 3) で触れられています。
33) **ライスト Leist** は，**グリュック Glück** のパンデクテンの続編である Serie der Bücher 37 und 38, Theil 1, Erlangen 1870, S. 202 の中で，どれほど誤った解釈をし，またどれほど法源の根拠のない解釈をしていることでしょうか。
34) これは明らかに，„nomina **arcaria**〔出納簿記帳債権〕" への当て擦りです。Gajus III, 131 における，**出納簿記帳**債権と**帳簿**債権との対比[32]。
35) このことから，次のことが明らかとなります。すなわち，この賛美歌は法務官法がすでに発展した後の時代にできたものであるということです。遺産占有者は，およそローマ建国7世紀あるいは8世紀のものでしょう。
36) cui contigit in laqueos incidere という原文を私なりに訳しました。

37) 原文は，homo nequam です。
38) 原文は，scientes dolo bono です。
39) 原文は，speculator〔護衛兵〕です。このことから，ローマ人は一定の場合に護衛兵を立てていたということが読み取れます。l. 51 de poss. (41, 2) では，護衛兵はまきの山の「監視人 custodia」として存在しています。
40) これは，明らかに使用取得の1年を意味しています。使用取得占有者を完全に確実なものとするために，誰からも邪魔されることなく使用取得占有者に1年間，占有させるという債権者の悪巧みを，人々は見破っているのです。
41) これは，皿を持ち，腰帯を付けて発見された盗品 furtum lance et licio conceptum の場合の厳粛な家宅捜索を意味しています。Gajus III, 192, 193。ここにおいてもまた，一つの邪悪な悪巧みが存在します。占取された，**相続財産を構成する**物に対する家宅捜索は行なわれ得なかったのではないでしょうか。なぜなら，その物の先占は窃盗を含んでおらず，他方で家宅捜索は**盗まれた**物に関してのみ法的に請求できたからです。それ故に，見張りは，その挈が**見張りから盗まれた**ということを申し立てているのです。
42) 「法律新聞」1880年23号-27号。
43) 事実，これは本当のことです！
44) 私の Geist des römischen Rechts, Teil 2, Abt. 2, S. 631-663 (Aufl. 4, Leipzig 1880) 参照。
45) Festus, sub sacramentum :——— consumebatur id in rebus divinis.〔神聖賭金：それは宗教的儀式で使用された。〕
46) 最近，**フシュケ Huschke** がこれとは異なる見解を提起しましたが，それについては後に触れます。
47) In meinem Geist des römischen Rechtes, Teil 1, S. 302-307 (Auflage 4).
48) l. 2, § 6 de O. J. (1, 2) ...Omnium tamen harum et interpretandi scientia et actiones apud collegium pontificum erant, ex quibus constituebatur, quis quoquo anno praeesset privatis.
49) この思想の詳細な根拠づけを，私は私の Schuldmoment im römischen Privatrecht, Gießen 1867 において述べておきました。それは，私の vermischte Schriften, Leipzig 1879 〔に収録されており，その書の〕S. 155 ff., 特に S. 163-176。ギリシア法及び古代北欧法についての補遺は，同書 S. 230-234。
50) 例えば，神聖賭金について，Gaj. IV, 13 では **poenae** nomine〔**罰金**という名前によって〕が，14では **poena**〔**罰金**〕が使われています。
51) 私は，後に再びこの問題に立ち返ります[33]。
52) Die multa und das sacramentum, Leipzig, 1874, S. 441.
53) 私は，本書の第三部で理論的＝法学的天国について述べようと思っていま

す[34]。

54) Dionysius II, 10 において明確に証明されています。その詳細は，私の Geist des römischen Rechtes, I, S. 279-287 (Aufl. 4).

55) **Moritz Voigt**: Über die leges regiae (aus dem VII. Bande der Abh. der philol. = histor. Klasse der königl. sächs. Gesellschaft der Wissenschaften, Nr. VI), Leipz. 1876, Nr. I, S. 41-45. フェストゥスは，plorare のところで，欠損のある次のような章句を残しています：si nuruss... sacra divis parentum estod. フォイクトは，この欠損を驚くべきことに，次のように埋めています。すなわち，彼は，フェストゥス（パウルス・ディアコヌス Paulus Diaconus）によって私たちのために保存され，かつ明確にされている言葉である obambulare という語を取り上げて，si nurus Socrui obambulassit と補充しているのです。フェストゥスは，この言葉を adversum alios ambulare et quasi ambulanti se opponere と，つまり誰かある人と**出会う**と説明しているので，もしフォイクトが先の補充をすることで図星を指していたとすれば，ローマにおけるすべての嫁は追放されてしまうことになったでしょう。その嫁が彼女の姑と**出会**ったならば，嫁にとって姑の視線は，ゴルゴー Gorgo ないしはメドゥーサ Medusa[35] の一瞥と同じ意味を持つものであったでしょう。そして，ローマにおける嫁は自分の命を大切にしていたならば，その姑から何がなんでも逃れるよりほか，もはや救いようがなかったことでしょう。もっとも，姑から逃れることは，私たちのところでも相当数の嫁が賢明に用心しながらいつも行なっていることであって，人をなるほどと思わせる理由がない場合であっても，嫁はそのようにしているのです。

56) l. 2 § 3, de O. J. (1, 2) ... **incerto jure** § 4. Postea **ne diutius id fieret**, placuit publica autoritate decemviros constitui. これについては，私の Geist des römischen Rechts, II, 1 § 25 参照。

57) Gaj. IV, 12 では，この訴訟形式には単に，per judicis postulationem〔審判人申請による〕という名称が付されているにすぎません。人々は，ウァレリウス・プロブス Valerius Probus § 4 の judicem **arbitrumve** postulo uti des〔私は汝が審判人又は裁定人を与えるように申請する〕という公式のことを考慮して，これに per judicis arbitrive postulationem という名称を与えているのです。上述の裁定人手続き及び古法には周知のその他の裁定人手続きに対してもこの訴訟形式が定められていたということは，ほとんど疑いの余地のないところでしょう。

58) **Gellius** XX, 1, § 38 : Nam si reus, qui depecisci noluerat, judici talionem imperanti non parebat, aestimata lite judex hominem pecuniae damnabat atque ita ... severitas legis ad pecuniae multam redibat.

59) Rhein. Museum, I, S. 54 und 55.

60) **Leist**: Versuch einer Geschichte der römischen Rechtssysteme, Rostock und Schwerin, 1850, S. 36 und 37.

61) この私見については，私の Geist des römischen Rechts, I, S. 158-162 (Aufl. 4) 参照。差押えの**手続き Akt** は**法律訴訟**ではありませんでした。つまり，**訴訟行為 Prozeß**akt ではなかったのです。差押えを受けた者がその事件の義務を履行すれば，どの法律訴訟にもならなかったのです。

62) Gaj. IV, 27-28 の事例群。例えば，私は次の三つを強調しておきます。兵士の給与請求権（兵士給与金 aes militare），馬糧（馬匹飼養料 aes hordearium），馬の購入金（馬匹購入金 aes equestre）がそれです。兵士には，軍務能力のない者，つまり寡婦や被後見人に対しこれら三者の費用を負担させる権限が与えられていました。このようにして，彼女たちは，軍務から自ら解放されるという特典を調整しなければなりませんでした。さらに，租税徴収請負人 Publikan による貢税の要求もありました。軍務能力のない者に戦時費用を負担させることは，ローマ人にとって，至極健全で，しかも社会的＝政策的な考え方でした。私たちのところでも，すでにこの考え方を真似る取り組みがなされていますが，残念なことに，成果を収めることはありませんでした。

63) Geist des römischen Rechts, I, S. 302 ff.

64) 貧しい階級を圧迫していた様々な制度——それらの制度のためには彼らを欠かすことはできませんでした——については，私の Geist des römischen Rechts, II, §34 参照。

65) 1867年までの文献は，**ダンツ Danz** の „Zeitschrift für Rechtsgeschichte" VI, S. 33 参照。その後の文献については，**Huschke**, die Multa und das Sakramentum, Leipzig 1874, S. 473-479 参照。

66) これは，神聖賭金による法律訴訟が外国人に適用されなかったことに対する論拠の一つです。

67) このような職務にしては極めて意外の念を抱かせる三人審判官という名称は，前述の職務に後になってようやく付け加わった彼らの本来の刑法上の職務に由来しています。**Th. Mommsen**, Staatsrecht, II, S. 559 は，両者の職務を，彼らの司法上の職務を行なう場合の上級官吏の援助という視点から説明しています。

68) **Puchta**, Cursus der Institutionen, II, §161 g は，この言葉を基金への割り振りと理解すべきであるとしています。——まるで徴収した後になおも特別の (ad-) judicare〔決定すること〕が必要であったかのようです！ **Danz**, a. a. O., S. 373 によれば，神聖賭金が「額，通貨種別等々に応じて適切であり，かつ全額払い込まれていると判断される」かどうかについての決定であるとします。——この見解によれば，すべての出納吏に決定の職務が承認されていなければならないことになるでしょう。それどころか，**Huschke**, a. a. O., S. 478 によれば，無効の異議

が申し立てられた場合に，彼らがこれについて判決したことになります！ **Mommsen**, a. a. O., S. 561, Anm. 5 は，„judicare" の意味について見解を述べることなく，この言葉を引用しています。**Lange**, Röm. Alterthümer, I, Aufl. 2, S. 759 (Aufl. 1, S. 652) は，同じく彼らに，「ある種の裁判官としての職務を果たすこと」——これについての詳細は述べられていません——を認めています。**Keller**, Röm. Civilprozeß (**Wach** による第5版においてさえも)，§ 13 では，パピリウス法 lex Papiria について全く書かれていません。**Rudorff**, Röm. Rechtsgeschichte, II, § 21, 4 は，「国庫に帰属した後になって国庫と争うこと」を可能であるとしていますが，その方法については何も述べていません——なんと安易な言い逃れでしょう！ **Bethmann = Hollweg**, Röm. Civilprozeß, I, S. 122 は，この judicare という言葉を完全に黙殺しています。

69) l. 2, § 6 de O. J. (1, 2) ... quis quoquo anno praeesset privatis. プントシャルト **Puntschart** が学長就任演説：Der entscheidende Einfluß der Gesetzgebung der staatlichen Einrichtungen der römischen Republik auf die universale Bedeutung des römischen Privatrechts, Innsbruck 1880, S. 14 においていみじくも述べているように，最後の語に judiciis という語を付け足して考えねばなりません。

70) l. 2 de R. V. (6,1).

71) このような読み方は，以前は疑われていましたが，シュトゥデムンド Studemund による，ガイウスの筆跡の最新の照合によって検証されました。下層の人々向けのこの名前は，碑文上にも見られます。

72) マルキウス家が貴族に倚頼していたことについては，**Th. Mommsen**, Röm. Forschungen, II, S. 149 und 150 参照。

73) H. N. 33, 46 (ed. Bipont. 33, 13)：**mox** lege Papiria semunciarii asses facti. 以前 (33, 45)，彼は，第二次ポエニ戦争（建国537年）の時代にアスを1ウンツェに低下させた法律を挙げたことがありました。従って，プリニウスによれば，この法律は建国6世紀に該当するものでなければなりません。

74) **Marquardt**, Röm. Staatsverwaltung, Bd. 2, Leipzig 1876, S. 17, Note 4.

75) **Marquardt** 前掲書では，„mit Sicherheit" と書かれています。

76) 従って，有名な l.9. pr. de R. Cr. (12.1) は説明がつきます。Certi condictio competit ex omni causa, ex omni obligatione, ex qua certum petitur, sive ex certo contractu（例えば，消費貸借 mutuum），sive ex incerto（例えば，売買，組合，委任）；licet enim nobis ex omni contractu certum condicere, dummodo praesens sit obligatio. 法源は，それらについての例を幾つも与えてくれます。例えば，§ 1 ibid. 及び § 8 J. quod cum eo (4,7) ... quod jussu patris dominive **contractum** fuerit 参照。そのような場合に不当利得返還請求訴権 condictio を選択することで，原告は，相手方が同一の手続きの中で場合によれば行なうかもしれない反対

請求の主張をする機会を奪っていました。しかしながら，そうすることにより原告としては，自分の利益（とりわけ，遅延利息）の清算 Liquidation を断念しており，そして正当額以上の請求 plus petitio の危険に身を晒していたのです。つまり，彼の請求権全体の喪失という危険です。言い換えれば，彼がその請求権を，たとえほんの僅かであっても過大に見積もっていたならば，その事情は両当事者にとって厳格法 jus strictum に従って判断され，契約の訴えを行なったときは，信義誠実 bona fides の諸原則に従って判断されていました。

77) **Bethmann = Hollweg**, Röm. Civilpr., I, S. 153, Anm. 18.
78) Gajus IV, 162-165 で述べられている特示命令手続きにおける „cum periculo 〔危険を伴う〕" 手続き（＝罰金の付加）の場合と類似しています。この場合，厳格な方式（危険を伴う手続き）と穏便な方式（危険のない手続き）のどちらにするかは**被告**の選択に委ねられていました。つまり，Gajus IV, 163 の述べるところによれば，„modestiore via litigare〔穏便な方法で訴訟する〕" ということです。
79) 逆に，**プントシャルト**は前掲書〔注69〕71頁において，この訴訟について，これは金銭の平価切り下げによって必要となった，訴訟罰の**引き上げ**という動機，従って権利主張の**困難化**という動機に起因するものとしています。このことは，前掲書で指摘されている発展と適合しません。
80) 私は，この見解の根拠づけを別の場所で行なう予定です。
81) 私の Geist des röm. Rechts, Band I, Aufl. 1 (1852), S. 262 fl. 参照。
82) 前掲書の第2版（1866）S. 297. それ以降の版においても同様。
83) その証明については，**A. クレーギ A. Krägi** による非常に有益な研究参照：Alter und Herkunft der germanischen Gottesurteile in der Festschrift zur Begrüßung der XXXIX. Versammlung deutscher Philologen und Schulmänner in Zürich, Septbr. 1887.
84) 窃盗の疑いを晴らさなければならなかった奴隷たちに対し，聖別した一口の食べ物を用いた証として，**クレーギ**がアクロン Akron から出してきている証拠は，もっと後の時代に，他の民族との接触の結果生じたと考えられる民族習俗――ローマにいる普通の民族は，他の民族から，その民族習俗を借用していました――の証明になっているにすぎません。
85) Fest, p. 344 : sacramenti autem nomine id aes dici coeptum est quod et propter **aerari inopiam** et **sacrorum publicorum multitudinem** consumebatur id in rebus divinis.〔この銀貨は，神聖賭金と呼ばれ始めた。なぜなら，それは，**国庫が窮乏しているとき，また公的な犠牲物が多いとき**に，宗教的儀式で使用されたからである。〕
86) 虚偽 falsi という言葉しか識別できない Gaj. IV, 13 の欠損箇所が，フシュケが考えたように偽りの宣誓を指示するものであったか否かは――フシュケはその章

句を，falsi **lo quo propter juris jurandum** periculosa erat と補っています——，私には疑問以外の何ものでもありません。明らかなことは，ガイウスはここで，神聖賭金を不真実性と関係づけているということです。しかも，神聖賭金は不真実性の刑罰としての意味しか持ち得ないのです。しかしながら，ガイウスはその他の点では，いずこにおいても宣誓について言及していません。従って，彼は不真実性を両当事者の**様々な主張**の不真実性という意味で理解していたのでしょう。

87） 先ほど（392頁）強調したゲルマン法の二つの場合において，原告も宣誓するときは，それを神審の本来的根本思想からの逸脱でしかないと考えることができます。そのために，私は描写の推移の変化を引き合いに出したいと思います。決闘の場合には，両当事者の一方のみが勝者として判明することが可能であるので，このような革新は少なくとも実際上は実施可能でした。探湯の場合には，それは全く理解できないものでした。なぜなら，両者とも手に火傷をすると，一体どうなってしまうのでしょうか。ここにおいては，その訴訟はいかなる判決も下されることなく終結しました。両当事者は，偽りの宣誓をしたことになりました。すなわち，被告が盗んだという原告の宣誓も，自分は盗んでいないという被告の宣誓も，偽りの宣誓ということになったのです。ひょっとすると，両者の宣誓のうちで神官が正しいと考えた方に軟膏を与えて，こうした無意味な終結を防止したのかもしれません。それに，敗れた側は，さらに60ソリドゥスを支払わねばならなかったのです。そうなると，上記の仮定の下では，両者とも支払わねばならなくなります。そうだとすると，誰が窃盗の現行犯の廉で訴訟を起こす気になったでしょうか。この訴えは，私には，部分部分に切り刻むこと（第二部　Ⅳ）と同じ名称を付与するに値するものと思われるのです。すなわち，法的な騙し細工という名称です。要するに，誰一人としてこの訴えを利用するべきではないというのが，その狙いだったのです。60ソリドゥス——極端に高い額，このためにさんざん苦労した手，かてて加えて浴びせかけられている嘲笑を想起してみて下さい。誰が，このような犠牲を払ってまで窃盗の現行犯を逮捕し，即座に取り上げた物のために訴えを起こす気になったでしょうか。この訴えは，訴える**な**，汝がその物を今や持っているということで汝の心を休めよ，という意味だったのです。

88） **Krägi**, S. 52.
89） **Krägi**, S. 52.
90） **Krägi**, S. 46.
91） 現行盗及び強迫訴権 actio quod metus causa のときは4倍額，盗品所持盗 furtum conceptum 及び盗品転置盗 furtum oblatum のとき，並びに暴力によって強奪された物の訴権 actio vi bonorum raptorum のときは3倍額，非現行盗のとき，取戻訴訟の場合の2倍の果実のとき，追奪担保訴権 actio auctoritatis[36] のとき，

拿捕のとき，そして ubi lis crescit in duplum〔2倍額の罰金刑が言い渡されたとき〕となっている事例群のときは2倍額。

92) 弁済約束された金銭に関する訴権のときは2分の1，確定金銭返還請求訴訟のときは3分の1，濫訴訴権 actio calumniae 又は反訴のときは5分の1又は10分の1 (Gaj. IV, 175, 177)。

93) 300アスを「慰藉料」と看做す**ルドルフ Rudorff** (Röm. Rechtsgeschichte, II, S. 255) の見解は裨益するところ大です。——あたかも，殴られて身体障害者となってしまったり，生涯にわたって労働能力を喪失してしまった人々にとって，耐え通した苦痛だけを問題としているかのようです。

94) Varro, de re rustica では，こうした労働者がしばしば言及されています。

95) この**形態**によれば，父による子の**売却**は，戸口調査の経過により終わるため，従って最大でも5年で終わるために，**実際**には**使用賃貸借契約**でした。これと対比できるのがユダヤ法であり，そこでは7年目（安息の年 Sabbatjahr）の開始により終わるため，従って最大でも6年で終わりました。

96) Varro, de L. L., VII, § 105: **Liber**, qui suas operas in servitute pro pecunia **quadam** debebat, dum solveret, nexus vocatur ut ab aere obaeratus. この quadam は，servitute に付け加えられなければなりません。「自由人 liber」の「奴隷状態 servitus」というのは，矛盾を孕んでいます。それ故に，quaedam, すなわち奴隷**類似**の関係を付加することは，奴隷に準ずる地位 causa mancipii にある者——Gaj. I, 138 によれば，「この者は奴隷の**ような**状態にある qui servorun **loco** habentur」——に対する実質的にして，かつ言語上の相対物でした。

97) 証左として，Festus, p. 265: Rupitias in XII significat **damnum dederit**. Nonius 124, 6: si quis rumpet occidetve. Nonius 124, 6 においては，rumpere という語はどう見ても occidere〔殺す〕という語との対立を明ら様にしています。アクイリウス法の „ruperit" を corruperit と説明するものとして，l. 27 § 13 ad leg. Aq. (9,2)。

98) **membrana** = 皮膚 **Haut** から membrum〔四肢〕を推論することがもっともなことであるとすれば，membrum は，本来，動物の身体の**表面**のすべての部分を意味していたのでしょう。

99) Gaj. III, 220: cum quis **pugno** puta aut **fuste percussus** vel etiam **verberatus** erit.

100) 別の論拠については，私はすでに，他の場所で述べたことがあります。すなわち，それは，用益賃借人 Pächter と使用賃借人 Mieter が裕福な土地所有者及び家屋所有者に対して権利を有していなかったことです。私の Besitzwillen, Jena 1889, S. 120 参照。

101) 誤った主張をするものとして，**Rudorff**, Röm. R. G., I, § 100。

102) Macrobius Sat. II 9 ... **capital** putavit.
103) l. 45 de injur (47. I) Paulus S. R. V, 4 § 7, 13, 14, 16, 17, 22.
104) Ovid. Amor. I 7, 29. Si **pulsassem minimum** de plebe Quiritem, plecterer. pulsare〔叩くこと〕については，l. 5 § 1 de injur. (47, 10)：verbrare est cum dolore caedere, **pulsare sine dolore**.〔殴るとは，敵愾心をもって打つことであり，**叩くとは，敵愾心なく打つこと。**〕参照。
105) これについては，軽率な権利侵害についての私の論文の中で詳細に実証しておきました。私の Jahrbücher B. 23 VI。
106) 私の Abh., S. 157 参照。
107) この対立の起源について私が研究した際，私はヘレニズム時代におけるギリシア人の社会生活にまで遡りました。この対立は，帝政時代のローマにおいて実り多き土壌を見出したのです。
108) これは新たに書き下ろしたものです。このテーマは，175頁ですでに予定されていました。
109) そのような見解として，**Puchta**, Cursus der Instituonen, I, § 179, Aufl. 9 von **P. Krüger**, S. 552.

# 第三部

# 法学の概念天国

ある幻想

私は死んだ。私の霊魂が肉体から離れたとき，天使が迎えにやって来た。
「あなたは今，感性の枷から解放されました。あなたの霊魂を肉体に結び付けていた鎖は粉砕されました。あなたは，これからは精神だけの存在です。精神としての存在であるあなたは，もはやこれからは事物の『精神』を苦労して探し求める必要はありません。というのは，あなたを取り巻くすべてのものが，つまり全世界が精神 Geist，つまり真実存在 Ge-ist だからです[1]。あなたがこれまで知覚していたと思っていた世界は，時間や空間と全く同様に，あなたの表象の中でのみ存在していたにすぎなかったのです。それはあなたの主観的な直観という形をとっていました。あなたがカント Kant やショーペンハウアー Schopenhauer について学び，そして理解したときすでに知っていたにちがいなかったように，すべてはまやかしであり，錯覚だったのです。真の存在というものは，非物質的な性質を持っており，全世界は精神なのです。そしてあなた自身，その断片です。あなたが考えることは，**存在しています**——思考と存在は一つなのです。自分自身という高みにまで高揚した意思というものの力は，まさにこのことに起因しています。この意思というものを，あなたは，あなたの現世という前段階では，その不完全な形で，つまり現象世界における最初の萌芽において知り得たにすぎませんでした。あなた方の哲学者が現世の意思のみを思い浮かべて名付けた意思の苦悩は，今や，あなたにとってはなくなりました。これからは，あなたの思考のみが意思なのです——あなたが考えたことは，あなたが望んだことであり，あなたが望んだことは，現実のものとなります——思考と現実は一つのものなのです」
　教えてくれて有難う。私も大方そんなようなことなのではないかと思っていました。でも，私はあなたの口から確証を得られたことを嬉しく思います。私はあなたを何と呼んだらよいのでしょうか。

「私たち霊魂には名前がありません。私たちは，人間にあるような個体ではなくなっているからです。個性もまた，現世における有限な存在が持つ姿の一つです。他のすべてと同じく，個性も肉体と精神との結び付きに基づいています。精神が肉体から離れてしまった場合には，精神は，海へと流れ落ちる雫のように，真実の世界である精神実体に同化します。私はあなたであり，あなたは私です。私たちは皆，何の区別もなく一つであって，同一の精神実体なのです。あなたがこれまでに身を捧げてきた個人的自己という観念は，もうしばらくの間あなたの中に余波を残すと思われますが，やがてそれは錯覚であると認識することでしょう。あなたは，**自分**が存在しているのではない，**自分**が考えているのではない，むしろ存在し，考えているのは**何かあるもの**なのだということに気付き，自分の存在と思考は一般的な存在と思考に対して独立しておらず，このことは流れの中の雫，海の中の波と同じことなのだ，ということに気付くのです。お分かりになりましたか」

まだ何とも言えません。

「あなたは，現世では哲学に一所懸命取り組んでいたとのことですね。あなた方のような哲学者にとっては，非個性的な存在や思考を考えることに何の苦労もないはずです。しかも，あなたであれば，時間が経つにつれ，きっとうまくいくことでしょう。主観性から非個性的存在への移行は，訓練を積んでいない人にとっては，それほど簡単なことではありません。私もまた，ようやくそれに慣れてきたところです」

「今，あなたはまだ移行期にいます。幼虫ではないけれども，まだ蝶になっていない蛹の時期なのです。あなたはこの状態の中で，自分は目を覚ましているのか夢を見ているのか，自分が見，そして経験していることが表象なのか実在なのか，お分かりにならないでしょう。これが，主観性の意識が消えてゆく第一段階の症状です。あなたは，どんなに厄介な移行も，中間の段階を通り抜けて，それが成し遂げられることをご存知でしょう」

「ところで，私の言っていることを理解していただくために，私はあなたのこれまでの立場のところに降りてきて，時間，空間，個性についてのあな

たの表象に自分を合わせようと思います。ですから，あなたは私を個体として見ることができますよ。そして，実際には一つのものでしかない私たちをお互いに区別するために，ずばり私を指摘することができるでしょう」

　では一体，私はあなたを何と呼んだらいいんですか。

　「プシュコポロス Psychophoros と呼んで下さい，霊魂案内人です。私は，あなたの行き先の場所にあなたを案内する役目を与えられているものです。私が『場所』とか『案内』とか言ったのは，今，あなたの身に起こっていることをあなたの想像するやり方に合わせるためです。あなたの移行がもっと先まで進めば，あなたはお分かりになるでしょう，空間上のある特定の場所というものを考えることは，人間の思考の不完全性に起因しているということを。そして，私の側から案内することが不要となることもお分かりになることでしょう。なぜかと言うと，あなた自身があなたの行き先の場所にいるためには，その場所のことを考えさえすればよいからです」

　では，それをやってみます。私は考えることで，どこへ行くことになるのでしょう。

　「あなたはロマニストですから，法学の概念天国に行くのです。そこへ行くと，あなたが現世において真剣に研究していた法的概念を全部もう一度見ることができますよ。それも，現世において立法者と実務家から受けたような不完全で不恰好な姿はしていません。むしろ，完全無欠な純粋さと理想的な美しさを持っています。法学の理論家は，現世において法的概念のために尽くしたことが報われて，現世では霞んだ姿でしか見ることができなかった法的概念を，ここではくっきりと澄み切った姿で見通せるのです。法学の理論家は，面と向かって法的概念を見て，自分たちと同じような人々と付き合うときのように法的概念と交流を持つことができるのです。法学の理論家が現世において解き損ねた問題が，ここでは概念それ自体から解答が与えられています。ここには民法学上の謎というものが存在しません。休止している相続財産 hereditas jacens の構成，共同連帯 Korrealobligation の構成，権利に付着した権利の構成，占有の性質，容仮占有 precarium と使用貸借契約と

の相違，自己の物に対する担保権，学徒が人生行路において悪戦苦闘して苦しみ踠(もが)くことになるすべての問題という問題が，ここでは万事解決されているのです」

「これが，あなたが今，理論家として行くことが認められている天国です」

そうすると，理論家だけが行くところなのですね。では，実務家は，一体どこへ行くのですか。

「実務家には実務家の来世があるのです。そこはまだ太陽系の中です。そこには太陽光線が入ってきますし，大気も存在しています。しかも，実務家のごつごつした体質に合うような大気が存在しているのです。概念にとって必要である真空の場所には，実務家は決して存在することができません。またそこでは，地上と全く同じ生活が営まれています。要するに実務家は，現世における存在の諸条件をすべて，再度そこにも見出すのです。もし実務家が理論家の天国に行ったら，呼吸もできないでしょうし，また彼の目はこの天国を包む深い暗闇の中でも物が見えるようにはできていないので，一歩も動くことができないでしょう」

そこは暗いのですか。

「暗いなんてもんじゃないですよ！　真っ暗闇ですよ。理論家の来世がある天体は，もう太陽系の外ですし，太陽光線は入ってきません。太陽は一切の生命の源泉ですね。ところが，概念というものは生命と相容れないのです。概念にとって必要となるのは，生命との接触をすべて絶って，概念自体が完全に独自に存在する，そういう世界なのです」

では，そこへ行った理論家は，そんな真っ暗闇の中で一体どうやって物を見ることができるのですか。

「理論家の目は現世においてすでに，暗がりを見透かすのに慣れています。扱う対象が暗ければ暗いほど，ますます理論家はそれに対して魅惑を感じ，炯眼を示すことができるのです。彼は闇を見通すミネルヴァの鳥と同じです。梟(ふくろう)と同じなのです。もしローマ法源がすべての問題に対し明確にして確固たる解答を与えることができるとすれば，ローマ法史は彼にとってどん

な魅力があると言えるのでしょうか！　ローマ法源の不完全性，そしてしばしば見られるローマ法源の完全な沈黙が，まさに最大の魅力を与えてくれるのです。最も暗黒な部分こそが，最も興味をそそる部分なのです。なぜかと言うと，そこは，何ものにも縛られずに自由に想いを巡らすことが許されているからです。まさにこの点にこそ，ローマ法史が持つ真の無上の楽しみがあるのです。真っ暗な箇所に光が当たれば——すべてが消えてなくなってしまうではありませんか！　パンデクテンだってそうですよ。もしローマ法源の中に暗闇がなかったら，例えば暗黒な箇所がなかったとしたら，パンデクテンについての講義から何が生じると言うのでしょうか。まさにこの暗闇こそが，講義を味付けするものなのであって，教師はもう長い間，これを楽しみにしてきたのです。何百年も前から，何千人ものロマニストたちに自分の炯眼を見せつける機会を与えてくれた法文が，もし何の疑いの余地もないほどはっきり説明されたとすれば，この学問はどれほどの損失を受けることでしょうか——そうなったら，ロマニストにはこれ以上やるべきことが何もなくなるでしょう。この学問の魅力は消えてなくなってしまいますよ」

「さて，こんな話はもう止めにしましょう。出かける用意をして下さい。出発しましょう。旅立つためには，あなたは，私がたった今お話したように，全精力を使って，ただただ来世のことに思いを集中させて下さい。そうすれば，そこに着くのです」　252

やってみます。


「着きました！　私の任務はこれで終わりです。でも，あなたが試験にしくじったら，また連れ戻すためにやって来るかもしれませんけどね」

天国で試験ですって。試験は地上だけで十分だと思いますけどねぇ。死んでからの試験なんて，願い下げにしてもらいたいなぁ。

「あなたは，法律家なら誰彼の区別なく，ここ概念天国に入れるとでも思っているのですか。実務家がやって来て，この天国に受け入れてもらいたい

と言うことだってあるのですよ。概念天国は理論家だけのものであって、それも理論家の中でも特に選び抜かれた人たちだけのものです。あなたがその仲間に入れるかどうかは、試験で分かるでしょう。さもなければ、あなたは普通の法律家の天国へ行かなければなりません。あそこに見える番人のところで試験の申込みをして下さい」


試験の申込みをするように言われました。この天国に入りたいのですが。
「お前さんを受け入れられるかどうか見てやろう。でもその前に、お前さんは検疫をパスしなければならない。試験はその後だ」
検疫だって、どうしてそんなことするんですか。
「お前さんがわしらのところへ大気を持ってこなかったことを確かめるためだ」
君たちは大気に弱いのかね。
「わしらにとっては、そいつは毒なんだ。だからこそ、わしらの天国は空気の振動や光が届かないように宇宙の最果てにあるんだ。概念というやつは、現実世界との接触に向かないのさ。概念が活動し、大きな顔をしているところでは、現実世界に属するものすべてが完全に隔離されてないといけないんだ。お前さんの前に広がっている概念世界には、お前さんたちのいう意味での生命はない。この世界は、抽象的な思考と概念の王国なんだ。いずれも現実世界から切り離され、論理学の自然発生 generatio aequivoca の途上で自ずから形成されたものであって、だからこそどんな形であれ、地上世界との接触を恐れて身を避けているんだ。この天国に受け入れてもらいたい者は、現世の思い出だって完全に断ち切っていなくてはならない。そうでなければ、わしらの天国の最高の喜びそのものである純粋概念を観賞する資格もなければ能力もないんだ。まだそこまで断ち切っていないんなら、ギリシア人の黄泉の国にあるレテ川の水[1]みたいな特別の泉がここに取り付けられているから、これを飲みなさい。これを一口飲むだけで、観念にこびりつい

ている現実的生命は綺麗さっぱり忘却の底に沈むというわけだ。もっとも，わしらの天国への受入れを希望する者の中で，その泉を利用する必要があると思っている者はほんの僅かだがね」

　入れる人は多いんですか。

「多くもないね。それもほとんどドイツからだけだ。ドイツからだって，つい最近になってからのことさ。何世紀もの間，ドイツからは誰も来はしなかったよ。その頃の理論家は，実務家と一緒に普通の法律家天国へ行ったものさ。ここ5，60年前からようやく，最初の人々が到着し始めたんだ。受入れを希望した最初の人は，**プフタ Puchta** とか言ってたな。でも，その男の後は，実に嬉しいことに，受入れを希望する人が増えてきたんだ。勿論，入りたいと言ってきても，拒否しなければならなかった人も何人かいたがね」

　それは面白いねぇ。入れなかった人で，まだ覚えている名前はあるかい。

「2 人の名前は今でも覚えてるぞ。それは，**アルンツ Arndts** と**ヴェヒター Wächter だ**」

　あぁ，ヴェヒターね，それは分かるな。あの男は，法学の中にある高尚なものを分かっていなかったからね。彼の精神は，いつも実際的な事柄の低いところで徘徊していたもんなぁ。でも，**アルンツ**が入れなかったというのは信じられないなぁ。彼のパンデクテン概説は，**プフタ**のそれの改訂以外の何ものでもなかったけど。

「ところが，彼はどうもプフタの束縛から少しばかり解放されていたようなんだ。彼の見解に対しては，理論的に不十分であるとか，純粋な理論を犠牲にして実際生活の必要に譲歩し過ぎたという非難が浴びせられていたね。要するに，アルンツは試験に落第したってことさ」

　そんな話を聞くと，自分のことが心配になってきたなぁ。私が地上にいたときは，**プフタ**よりも**アルンツ**を支持したことが結構あったからなぁ。

　それで，**サヴィニー Savigny** もやっぱり来てるの。

「あの男の場合には難しい事情があってねぇ。サヴィニーはまだ，構成するということを本当には理解していなかったんだ。それで，すんでのところ

落第するところだったんだが，占有についての彼の著作が最後の決め手になったんだ。つまりだ，法制度を，その現実的・実際的意味などに気を取られないで，ただただ法源とか概念から組み立てるという，この天国に迎えられたい者なら誰もが証明しなければならない能力を，彼はこの著作で十分証明した，と天国側は考えて[2)]，その点で大目に見たのさ。『立法と法学のための現代の使命 Beruf unserer Zeit zur Gesetzgebung und Rechtswissenschaft』という彼の著作も，その意向は良いし，同時代人に及ぼした影響も好ましいというんで，彼に有利な評価が下された。天国側は考えたのさ。もしこの著作がなかったら，ドイツからローマ法を取り払って，国産の法典を作れという提案がとっくの昔に実を結んでしまったかもしれないってな」

君たちは，ローマ法を維持したいと思っているんですか。

「お前さんねぇ，よくもまぁ，そんな質問できたもんだね。一度(ひとたび)ローマ法がなくなるようなことでも起きれば，わしらはどうしろって言うんだい。わしはそんなときのことなんか想像すらしたくないね。そうなっちまったら，この天国は人っ子ひとりいなくなるだろうよ」

君たちは，ロマニストだけを当てにしてるのかい。

「ロマニストだけってわけじゃないさ。でも，ロマニスト優先だな。ローマ法はわしらに最高級のものを与えてくれるからな。でも，わしらは閉鎖的にはなっちゃいない。ゲルマニストだろうが刑事法学者だろうが，もし概念支配という信仰をロマニストと一緒に分かち持ってさえいれば，誰でも受け入れる。こうした人々の多くは大学教授だけど，ドイツ帝国議会議員とかラント議会議員もここへ来てるんだ。でも，彼らは，有難いことに，お前さんのところのビスマルク Bismarck のお蔭で，世界は抽象的原理によって支配されていなければならないという信仰の中に迷い込んでしまった連中というわけじゃないんだ。概念と抽象的原理の支配に対する揺るぎない信仰が，お前さんがこの天国で出会うことになるすべての人に共通しているんだよ。その信仰のお蔭で，その人たちは，概念と抽象的原理から生じる実際の結果のことを心配するという誘惑に負けないよう，完全に保護されているんだ。実

際の結果なんて，彼らはいつも考えちゃいない。そんなことを考えるのは，むしろ他の連中だな」

「さぁ，検疫の届け出をしてくるんだ。お前さんのところにまだ残っている大気は，検疫室でなくなるだろうよ。そうすれば，入場許可証をもらえるんだ。それを持って，あそこの門のところに行って，試験の申込みをすることだな」


概念天国に入りたいんですが。

「あなたの入場許可証は，問題ありません。許可番号119番，ローマ法教授ですね。あなたの入場を許可します。今すぐにでも試験に合格したいですか，それとも最初に私たちの天国を一度見たいですか。見学は自由ですよ」

それでしたら，見学の方でお願いします。

「あなたに霊魂を1人つけましょう。この霊魂があなたをあちこち案内して，すべてを説明してくれるはずです。この霊魂も，生存中は，あなたと同じくローマ法教授でした」

先生のお名前は何と仰るのでしょうか。

「私は忘却の泉の水を飲んで以来，自分の過去のことは，名前も含めてすべて忘れてしまったんですよ。多分，地上では大学教授だったんでしょう。そして，教授連中に有り勝ちなように分厚い本を書いていたんでしょうよ。そうでなければ，私はおそらくここにいないでしょうからね。私が書いた本は共同連帯に関するものじゃなかったかなぁ。というのは，概念ホールで共同連帯を見る度に，実に妙な感情に襲われるんです。まるで共同連帯と私との間に，前に一度もっと親密な関係があったかのような共感の悪寒にぞっとするんですよ」

非常に多くの方が，同じような感情を抱いていると思いますよ。なぜかと言えば，共同連帯について意見を述べなかったロマニストはほとんどいませんからね。共同連帯を扱った単行書や論文が発行されない年はないですもの

ね。

「共同連帯は，それほどのテーマなんですよ。共同連帯は，私たちの概念天国に存在する最も深遠な意味を持つ法的形象の一つなんです。法学者にとってそれは，神学者にとっての三位一体と同じぐらい興味をそそる無限の問題を含んでいます。人々はこのテーマに我を忘れて没頭するあまりに，もはや他の事柄に対しては何の意義も認めなくなってしまうのです。私たちの天国で一度，共同連帯と直接相対した人は，永遠にその魔力に圧倒されて，他のことはすべて忘れ，このテーマに没頭することになるんですよ」

それでしたら，お願いですから，私をそこへは案内しないで下さい。私は，他の事柄に対しても心を動かしたいという私の感受性を奪われたくありませんので。

私たちは，どちらへ行くのでしょうか。

「最初は**体育館**です。体操練習をする場所です。天国にやって来た霊魂たちが概念を見て疲労したとき，健康回復のために体操をしているのです。後で，あなたを再びこの場所へお連れしますよ，あなたが試験の難関を乗り切るためにね」

ここに見えるものは，実に珍しいものですねぇ。この奇妙な機械は，一体何ですか。

「これは**毛髪裁断機 Haarspaltemaschine** ですよ[2]。あなたが試験を受ける時には，この機械で1本の髪の毛を寸分違わず99万9999の等片に切り分けなければなりません。その隣に天秤がありますね。これは，一筋の太陽光線が差し込むだけで傾く天秤でして，これで量ってみて，たとえ1本でも軽いものがあることが分かったら，あなたは落第です。最初は，まだ肉眼で見ることができる1本の髪の毛が渡されます。その次は，あなたのいまだ未熟な視力ではルーペの力を借りないと見ることができない，もっと細いものが渡されます。時間が経てば，もうルーペは不要になります。視力がどれくらい伸びていくか，そしてまた練習によって毛髪の裁断がどのように名人芸にまで上達していくかは，信じられないぐらいですよ。ここには，規定通り裁断

されたうちの1本を再度99万9999の等片に切断できる人が数名いるんですよ。1番上手にできた人が，名人賞として月桂冠のように自ら分割した髪の毛で編まれた冠を授けられます。そして，他の人がこの人の技を上回るまで，この人はこの冠を持ち続けることになります。毛髪の裁断は，ここでは決して終結することがないのです」

そこにある長い棒は何ですか。

「それは，難解な法律問題の**登り棒**ですよ。この棒は非常につるつるしているので，太陽光線でさえ，仮にここまで差し込むことがあれば，つるっと滑ってしまうでしょう。あなたは3回挑戦することができます。失敗したら，落第です。棒の上に三つの檣楼（しょうろう）があるのが見えますね。試験では，あなたは最初の檣楼まで登っていかなければなりません。そこにある問題のどれか一つを下へ持ってきて，それから再び上へ持っていかなければなりません。残る二つの檣楼へ行くことができるのは，最初の攀登（はんとう）で見事，成功を収めた者だけです。言うまでもないことですが，各檣楼ごとにますます難しくなっていきます。1番上の檣楼には，たった1人が1度だけ登ったことがありました。その人はその後，問題を再び持って上がるという途方もない苦労をしましたけどね」

どうして，そんなことをしなければならないんですか。

「なんとまぁ，馬鹿げた質問をする人ですなぁ。問題がそこから消えてしまって，持って降りることができなくなったら，すべての楽しみがなくなってしまうじゃないですか。私たちの問題は，よじ登ることを鼓舞するためだけにそこにあるのであって，それを解くためではないのです。もしもう上に問題がないとしたら，登りたくてうずうずしている人は皆，一体，何を始めたらいいんですか。だからこそ，問題はいつも再度上へ持っていかなければならないんですよ」

それでしたら，あなた方のその問題は，私が以前，大学教授だったある場所で聞いた3羽の兎の話と全く同じですね。村域内の狩猟区全域には兎が3羽いるだけでして，狩猟愛好家たちはそれぞれそのことを知っていたのです。

258

兎を追いかけていって撃つのだけれども，兎に命中させてはいけないというのが，遊猟家たちの間で暗黙の了解となっていました。人々は，狩猟という楽しみをいつまでも続けようとしていたのです。遊猟家の１人がかつて１羽の兎に命中させたことがありました――その男は，ついうっかり当ててしまったのだと言い張りましたが，皆を憤慨させました。曰くです，「兎は狩りの獲物としてここにいるのであって，撃たれるためじゃないんだ」。登り棒の上の問題は，この兎の話と全く同じみたいですね。

「あなたの話は核心を衝いていますよ。私たちの法学者の天国のことがだんだんと分かってこられたようですね」

もう一つ質問をさせて下さい。あなた方がそこの上へ置いておいた難しい法学の問題が実務的な性格を持つ問題だとすれば，その問題は生活にとって意味があるものなのですか。

「私たちの天国についてまるで分かっていないということを，あなたは，またもや公言してしまいましたね。実務的な性格ですって。実務的という言葉は，ここでは禁句です。もし私以外の誰かがその言葉を耳にしたら，あなたは即刻，追放されるでしょう。問題が生活にとって意味があるかですって。一体，ここに生活というものがあるのですか。ここを支配しているのは，純粋学問，つまり法的論理だけです。そして，これらの支配の条件と，その条件が自ずと発しているすべての華麗さは，まさにその条件が生活とは何の関わりもないという点にあるのです。私たちが概念を詳しく観察するとき，概念が生活に従わなければならないとすると，概念はどうなるか，いずれあなたはその様を見ることになるでしょう。あそこの概念ホールで，あなたは純粋な概念，つまりただ単に自ら生存し，そして生活とのあらゆる関係から解放された概念を見て取ることができますよ。その隣に，珍奇な解剖学＝病理学的概念陳列室があります。その陳列室の中には，奇形となったり，脱臼した概念――現実世界においては，概念はこのような危険に晒されているのです――が収納されているのです。そこは標本ばかりです。そのような奇形は，たとえ現世において弱々しく生き長らえているとしても，私たちの天国では

生きていくことはできません。なぜなら，ここでは，学問的に**健康な**，すなわち概念として純粋にして，論理的に正しいものしか**生きていく**ことができないからです。あなたが考えている生きているということは，真の学問の死と同じ意味です。概念は自ら生きることを要求できますが，自ら生きることをせずに，現世の生命の欲求である屈辱的な軛(くびき)に繋がれるのは，学問の隷従であり，概念の苦役です。ここでは概念は自ら生きているのであって，あなたがここに迎え入れてもらいたいという望みを完全に断ち切ろうなんて思っていなければ，今，ここで見ているものすべてが一体何の**役に立つ**のかなどという質問は，誰に対してもしてはいけません。あぁ，**役に立つ**だなんて。概念が私たちの天国でも何かの**役に立つ**だなんて，とんでもないことです──ここでは，概念が**支配している**のです。ここでは，概念が現世において耐え忍ばなければならなかった下僕の隷従に対して，埋め合わせがなされているのです」

　「先に行きましょう。もう少し，私たちのところにある法学の機械をお見せしましょう。私は，すべての機械を説明することはできませんし，すべての機械が同じように興味をそそるものであるわけではありません。でも，幾つかについては，例えばここにある**擬制装置**──法的な目的にとってこれが高い価値を有していることは，あなたは経験からご存知でしょう──については，私がお教えしなくても，あなたは理解されるはずです。私は最も興味をそそるものだけを選び出そうと思います」

　「ここにあるこれは，**構成装置**です。うまい具合に，今，ちょうど作動中ですね。この機械を使っている霊魂が何をしようとしているか，それを見てみましょう」

　「すみませんが，お伺いしたいのですが，あなたは今，何をしているのですか」

　「契約を構成しているんですよ」

　契約を，ですか。そんなことは，実に単純なことですよ。これ以上何を構成することができるのですか。

「単純だからこそ，構成することが多いんですよ！　あなたはまだ新参者のようですね。そうでなかったら，こんなことは知っているはずですからね。最も単純な事物こそが，構成するという技術にとって最も興味深く，かつ最も報いられることが多い対象なのです。単純なことは誰もが理解できますが，しかし理解することはまた単純なことによっているのです。専門家なら，最も単純な法現象が最大の困難をその内に孕んでいるということを知っていますよ。そして，あなたが実に単純だと考えている契約については，私は，そもそもそれを首尾良く構成できるかどうか，いまだ全く分かりません。私は，契約を論理的不能であると断言してしまいそうです」[3]

だけど……。

「お黙りなさい。あなたが言おうとしていることは分かってます。あなたは，生活の中で契約なしでどのようにやっていったらいいのか，そんなことを考えているのでしょう。先ほども言いましたが，生活という言葉はここでは禁句です。さもなければ，あなたはここを追放されますよ。あなたの質問を訂正して下さい」

えーと，私は……，私が考えていたのは，権利に付着した権利とか，休止している相続財産とか，自己の物に対する担保権とかを構成するといった課題は，どうなるのだろうかということです。

「そんなの，実に些細なことですよ！　私はとっくの昔にやり遂げていますよ。関係が複雑であればあるほど，構成は簡単です。関係が単純であればあるほど，構成は難しいのです。契約の他に私が魅力を感じている格別のものは，債務と直接代理です」

質問したいのですが，あなたはそれらを構成して，どのような結果に至ったのですか。

「債務については，それは債務者の行為に**付着した**権利である，ということです」

でも，そんなこと，私には全く考えられないのですが。行為が行なわれない限り，行為は存在することはないのですから，従って行為に付着した権利

もまたあり得ないのではないですか。

「存在だって。そんなこと言ったら，あなたがこの天国の者ではないことが分かってしまいますよ。私たちが**考える**ものは，すべて**存在する**のです。あなたの思考は，時間というカテゴリーをいまだ克服してないようですね。そうした制約を受けた思考にとっては，債務者の行為は将来に至ってようやく存在することになりますが，そのような思考の制約がない私にとっては，債務者の行為はすでに今，存在しているのです。私がそれを思い浮かべれば，それはもうそこに存在しているのです。思考と存在は，私たちにとっては一つなんですよ」

その方法を使えば，確かにそうですね。それで，直接代理についてのあなたの構成は，どうなりますか。

「直接代理の構成は，全く不可能です。Ａの行為がＢの行為となるなんて，そんなことは考えることができません。何と言っても，Ａの行為の効果がＢに帰属するためには，Ａの行為がＢの行為であることが必要でしょう。ある人が他人のために薬を飲むことができないのと同じように，他人のために行為を行なうことはできないのです。一方は生理的不能であり，他方は論理的不能です——効果は，原因が先に存在していた人のところでのみ生じ得るのです。実定法が，他人の委任により，そして他人の名で締結された契約から，受任者ではなく，委任者だけが権利を取得し，義務を負うことを定めているとき，これは恣意以外の何ものでもないのであって，法的思考のあらゆる法則に対する違反です。それ故に，ローマ人たちはまさに的を射ていました。なぜなら，ローマ人は契約の効果を先ず初めに代理人のところに生じさせてから，その後で本人のところにその効果を移転させているからです」

でも，占有の取得や所有権の取得の場合には，ローマ人は効果を直接発生させていますよ。

「そいつは酷い！ それは，ローマ的＝法的思考が退廃した時代のことですよ」

「ここでは，あなたは誰とも争ってはいけません。あなたはまだ概念的思

考の高みにまで至っていませんからね」

「先に行きましょう」

「ここに見えるのは、弁証法的**解釈水圧機**です。これを使えば、どんな章句からでも、必要なものを引き出すことができます。中央シリンダーの隣にある二つのポンプのうちの一方は、弁証法的**注入機**、すなわち**給水装置**(インゼクタ)を中に持っています。この給水装置によって、章句の執筆者が全く知らなかった思考、前提条件、制限条件が章句の中に注入されるのです。これは神学者の発明品です。法学者は、ただ単にその発明を模倣しただけです。ところが、この装置は神学者の装置とはまるで比べものにならないもので、全体系をたった一つの言葉の中に入れてしまう神学者の装置の約10分の1ぐらいの性能しか持ち合わせていません。しかし、法学の目的のためにはこれで十分足りるのです。もう一つのポンプは、**排出機**、すなわち**除水装置**(エリミネータ)であり、これによって章句にある不愉快な実定的文言が除去されるのです。この機械を正しく操作すれば、互いに矛盾する章句が調和されるのです」

それで、その脇にあるあの機械は何ですか。

「あれは、弁証法的**穿孔機**です。難しい問題の根本を究明するために使われるものです。学問を徹底的に行なうという問題を機械によって実現するものなのです。それはそうと、この機械は、極めて巧みに取り扱わなければなりません。不器用に使用すると、穴を深く穿ちすぎてしまって、穿孔した人の顔が別のページでも見えてしまうことになります。これが起きると、私たち霊魂はいつも大笑いをします。不器用な人に辱めを与えるために、そしてまた他の人たちへの警告のために、失敗した試験片は保管され、展示されるのです——ここに見えるのがそれですよ」

私はそんなことでは驚きませんよ。私はすでに、あなた方の天国には穴を空け損なう人 Verbohrtem[3] がいないわけではないことを、内心、分かっていましたからね。

「失礼ですが、意地の悪い当て擦(こす)りは止めて下さい。これからもう二度とそんな当て擦りを言うような機会を与えないために、あなたに残りの機械や

装置を見せることはもう止めることにします。あなたが体育館で実際に見ておかなければならない最後のところへ直行しましょう。それは，**眩暈の壁**であり，その場所はこの壁で取り囲まれ，外部と遮断されています」

　その壁は，きっと恐しく高く聳えていて，どこが頂上なのか，ほとんど見えないですね，私の目では。

　「さあ，じっと目を凝らして見て下さい。あそこの壁の上で何かが動いているのが見えませんか」

　本当だ！　あなた方の霊魂の一人がいるようですね。あの人は，あそこで何をしているのですか。

　「あの人は，眩暈という試練に耐える訓練をしているんですよ。この壁は段構造で聳え立っています。最も低いところでは，壁のところに延びている小道の幅はまだ私たち霊魂の足と同じぐらいの広さがあるのですが，徐々にその道はどんどんと狭くなっていき，ついにはカミソリのような鋭さにまで細くなっています。これが弁証法的演繹法の小道でして，この道をほんの一歩踏み誤れば，理性は無意味という奈落の底に落ちる危険を冒すのです。少し高くなったところから，多くの人が下に落ちています。上を見て下さい。ちょうど目の前に実例があります。ほら，あの人は落ちますよ」

　おぉ，怖い！　あんな高いところから落ちるなんて。しかもその上，あの人は馬鹿ですねぇ，頭から落っこちましたよ。さぞや，重傷を負ったでしょうね。

　「そんなに大したことではありませんよ。ほら，あの人はすぐに立ち上がって，再度，冒険を試みていますよ。私たちの頭は，衝撃に耐えることができるようにできているんです。あなたも試験の際には，この眩暈の壁に上がらなければなりません。でも，一番低い段だけでよいのですよ」

　私が試験で合格しなければならない試験課題のことですが，これまでお話し下さったことで，もう不安な気持ちで一杯になってきました。お蔭で，今では，合格できるかどうか絶望的な気持ちになっています。最終的には，私は試験の申込みを遠慮することになるでしょう。

「それはあなたの問題です。私は今から，あなたを**法史アカデミー**に案内します」

法史のための独自のアカデミーですか。

「法史一般ではなくて，ローマ法史だけのためのアカデミーです。しかも，純然たるローマ法史ではなくて，むしろローマ法史の一部門，それも学問的価値と関心という点で他のすべてのものをはるかに凌駕している一部門だけのためのアカデミーです」

原史ですか。

「違います。原史に対しては，ここでは第2順位を与えているにすぎません。第1順位を占めているのは，ローマの方式とテキストを復元することです。この作業は，ローマ法史との取り組みの中で最も難解で，最も貴重な部分に当たります。この作業に熟達していない人は，アカデミーに入れません」

それでは，アカデミー会員はそんなに多くないのですね。

「とんでもない！　勿論，テキストに敢えて取り組む人はそれほど多くありません。大抵の人には，それを行なうための勇気か，又は文献学的知識がないからです。ところが，ローマの方式を復元しようと試みる人となると，有難いことに，いなくなることはありません。そのため，アカデミーは二つの階層に分かれています。つまり，テキストの復元をする階層と方式の復元をする階層です。前者は高い階層であり，後者は低い階層です。前者の階層の会員だけが，自分たちは完全だと見ており，自分たちだけでいるときには，自分たちのことを『全人 Ganzen』と称しています。その一方で，この人たちは第二の階層の会員たちを単なる『不完全人 Halben』と呼んでいます。このことを第二の階層の会員たちが知らないわけではなく，彼らは非常に敏感で神経質になっています。ところが，この人たちはこの人たちで，前者の階層の会員はローマの方式の復元すらできない法史家だと見下すことによってその埋め合わせをしているのです」

アカデミーの中に入ってもいいですか。

第三部　法学の概念天国　299

「ええ，勿論です！　ただ，あなた自身はアカデミー会員になっていませんので，出席者の誰にも話しかけてはいけませんよ。もし何か知りたいことがあったら，質問は私にお願いします」

「あなたを第一部会にだけお連れします。第二部会は，大したことはありません」

ここに掛かっている黒板は，一体何ですか。

「復元を試みるための黒板ですよ。復元しなければならないローマの法律表の欠損テキストがここに書かれているのです。毎月交換されて，新しいテキストが書かれます。ローマの文書(もんじょ)テキストの復元を試みるために，そこには様々な，ばらばらになった法典があるのですよ。かなりの頁は，若干の文字しか識別することができませんし，全く識別できない頁すら存在します。今，黒板に何が書かれているか，見てみましょう」

<u>266</u>

```
U N . . . . . . . . . . . .
. . . . . . . . . F R U C
. . . . . . . . . H T B .
A R E . . . . . . . . . .
S P . . . . . . . . . . I
E L E . . . . . . . . . .
R E . . . . . . . . . . .
I . . . . . . . E N . .
```

「この断片を修復することができますか」

私は復元というものをやったことがないので，ここでも気が進みませんね。せいぜい私は，ＳＰという文字は，ＱＲが脱落しており，Senatus Populus (que Romanus)〔元老院とローマ市民〕という意味ではないかと思うぐらいです。

「それは，アカデミー会員全員が考えました。これが，全員の見解が一致している唯一の箇所です。それ以外の点では，テキストの復元は完全に意見が分かれています。今のところ，会員の誰一人として正解に達した人はいま

せんし，この課題だけでなく，前回の課題も正解した人はいませんでした。正解者は，このアカデミーの会長となります。そして，他の人が同じように正解して，この人に取って代わるまで会長の地位に留まることになっています——今のところ，この地位についた人は誰もいません」

それでは，やる気がなくなりますね。私は，これ以上復元の作業をすることは，金輪際止めることにしましょう。

「あなたは復元をしないのですか。アカデミー会員は誰もが，自分が正解者であると固く信じているんですよ。そして，こうした信念の中に自らの満足を見出しているのです。このような学問的活動という刺激を一度(ひとたび)，味わった人にとっては，これ以上高い喜びというものは存在しないのです。なぜなら，これによって古代の失われた断片を再び白日に曝すという感情，つまりローマ法源の領域におけるシュリーマン Schliemann のような人物になれるという感情を物にすることができるからです。法源を**読む**ことは誰にもできます。ところが，法源を**作る**こと，これは技術なのです。古代の言葉は，瓦礫の破片や腐敗したもののように，フェストゥスとウァローの著作が入り乱れて，とんでもない状態となっています——これは，その価値を認めることができない人にとってはつまらないがらくたです。ところが，これにうってつけの男がやって来ると，その人はこれらの言葉を使って十二表法の新しい法文を私たちに示してくれるのです。ガイウスだってそうなんですよ——あっ，待って下さいよ，しばらく前からガイウスに取り組んでいるアカデミー会員がちょうど今，作業中であるところを，そこで見かけましたから。その人に，今，何をやっているのか，聞いてみませんか」

「すみませんが，あなたは，今，ガイウスの何に取り組んでいるのですか」
「つい今しがた，ガイウスの欠損の修復を終えたところで，今はそのテキストの誤りを修正しているところです。ガイウスは幾重にも大きな書き誤りを犯していたと，私は確信しましたよ。例えば，彼は，ローマの遺言方式を描写しているところで (II, 104)，ex jure Quiritium meam esse ajo〔私はローマ市民法に基づいて私のものであると主張する〕という語を落としていたん

ですよ。私はたった今，テキストの中にこれらの語を挿入したところです」[4]

　私の考えでは……。

「その人に対して，どんな発言もしてはいけません。さもなければ，あなたは失礼な態度をとったことを理由に，このホールから直ちに立ち去らなければなりませんよ。小さな声で私に話して下さい。で，あなたはどう考えているんですか」

　私の考えでは，それは全く見当違いだと思います。その方式について口の端にのせる家産買得者 familiae emptor が強調しようとしていることは，自分は**所有者**になるのではなく，むしろゲルマン法の表現を使えば**受託者 Treuhänder**，つまり**ザールマン Salmann** になるということ，すなわち相続財産の保管と管理を行なおうとするものでしかないということです (familia pecuniaque tua endo **mandatela(m) custodela(m)** que mea(m) ... est empta)。ローマ市民法に基づいて私のものであると主張するというのは，必然的に反対の結果を招くのではないでしょうか。もし家産買得者がローマ市民法に基づいて所有者 dominus ex jure Quiritium となるのであれば，彼は相続財産を構成するすべての物を売却できたはずですし，そして相続人と受遺者は，何も貰えなかったはずです。まさにそうであるからこそ，家産買得者は相続財産に関して専ら保管と管理を行なうということ mandatela custodelaque になるのです。

「私も同じ意見です。でも，その霊魂はそのような懸念は全然気にもしておりません。『ローマ市民法に基づいて私のものである ex jure Quiritium meum esse』と言うことは，単に『私のものである meum esse』と言う場合より，その人の耳には完全なものとして響くのです。それで，この人はこの付加語がない場所にこれを付け加えたのですよ」[5]

　今度は，その人はガイウスを脇へ置きましたよ。今度は，一体，何をしているのですか。

「パウルス Paulus ですよ。その人は，パウルスが伝えている (S. R. III 4a, 7) 財産処分の禁止 interdictio bonorum の方式を，章句の最後の部分である ob eam rem tibi ea re commercioque interdico の ea re を lare[4] に変える[6] ことによって修正しているんですよ」

その人は，何を考えているんでしょうか。

「おそらく，lar に家の守護神の祭祀を意味させているんでしょう。これは，多分，あなたを驚かせた以上にローマ人を驚かせたのではないでしょうか。そのように修正すれば，浪費者は財産管理を奪われるだけでなく，家の守護神の祭祀への参加も禁止されてしまうでしょう」

それは法務官によってですか。法務官は，ローマでは宗教に関する事柄とは何の関わりも持っていませんでしたよ。よく知られているように，こうしたことは神官の権限に属していましたよね。ですから，法務官が神官の権限領域を侵害したという話は，いまだかつて聞いたことがありません。ところが，あなた方の天国では，地上においてまるで予想もできない事柄を学習しているんですね——法務官が高等神殿の権力保持者だなんて！ でも，どうしてそれが駄目と言えるのかなぁ。なにしろ，私たちのところだって，上級地方裁判所長とか，政府の首長が上級教会会議長 Präsident des Oberkonsistoriums に任命されるということがありますからねぇ。

「そのような些細なことは，ここでは拘ったりはいたしません。天国では，地上での官庁を非常に悩ませる管轄問題などはもはや存在しないのです」

おそらく，そうでしょうね。でもローマの法学者は，**財産処分を禁止する bonis interdicere** としか語っていません。**水と火を禁止する aqua et igni interdicere** というようなことが言えるのであれば，彼らは **lare bonisque** と言うこともできたでしょうし，またそう言わねばならなかったでしょう。

「あなたは，先に述べたガイウスの章句から，その章句が語法上はあまり信頼できないものであることをすでにご存知ですね」

それは事実でしょう。でも，このような不精確性はその宗教的意味の実相を見えなくしてしまいます。ローマの法学者にとっては金銭のみが問題であって，lar というものは，彼らにとっては全く取るに足らない事柄です。浪費者が法務官の前へやって来たときに初めて気付くことになるんですよ。何

に気付くかと言うと，財産処分の禁止――かつて彼は，法学者がこれについて話をしていたのを聞いたことがあったんですね――だけが問題であるのではなく，むしろ lar も口を差し挟む権利がある，ということですね。

「彼は，予めもっとしっかりと問い合わせておくべきだったのでしょうね」

その通りですよ！ ところが私もまた，法務官とローマの法学者から推測した疑念を投げ捨てることにしても，やはり，宗教的な排斥と浪費者及び禁治産宣告との関連は，私にはどうしても合点がいかないのです。同様に，今日であれば，浪費者又は破産者は教会に足を踏み入れることを禁止されてしまうのかもしれません。そのような措置が命じられることで利益を得る者として子どもたちが方式書に挙げられておりますが[7]，それらの子どもたちは，父が家の守護神の祭祀に参加しないことに対して，一体，どんな利益を持っていたのでしょうか。むしろ，人々は全く正反対のことを考えていたようですよ。というのは，家の守護神の祭祀への参加は，おそらく，父が反省して改心するという働きをしたからです。そして，浪費者が家の守護神の祭祀に姿を現わすことが相応しくなかったとすれば，窃盗，強盗，殺人犯，姦通者，偽証者の方が何にも増して相応しくなかったのではないでしょうか！ これらの人々も „lar" が禁止されていたなどということは，いまだかつて読んだことがありませんよ。

同時に，家の守護神の祭祀の職務を奪われた浪費者に代わって，誰がその後，守護神の祭祀を執り行なうことになったのか，この点もまた私にははっきりしないのです。財産管理人でしょうか。でも，この者は何の関係もありませんよね。では，家子でしょうか。いや，彼ら自身，家父の祭祀職を司る能力がありませんでした。では，家母でしょうか。いやいや，家母ができたことは，夫の**脇に立って**それをすることだけでした。そうであるとすれば，浪費者の家での家の守護神の祭祀は停止されたにちがいありません――もっとも，人々が祭祀 sacra を負担と感じ，それから逃れようとしていた宗教の退廃時代には，こうした結果はすでに多くの人々を満足させていたことでしょう。しかし，神官にとっては，この結果は耐え難いものであったはずです

よ。

　私の懸念は，まだ終わっていません。どの筆写本でも同じように読み取ることができる方式書の中の „ea re" という言葉を用いて，法務官は，この章句の前置文で言及されている「**父方及び祖父の**財産 bona **paterna avitaque**」の譲渡だけを禁止しています。すなわち，浪費者には，彼自身が取得した財産についての処分権限は依然として認められているのです。財産処分の禁止の意味は，本来，**相続財産**，しかも**最狭義**の相続財産，つまり**無遺言相続**によって**尊属**から浪費者に与えられた相続財産を家の中に保持しておくということだけでした[8]——こうしたことになるのは，浪費者としては，法律のお蔭ではなくて，取得するという行為の結果だからでした。相続の承認 Antretung もまたこの取得行為に属していました。これについては，浪費者は，何の妨げも受けることなく好きなようにすることができたのです。ところが，家の守護神 Lar が彼の目論見を駄目にしてしまうのです！ „lare" を使えば，法務官が取引能力 commercium の剥奪を父方及び祖父の財産に限定していた „ea re" という言葉が除去され，その結果，その剥奪措置は，浪費者が所有するものと取得するもの一切合財にまで拡大されてしまいます。その浪費者は，あの学者によって e と l が取り替えられることにより，とんでもない酷い目に遭うことになるではありませんか！

　しかし，何はともあれ，このようなケースは，極めて興味深いものがあります。このことから，たった一文字を変更するだけで良い結果を招来させたり，あるいは悪い結果を招来させたりすることができる，ということが分かります。このケースのことを思うと，私は，i と t とを取り違えたために，ある詩の中で「**五月薔薇 Mairosen** のうっとりするような香気」を「**水夫 Matrosen** のうっとりするような香気」に変えてしまった植字工のことが思い出されるのです。私がこのケースから得られるもう一つの教訓は，一つの文字を別の文字に変えることは，変更の射程距離を明らかにすることよりも簡単だということです。

　それはそうと，私はあなた方のアカデミーについては，もう本当に結構で

す。今となっては，どうしてアカデミーが眩暈の壁の近くに建てられているのかも分かりましたよ。さらに見るべきものとして，どんなものがあるんですか。

「私が最後の最後までとっておいた，とっておきの最高，かつ最良のものがあります。あなたは，それをあの豪華建築の中で目の当たりにしますよ。その建物の真ん中にある高い丸天井で，私たちの最高の神聖な場所が覆われているのです。そこが概念ホールです。それと並ぶ一方の翼部には，**大脳研究室 Cerebrarium** があり，もう一方の翼部には，**解剖学＝病理学的概念陳列室**があります。最初に私たちは，大脳研究室に行きましょう」

　入口は，一体，どこですか。ドアがどこにも見当たらないのですが。

「ここでは，ドアというものはありません。私たちは，走っていって壁に頭をぶつけることに慣れています。そうすれば，壁は崩れて，通ることができるのです。あなたが地上で，完全に原則のみに徹するという勇気を持っていたのであれば，つまり，一度(ひとたび)，選んだ道は正しいという意識の中で一歩も動くことなく，又はあなた方が普段用いる表現を使えば，頑なに前だけ見て，右も左も目をくれずに，その道が沼とか断崖に通じているなどということは気にもせずに，あるいはまた，低級な比喩を使えば，実際の結果のことなど気にも留めないで，完全に原則のみに徹するという，そうした勇気を持ち合わせていたのであれば，ここでも走って行って，この壁に頭をぶつけて，力ずくで突破することなどは，あなたにとって簡単なはずです。あなたの代わりに，私がやってあげましょう。ついてきて下さい」


「ここが，大脳研究室の中です」

　これは，一体，何ですか。

「それは，私たちの霊魂の実験室です。ここでは，理論家のための脳実体が製造されています」

　理論家のために，何か特別な脳が必要なのですか。

「そんなことは，生きている間中，自分の脳を持ち歩いていたあなたであってみれば，分かっているはずですよ。ご自分の脳がどこにでもいる実務家の脳とは異なった組織になっていることを，あなたは一度も気付かなかったのですか」

うすうす感じてはいましたが，でもはっきりとは分かりませんでした。

「あなたは，ここで，事後とはなりますが，この点についての知識を増やす機会に恵まれますよ。ここでは，比較をするために，蠟(ろう)で厳密に人工的に複製された二つの脳が置いてあります。一方は理論家の脳であり，もう一方は実務家の脳です。違いに気付きませんか」

確かに違いますね！ 理論家の脳の方には，大脳髄質 substantia medullaris の中に独特な隆起がありますね。

「それは，観念の突起 mons idealis です。これが，法学の理論家と実務家を区別する特徴をなすものです。観念の突起は，理論家となる資質を備えた法学者の頭の中で徐々に発達していくのですが，その発達の源になっている実体がここで作られています。それは，大気のあるところでは気化してしまっており，その結果として，理論家を生むという神の恵みを受けた女性にその実体を植え付ける可能性が生じるのです。その女性が受胎の時にその実体を吸い込むのですが，その瞬間は，それを吸い込んだことに気付きません。後になって，彼女は胎児の動きから，早くも，この子は何か特別な子なのかしらと感じるのです——将来，理論家となることが，母胎の中にいる時にすでに，自分が世間の評判となるまで待つことができないという前兆によって，予告されているのです」

観念の突起の機能は何ですか。

「観念の突起は，観念的思考という才能を理論家に与えます。あなたは，この観念的思考と抽象的思考とを混同してはいけませんよ。抽象的思考の方は，誰にとっても必要であり，何はさておき実務法律家にとって必要です。そして，実務法律家という職業では，たとえ自然が彼にこの点についての特別な何かを与えていなかったとしても，彼の職務活動にとって必要となる限

りで抽象的思考が彼の中に形成されているのです。ところが，観念的思考の方は，法学理論家特有の長所をなすものでして，それは，法的な物事を考える際に，実務において現実化するという前提条件から解放される能力に基づいています。適用と証明という問題は，法学理論家にとっては全くどうでもいいことです——彼が考えることは，存在しているからです。こうすることによって，実務家に多大な苦労をかけているすべての困難から，つまり，理論家によってなされる精緻な区別の具体的認識は何を手掛かりにして行なうのかという問い，そして，抽象的に可能な意思の区分が個々の事例においていかにして証明されるのかという問いから，理論家は解放されるのです——理論家の世界は専ら抽象的なものだけで形作られており，具体的な事柄については，理論家はこれを実務家に委ね，実務家がどのようにしてそれを成し遂げるのかを見ているのかもしれません。こうすることで，他のすべての人々を非常に苦しめている思考と現実の間の対立は，理論家にとっては排除されているのです。理論家は，現実世界が単なる仮象であり，主体の単なる表象でしかない哲学的観念論の高みにいるのです。理論家は，デカルトCartesius[5]の『我思う，故に我あり cogito ergo sum』という文に対して，果てしなく内容の豊富な『我思う，故にそれあり cogito ergo est』という文を持ち出します。このような創造的にして，存在を仮定し，そうすることで埋め合わせてしまう思考の力で武装することにより，理論家には法の領域で，彼の思考の組み合わせに対して，止まれ，と呼びかけてくる障害がなくなるわけです。雲の上に舞い上がる鷲と同じように，理論家は観念的思考の大気圏の中へと舞い上がり，自分のはるか足下にあって自分の視界から消え去っている現実世界のことなど全く気にすることなく，そこの純粋な思考エーテルの中で遊泳するのです」

　教えていただき，有難うございました。まぁ，私もそんなことではないかと思っていました。私はいつも，法学というものは法の数学だと思っていました。法学者というものは，数学者が数値で計算しているのと同じように，概念による計算をしているのです。結果が論理的に正しいものでありさえす

れば，その先のことなどには法学者は気にする必要がないわけですよね。

「理論家が，理論家という名に値することを証明したいのであれば，まさしくそのように**しなければならない**でしょう。しかし，実務家は虚弱であるため，実際の結果に目を向けてしまい，それにより矛盾のない論理的思考の中で迷子にされてしまうのです。勿論，それは彼のせいではありません。彼の脳には，観念の突起がありませんからね」

では，観念の突起の実体は，一体，どのようにして作られるのですか。

「それについては，今はまだ，あなたには理解できないでしょうね。その手順はおそろしく複雑です。ところで，理論家にとって必要な実体は，ここで作られている一つだけというわけではありません。その他にも，法史の直観のための実体もここで作られています。それは，一般の理論的な脳実体に空想力をいかに正しく付け加えるかにかかっています」

法史家だけに空想力が必要なのでしょうか。私は，トマジウス Thomasius のある著作の中で，法律家は，実務法律家もまた，それなりの量の空想力がなければやってゆくことができない，ということを読んだのを思い出しました。トマジウスは，空想力は「風変わりな法律事件 casus juris を思い浮かべるために」必要である，と述べていますよ。

「それは単なる普通の空想力，つまり phantasia communis seu vulgaris〔通常の，ないしは在り来りの空想力〕です。でも，それでは法史家にとって十分ではありません。法史家は，全く特別の空想力を必要とするのです。そして，それはここで作られているんですよ。その特別の空想力は，**詩的空想力**，つまり phantasia poetica seu eximia〔詩的な，ないしは格別の空想力〕を法学理論的な脳実体にうまく付け加えることによって作り出されるのです。正しい付加比率を少しでも超えてしまったら，その脳の将来の持ち主は，そのことで少なからず苦しむ羽目になります。詩的空想力は，純粋に法史の問題に満足せず，その問題によって吸収されることも，結び付けられることもないので，心の中は煮えくり返り，荒れ狂い騒ぎ立てるのです。そして，詩人と法学者は派手に喧嘩をするのです。その際，万事は，なんと言っても，

両者のどちらが他方を降参させるかにかかっています。詩人の方が強かったとすれば，法学にとってこれ以上危険とならないように，詩的な実体が表に出ます。その男は，詩，戯曲，短編小説，長編小説を書くのです。こうしたことは，同じように準備される他分野の学者の場合にも起こることです。ところが，法学者が優位を保っているときは，困った事態となります。その場合には，完全に過剰な詩的空想力はどこかに出口を作って沈殿せざるを得ないため，法学文献の領域に姿を現わします。それは弱々しい小川であり，満ち満ちた流れのように自らの河床を取り除くほどの力強さはなく，平らに固定した岸に閉じ込められずにあちらこちらへと溢れ出て，水溜まり，池，沼を作り出す——不完全な詩才による法学の洪水です。完全な詩才は，法学にとって危険ではありません。なぜなら，それは法学の素材に不当に手をつけたいという気持ちに駆られることがないからです。ところが，不完全な詩才——これがいかに曲者であることか！ それは，純粋な詩的創造に高めることができずに，気を休ませるために法学を使うのです。そして，それは流出する場所を選ぶ際，選り好みをすることはありません。不完全な詩才が自分自身を眺めて恍惚状態に陥らないということ，そして死力を尽くして自分自身を詩的光輝をもって輝かしいものにするということ——これに対して安全なものは何一つなく，最も無味乾燥な法的事柄ですら安全ではないのです。擬制よりも味気ないものとして何があると言うのでしょうか。そして，なんと言っても，最近のある著述家は，オリンポスとオリンピアのゼウス，ハリケーンと火山，稲妻と雷雨，陽春と飛び交う蜜蜂を呼び覚まして，それらの存在の正しい姿を見事に描き出しました——ベンガルの照明[6]の下での擬制です[9]。

　このような人々のうちの最初の人たちが私たちの天国にやって来たとき，私たちは，彼らに対して詩人の天国に行くように言いました。しかし，そこでは彼らは抗議を受けて，送り返されてきました。その抗議とは，曰く，彼らは詩人たちの外面的な装いだけを，つまり美辞麗句だけを借用していただけである，曰く，真の詩人とは言語の中にあるすべての美辞麗句とすべての

誇張に対して内面的な抵抗を感じるものであり，その形態が内容に相当していなければならないことを知っている，そして曰く，真の詩人たる者は法学の概念に詩的な断片を掛けるという危険に陥ることは決してない，というものでした。こうして，彼らは私たちの天国に戻ってくることになりました。私たちは，彼らの存在を我慢していますが，大抵の人たちは彼らを避けています。いつも，彼らは物思いに耽って，虚ろに塞ぎ込んで，隅っこに座っています。何か注意を惹き付けるものが出てくるまで，そうしているのです。それから，彼らは跳び上がり，暴れ回って，彼らについてさほど知らない人であれば皆大きな不安を感じるかもしれないような恍惚状態に陥るのです。ところが，誰に対しても危害を与えない人々というのは，そしてこの発作が過ぎ去ると，今度は全く理性的に話をし，かつ彼らについて嘲笑う他の人々よりも先のことを見通していることが稀ではない人々というのは，全く害のない人々です。彼らは，自分たちを嘲笑う人々，つまり合理的な知のみをもって行動する人々よりも，想像力と物事に感動する精神の柔軟性を多く持っています。もし彼らが自分の精神を抑制する力しか持っていないとすれば，彼らは自分たちを嘲笑う他の人々と全く同類の者になれるでしょう。しかし，彼らにはまさにこの点が欠けているのです。

　次は，円形広間，つまり概念ホールへ行きます。あなたはまだ〔この天国に〕受け入れられていませんので，ホールへ入る権利をまだ持っていません。そのため，私はあなたを回廊へお連れします。そこからでも中のものをじっくり見ることができますよ」


　ここは，ものすごい雑踏ですね。ハンブルク証券取引所を思い出しますよ。ここで動き回っている人たちだけは，それ以外の所で普段見かける人たちと全く違っていますね。実に堂々としていて，立派な姿をしている！　それに，顔の表情も全然違う──輪郭がくっきりとした顔立ちの方々ばかりだ！　何と言っても，人間の顔つきが概念の顔つきの背後に隠れてしまっています

ね。

「それは，そんなに不思議がるようなことではないですよ。顔は心の中の表われです。それにしても長い人生は，人間の内面の中で，どれほど多くの動きをすることでしょうか。人間が苦しめられる感情や感覚には，どれほど多くの種類があることでしょうか。そして，人間の思考は果てしなく生じてくる事柄にいかに多く拘らっていることでしょうか。ところが，概念の思考は概念それ自体という一点に，しかもそれだけに制限されます。概念は，この世の始まりから今日の日まで，**自分自身を考える**こと以外何もしたことがないのです。概念が晒されている，激情や情熱への唯一の誘惑は，概念がその支配領域の限界を超えてお互いの間で不和となる場合だけです。その場合，概念は感情がぐっと表に出てきて，不愉快な気分になることさえあるのです。そのような一時的な激情発作を除いて，概念の思考がこのように常に澱みなく，かつ完全に自分自身のみに向けられているという点で徹底しているときは，その存在がその顔つきに，そして外に出たその態度にさえ，紛れもなく表われることは少しも不思議なことではありません。概念の大部分を直ちに認識することは，きっとあなたにとっても困難なことではないでしょう。例えば，そこで並んで立っている3人の概念を，あなたはどう思いますか」

1人の概念のずる賢そうな顔は，その概念が紛れもなく*故意氏 dolus* であることを示してますよ。その概念の心の中に隠れている悪巧みを，その顔から見て取れますからね。恐ろしく間抜けそうな顔をした2番目の概念は，*重過失氏 culpa lata* 以外にあり得ません。申し分のないぐらいの軽率さですね。3番目の概念は，その表情の不注意さとそのぶらぶら歩いている足取りからすれば，*軽過失氏 culpa levis* と考えるしかないですね。

「お見事！ あなたは，まさに今，その概念があそこの隅で足を伸ばしている概念の足を踏んでいることからも，そのことを見て取ることができますよ」

あの足を伸ばしている概念は，誰ですか。あの概念は眠っているように見

えますが。

「それは、遅滞氏 *mora* です。あの概念は普段、隅で長々と手足を伸ばして怠けているのです。あの遅滞氏はね、督促があの概念を時折はっと跳び上がらせない限り、決して動くことはないでしょう」

「今、故意氏に歩み寄っている概念も、あなたはきっとお分かりになるでしょう」

それは善意氏 *bona fides* にちがいありません。顔に表われた公明正大さ、誠実さ、正直さの紛れもない表情が、その概念は善意氏であることを告げています。

「確かに、あの概念は簡単に分かります。ちょうどホールの真ん中に立っている概念も、あなたにとって難しくはないでしょう」

あれは、所有権氏以外にあり得ません。あれは、私が所有権から得ていたイメージにぴったりだからです。つまり、角張っていて、ごつごつしていて、手足は逞しく、栄養はよく、そして顔の中に腹一杯になって快適な気分になっている表情が見て取れるのです。その概念の顔を見ると、何ものによっても否認され得ず、自分は完全に安全であると感じており、その概念の隣にいる他の概念と際立った対照をなしていることが分かります。所有権氏の隣にいる概念は、極度にびくびくして心配でたまらないといった表情を浮かべていますね。

「それは、債務氏 *obligatio* ですよ。債務氏は、いつも相応の権利を認められるかどうか心配しているのです。債務氏に他のことを考えさせることができるのは、保証氏と担保権氏だけです。彼らと付き合っているときは、債務氏はいつも機嫌が良いのです」

膨れっ面をして隅にいるあそこの人たちは、本当に不機嫌そうな人たちですね。

「あの人たちは、自分たちがほとんど注目されないことに腹を立てているのです。そこに一緒に立っている2人は、頭格消滅氏 *capitis deminutio* と破廉恥氏です。彼らは以前は体調が良かったのですが、今や、その時は過ぎ去

ってしまっています。彼らの手の震えと彼らの仕草全体から，あなたは，彼らが完全に虚弱で老衰していることにお気づきでしょう。彼らは，いつかもう一度名誉を回復したいという望みを，おそらくすでに自ら放棄してしまったのでしょう。彼らは一時，新たな希望を抱いていたことがありました。近時の法学者の一人が[10]，**現代**ローマ法についての彼の教科書や講義の中で，彼らに対して席を認めてやり，心のこもった取扱いをしてあげたのです。あなたは，再び彼らがどれほど自信を取り戻したか，そしてその法学者がここに到着したとき，その人物に対してどれほど歓迎の歓喜の声を挙げたことか，是非見れば良かったですね。ところが，ここではそんなことに全く重きを置きません。彼らは，時代遅れの人たちだと看做されているのです。本当なら，彼らは私たちの法史の墓地に行くべきだったのですが，崇敬の念からここでも大目に見てもらっているのです」

へぇ，あなた方は墓地も持っているのですか。

「勿論ですとも！ 今は，まだ誰も入っていないので，私はあなたに墓地をお見せしなかったのです。私たちは，概念を埋葬することを恐れています。たとえすべての生命とすべての力が概念から消え失せたとしてもです。ここでは，概念には，退職した官吏のように，概念の過去のことを鑑みて，威厳ある寛ぎ otium cum dignitate が認められているのです。同じように，あそこの隅で不貞腐れている他人の家屋に居住する権利氏 habitatio と家畜利用権氏 operae animalium は，いつかは埋葬される運命にあります。そして，この二つの概念の葬式の準備はすでにすべてできていますが，しかしその葬式は他の概念の場合と同様にこれを執り行なうことはできないのです。それらの概念は，今日の日までなおも，ここで**現代法の概念**の中にいるのです」

あそこの別の3人の概念は，同じように多数の人々を避けて不機嫌でつまらなそうに隅に立っていますね。でも，あれらの概念たちはまだ生命力があって，達者なように見えますが。

「その通りですよ。あれは，地上権氏 *superficies*，永小作権氏 *emphyteusis*，使用権氏 *usus* です。あの概念たちは，話し相手がまるで見つからないこと

に腹を立てているのです。そして，それ以外の物における権利 jura in re が活気のある交際をしていることを羨んでいます。特に*不動産役権*氏と*担保権*氏のことを羨ましく思っているのです——人々が最も歓談を避ける相手は，完全に妬み深い人と，それに加えて極めて無口な人ですからね。私自身，この点ならいくらでもお話できますよ。この間，私は果実の撤回 ademtio fructus が用益権の遺贈 legatum ususfructus に対してどのような効果を及ぼすのかという極めて重要な問題について，*使用権*氏と論争しました。*使用権*氏は，果実の撤回は用益権の遺贈に対して何の手出しもできないと主張し，私のどんな反論の根拠も，どんな異議にも耳を貸そうとしませんでした。そこで私は，*使用権*氏とはもう二度と関わりを持つまいと固く決心して，話を打ち切ってしまいました」

概念たちの間には，大きさについて際立った相違があるようですね。これは偶然ですか，それとも理由があるのですか。

「私たちの天国には，偶然なんて何一つないんですよ！ あなたはその質問には自分で答えることができるではないですか。曰く，概念の大きさはその意味に従っている，とね。例えば，このような特徴によって，一般概念は特殊概念に対し際立って見えるのです。ここであなたのすぐ下に，例がありますよ。今，*契約*氏が，*消費貸借*氏と*使用貸借*氏と歓談していますね。このように，一般概念と特殊概念との歓談は頻繁にあるわけではないのですが，彼らの付き合いは定期的に行なわれており，諍いの原因となることはほとんどありません。特殊概念相互間の歓談もまた，争いの種となることは稀にしかありません。ただ，*容仮占有*氏 precarium と*使用貸借*氏 commodatum が今日の日まで，自分たちを識別するものは何かということについて意見が分かれているだけです。しかしながら，一般概念はそれ以上に相互に関わりを持っています。一般概念相互間の不和の多数は，ごく最近になってようやく始まったものです。それらは，新しく到着した幾人かの理論家によって煽動されたのです。例えば，あそこで*無効*氏と*取消*氏が強烈に言い争ってますよね。以前であれば，両者は非常に仲良くやってきていましたが，しかし，

ここ数年来，両者は派手に喧嘩をするようになったのです。もしかすると，共同連帯氏と連帯債務氏 Solidarobligation との関係は一段と悪化しているかもしれません。両者間の口論は終わった験(ためし)がありません。日が替わる度に，新しい言い争いが新たに始まるのです！　以前であれば，両者は極めて平和的な関係で生活していましたが，何年か前にやって来たある法学者が両者を唆(そそのか)して対立させたのです。その時以来，平和は終わってしまいました。両者の関係は険悪そのものとなって，辛辣なことをお互いに言い合うようになり，それにどんな和解の試みも実を結んでいないのです。私としては，とうの昔にこの争いにうんざりしており，もう全く関わりを持ちたくありませんね」

でも，争いは本来，あなた方の天国では全く行なわれないはずではないですか。

「分かってない人ですね，あなたは。争いというものは，学問の真のスパイスなのです。争いがなかったならば，私たちの天国では退屈で退屈で耐えられなくなるでしょうよ。概念をいつまでも永遠に眺めていることは，私たちのようなものであっても，長く続けば次第に厭き厭きしてくるものです。争いと，新参者の到着だけが，少しばかりの活気と気分転換を持ち込んでくれるのです」

概念はお互い同士と争うだけですか，それとも霊魂とも争うのですか。

「いやいや，とんでもない！　概念がそんなことするのは，概念の沽券にかかわることです。それを試みることは，誰にとっても非常に大胆不敵なことです。しかし，概念は霊魂と親しく歓談したり，自分の真の本質について霊魂に教えたりすることなど真っ平だというような態度をとることはありません。つい昨日は，占有氏が長い間立ち入った歓談を，**サヴィニー**としていましたよ」

2人が何について話していたかご存知ですか。

「勿論ですよ。2人は，占有氏が権利なのか，それとも事実なのかという問題について議論していましたね」

その会話に参加できなかったことは、本当に残念だなぁ。きっと何か得るものがあっただろうに！　私は、占有氏に対して殊の外、興味を持っているんです。これまで、私は占有氏を目にしたことがありません。誰が占有氏なのか、私に教えて下さいませんか。

「今のこの時はまだ、占有氏は見つかりませんね。大抵の概念は私たちのところでは、地上におけるあなた方の証券取引所の商人と似ていて、自分の決まった場所を持っています。これは、いつも確実に概念を見つけることができるようにするためです。幾つかの少数の概念だけは、そのことに同意しようとしませんでした。それらの概念は落ち着きのない性格の持ち主でしてね、長い時間、同じ場所にいることに我慢できず、ある時はこちら、またある時はあちら、といった具合です。例えば、あそこに担保権氏が見えますね。今は、物権のところにいます。ところが、次の瞬間に債務法の中に入り込むことはない、という確信は持てないのです。普段は落ち着いて自分の場所に留まっている相続権氏もまた、かつて親族法の中に入る素振りを見せたことがありますが、その後は再び落ち着いています。ところが、すべての概念の中で最も厄介なのが占有氏です。占有氏は、非常に落ち着きのない奴でして、一ヶ所に長い間じっとしていることは絶対にありません。ある時は総則の中に[11)]、ある時は人の法の中に[12)]、またある時は物権の中に[13)]――前か後ろかはともかくとして、通常は所有権氏の隣に来ます――自分の居場所を持つのです。そればかりか、占有氏は、かつて所有権氏の領分を荒らしたこともあり[14)]、債務法の中に押し入ったことすらあるのです[15)]。

あっ、占有氏を見つけました。今、物権の所にいます。あそこの所有権氏の隣ですよ」

いゃー、あれが占有氏ですか。実に奇妙なものですねぇ！　私は占有氏をもっと違ったものとして想像していたんですけどねぇ。私は、占有氏を一つの権利だと見ていましたが、ここでは占有氏は事実だということがはっきりしますね[16)]。

「まぁまぁ、ちょっと待って下さい。あなたは権利の姿をした占有氏も見

れるんですよ。占有氏は，絶えず自分の姿を変えているのです。**占有氏**は，私たちの概念の中のプロテウス[7]ですよ」

「ほらほら，**占有氏**を見て下さい。今，**占有氏**はどんな姿をしてますか」

確かに今は権利ですね[17]。

「もうちょっと待ってみましょう」

「今度は，どうですか」

同時に二つの姿をしてますね。「占有の**本質**に従えば，一つの事実であるが，その**結果**に従えば，一つの権利に等しい」[18]ってことですかね。いやー，驚くべきことですね！　占有は，その本質に従えば権利であると，この瞬間の前まで，私は完全に信頼していたことでしょう。なぜなら，占有は権利の本質に欠かせないすべてのものをそれ自体として持っているからです[19]。ところが，占有の本質は次のような点にあると考えるほか，どうしようもないのです。つまり，占有が占有たるものではないという点にあるとするか，それとも，占有は瞬間瞬間にこれがまさに占有だと思っているものであるという点にあるとするかです――ある時は「実際は権利ではない」，すなわち「法的関係ではない」のであって，事実であり，またある時は「他のすべてと同様に」権利となり，さらにまたある時は「権利であると同時に，事実でもある」といった具合です。占有は，それを捉えようとするすべての試みを嘲笑う鰻のようなものです。人々が占有を手に持ったかと思うと，再び占有はするりと抜け出ていくわけですからね。

「こうして，あなたはぴたりと的を射当てたのです。占有は，取得と喪失についても，このように振る舞うのです。あなたは占有が存在するか存在しないかについて，これを確信をもって決定することは決してできないでしょう[20]。そして，全く同じことが，占有保護についても当て嵌まります――この瞬間，あなたは占有保護を**ローマの法務官による天才的な産物**と見るでしょうし，次の瞬間には**ローマの法務官の重大な誤り**と見るでしょう。あなたは，**眩いばかりの輝きによって騙されている**ことに納得するでしょう」[21]

占有保護は，実に忌々しい奴ですよ。私も地上にいたときは，この占有保

護に大いに苦しめられたものです。私は，法学者として占有保護の根拠という問いを提起する必要があると考えていたのですが，ところがそれは評判が悪く，私に対して，それは哲学的な問題であるとの異議が浴びせられました[22]。そして，このことから私は，ローマの法学者もまた法学と哲学との間の境界を知らなかったということを見て取ったのです。というのは，彼らもまた惑わされて使用取得の「哲学的根拠」という問いを提起しているからです[23]。占有のこのような効果について彼らが私に与えてくれた例によって唆され，私は占有保護についてもこのような問いを提起させられる羽目になりました。そして，この点では，私一人というわけでは全くありませんでした。なにしろ私たちの法学者の中には，犬Hundを連れてこさせ，占有保護の根拠を犬の力を借りて明らかにしようとした人さえいるぐらいなのですから[24]。ところが，その法学者と犬との同盟は，冷静になってみると，その法学者自身にとってすら些か考慮を要するように思われたみたいです。というのは，後になって，彼は犬をその職務から再び解放したからです。法学は占有理論で**すっかり駄目になったauf den Hund gekommen**という非難が毒舌家によって法学に浴びせられたとき，犬を占有理論にとっての先引き馬として利用するという彼の一時的な試みにその責任があったのです。

「それは法学にとって当然の報いですよ。どうして法学は法制度の根拠について問うのですか。法学は，占有権の根拠については，それ以外のすべての権利の場合と全く同じように，多少の如何に関係なく，その根拠に気に懸けなければなりません[25]。サヴィニー自身も，これを行なっていたことは確かですが，しかし，**サヴィニー学派，すなわち19世紀の法学の立場からは，占有保護の根拠を究明するという，これまで好んで用いられていた方法は否認されねばならない**のです」[26]

そうは言っても，私は，サヴィニー学派ではないと思っています。私は，制度の立法理由についての問いを押し殺すことなど決してできません。すべての法的命題についてその目的を問うことは，私にとってはまさに第二の天性となっているのです。

「あなたが目的と立法理由とを同一視しているということからすると，あなたは重大な区別，つまり民会可決法 lex lata の立法理由と，制定されるべき法律 lex ferenda の立法理由との区別については全く分かってらっしゃらないようですね」

そのような区別は，私は本当に全く存じません。

「教えて差し上げますよ。**民会可決法の立法理由は，常に，そして至る所で法的保護の歴史的根拠と一致しています。考慮というものがなされなければ法律は決して成立するものではありませんが，私たちには，こうした考慮を歴史的根拠から排除する理由はないのです**」[27]

そういうことでしたら，私も，承知してますと言えますよ。法律の必要性は，かなり明白となった場合にようやく表に現われてくることは想像できます。このことを私たちはいつも，occasio legis〔立法の動機〕と呼んでいます。しかし，このような個々の場合は，もし制定されるべき法律の理由がかなり明白に表に出てこなかったとしたら，どのようにして法律の公布を生じさせることができたのでしょうか。この制定されるべき法律の理由は，なんと言っても，法律が公布されたということによってその性質を変えることはありませんでした。いわゆる法律公布**後**の民会可決法の理由は，法律公布**前**の制定されるべき法律の理由でしかありません。ある人にある行為をする気を起こさせた動機は，行為の**前**では**動機**と呼ばれ，行為の**後**では**歴史的根拠**と呼ばれるのと同じことなのですね。もっとも，いまだあなた方のような思考の高みにまで達していない私の理性にとっては，これは言葉の遊びのようにしか思えませんがね。

「まさに理性がそこまで高められていないからこそ，判断という判断は一切慎んで下さい。ついでに，私はこの機会に，すでに前にあなたに与えた警告を真底から重ねて言っておかねばなりません。『ここ私たちの天国では，**なぜ**という質問を決して口にしてはいけない』という警告だったですね。ここでは誰も，なぜなんて問いませんよ。『サヴィニー学派，すなわち19世紀の法学派』は，とっくの昔に乗り越えてしまっているのです。私たちの崇高

な概念が，あなたのような儚(はかな)い存在である人間に対して，己の由来とか，存在理由について釈明しなければならないなんて，とんでもないことです。概念は結局のところ，答えたとしても，それがあなたの気に入るものではないことも覚悟しておかねばならないでしょう。あなたがここで見ている概念は，まさに**存在している**のであり，そしてこのことによってすべてが言い尽くされています。概念は絶対的な真理です——概念は昔から存在していたのです——概念は永遠の存在です。概念の本質と存在理由について問うことは，2×2がなぜ4であるのかについて問うことと少しも変わりはありません。4は4なのです。この『**なのです**』によって，すべてが言い尽くされているのです。その理由などは存在しません。概念に関しても，事態は同じです。概念は絶対的な真理として実に落ち着いています。概念の存在理由は存在しないのです。思考中の霊魂が概念に対して義務づけられている唯一のことは，完全に，つまり無条件に我を忘れて概念に没頭し，そして概念に含まれている豊潤な内容を認識できるように白日の下に曝すことです。霊魂がこのようにして明らかにしたことは，真理であって，あらゆる真理と同様，絶対的な効力を要求する権利を持っているのです」

あなた方の天国ではそうかもしれませんね。でも地上では……。

「地上の話は止めて下さい！　地上では，真理は軛に繋がれたペガソスと運命を共にしています。真理は，地上ではあなた方の立法者と実務家によって虐げられています。というのは，これらの立法者と実務家には，真理——これこそが，法の中にただ一つの導きの星を提供しなければならないものなのですが——を体得するセンスが欠けているからです。永遠なるものである真なるものに代えて，彼らは盲目的に，仮初めの，一時的な存在でしかない実務的＝実益的なことを持ち出してくるのです。立法者は真理について何ができると言うのでしょうか。立法者は2×2が5であると決定することができるとでも言うのでしょうか。法の理性と相容れない何かが効力を有するべきだと定めることなど，同じくできないことです。実務家は虚弱であるため法に従うとしても，理論家は，理論家の名に相応しくないということが実証

されたくありませんから，極めて不合理な法律に対しては服従を拒むのです[28]。というのも，理論家にとっては，人間に対する恐怖よりも，真理の方が価値が高いからです。幸いにも理論家は，今では，法を実際に適用しなければならないという状態になることがもはやありません。そして，理論と実務のこのような分離は現在における最も大きな成果の一つであり，この成果によって初めて学問は，真理の探究のためにどうしても必要不可欠な，心の動きの完全な自由を獲得したのです。理論という岩のように堅い土台の上に立ち，実際の生活に対して考慮しなければならないという拘束から解放された，法の領域における研究者は，自然の神秘を究明しようと試みる自然科学者のように，法の世界の驚くべき神秘を解明すること，すなわち法の論理的有機体の中にある繊細な血管を顕にすること以外に目標を知らないのです。そして，感嘆に値するのは，法の領域における研究者が専ら論理的思考の助けを借りるだけでこれを成し遂げるということです——最も繊細な弁証法的金銀線細工（フィリグリー），人間の鋭い洞察力の真の驚異的な作品，19世紀の思考力の記念碑，これらのものは，スコラ哲学者たちのそれらと同様，最も遠く離れた後世の人々をも感嘆させ，そして彼らを励まして模倣させることでしょう。ところが，これらすべてのものは，理論が実務から完全に解放されて，専ら自立した後になってようやく可能となるものです。なぜなら，このような自由な弁証法的＝創造的活動がなされる条件は，実際の生活とのあらゆる接触から遠去かることだからです。実際の生活との接触は，その道の権威の判断によれば，戦争が兵士に対して及ぼすのと同じ，好ましくない影響[29]を理論家に対して及ぼすことになるのです。この点における見せしめ的な例は，非常に賞賛されているローマの法学者が与えてくれています。彼らは，生活のために陳腐な実利的根拠によって動かされることが稀ではありませんでした。そのため，あなたはこの天国では彼らのうちの誰とも出会うことはないのです。法科大学判決団の廃止は，私たちの今日の法学のために生活と接触する危険を除去するものだったのです」

　あなたは，生活との接触が内に秘めている危険を過大評価しているように

思います。私は，法科大学判決団による法判断――純学問的な点でこれ以上のものはありません[30]――に関わったことがありますから。

「そうかもしれませんね。私は，純粋な法学が再び目を覚ました時代のことを考えているのではなく，それ以前の時代のことを考えているのです。いずれにしても，当時，その制度は確実に有害なものであったことが明らかになっていました。法科大学判決団の構成員が理論と実務との間で中間的立場をとることが彼らの法判断にとって有益であったように思います。しかし，彼らの著述活動においては，これは極めて不都合な影響を及ぼしていました。彼らの見解の多くが近時の法学者の誤謬であることは，実証済みですよ[31]」

あなた方がここで理論家に対して求めているものが何なのか，今，私は分かりました。私がその要求に合致できるのか，そして正しい理論的な方法を使用できるのか，一度，これを試してみたいですね。私に何か課題を出していただけませんか。

「では，準占有でやってみて下さい」

私のこれまでの考え方に従おうとすれば，法が準占有の保護を認めないところでは，準占有は認められ得ない，と言うことになるでしょうね。ところが，ローマ法はこの保護を，時折繰り返される uti〔使用すること〕と結び付けています[32]。従って，この uti がなければ，準占有は実務の見地からは存在しないことになります。しかし，そうでありながら，私が理論的な見地に自分自身を高めると，事態は全く別の姿となります。**この種の占有は，そのもの自体の占有を取得するのと同一の行為によって取得されます。この占有は，それ以外のすべての占有と同様，本来の支配を再現するという可能性が中断しないことによって継続され，そのためこの可能性が終わることによって占有は失われるのです**[33]。従って，役権を１回行使するだけでも，準占有を根拠づけるのはこれで十分です。そして，物の占有と同様に，準占有が本来の関係が再現される可能性がなくなるまで継続する以上，たとえ何年もの間権利行使がなくても，準占有は誰にも妨げられることなく存続するのです。

「最初にしては，非常に良くできましたよ。私たちは，感性的な現実性を持つ，地上にしか相応しくない uti の反復という要因から解放されました。なぜなら，私たちは uti の代わりに，準占有という，感性と結び付いておらず，ただ単に法的表象に属するだけの概念を用いたからです。これは，存在という現実性から思考という観念性への昇格です。私たちが現実性というものに対して行なった唯一の譲歩は，権利を1回だけは行使しなければならないということを要求したことです。こうした1回限りの権利行使は，準占有にとっては子どもの臍の緒以上の意味しか持ちません——私たちが臍の緒を切るのです。すると，その概念は永遠に現実性から解き放たれ，その後は子どもと同じく，それ自体が独立した生命を持ち続けていくのです。現実性は用済みとなり，概念はそれ自体として存在することになるのです」

291

「では次の問題にいきましょう。準占有者による準占有特示命令の請求についてはどうですか」

そのような特示命令は，私には何の関係もありません。準占有というものが存在するだけで，私は十分です。その保護は，実定的規定の問題であり，その規定によって理論が，準占有概念の発展について動揺することはありません。私たちが準占有を認める人に対して，ローマ法が無責任にも行なったように，実定法が保護を否認するとすれば，その人は，地上において弱者が強者の数々の恣意に耐えなければならないのと同様に，泰然自若としてこのことに耐えなければならないことになります——〔そうであってもそれは〕彼にとっては辛くも何でもありません。なぜなら，彼は理論が彼を準占有者と認めているという，しっかりした意識を持っているからです。

「今度も良くできました！ 今や，私たちは，準占有概念を保護という不愉快な要素からも解放したのです——もはや今後は，いかなる実際的前提条件も，準占有概念に対して些かも手出しができなくなります」

「でも，私の質問はまだ終わってませんよ。あなたは，不行使 non-usus による役権の消滅と準占有との関係について述べなければなりません。次のような事例を思い浮かべて下さい。不動産役権を持っている人が1799年12月31

日に最後の権利行使を行ないましたが，その後10年間ずっとそれに手を触れることがありませんでした。1810年1月1日，この日にはその準占有とその役権はどうなっていますか」

そんなのは，実に簡単ですよ！　その人が1800年1月1日に有していた占有は，本来の状態を再現する可能性が中断されずに継続する限り，その人はこれを持ち続けます。役権が不行使によって消滅することが，準占有にとってどんな関係があるのですか。準占有は，概念上は完全に役権とは独立しています。存続中の役権がなくても，準占有は存在し得るのであり，そして準占有がなくても，役権は存在し得るのです。従って，準占有は役権がなくても，存続し得るのです[34]。いやそれどころか，私は次のようにさえ主張します。つまり，こうです。準占有は，消滅した役権を生き返らせることができるということです。なぜなら，この消滅した役権は，よく知られていますように，取得時効によって発生するからです。ところで，占有が存在するところでは，その他の要件が備わっていれば，取得時効は占有に結び付いています[35]。それ故，その事態は継続するのです。1800年から1810年までの10年間の経過で，不行使によって役権は消滅しますが，その後役権は準占有が継続しているため取得時効によって新たに発生し，10年後に役権は再び消滅して，その後は同じことが続いていきます。なぜなら，準占有は，ひとりでに土地の後続の者に移行していくからです[36]。あるいは，私たちが役権の保有者として法人を考えるときは，本来の状態を再現する可能性は常に，この世の終わりの日がくるまで仮定されているからです。準占有は永遠です。準占有は，債権者が貸金の返還を請求しなかったら，その結果としていかなる権利侵害も発生しないために，消滅時効の進行が開始し得ない消費貸借[37]に基づく訴えと，そして同じく消滅時効がない自然債務 obligatio naturalis に基づく相殺の抗弁と同列に扱われるのです。法学者にとって，実に身の引き締まる思いがします。王政倒れて民衆消え失せる――この世の事柄はすべて，万物流転の掟に従っています。ところが，概念法学の領域では現世での万物流転を嘲笑い，時間によって些かも害され得ない法的関係が存

在するというわけです。

「あなたは気付いていなかったでしょうけど，私たちの概念世界のこの上なく見事なものの一つを仰ってくれましたね。つまり，法的**永久運動** Mobile perpetuum です。力学がこれまで解決しようと試みたけれども解決できなかった問題——法学はこれを自己の領域において実現しました。準占有が一度(ひとたび)，根拠づけられれば，不動産役権の場合，その運動は一様のリズムで絶えることなく未来永劫まで継続するのです。ある10年間の経過でその不動産役権は取得時効によって発生し，次の10年間で不行使によって消滅します。不動産役権は，ある10年間で準占有を際立たせ，次の10年間で不行使を際立たせるのです」

でも，そうは言っても，不動産役権は二つの側面を厳密に区別しなければなりません。その不動産役権がこの点で過ちを犯せば，その場所から一歩も進むことはできないではありませんか。

「あなたは，その場合，発生と消滅が同一の10年間で重なり合うから，そして二つの逆向きの力あるいは運動が互いに打ち消し合うから，そのように考えておられるのですか」

そう考えてました。

「私たちの永久運動という最高の完璧性は，まさにその点に基づいているのです。永遠の**運動**の可能性と永遠の**静止**の可能性とが同時に一体化し，このことによって絶対的自由という考えを不動産役権のために現実のものとするのです。不動産役権には**強制**ということは，全く存在しません。不動産役権は，発生して消滅することができるばかりでなく，全く気の向くままに完全に静止していることもできるのです。従って，誰一人として不動産役権が何をしようとしているのか，これを予め知ることはできません。例えば，先日，不動産役権はまるまる1年間，静止していました。どうやら不動産役権は，一度休養して，眠っている取得時効 praescriptio dormiens という快適さを楽しむ必要性を感じていたようでした。しかし，不動産役権は再び新たに進行を始め，取得時効の10年間を完成したのです」

比べようもない並はずれた法的現象が，本当に存在するんですね！　そうは言っても，準占有に勝るものはありませんね。私は，すべての概念の中で準占有に1等賞を与えたいですね。

「準占有が成し遂げるすべてのことは物の占有に負っている，ということを忘れないで下さい。準占有は，物の占有の焼き直しでしかありません。物について占有概念が一度(ひとたび)，正当に認められたときは，権利の場合にこれを応用することも当然可能です。私たちのところの霊魂は皆，物の占有がその驚嘆すべき概念構造に関し，他のいかなる概念よりも抜きん出ているという点で，意見はとうの昔に一致していました。そして，概念たち自身もまた，異口同音，物の占有に対して第一の順位を認めています。しかし，その他の点では，概念の序列関係について非常に激しく争われています。物の占有が成し遂げることは，いかなる概念も真似ることができません。物の占有は，その**起源**によれば事実であり，その**本質**によれば，ある時は**事実**であり，ある時は**権利**であり，またある時は同時に〔事実と権利の〕**両者**であり，またある時は結局のところ『前二者と並んで独立した第三の概念である真の非権利として』あるのです[38]。感性的な**現実性**から出発すれば，物の占有は直ちに我が身を捥(もぎ)離し，単なる**可能性**があるだけで十分となります。その後は，物との可視的な関係も行為も，露命を繋ぐためにはもう必要ではなくなり，思考中の法学者が単に表象しさえすればそれで十分ということになります。こうして物の占有は，権利にすら勝るのです。役権と訴権は不行使によって消滅しますが，物の占有に相応しい事実上の関係が欠けていても，そのことは物の占有に何の手出しもできません。従って，占有と権利との間の序列関係は，自然な見方という見地から期待されるであろう事柄のまさに正反対なのです。すなわち，占有というものは，権利よりも**強い**ということが実証されるのです――事実が権利よりもはるかに抜きん出るのです。ローマ法は，この点ではまだ観念的な考え方の極地にまで高められていませんでした。ローマ法は，権利に対して占有よりも高い生命力ないしは抵抗力を認めています。ローマ法は，権利が消滅するときを，占有が消滅するときの2倍に評価

しており，この場合，さらにもう一つ過ちを犯しました。つまり，ローマ法が，動産と不動産という，概念上全くどうでもよい区別の影響を受けて，不動産の場合の法的保護に対して動産の場合の法的保護の2倍の期間を認めているのです[39]。これについての弁解として，これらの規定は，ローマ人がいまだ純粋に概念的な思考に対する理解を持っていなかった時代に由来するものであるという説明を付け加えることが可能です。このことに対して，私たちの占有はなんと際立っていることでしょうか！　占有の中で概念は現実性を完全に克服しました——都市ローマの国家奴隷 servus publicus がカエサルの時代に森の中に置き忘れたり，あるいは土の中に埋めた物の占有は，今日の日までいまだに継続しているのです[40]。これは法的思考の大勝利であって，法的思考は**可能性**のカテゴリーによって**現実性**のカテゴリーを克服したのです。『占有の観念』で始まって，『観念の中の占有』[41]で終わります。この『観念の中の占有』は，あらゆる現実的作用という衣を剥ぎ取られてもなお『抽象的な占有 Besitz in abstracto』[42]として継続する力の存在を確証しているのです」

「あっ，私たちは，概念ホールに長く居すぎてしまいましたね。解剖学＝病理学的概念陳列室に行く時間です」


「あなたはこれまで，概念をその純粋な形態で目の当たりにしてきました。ここでは，概念が地上において受けなければならなかった醜悪な形状を知ることになるでしょう」

　ローマ人も，概念に対してそのような仕打ちをしたのですか。

「残念ながら，そうなんですよ。もしローマの立法がこのように概念に対して悪事を働いただけならば，私は何も言わないでしょう。ところが，ローマの法学者もまた弱かったので，純粋実務的考慮——彼らの言葉で言えば，utilitas〔実益〕——にとって有利となるように法的概念を純粋論理的に貫徹すべきであるのに，これを蔑ろにしたのです。そのため，実際にあなたが

目の当たりにしているような奇形が現われたというわけです」

　醜いといったらありませんね，実に醜い！　今しがた，概念を完全無欠な純粋さと観念的な美しさの状態で見てしまった後となっては，これらの奇形を目にすると，まさしくぎくりとしますね。これらの標本についている色は，一体，何を意味しているんですか。

　「**黒**は，純粋に**実定的な**性質を有しているけれど，概念との矛盾を含まない法文を指しています。従って，例えばここでは，訴権消滅時効 Klagverjährung の場合，消滅時効期間についての様々な規定がこれに当たります。それらは，訴権消滅時効という概念と完全に調和しているのです。この他にも，無遺言相続法の領域における無遺言相続についての規定も全く同様です。ご覧下さい，これらの実定的な規定の数は少なくありません。でも，その数はもっと少ない方が望ましいのであって，それらの規定の多くはなくなった方がよかったのでしょう。ところが，地上では適用のためにのみ法を求めており，法それ自体のために法を求めるわけではないので，とにかくある程度の量の実定的な規定はこれを無しで済ますというわけにはいきません。そして，学問の方は，それらの規定が何か概念に反する事柄を定めようとしない限り，これらの規定が存在してもそれに耐えることができるのです。概念違反がいかに多く，そしていかに幾重にも行なわれていたかということについては，あなたはさらに別の二つの色から見て取ることができますよ。その色は，**赤**と**青**です。赤は，概念がローマ人の時代にすでに醜悪化の危険に晒されていたことを示しており，青は，現代の世界になってようやく醜悪となったことを示しています。しかも，それぞれの色の明るい方は，立法者に醜悪の責任があることを，暗い方は法学者に醜悪の責任があることを示しています。後者の醜悪化は，極めて重大で，かつ非常に悲しむべきことです。これらは，法学の自己からの離反――つまり，実際生活の必要性に秋波を送っていること――を明確に示しています。実際生活の必要性は，法学にとっては全く関係のないことであって，むしろそれは専ら立法者に委ねておかなければならないものです。なぜなら，まさにこの点にこそ法学の本来の任務があ

るのであって，そして概念の純粋さを維持し，かつあらゆる概念違反を遠去けるという使命があるからです。人々は，立法者が概念に対して加えた暗殺行為については，おそらく大目に見ることができるでしょう。立法者は，どのような事態になるかよく分からずに，全く無邪気に暗殺の行為に出てしまうのです。ところが，概念の番人である法学にとっては，このような侵害行為は，法学が犯すことができるものの中で最も重大な違反行為であり，聖なる精神に対する真の罪なのです。これであなたは，色の明暗が意味している内容を理解されたことでしょう。色の明暗は，責任に対応しているのです。すなわち，くすんでいる方は立法者に責任があり，暗い方は法学に責任があります。両者は，違反行為の重さに従って明暗に段階が付けられています。あなたに幾つかの例をお見せしましょう」

「先ず初めに，ここに所有権があります。所有権概念は，立法者からも法学からも何か危害を加えられたことはありません。ところが，所有権の取得方法と所有物取戻訴訟 reivindicatio は，これとは逆に大いに危害を加えられています。ここに先ず，埋蔵物 thesaurus があります」

概念ホールでは埋蔵物とはお目にかかりませんでしたね。

「なにしろ埋蔵物は，そこにいることができなかったのです。というのは，埋蔵物は，所有権取得についてのその他の原則と明らかに矛盾する変則性を含んでいるからです。埋蔵物に対する所有権は，よく知られているように，それを最初に隠した者からその相続人に受け継がれていきます。たとえその相続人が隠されていることについて知らされていなかったとしても，相続人からそのまた相続人へと未来永劫にわたってこれが続いていきます。単なる不使用によっては，所有権が消滅することはあり得ないのです。その埋蔵物がついに発見されたとき，たとえそれが1000年後のことであったとしても，理論的には，その埋蔵物が今でも所有権の対象となっているということは些かも疑う余地はないのです。その都度その都度の相続に実にたくさんの相続人が関与することは起こり得ることですが，その場合には何百万という所有者がいる所有権ということになります——１回の相続でそれぞれ５人の相続

*299*

人がいたとすれば，10回目の相続のときは，1000万人を超えることになります[8]。従って，一人ひとりの持分は，ごくごく僅かで微小量に薄められていて，一人ひとりの有権限者の相続権の証明は困難となっていることでしょう。通常は，誰も届け出ることはしません。しかし，有権限者が届け出ようと出まいと，このことはこの関係に対する法的判断にとって何の影響も与えないはずです。埋蔵物には所有者がいるのであり，ただ私たちは所有者を知らないだけなのだ，と私たちは理解しています」

「ローマ法学が概念について過ちを犯したことが明々白々な事例が，あそこにありありと見えますよ。ローマ法学は，埋蔵物にはもはや所有者はいない，と言っています[43]。一度（ひとたび）このように考えてしまうと，無主物先占についての諸原則によれば，埋蔵物は発見者に所有権が認められるという結論が要請されることになりましょう。ところが，現在ではまた実定法が干渉してきて，埋蔵物の所有権は，半分は発見者に，半分は所有者に認めるのです。こうして一つの過ちがもう一つの過ちを発生させています。この結論の確固たる基礎が一度（ひとたび）見捨てられれば，恣意という険しい軌道ではもはや止まるところを知らずということになるのです。

私たちの今日の法学の名誉のために，私は次のように解することが許されると思います。すなわち，埋蔵物の問題が今日の法学にとって未解決であったとすれば，今日の法学は，消費貸借に基づく訴えの消滅時効（292頁）の問題の場合と全く同様に，理論的には唯一正しい見解を採用していたことであり，権利は消滅する理由が明白でない限り継続し，それ故に埋蔵物の所有権の消滅は，訴権発生要件である権利侵害がない場合の消滅時効による訴権の消滅と同様，問題とはならない，と解するのです。こうして，その所有権は対人訴権と同列に押しやられることとなり，埋蔵物は消滅時効に罹らない訴権と比して，全く引けを取らないものとなるでしょう」

極端に濃い深紅の線がある，また別の所有権取得方法が見えるのですが。

「それは，取得時効ですよ。ローマの法学者は，取得時効に対して酷い仕打ちをしたものです。取得時効は，その概念によれば，占有を前提条件とし

ます——占有なき取得時効は，論理的には存在し得ず，概念的怪物ということになります。ところが，ローマの法学者はこのような奇形に対してすら尻込みすることはありませんでした。彼らが，占有は死亡によって消滅すると教えていても，それでも彼らは取得時効を進行させ続けています[9]——なんと，1人の男が，足がないのに走っているのです！ それどころか，これだけではまだ十分ではなかったようで，彼らは，使用取得を，占有を債権者に移してしまっている質権設定債務者の人格の中でも継続させているのです。逃亡奴隷の使用取得の継続もまた，魅力的な相対物 quid pro quo です。ところが，ここでやはり法学者としての良心が彼らの心に呼び起こされたようです。というのは，彼らは奴隷の占有が継続すると解することによって，この奇形を弁解しているからです。しかし，彼らは小難を除こうとして大難を招きました。逃亡奴隷の占有だなんて！ ローマから遠く離れた，どこかこの世の片隅で快適に平穏な生活をしている奴隷が，自分の主人のこのような占有をどれほど笑い転げたことでしょうか！」

「そして万事は，厄介な実益のことを考えたから，こうなったんですよ！ 概念の正確性という観念的な利益が犠牲にされたのは，単に，誰彼かのローマの黒幕が使用取得することができるようにする，ただそれだけのためだったのです」

所有権理論のこの部分は，何を表わしているのですか。

「それは，所有物取戻訴訟ですよ。ローマ人は，これに対しても同じく重大な罪を犯しました。この訴訟の用途と本来の性質によれば，これは止まることなく自分の道を真っ直ぐに進んでいかなければならず，いかなる障害があっても後退りすることはないはずです。ところが，この訴訟は何をしたでしょうか。見るに堪えがたい様相を呈している組み込まれた建築材料 tignum junctum〔十二表法第六表7〕を前にして，所有物取戻訴訟は物怖じして立ち止まったのです——その所有者は，その物の価値の2倍で我慢しなければなりません。これは明らかに法律違反であり，所有権の絞殺です。蹌踉めいている実益原則の有利となるように，すべての財貨のうちで最も観念

的な原則，つまり権利原則が犠牲にされているのです。そして，これらすべてのことは，単に被告が自分の家屋を取り壊さなくてもよいようにするためのものでしかないのです。見るに堪えがたい見窄らしい家屋──これに数千を超える金額が支払われるのです──が，所有権の観念と相対した場合，考慮に値するだなんて！　人々はこれに対する弁解として，所有権観念をこのように見殺しにしるのは法学観念論にとってはいまだ意味を持たなかった時代の責任であるという説明を持ち出すことになるのです。

　立法者が悪い例は，ローマの法学者のところで豊かな成果を上げました。古代の所有物取戻訴訟は，彼らを通じて，ほとんど二度と認識できなくなるほどまでに醜悪なものにされてしまいました。それは，可哀想に，物に対する訴権 in rem actio と人に対する訴権 in personam actio との間の中間的なものになっています。**物**の引渡に目を向ければ，それは，被告の人格の中で，**その物の占有を概念的に不可欠な**前提条件としていました。法学者は何をしたでしょうか。彼らは，この前提条件を外して，自身を訴訟に投じたか，又は悪意で占有を中止した非占有者 Nichtbesitzer, qui liti se obtulit aut dolo desiit possidere に対してもこの訴権を与えました。つまり，法学者はそれを悪意に基づく請求にしてしまったのです。物に対する訴権の仮面を付けた悪意訴権 actio de dolo がそれです──なんと奇怪なことでしょう！　インスティトゥニスト Institutionist なら誰でも，二つの訴訟の対立がローマ法の最も基本的な事柄に属するということは知っていることです」

　「一度，正道から逸れると，ローマの法学者はますます誤った方向に進んでいきました。物に対する訴権の根本思想が放棄され，両当事者に対して，純然たる債権的性質を持つ請求権を主張することが許されました。被告は費用の補償の請求を，原告は果実の引渡しの請求をすることができるようになったのです。前者はなんとか大目に見ることができます。この成否は，悪意の抗弁 exceptio doli 次第です。そして，よく知られているように，この抗弁は成果を上げるのです──このようにして法全体を根底から覆す作業は，私が引き受けようじゃないですか。この抗弁を使えば，私は，私が気に入らな

い法規はすべて撃退できます。ところが，果実に対する請求権，これは法的論理への顔面パンチ以上でも以下でもありません。この訴えは，物が私のものであること rem meam esse を内容としています。では，果実は物 res の概念に入るのでしょうか。いいえ！　果実は独立の物です。私のものである meum esse ということが果実に当て嵌まるでしょうか。悪意占有者 malae fidei possessor が収取し，なおも存在する果実にしか当て嵌まりません。善意占有者 bonae fidei possessor が収取した果実には当て嵌まらないのです。なぜなら，善意占有者は所有者となるからです。また，消費してしまった果実にも当て嵌まりません。なぜなら，もはや存在しない物の上には所有権は成り立ち得ないからです」

　私は一切合切，すべてあなたに賛成です。私は，今日の法学者の誰に対しても，そのような着想を持ち出すことは勧められませんね。今日の法学者がそのようなことをすれば，それこそ石打の刑に処せられるでしょうし，そして立法者にしても，恣意という非難を免れ得ないことでしょう[44]。ところが，ローマの法学者は，すべてが許されたわけですね。

　「彼らは，所有物取戻訴訟の場合，もっと多くの悪事を犯しています。ここにある，収去権 jus tollendi をちょっと見て下さい」

　強烈な赤い線が入ってますね。

　「当然ですよ！　それは，重大な論理的違反を孕んでいるからです。占有者がその占有物に対して費用を支出したときは，附合についての諸原則によれば，その費用は，よく知られているように，所有者に帰します。従って，被告の収去権は論理的にあり得ません。それにもかかわらず，これが認められるのです。でも，それはどうしてでしょうか！　原告が，被告に対して分離後の物が有する価値と同じだけの金額を支払うと申し出るときは，収去権の行使は起こらないはずです。これは，その物が何の価値も有しない場合も同じです——malitiis non indulgendum est〔悪意に対しては配慮されるべきではない〕，とローマの法学者は述べており，これによって法の中に純然たる道徳原理を持ち込みました。なんと清らかな原理でしょうか！——これに

よっても，私は再び法全体を根底から覆す自信があります。債権者が，即時の履行が債務者に対して多大な迷惑をかけることになる時期に，債権者にとってなおも時が経つのを待つことはどうということもないのに自分の債権を行使したとします。私は何をするでしょうか。私は債権者の請求を撥ね付けます——悪意に対しては配慮されるべきではない，とあるじゃないですか！私が私に帰属する権利を行使するとき，それは悪意 malitiae ですか。いずれにしても，占有者に収去権を認めてはいけません。ところが，あなた方がどうしてもそれを占有者に認めるのであれば，一方の手で与えたものを，もう一方の手で取り戻してはいけません」

私もまた，いつも，ローマの法学者はこの点で重大な違反行為をしていたと考えていました。彼らが公然と口にして憚ることがなかった，ne urbs ruinis deformetur〔ローマの町が破壊によって醜悪なものにならないように〕[45]という見地から導かれれば，自ずとこの考えに辿り着きます。古代の法は，組み込まれた建築材料にこの見地が適用されていたことからすれば，大目に見られるかもしれませんが，しかしローマの法学者は，法の原則がすべての実益の考慮よりも重視されることを知っていなければならなかったのです。たとえ私が実益の考慮を高く崇拝しているとしても，私はローマの法学者に対して，収去権についての先ほどの規定の際にこの法の原則を無責任に放棄しましたね，と非難しないわけにはいきません。ローマの法学者は，国家に対してすら，法の原則を犠牲にしてでもこの実益原則を有効に働かせることに憚ることはありませんでした。公有地の上に誰かが不法に建物を建てたところ，誰も異議を述べなかったとします。どうなるでしょう。この建物によって交通が妨げられなければ，その建物は存続し，建物を建てた者にはそれ相応の地代（solarium）が課されます。どうしてでしょうか。町が破壊によって醜悪なものにならないように，とあるじゃないですか[46]！　ここで私たち現代人はもっと先まで進めてしまいました。私たちのところである建物が建てられ，隣人がこれに耐え忍ぶ必要がない場合，隣人がたとえ早めにこれに対する異議を出すこと（新築異議申立 operis novi nunciatio）を怠ったとし

ても，憐憫の情を起こすことなく，この建物は取り壊して元通りにしなければなりません。法の原則からすれば必然的にこうした結果になるのであって，この場合でも変わることはありません[47]。このようにして壊されたものが宮殿であるとか豪華な駅舎であるとかということに，どれほどの重要性があるでしょうか。役権認諾訴権 actio confessoria と役権否認訴権 actio nagatoria は，とにかく，権利があること jus esse と権利がないこと jus non esse と言っているのです。そして，この権利があるか又は権利がないかを妨げることができるものは，何もありません。これは，自然の必然性と全く同様に不可避的なものである論理的必然性の力によって現実化されるのです。Fiat justitia, pereat mundus〔たとえ世界が滅びようとも，正義は行なわれよ〕[10]ですよ。所有権概念ないしは役権概念は護持されました。それ以外のすべては，どうでもよいのです。ここでもまたローマ人たちは，完全無欠に徹する勇気を持ち合わせていませんでした。彼らは，原状に回復させること restituere，つまり建物の取り壊しを課する決定 arbitrium に従わない被告に対して金員の支払いを命じることを裁判官に許したのです。建物は存続しました。公有地の上に建てた場合と全く同じです――町が破壊によって醜悪なものにならないように，なのです。しかし，建物の破壊に対してローマ人が持っていた，このような全く法学的でない物怖じといったものは，私たちは持ち合わせていません。ですから，その権利はそのまま実現されることになります。現に私たちの眼前に現われているのは，まさに感動的な光景です。取り壊された建物の廃墟の上で，法の論理が勝ち誇って座っています。この法の論理が品位を欠く運命――ローマ人の間で実益原則に従わねばならないという覚悟を植えつけていたあの運命から解放してくれた「19世紀の法学派」に対して感謝の眼差しを投げかけているのです。もし実定的規定によって法の論理の両手が縛られていなかったならば，ローマ人たちが犯した首尾一貫性の無さはすべて，私たちの今日の法の知るところとはならなかったでしょう。

「もしそうだとすれば，あなたがここで，所有物取戻訴訟の隣に見ている

境界確定訴権 actio finium regundorum と出会うことはなかったでしょう。この訴権についている重い暗さの色合いは，二つの大きな奇形を示しています。つまり，一つ目は，占有を証明責任から解放するという原則がこの訴訟では無視されていたということであり，二つ目は，この訴訟の場合，裁判官は，純粋な**合目的性**を考慮することにより新たな境界を引くことが許されているということです。所有権の確定に際し合目的性を考慮するだなんて——これは，所有権観念に対する侮蔑以外の何ものでもありません，言語道断です！　川は，2人の所有者の土地を通って自らの流れを作りました。一方の土地の切れ端が新しい川岸のこちら側に，もう一方の土地の切れ端が新しい川岸のあちら側に位置することになります。ここでは，裁判官が単に合目的性だけを考慮して，二つの切れ端のいずれに対しても，それぞれが属する方とは別の方に権利を認めるのです」

所有権には，もう厭き厭きしました。私はここで，あなた方の色によって明確にされるほどたくさんの矛盾や概念違反を所有権が持ち合わせているなどとは思ってもいませんでした。他の概念を見せて下さい。

「物における権利 jura in re に関心がおありですか。概念に関して言えば，それは所有権ほど酷く醜いものにされることはありませんでした。しかし，そうは言ってもやはり幾つかの症例を見ることが可能です。例えば，ここには使用すること uti が全く認められていない物の使用 usus があります。また，あそこには準用益権 quasiususfructus があります。これは，用益権 ususfructus が不格好になったものでして，その性質に従えば，物における権利ですが，我を忘れて所有権の形態をとってしまっています。あちらには，担保権 Pfandrecht があります。これは物から権利へ飛び移るという過ちを犯しており，このことによって権利に付着した権利という途方もない産物が明るみに出され，このため今日の法学者は眠れぬ夜を幾晩も過ごすこととなりました。担保権のところにたくさんの青い部分が見えますね。それは，担保権に対し最近になって概念上の虐待がなされたことを告げています。例えば，あそこに土地債務が見えますね。土地債務の場合，担保権は人的債権か

ら完全に解放されているのです——ロマニストとして整然と組織された頭にとって全く理解できない途方もないものです。さらに，後順位抵当権を設定する際に将来の債権に対する先順位抵当権の留保があります」

それは実に酷い！　それは単純な論理的不能ですよ。**下位の抵当権が上位の抵当権**なくして存在するなどということは，どのようにしたら考えられるのですか。下位の抵当権は必然的に上に上がります。これは，大気が真空空間に入り込むのと同じく必然的なことではないですか。法的世界に対しても自然界と同じく通用するものこそ，真空嫌忌 horror vacui ですよ。

私はもう物権はたくさんです。それに私は実に不愉快ですので，ここから離れたい。債務だけ見せて下さい。それを見たら，もう行きましょう。

「債務は，ここにあります。赤い部分はほとんど見えませんが，逆に青がたくさん見えますね」

でも，濃い深紅の部分が見えますよ。あれはどういう意味ですか。

「債権者の責に帰すべき事由によって誤って無権利者に支払いをなした債務者は免責されるというローマの法学者の命題を表わしています。その中に論理的不能が含まれている，と敢えて言う必要はないでしょうね」

言わずと知れてますよ！　債務というものは,債権者の人格においてのみ，あるいは債権者が支払いの受領権限を与えた者の人格においてのみ弁済され得るのです。無権利者への支払いは，支払いではありません。従って，無権利者への支払いによって債務者が免責されるというのは，論理的不能です。債務者が，支払ったものを受領者から取り戻す方法を分かっていようと〔いまいと〕，このことは債権者にとって何の関係もありません。しかも，債権者がその受領者に支払いの受領を委託していたが，後になってこの委託を撤回した場合ですら，関係ありません。この委託はもはや存在していないからです。そして，このことが債務者に対して通知されていたか否かは，どうでもよいことです——無権利者は，債務者によって無効に支払われたものを受領することができます。これは法学の伊呂波に属することです。

「あなたはここで，この他に，債務の本質に対してなされた数々の違反に

出会いますよ。これらの違反は，最近になって行なわれたものです」

「例えば，あそこに債権譲渡概念があります。ローマの法学者は，よく知られているように，債権譲渡というものの中に権利行使の委譲を見ただけでした。そして，ここ概念天国の私たちの間では，それが的を射ているということについて全く疑いは持たれていません。ところが，近時の立法者と実務家は，債権譲渡を，あなたがここで目の当たりにしているもの，つまり債権それ自体の移転に作り替えてしまったのです。債権の承継——これよりも不合理なものを考えることができるでしょうか。債権というものは，人々が**持っている客体**ではなく，むしろ人々がそう**である**という性質です。債権のその主体に対する関係は，不動産役権のその支配不動産に対する関係と全く同じです。両者は**法的な性質**なのです。債権者であるというこの性質が他人に移転するなどということは，一体，どのようにすれば考えられると言うのでしょうか。その場合にはきっと，美貌，健康，体力，思考力も移転されるということにならねばならないでしょう。もっとも，このことは非常に望ましいことではありますが，残念ながら実行することはできません。人々が法的思考のすべての法則を嘲笑したくないのであれば，これと同様，債権の移転の可能性を主張することはできません。債権は，この特定の債権者の人格において存在を獲得したのであり，その概念によれば，その人格と分かち難く結び付いているのです。中世のある法学者が述べているように——美的な表現ではないですけどね——, „inhaeret personae ut scabies ossibus〔疥癬が骨に付着しているように，人格に付着している〕" のです。BがAとは異なる人格である以上，Bの人格の中の債権もまたAの人格の中のものとは別のものです。〔Aの〕債権はAの人格から切り離されることにより無効とされ，従って，Bの人格の中での更改という方法でしか，新たなものとして成立しないのです」

「ところが，このような現代の債権譲渡概念ですら，それがどんなに論理学のすべての原則を嘲笑しているとしても，あなたが今，ここで目にしている**無記名証券**は，〔債務の本質に対する違反の点で〕さらにその先に行って

しまいました。この債務，すなわち，このように法的な表象の中でのみ存在する純粋に観念的な事物は，この証券によって**譲渡**されます。債務が1枚の紙の中に捕らえられ，そして閉じ込められたのです——これは債務の身に生じた最悪の事態です。泥棒が，あなたからあなたの債権を盗んだとします。こんなことを，あなたがローマの法学者に言ったら，こいつは精神錯乱状態に陥っている，と思われたことでしょう。そこにある懸賞広告概念もまた，同様にローマの法学者を少なからず驚かせたにちがいありません。相手方当事者によっていまだに受領されていないため，いまだに特定の人のところに定住しておらず宙に浮いているが，それにもかかわらず契約者を拘束する力を持つという一方的約束——そのようなものを思い描くことができますか。これは，手綱が首のところにしっかりと取り付けられていなければ，馬を取り抑えることができないのと同様に，あり得ないことです。騎手は，先ず手綱を手にしなければならないからです。懸賞広告は，誰も手に取ることができない手綱です——そして，この概念によって懸賞広告者は拘束されなければならないのです！」

「さすがに，あなたはもう十分のようですね。あなたには注意力がなくなっているように見えます」

　実際，私はこれまでのことで疲れ始めました。どこか他の場所へ連れて行って下さい。

「もう見るべきものは何もありません。もう見終わったのです。今度は，あなたの試験の届け出をしましょう」

　試験ですか。いえいえ，霊魂さん，**そんな**危険に我が身を晒すことはできません。何と言っても，私は落第することが予想されます。それに加えて，私は率直にあなたに白状しなければならないことがあります。それは，あなた方の天国はさほど私の**心**を動かすものではないということです。ここでは素晴らしい壮麗なものを目にしますし，また至福の霊魂さんたちが暇潰しに様々な遊びをしていますが，それでも私には些か退屈であるように思えてなりません。むしろ，私は別の天国に行きたいですね。

「それは，あなたの問題です。私たちは，あなたがこの天国に入ることを望んでいるわけではありません。あなたは，私たちのところにあまり向いていないことを，すでに十二分に示してきました。あなたは，どの天国に行きたいのですか。それが分からないと，案内人を呼ぶことができません」

どの天国だったら，私が行けますか。

「法律家であるあなたにとっては，あとまだ二つあります。つまり，法哲学者の天国と実務家の天国です」

法哲学者の天国は，きっと私の心を惹き付けることでしょうね。

「でも，そう簡単にはその天国に入れませんよ。そこでも，あなたは試験に合格しないといけないのです」

そこの試験制度についてご存知ですか。

「勿論，知ってますよ！ 法哲学というものは，私たちの天国では確かに厳格に禁じられており，厳格な信仰信奉にひびが入るために概念の支配と調和しません。ところが，私は霊魂の一人で，法哲学の試験に落第し，その後私たちの天国にやって来た者から，法哲学の〔天国の〕試験制度について聞いたことがあります。法哲学の天国では，私たちのところでの**概念**のように，**理性**が支配しています。私たちのところでは権利を**概念**から導き出さなければならないのに対し，あちらでは**理性**から導き出さなければならないのです」

それでしたら，そんなに難しいというわけではなさそうですね。「存在するものはすべて理性的である」というヘーゲル Hegel の言葉を拠り所として，私はすべてを成し遂げる自信がありますよ。私と意見が一致しない人は，単に理性的な物事に対する認識能力がないだけですからね。さらにまた，民族により，そして時代により，理性的な物事についての考え方が完全に食い違っている場合には，どのように切り抜けるべきなのでしょうか。**私たちが持っているものは理性的であり，彼らが持っているもの**，それが私たちのものと矛盾するのであれば，理性的ではありません。彼らもまた，**彼らが持っているもののために**理性に助けを求めています。そして，彼らのものと矛盾

している私たちの制度や考え方は，私たちにとって彼らの制度や考え方が理性的でないのと同様に，彼らにとっては理性的ではないのです。しかし，彼らが理性と呼んでいるものは，正しい理性ではありません。私としては，正しい理性を持っていると確信していますので，すべての権利――言うまでもないことですが，私たちの時代においてのみ権利であり得るものだけです――を理性から導き出すことは，何ら難しいことではありません。私が了解の意思表示をすることができない制度若しくは命題の場合は，私は単に自分の理性に拠り所を求めるだけです。相手方が私たちのものとは異なる「存在」を引き合いに出してくるときは，私はそれを，それは真の「存在」ではないという理由で撥ね付けます。真の「存在」は理性と一致するものだけですからね。

　法哲学の試験は，私は怖くないですよ。

　「物事をそんなに簡単に考えないで下さい。そこの試験は，法哲学一般について行なわれるのではありません。そうではなくて，細部の奥深いところまで掘り下げるのです。そこでは，実に込み入った試験問題が出され，すでに多くの人々がそれで落第しています。例えば，『好奇心旺盛に根掘り葉掘り質問すること，勧誘もないのに玄関に立ち入ること』は自然法によって許されるのかという問題です[48]。自然法に基づいて移転の自由権を導き出すこともまた，すべての人にとって直ちによく知られているというわけではありません。例えば，『旅をすることのいろいろな困難性――旅券・税関に関わる悪事がこれに含まれます』――が自然法と矛盾している[49]ということが，いとも容易に見落とされていることでしょうか」

　「私は，あなたのためにもう幾つかの問題を出してあげましょう。あなたは，それらの問題に自然法的に答えなければなりませんよ。『なぜなら，試問が口頭で行なわれようと**文書で**（！）行なわれようと関係なく，**他人に話しかけて，その人に回答を要求する**権利がすべての人に与えられているからです』[50]。あなたは，ここで口頭での回答で済むことに嬉しく思って下さい」

　「『鉄菱とか銃自動発射装置を備え付けること，ガラスの破片を壁に取り付

けること，客馬車の後ろに針を装着すること』は，どのような法に違反しているのですか」(Röder, a. a. O., S. 81)

その問題には，私は本当に答えることができません。

「身体に関する法に違反するのですか」(76頁)

「ユダヤ人は，自分自身に割礼を施す権利を持っているのですか」

あなたが関連する観点を挙げて下さった後なので，正しい返答をすることが困難ではなくなりました。その回答は，ノーです (80頁)。

「囚われ人に栄養のない食事，暗い部屋そして堅い寝床を与えることは，自然法上，許されているのですか」

それも同じくノーです (81頁)。

「あなたは慣れましたね。『規則に適っているけれども役に立たない，兵士の服装よりも何倍も有害な服装 (特に，頭巾，強張った襟飾り，胸の上で斜めになっている吊り革，そして体を締め付けるもの)』については，どう思いますか」(82頁)

明らかに自然法違反ですよ。もし私が軍隊の帽子製造業者だったり，仕立屋だったり，皮革職人だったりしたとすれば，私の良心は，これらの製造に力を貸すことを禁止するでしょう。その上，兵士は，哨所で眠ることさえ許されています。というのは，夜眠ることは人間の自然的な権利であって，その権利は，兵士に対してもこれを侵害することは許されないからです[51)]。

「国家権力は，国家公務員に対してひげを生やすことを禁止したり，あるいは命令したりすることはできるのですか。この問題は，以前，実際に私が遭遇した問題です。私がまだX大学教授であった頃，その地で公布されていたひげに関する布告 edictum de barbis で，私はひげを生やすことができませんでした。それは，招聘された際に私がひげを生やす権利を留保しなかったことが原因です」

そんなことあり得ませんよ！ ひげを生やす権利は，人間の根源的権利です——自然が人間に対して与えたものは，人間が作ったどんな規定であっても，これを侵害することは許されません。人々は雄山羊に対してさえ，ひげ

を生やさせておくではありませんか。「自分の髪の毛を失うことを認める者は[52]，シベリアへ連行される男たちが丸坊主に（半分坊主に）されることに対して何ら異議を述べることもできません」(81頁)。人々はひげや髪の毛を自発的に切ることも自然法上許されないのかどうかという問いかけを出すことだってできるでしょう。というのは，そうすることは，「自然法によれば許されていない」(80頁)自己傷害と見ることができるからです。

「これまでの試問から考えれば，私は，あなたが法哲学の試験に合格することは不可能ではないと思います。ところが，あなたがその天国に入ることを許される前に，あなたは法哲学の信仰告白をしなければなりませんよ」

それはどういうことですか。

「〔こういうことですよ。〕私は次のことを信じます。すなわち，――すべての法的真理は，自然が人間に付与したものであって，人間にとって生得のものであり，それ故に，理性の中に未成熟なままで豊富に含まれているものすべてを明るみに出すためには人間の精力的な思考のみが必要となる。人間というものは，自己の法感情――これは，自然自体によって人間に植え付けられたものなので，あらゆる民族において，そしてまたあらゆる時代において永遠に同一のものである――の中に，すべての普遍的な法的真理を自ら有している。この法的真理と相容れないように見える，様々な法の歴史的相違は，一部は不完全な思考に原因があり，一部は恣意又は単なる合目的性の考慮によって導かれた実定的立法に原因がある」

そのような信仰告白は，私にはできません。私は地上にいるときは，全く逆の考え方を支持していました。

「私がこれまでにあなたから聞いたことすべてを考えれば，あなたは法哲学の信仰告白をすることはできないだろうと，前々からそう思っていました。あなたの眼差しは，これまでの人生行路の歩みの中であまりにも地上と現世の事柄に向けられていました。あなたは，概念と理念について，いかなる歴史的な諸条件とも結び付いていないそれらの絶対的な存在の中で，つまりそれらの論理的又は法哲学的な自給自足又は自存性 Aseität の中でこれらを認

めようとせず，その代わりに，いつも，それらの歴史的又は実際的理由とは，という愚かな問いを口にしてきました。そうすることで，あなたは概念と理念を辱め，そして法の理想主義に対するセンスと理解力を持ち合わせていないということの証明を自ら提示してきたのです。**理由**についてのこのような問い一つによって，あなたは，私たちの天国にも法哲学者の天国にも入ることが拒まれているのです。あなたに残されているのは，実務家の天国だけですよ」

　私は理論家なのに，そこは受け入れてくれるでしょうか。

　「そこでは，そこの法学の試験に合格すれば，誰でも受け入れてくれます。そして，よく知られていることですが，それはとりたてて言うほどの能力は必要とされません。おそらく，判定するために，理論家であるあなたに対しても一つの法律事例が提示されるでしょう。しかし，あなたは全く心配しなくてもいいですよ，判定は寛大ですから。この点で，もともと高度なことは要求されていないのです——とにかくその事件を解決しさえすれば，そのやり方は問われないのです」

　「今，霊魂案内人を来させます」


　「案内人が来ましたよ。では，ごきげんよう」


　私は再び動き始め，ものすごい速さで途方もないくらいの空間を移動しました。これまで私を取り巻いていた暗闇が和らいできて，一条の仄かな光が私の目の中に飛び込んできました。その直ぐ後に，私は，完全な姿で輝いている太陽を目の当たりにしたのです。私たちは，ある惑星に近づきました。

　「ここがあなたの目的地です」，と案内人が言いました。

　この言葉が言い終わるや否や，私たちはそこに到着しました。私は再び大気を吸い込みました。私は，自由という感情，生きているという感覚，喜び

に満ちた快適な気持ちで一杯になりました。木々，森，緑の草地，家々，そして九柱戯場さえも見えました——ここに実務家が住んでいるのだ，ここでは生命が支配しているのだ，ここはお前にとって快適な場所だろうよ，と私は自分に言い聞かせました。

「あなたとは，これでお別れです」，と案内人が言いました。「あの建物に行って，最初のドアをノックして下さい。そこが到着したばかりの霊魂を受け付ける事務所です。あなたはそこで登録され，そして自分の番号をもらうのです」

「どうぞ，お入り」という大きな声が聞こえました。

そう叫んだのは，実は私自身でした。私のドアがノックされていたのです。それは郵便配達員で，ある友人からの手紙を持ってきたのです。私は寝惚け眼(まなこ)をこすって，正気に返りました。私はソファーの上で長々と横になっており，開(ひら)きっぱなしの本が目の前にありました。机の上では，ランプが明るく燃えていました。記憶が戻ってきました。私は，気持ちの良い夏の晩に，ごく最近書かれたローマ法についての著作の一冊を読んでいて，眠り込んでしまったのです。私は深い眠りの中で気付かなかったのですが，夕暮れ時に女中が燃えているランプを部屋の中に持ってきてくれていたのです。私が経験したと思ったことはすべて，ただの夢でした。つまり，一風変わった読み物，徐々に更けていった暗闇，窓が開いていたために霊魂のように風で揺れていたカーテン，そして最後に，再び見えるようになった太陽として私が歓迎したランプ，これらのものが織りなした一つの夢だったのです。

私が受け取ったその手紙は，私を眠りと夢に誘ったその本を論評していました。そして，私の友人はゲーテの「魔王 Erlkönig」[11]の中の言葉を使って彼なりの評価をしていました。すなわち，こうです：

「枯れ葉が風に戦(そよ)ぐのだよ」

彼は同時に，私の評価を求めていました。私は，その本を読んでいたら眠

り込んでしまったという事実を伝えることで，私の返事とすることにしました。その著者はその本を執筆する際に，同じ誘惑に負けなかったのでしょうかね。私が彼の立場だったら，3頁目でもう，目が自然に閉じてしまい，そしてペンが手から滑り落ちてしまったと思います。私はもう二度とその本を手に取ることはないでしょう。その本が私に夢を見させるということがこれからも繰り返されれば，初回と同じように楽しい結果となるかどうかは分かりません。今度の夢では，ひょっとすると，天国ではなく，地獄に行っているかもしれません。そして，最初の夢の楽しさと引き換えに，今度の夢では恐ろしい目に遭っているかもしれません。私が天国の秘密を漏らしてしまったことに対する罰として，あの世で，先ほどの本を再び手に取って徹底的に検討しなければならないか，あるいはまた，これまで書き連ねてきた文章に対する然るべき懲罰として執行されるすべての告発，批判，批評を読まなければならないという苦役を科せられることになるでしょう——いずれにしても，私は，地上にいる間は，願い下げにすることができますし，またそうしたいものですね。

### 第三部　原注

1) **C. F. Christiansen**, Institutionen des röm. Rechts, Altona, 1848, S. 7.「精神というものは，真の存在 rechtes **Ist, Sein**, esse である。何となれば，精神は『それが存在している **das** sein』のではなく，むしろ『存在が存在している **Sein** sein, **Ist** sein』からである。精神は真実存在である」

2) このような厳しい判断は，以下において，少なくない証拠により正当化されることでしょう。私は，私の著書 „Grund des Besitzesschutzes, Aufl. 2, Jena 1869" の中で，別の証拠を出しておきました。最悪なものの一つは，占有取得特示命令 interdicta adipiscendae possessionis の実際の意味を，サヴィニーが完全に理解できていないことです。サヴィニー („Recht des Besitzes, Aufl. 7" S. 382-388) は，この特示命令を，それに相当する本権の訴えと同一視しているのです。彼が384頁で述べているところによれば，「本権の訴えを占有の訴えという不確かな概念から除外する理由は存在しない」。そして，383頁によれば，「占有保持特示命令 int. retinendae possessionis と占有回収特示命令 int. recuperandae possessionis は，そもそも唯一の占有の訴えであり，そして占有取得特示命令は

それらとは無関係である。もっと言ってしまえば，それらはお互いの間ですら無関係である」。本権の訴えに対する占有訴権の実際の意味を全く知らなかったということをこれ以上明確に証明しているものはないでしょう。

3) Siegmund **Schloßmann**, der Vertrag, Leipzig 1876, 7-10節の演繹参照。この本では，次のように述べられています。例えば，59頁では，「確かに支配的な見解は，合意が契約における本質的要素であるとするが，しかしこの見解は，合意という要素では十分とせずに，むしろ合意に，**合意それ自体の中には含まれていない要素**(！)，すなわち合意の表示を付け加えざるを得ない〔としている〕」。61頁では，支配的な見解は，意思表示が他方当事者に対して行なわれることを要求することによって大きな矛盾を冒している。75頁では，法的に構成することの本質は「事態をありのままとは些か異なるものとして表示し，そして事態をありのままではない別なもの**のように**法学上取り扱う」ことである。72頁では，法学は「僅か**一つの**措置のみで足りる思考作業を，さらに一つ，二つ，三つとそれに加える必要があるということを示すことによって複雑化するものである」。結論としてこの著者は，自己の結論を79頁で次のように纏めています。すなわち，――「契約は，**法学において何らかの方法で利用可能な概念ではない**。契約たる事実は多数存在する。ところが，これらの事実が契約であるということ，そして契約という名称が与えられているということ，こうしたことは，契約の法的本質について，すなわち契約が人々を義務づける根拠について些かも説明するものとはなっていない」と。この著書からの別の証拠は，後の別の機会にこれを提供することになるでしょう。

4) **Huschke**, Jur. Ant., a. a. O.

5) 法源の中に「誰々のものである suum esse」という表現がある場合にいつも，「ローマ市民法に基づいて ex jure Quiritium」という語を付け加えてはならないということは，初めて言われたわけではありません。ローマ人は極めて厳格に使い分けているのです。神聖賭金による法律訴訟による rei vindicatio と先決訴訟の誓約 sponsio praejudicialis による rei vindicatio の場合は，「ローマ市民法に基づいて私のものである」と述べられており（Gaj. IV, 16, 93），所有物返還請求に関する方式書 formula **petitoria** による場合は，単に「私のものである」と述べられているにすぎません（Gaj. IV, 92）。前者はローマ人に限定されるが，後者は外国人の場合にも適用可能であり，しかもおそらく，最初は外国人のために外国人担当法務官 praetor peregrinus によって導入されたものでしょう。この二つの方式の対立は，代理の二つの方式，つまり委託事務管理人 procurator と代訴人 cognitor の記述の中でも繰り返されています。すなわち，前者については Gaj. IV, 86 で „in rem quoque si agat, intendit P. Maevii esse ex jure Quiritium, et condemnationem in suam personam convertit〔物に対する訴訟を〔委託事務管理人

が〕行なう場合，請求表示は「ローマ市民法に基づいて P. マエウィウスのものである……」と，判決権限付与表示では委託事務管理人の名が記される〕" と書かれており，後者については Gaj. IV, 83 では単に „quod fundum **peto**, in eam rem etc.〔私が土地を**請求する**ので，そのことについて……〕" と書かれています。第一の方式は市民法の方式であり，第二の方式は万民法の方式でした。それ故，土地の „vindicatio〔返還請求〕" の場合には前者が，土地の „petitio〔請求〕" の場合には後者が用いられていたのです。actor〔訴えを提起する者〕と petitor〔請求者〕という二つの名称もまた，もともとは先に述べたことと関係があったように思われます。**Lenel**, Das Edictum perpetuum, Leipzig 1883 にあるように，hereditatis **petitio**〔相続財産回復の訴え〕の intentio〔請求表示〕に（138頁），それから formula **petitotia** der reivindicatio〔所有物返還請求に関する方式書〕に（146頁），「ローマ市民法に基づいて」という語を付加することは間違いであると，私は考えています。法源で，訴えに petere という語を用いているときは（si ususfructus, ager vectigalis, hereditas petitur〔もし用益権，永借地，相続財産が請求されるならば〕——遺産占有の場合も同様），ローマ市民法という根拠の明示 Bezugnahme は排除されています。最古の〔ローマ〕法において使われていたローマ市民法の意味については（法的に許される自力救済との関係），別の箇所で説明できると思います。そこにおいては，単に当時の実定法上の根拠が明示されているというわけではありません。なぜなら，仮にそうだとすれば，厳格法 jus strictum 上のあらゆる訴訟の場合に，こうした根拠の明示が繰り返しなされなければならないことになりますが，よく知られているように，このようなことは行なわれておらず，それはまた無意味なことであったからです。古法がそのような根拠の明示を例外として法律行為の場合に必要と考えたときに，「公の法律に従って secundum legem publicam」という語が用いられていたのです。例えば，Gaj. II, 104。Gaj. IV, 83, 86 と Gaj. IV, 92, 93 の対立にもっと細心の注意を払っていたならば，「ローマ市民法に基づいて」という語をこんなに安易に考えることはなかったでしょう。

6) **Huschke**, Jur. Ant., a. a. O.
7) Quando tibi (?) bona paterna avitaque nequitia tua disperdis **liberosque tuas ad egestatem perducis**.
8) Ulp. XII, 5 . . . **lege** curator dari non poterat, cum ingenuus quidem non ab intestato, sed ex **testamento factus** sit. Valer. Max. III, 5, 2 : pecuniam, quae Fabiae **gentis splendori** servire **debebat** とパウルスの上記の章句において，**相続財産**が強調されています。
9) **J. E. Kuntze**, Die Obligation und die Singularsuccession des römischen und heutigen Rechts. Leipzig 1856, S. 89. 私はその一節を原文のまま掲載して貰うよ

うにいたしますが，その一節が与える印象と釣り合いをとるため，私は次のような注釈を予め述べておきたいと思います。すなわち，この著者の高度の才能と，彼が学問に対して行なった貴重な貢献は，私以上に進んでこれを高く認める者は誰もいないということです。だからと言って，私が近時の法学における迷誤を示すことを目的とするこの場所で，これを理由として上記著作を使用しなくてもよいというわけにはいかないのです。もっとも，この点についてこの著作1冊だけというわけではありません——私は，あまり著名でない著述家によるその他の例を幾つかお伝えできないというわけではないのです——しかし，上記著作が適切であることは疑いのないところです。そして，文献史の批評家の目的にとって最も適切な対象を選び出すことは，批評家の自由裁量に任されねばなりません。その一節は，次の通りです。

「法務官による擬制は，大抵の場合，過去において発生した事件の仲裁を任務としていたにすぎない。その擬制は，花開く春を広野に呼び寄せるために，そしてまた花が実をつけ，果実に熟していくために，自然が爆発する天候と同様に，この政務官の法廷から突然きらりと光るものであった。その擬制は，雷電によって武装し，全能の王座からこの世を動揺させ，そして重苦しい雰囲気を一掃したオリンポスのゼウスの雷電を思い起こさせる。何となれば，法務官の法廷は，新しい支配の下，ティタン族の原初の時代の辛苦によって救済されたローマの法的生活のオリンポスだからである。その擬制は，自然という，自由に組織された形成物に並ぶものではなく，むしろ火山の爆発とか嵐の轟音を立てての通過に似ているのであり，外殻の中で養育された法的思考が成長して，自らのエネルギーによって解釈学的建造物の中で自分の場所を主張した時に用済みの外殻として捨てられるのである（——自身を捨てさせるために外殻に姿を変える風変わりな嵐もある——）。その擬制は，丈夫な樹木の溢れんばかりの花の周りをきびきびと，そしてせっせと飛び回り，そしてまるで花と有機的に合体したかのように樹液を吸い付き飲んでいる，活発でブンブンと音を立てている蜜蜂なのである。なんたる虚構であることか！

擬制という，このような奇妙な領域では，鬼神による支配が息づいている。直立した人間の肉体の眼差しは，現世の枷から解放されることを夢見ている，自由にして明るいエーテルの高みに向けられているのである」

似たような文章は，まだたくさん存在します。そのようなものとして，408頁では，「ローマの精神は，市民法の叙情詩の最初の階段」を登る——債務の領域は，「財産法の叙情詩」である——反対債務は「債務の叙情詩」である——「それらの輪舞は，市民法の叙情詩の序曲をなす」（——輪舞は一つの序曲——），としています。

なおも私は，408頁から次のような一節を引用しておきたいと思います——も

うこれで十分でしょう。

「芸術の領域における音楽とは何か，それは財産法の領域における債務法である。すなわちローマ人は，とりわけ，**叙事詩のような**基礎を築いていた。円柱や柱の上を目指す世界は，就中（なかんずく），夥（おびただ）しいモチーフに彩られた，ゲルマン的考え方の花托（かたく）に由来していた。そして，現代の取引生活の成熟した法的思想においては，**戯曲のような**和解が成功するであろう。いやそれどころか，そのための作業がなされるのである。そして，このような現代の精神労働の流れは，またもやあの歴史的発展過程の像を詳細に反射している。なぜなら，我々は制限された**手形**（人的に**単独**の，すなわち**約束手形 Solawechsel**）を叙事詩のような基礎と看做し，抑制のない火の魂を持つ無記名証券を神秘的な**叙情詩**と看做し，そして**指図**証券を**戯曲**への鎮静的・和解的転換と見ているからである。音楽と債務法は，**叙情詩の神秘**，すなわち美学の世界と法学の世界の像なのであり，そして懐疑は月夜に何かを探す若者なのである」

ここで，私たちは彼にじっと探させておくことにしましょう。彼は，その著作の最後で（422頁），「法学の成熟した天才」に出会っています。「その頭髪でいつの日かオリーブの花冠が編まれ，その右側では勝利の女神が手招きし，その左手には鷲の王笏が静かに支配するであろう」——この時，おそらく彼の心は平安の安らぎを得ていることでしょう。

10) **von Vangerow**, Lehrbuch des Pandektenrechts I, § 34, § 46-51.
11) **Thibaut**, System des Pandektenrechts, Aufl. 8, I, § 2 und 3 u. ff., **Kierulff**, Theorie des gemeinen Civilrechts, Kap. V.
12) **Puchta**, Pandekten, § 122 u. ff.
13) 占有について，目下のところ，支配的な立場です。
14) **Arndt**'s Pandekten Buch II, Kap. 2.
15) **Savigny**, Das Recht des Besitzes (Aufl. 7 von Rudorff S. 48).
16) 「占有は，**法的関係ではない**ので，占有の妨害があっても，それは権利侵害ではない」（**Savigny**, a. a. O., S. 30）。「占有それ自体は，その本来の概念に従えば，**事実**であることは明らかである」（43頁）。「その**本質**に従えば，事実である」（44頁）。「この侵害を無視すれば，占有が**権利**を与えることなど全く**ない**」（31頁）。「占有は先ず初めに，物の上への単なる事実支配として我々の前に現われ，それ故，**非権利 Nichtrecht**（不法 Unrecht という意味ではない）として，すなわち権利と無縁なものとして現われる」（55頁）。「実際は権利では**ない**」（58頁）。「占有は，**権利ではない**ので，体系の中で権利としていかなる地位も持たない」（59頁）。
17) 事実から権利への移行は，言うまでもなく，占有にとって容易なことではありません。それは，幾つかの中間段階を経て行なわれます。「従って，占有は特定

の侵害から保護される。そして，このような保護のために，占有の取得と喪失についての規則が定立される。**まさしく占有が，まるで一つの権利であるかのように**」(58頁)。ここでサヴィニーは，あからさまに権利と言うことはしておりません。彼は単に，「占有が，まるで一つの権利であるかのように」と言っているにすぎません。ところが，サヴィニーは奮起して，58頁では，占有は「権利と**類似**の効果を生み出すことができる」と，そしてさらに44頁では，単なる**類似性**から**同一性**へと移行させ，「その結果において一つの権利に**等しい**」と述べているのです。彼は206頁で，望んでいたことを，ついにやり遂げております。すなわち，「占有は**権利であると認められる**」と。そして，それ故に「占有は**一般にあらゆる権利のように**，家長権に服する奴隷及び子によって取得され得ることは何ら特別なことではない」(308頁) としております。

18) 「占有は，権利であると同時に，事実でもある」(**Savigny**, a. a. O., Übersicht von § 5)。「占有は，事実であると同時に，権利でもある。すなわち，その**本質**に従えば，**事実**であり，その**結果**において一つの**権利に等しい**」(44頁)。

19) 注17におけるサヴィニーからの引用文を参看。1)「その**結果**において権利に等しい」——2)「権利であると**認められる**」——3)「一般にあらゆる権利のように**取得される**」

20) 詳細な私見については，私の Grund des Besitzschutzes, Aufl. 2, Iena 1869, S. 160-179 を参照。私は，そこで占有の取得と喪失についてのサヴィニー理論を批判いたしました。サヴィニーが提示している二つの視点，すなわち物理的支配と，本来的関係が再生する任意の可能性は，少なくない事例群において，彼がそれらの事例から見て取ったこととは全く逆のことを明らかにしています。これらの事例群において先の二つの視点がなおも適切と見られるためには，**片方**の目だけではなく，**両方**の目を閉じる必要があるのです。サヴィニーがこれら二つの概念を用いて行なったように，著者自らが提示した概念を用いてそのような純粋な遊びを行なった者は，他に誰もいなかったでしょう。それは，どんな場合にも従順に密着する純粋なゴム概念なのです。

21) **E. J. Bekker**, Das Recht des Besitzes bei den Römern, Leipzig 1880, S. 99：「占有保持特示命令 interdicta retinendae possessionis の発明は……まさしく天才的なもの」。234頁：「重大な誤りは……占有保持特示命令の中間的存在」。235頁注：「私は**なおも**……占有保持特令の創設は**本来**，天才的な産物であったと感じている。しかし，冷静に考慮した今となっては，眩いばかりの輝きによって騙されているだけであると考えている」

22) 「占有保護のいわゆる**哲学的**根拠の問題は，端的に言って，却下さるべきである」(**Bekker**, a. a. O., S. 12)。しかし，それにもかかわらず，357, 358頁では，占有権の哲学的根拠の問題が姿を現わしています。そして，この著者が「占有保

護の根拠を得ようとの懸命な努力」を皮肉るために用いている比較（注25）が彼の提起している問題に完全に当て嵌まっていることを，私は認めておきたいと思います。すなわち彼はこう言っております。「世界史的重要性のある占有——これは実に様々な種族のところで，彼らがある程度の教養の程度に達するや否や存在するに至った**にちがいないであろう**——を見つけ出すことは不可能であるとは見ていない。いずれにせよ，このような普遍的な占有にとっては，まさしく普遍的な，だからこそ永続的で，哲学的な根拠も存在するのである」。この著者は，「さしあたり，普遍的な占有を自分は知らない，そしてそれ故にまた，いつの日にかその哲学的根拠を十分に知るに至ることへの希望は失っている」と付け加えていますが，私はそれに全く賛成です。そして，私は次のことを付け加えておきたいと思います。すなわち，私としては，占有とは**本来何なのか**という，私から見て無意味な問いについて，あらゆる無益なお喋りをするつもりは全くなく，私の研究全体では専ら占有制度の**ローマ的形態**を注視して，かつそれを基礎に置き，**その形態のためだけに**占有保護の根拠という問題に答えようと試みたということです。従って，この問題は**哲学的問題ではなく，むしろ実務的**ないしは**立法的**問題なのです。そして，その問いを明らかにするために，私は，私が実務的意味を明らかにしようとしているあらゆる制度の場合と同じ方法を採ったのです。すなわち，制度がない場合のことを考え，そしてその場合に実務的な意味で権利がどうなるのかを見るという方法です——結果として生じた欠陥は，私に対してその制度が何のために存在しているかを示してくれたのです。

23) l. 1 de usurp. (41, 3) ; l. 5 pr. pro suo (41, 10).

24) Holtzendorff's Rechtsencyclopädie, Bd. 1, Aufl. 1, S. 387 における**ブルーンス Bruns** の表現。普段であれば，現代ローマ法について非常に卓越した表現を用いるブルーンスでありますが，ここでは次のように述べています。「私が犬から物を無理矢理に取り上げる。もし私が人間から物を無理矢理に取り上げたならば，私は彼を犬のように取り扱っており，人として取り扱っていないことになる。これは占有保護全体の核心であり，またその出発点である」。この核心は，何と虫食いの核心であることか！　私が所持者から物を無理矢理に取り上げることができ，彼に占有に関する法的手段が与えられないとしたら，彼は犬ということになるのでしょうか。かつては，適法な占有者 justus possessor との関係における不法な占有者 injustus possessor についても同じことが言えました——彼が第三者に対して保護されていれば，ブルーンスによると，それは人として認められ，第三者に対して保護されていなければ犬ということになるのです。ローマ法では，不融通物 res extra commercium については占有が可能であると認められていません。その理由は，不融通物に所有権は成立し得ないからです。他方で，その他の点では，不融通物に対しても法的保護が認められています。ブルーンスによれば，

第三部　法学の概念天国　353

不融通物への占有保護の拒否は，またしても先程の事例群と同じ命題を含意するものということになるでしょう。すなわち，ローマ法によれば，このような関係において人が犬として取り扱われてよいということになります。ブルーンスは，占有理論を特別の研究対象とし，かつたくさんの文献活動の対象としており，歴史的な点で占有理論の多くの成果が帰せられる人物であるにもかかわらず，そのブルーンスが占有保護のローマ的な考え方を完全に誤解することがあり得たということは，ほとんど理解できないところです。まさに彼の犬の論証は，彼に真相を知らせ，占有保護が人格の理念をその基礎としているのではないということ，すなわち人格の保護をその目的としているのではないということを，彼に教え導くこととなるでしょう。**人のために**人に与えられ，そしてそれ故に所持関係においても与えられる（l. 5, § 2, 4 de injur.；47, 10）保護は，人一般の保護の場合のように不法侵害訴権 actio injuriarum を介して行なわれるのです。私の講義の中では，私はいつもその保護を**不真正**占有保護と呼んでいました。不法侵害訴権に対しては，ローマ法ではすでに，単なる所持者のためになお幾つかの特別な法的手段——ここではそれらの名称を指摘しようとは思っていません——が付け加わっています。占有回収の訴え Spolienklage もまた，この不真正占有保護の領域に属するということについては論を俟ちません。

25) **Bekker**, a. a. O., S. 14 の言葉通りです。12頁では，占有保護の根拠に特別に適用しています。すなわち，「我々の間でよく知られているある人——ここでこの人は名前が出されることを望んでいない（私はそのように理解している。私は名前が出ないなんていうことは望んでいない！）——曰く，占有保護の根拠を追究しようという現代法学のこのような努力を見ると，次のような光景が常に心に浮かんでくるというのである。すなわち，ある四足動物が，母なる自然がその動物のお尻に飾りとして付けた代物を陽気に丸く飛び跳ねながら真剣に摑もうとしている光景である」。以上のことから，犬というものが占有理論にとって極めて役に立つ動物であることが読み取れます。勿論，**ブルーンス**の場合，**ベッカー**の場合とはちょうど正反対の方向に進んでいます。ブルーンスにとって，犬は占有保護の根拠を**推論**するために用いられているのに対し，ベッカーにとっては，占有保護の根拠の「追究」を**止め**させるために用いられているのです。

26) **Bekker**, a. a. O., S. 16 の言葉。
27) **Bekker**, a. a. O., S. 17 の言葉。
28) 何年か前までのドイツの法科大学判決団において，実際に起こっていたのですよ！　ロマニストの構成員は，ドイツ一般商法典に定められている，ローマ法と矛盾する諸規定が適用された場合に，法の理性とローマ法に反する商法典は何一つ成し遂げることができないというただそれだけの理由でドイツ一般商法典の権威者を退けたのです。理論的に述べたものとして，Siegmund **Schloßmann**, Der

Vertrag, Leipzig 1876, S. 175-206 がある。私は幾つかの部分を強調しておきたいと思います。「ここでも人々は，法律と慣習が実定法の源であるという思い違いをしている。そして，あの法源に由来するもの，すなわち国家から命じられたもの，及び法律が存在しなくともそうあるべきだとの確信をもって長い間裁判規範として適用されてきたものが，裁判官によって適用されるべきであり，また適用されなければならないと主張するとすれば，同じ法で全く逆の主張もなされ得るのである」(175頁)。「法律に由来するのであれ，慣習に由来するのであれ，明確な規定を裁判官が適用するよう促し得るあらゆる種類の強制は許されないし，**そのような規定は適用不可能であることについての確信を抱き，その適用を拒絶する裁判官は，これを処罰することなどあり得ないのである**」(178頁)(!!)

180頁によれば，「法源についての一般的な学説を転覆させるためには，法律を意識的かつ〔他から〕承認されて粗末に扱う事例が一つあるだけで，事はすべて足りるのである。学説は，他のところで害されるや否や自らの任務を失う simul cum in aliquo vitiatum est, perdit officium suum からである」。法律に対する服従を拒む狂気の裁判官，あるいは服従義務を忘れた裁判官が一人いるだけで，裁判官は法律への服従の義務があるとの学説全体がひっくり返されるのです。学説は，誰か天の邪鬼一人によって否定されることにより転倒し，法律は，誰かが違反することにより自らの拘束力を失ってしまうのです。そして，この点に関してはl. 1 de R. J. (50, 17)——その法文は自明の命題以外の何ものも含んでいません——の中にローマの法学者の有名な言葉があり，それによれば，法に全く合致しない，法の学問的定式化（cum in aliquo vitiatum est）は，何の効力も持ちません（perdit officium suum）。そして，この著者は法とその**理論的定式化**との間のこのような**論理的**相違を，法とその**事実上の遵守**との間の**実際**の相違に作り替えています。すなわち，規則の**事実上の違反**がその規則を廃止してしまうというのです。この説が共感を得るのであれば，泥棒たちはどんな歓声を挙げることでしょうか——彼らのところでは，「法律を意識的かつ（——彼らの悪事仲間によって——）承認されて，粗末に扱うこと」がなくなることはないでしょう。裁判官は，法律に相対したとき，彼らと異なる立場にあるのでしょうか。

182頁では，「いわゆる実定法の研究及び叙述は，副次的な意味でのみ学問的活動と名付けることができる」——「正義の理念によって予め描かれている秩序の攪乱を再び調整することは，裁判官の職務の内容をなす」とあります。「法律，慣習，学説，**衡平の諸命題**は，ある時はお互いと一体化し，ある時は**お互いに反作用しながら，**ある時はこちら側，またある時はあちら側に舌先を向ける正義の秤の分銅なのである」(180頁)。読者は，裁判官による正義の理念の実現についての新しい福音が，この学者の聴衆のところで改宗運動をするとなると，一体，判決はどうなるのか——今や，これを思い描くことができるでしょう——その著

第三部　法学の概念天国　355

者は，法的争いの中で自らそれを確かめた最初の人物でありますように！

　私見によれば，そのような学問的な変革の試みに対してあまりにも辛辣な言葉というものは出されていません。それらの試みが法学に対して与える約束をしている改革は，私のある知人の子どもたちがかつて両親の不在のときに居間の家具を使って行なっていたことと同じなのです。すべてのものが，すっかりごちゃごちゃになり，テーブルは板が床につき，椅子は一つの塔に組み立てられ，本はピラミッドとなり，鏡と彫像は壁の方を向き，要するに，この変革はこれ以上望むべきものを残さなかったのです。上記の著書を読んだことにより，とうの昔に私の記憶から消え去っていたこの出来事が再び呼び戻されたというわけです。

29)　皇帝ニコラウス1世の兄弟であるコンスタンティン大公がそうであったのです。彼は兵士の扱いに習熟していました。彼は兵士の訓練で大成功を収めたので，兵士は，ワルシャワの練兵場で，縁（ふち）まで水を入れたグラスを軍帽（チャコ）の上にのせて一滴もこぼさずに行進することまでできるようになりました。ところが，彼が言うには，――戦争が兵士を駄目にした。兵士を兵士たらしめているすべてのもの，すなわち直立不動の姿勢，観兵式の歩調，制服の完全無欠の清潔さ，光沢のあるボタンの染みのない輝き，これらすべてのものが戦争によって失われてしまった。戦争は実に下らないものだ。――彼は戦争を憎んでいたのです！

30)　これについては，すでに別の機会に述べたことがあります。私の vermischte Schriften, Leipzig 1879, S. 242 参照。

31)　これは，サヴィニーが自分の講義の中で，彼らをボロクソに批判する際にいつも使っていた決まり文句でした。「近時の法学者」は，当時は常に非常に惨めな人々として姿を現わしていました。私たち聴講生の誰もが，自分たちは彼ら以上であると感じていました。もっとも，その後，私はその近時の法学者についてはこれとは異なる判断をするに至りました。そして，私は彼らのいわゆる誤謬には貴重な真実が含まれていることが稀ではなかったということを認識したのです。そのような真実を見る目と理解力は，ロマニストの硬直した純粋主義に囚われていた彼らの批評家にはその持ち合わせがなかっただけのことでした。私の „Geist des röm. Rechts" 第2巻第2章466頁参照。サヴィニーは，彼の „System des heutigen römischen Rechts" の序文において（XXV頁），理論と実務との間の分離がますます大きくなっていくことについて零（こぼ）しています。彼以上に，この分離について責任がある者はいるのでしょうか。歴史的な方向の主張者である彼こそが，我々の国におけるローマ法の歴史的形成を頭から無視する模範を示した最初の人物であったのです。占有回収の訴えと最簡単訴訟手続き Summariissimum は，彼にとっては，実務の法学の過ちを明るみに出すものとしてのみ用いられているのです。文献に基づいた理論の正確性によって理論と実務の分離という悪を抑止するという彼の信仰からは，ある若い経験の乏しい主婦の

ことが私の心に思い浮かんできます。その女性は，自分の夫に半熟卵を作るとき，卵はどんなに茹でても柔らかくならないことを理解できなかったのです。

32) l. 1 pr. de itin. (43, 19). Quo itinere actuque privato ... **hoc anno** usus es. l. 1 pr. de aq. quot. (43, 20). Uti **hoc anno** aquam ... duxisti. l. 1 § 29 ibid. Uti **priore aestate**. l. 1 pr. de rivis (43, 21). ... non aliter, quam uti priore aestate ... duxit. l. 22 pr. de fonte (43, 22). Uti ... **hoc anno** usus es.

33) **Savigny**, a. a. O., S. 474（人役権の占有について），S. 480（有権限者の行為の中で存続する不動産役権に関して）。それらの役権の準占有の取得については，そこでは次のように説かれています。すなわち，権利の対象となる行為は，「**いつかある時に**行使されなければならず，しかも**権利**として行使されなければならない」。そうだとすると，所有者のいない時もまた，そうなのでしょうか。誰かが冬に，他人の空き家となっている夏別荘に入り込み，そして冬の間中そこに留まっていた場合に，彼は，体素的占有 corporalis possessio が半年間存続していたにもかかわらず，**物**の占有を取得しません。所有者のいない場合にその土地を**1回**横切ったとすれば，彼はなんと**準占有**を取得するのです！ ある場合において，彼の法的状態を維持するために，相手が一方的に占有取得しないように予め配慮して彼を保護するのと同じ権利が，別の場合においては，彼を全く保護のない状態に置くのです。しかしながら，**概念**が準占有の発生を要求するときに，所有者の**利益**は何のために重要となるのでしょうか。準占有の喪失については，481頁で，「喪失について，ここでは先に人役権の場合について述べたことと全く同じことが言える」と述べられています。ところが，474頁によれば，「この占有は，他のあらゆる占有と同様に，本来的支配を再現する不断の可能性により続けられており，従ってこの可能性の終結によって失われるのである」。同じようにして，**A. Randa**, Der Besitz nach österreichischem Recht. Aufl. 3, Leipzig 1879, § 34, S. 650, Note 1 は，次のように述べています。「準占有は，物の占有が把持にその本質がないのと同様に，行使にその本質があるのではない。準占有は，行使によって**取得**されるにすぎない。準占有の**本質**は，少なくとも**1回**の行使によって実現かつ意欲されるところの，権利の再行使の**可能性**それ**自体**にある」。（オーストリア法に関して）「この権利が，ある種の反復される行為（使用する行為）にその本質があるとすれば，占有は，消滅時効期間が経過しても，その期間内にたとえ1回だけであるとしてもそのような行為が行なわれていたときは，失われることはない」(653頁)。「よしんば，原告に対し，何年も前に（例えば，ほぼ30年前に）原告はこれの他にさらなる法的使用をしていなかったという異議が出されることがあるとしてもである」(655頁)。この理論と，それからこの理論が行き着く結論（下記参照）については，私はすでに私の „Grund des Besitzesschutzes, Aufl. 2" の174頁以下で批判を加えていますが，ここでは，この

例は形式重視の概念法学の過ちによる例証であるということを見逃すわけにはいかなかったのです。

34) **Puchta**, a. a. O., S. 73。ここで，プフタの演繹は**サヴィニー**と対立しています。すなわち，サヴィニーは，474頁で次のように述べています。「すなわち，単なる不行使によって，ある一定の期間満了時に役権それ自体が失われる以上，どんな再現も，**起こり得る可能性**が常にあり得た**にもかかわらず**，その間の全期間において占有は**失われていたとせざるを得ない**」……要するに，その間占有は存在していたけれども，その後は再び占有は存在しなくなるというのです。そして，このことは，全期間において占有の前提条件の存在が〔この著者によって〕認められているにもかかわらず，さらにまた占有は事実的な性質を有しているにもかかわらず，占有は存在しなくなるのです。「それ故に（──提示された定式は何の役にも立たないということが理解できる，と言うべきである──），単なる不使用の間は，占有は未確定のものとして存在しており，そして新たに使用することにより，又は全期間が経過することにより，その間占有が存在していたのか，はたまた存在していなかったのかが示されると解さざるを得ない」。未確定状態となっているあらゆる法的状況において，その決定は，よく知られているように，期間の満了を待たねばならないのであり，その間，期待者は訴権を有しないということになります。では一体，ここではどうするというのでしょうか。私は次のように問いたいと思います。すなわち，役権の行使の中で相手方により阻止される準占有者は，いつ法的保護を願い出ることになるのか──準占有者には保護があるのか，それともないのか，と。サヴィニーによると，疑いなく，あるということになります。従って，占有は，今現在，未確定の状態にはなく，存在しているのです。そして，このようにこの関係が10年間ずっと認められているという状態は，10年の期間が経過した後になって，サヴィニーによって再び逆転させられるのです。私たちは，全期間中，占有は存在しているだろうと思っていました。ところが，準占有は戯れ者で，10年間ずっと私たちを欺いていたのです──後になってから，準占有は全く存在していなかったということが示されるのです。

　私たちは，この設例をもっと鋭い形にすることができます。1799年12月31日に最後の権利行使を行なった準占有者が，1805年に新たに役権の行使をしようと試みました。その時相手方の抵抗に遭ったので，訴訟を提起したところ，裁判官がサヴィニー理論を用いたため，この準占有者が勝訴しました。その次の権利行使が，1811年1月1日まで全く行なわれませんでした。この時，この役権は，1799年12月31日から1811年1月1日までの不行使の故に疑いなく消滅していますが，その一方で1805年における占有の存在は，判決により**既判力**をもって確定しているのです。この時，既判力のある判決がサヴィニーの判断──「その間の全期間において占有は**失われていたとせざるを得ない**」──に従わねばならないのでし

ょうか。
　こうして,サヴィニーは窮地に嵌り込んで抜け出せなくなってしまった一人の男の姿を私たちにはっきりと見せてくれています。もし彼が不合理なものからの論証 argumentum ab absurdo を嘲笑い,完全に首尾一貫させる勇気を持っていたとすれば,彼は,プフタと共に勇気をもって行き着くところまで行ってしまったことでしょう。今度は,教師が概念法学の中に自分の師を見つけ出す原因となった弟子の意見を聞いてみたいと思います。
　前掲書72頁によれば,「もっとも次のように解されている。すなわち,単なる不行使は,占有を終結させはしないが,しかしそれが非常に長い間続いたがためにそれによって権利が破壊されたときは,占有もまた失われたと看做されねばならず,しかも不行使が始まった時点からすでに占有は失われていたと看做されねばならない,と。これは,恣意的な考えであるように思われる。つまり,その考えが正当化されると思われるのは,次のような場合だけではあるまいか。すわなち,権利の存在と権利の占有との間に非常に本質的な関連が存在するがために占有が権利なくしては継続し得ないという場合である。そして,このことは,体素的占有の場合と同様,準占有の場合には当て嵌まらない。権利それ自体を取得してないのにその権利の占有を取得することができるのと同様に,権利が消滅したのに占有者であり続けることができるのである。従って,不行使により権利を失った者をなおも占有者と見ることを妨げるものは,もともと何もないのである*。しかし,別の問題が存在する。それは,つまりこの占有は,占有者にとって,占有と結び付いた法的効果をなおも有しているのか,要するに彼の占有は効果のないものとなってはいないか,かくして効果に関して言えば,存在しなくなったのではないかという問題である」。これに対して,取得時効に関する答えは,次のようになっています：「一度(ひとたび)占有をし,そしてこの占有を上述のようにして失った者に対して,我々が**占有を認める**ことができるとしても,やはり,この占有は**その者の取得時効に役立つことはない**。何となれば,取得時効は現実の継続的権利行使を必要とするからである」。**特示命令**に関しては,「特示命令の場合,原告が訴えを起こすにあたっての現在の占有という要件は特有の方法で規定されているので,占有の単なる取得及び非喪失では**この効果にまで至らない**」……しかし,それにもかかわらず,「これらの権利の準占有は,実際の権利行使なくしては確かに成立しないけれども,**継続**は行なわれ得るという命題は,依然として消えることなく存在している。しかしながら,**この命題は実際の効果を持たない**。何となれば,ここでの占有の二つの効果は,**占有の抽象的存在**だけではなく,実際の権利行使のある状態を必要とするからである」

　　　* 同旨,**Randa**, a. a. O., S. 650, Note 1：「権利が不行使によって消滅した場合であっても,権利を再行使する可能性はなおも存続し得ることは明ら

かである」
　要するに，占有の**効果のない占有**であり，「抽象的占有」なのです――「なにしろ，実際の効果を持たない諸命題が依然として消えることなく**存在している**のである」
　プフタ（Pandekten, § 11, g）は，効果を伴わないこのような準占有との相対物を，慣習法のところで提供しております。立法者が慣習法を排除するとき，それは「**裁判官に対する慣習法の効果を奪うにすぎない**」と言うのです。これでは，燃えない火であり，輝かない光ということではないでしょうか！　この点については，拙著 „Zweck im Recht", I, S. 321 (Aufl. 2, S. 322) 参看。
　私がこれまで概念法学について行なってきた批判は，痛烈に過ぎたでしょうか。

35)　**サヴィニー**は，彼の著作の第5版までは，暗黙のうちにこのように解していました。第6版になってようやく，次のような文章が付け加えられたのです（475頁）：「占有の継続が取得時効による取得に至る場合には，占有の継続は**些か** etwas（原文のママ！）事態は異なる。ここで**ウンターホルツナー** Unterholzner (Verjährungslehre, § 214) は，次のように解している。すなわち，権利行使の**中断が通常ある程度であれば占有は継続する**（――不正確な表現です！　ウンターホルツナーは，個々の行為が**通常生じる間** gewöhnlich vorkommende Zwischenräume によって分離されているにすぎないときは，と言っています――）が，それに対し，権利行使が**実に異常に長い間**ずっとなされなければ，占有は中断する（これまた不正確です！　ウンターホルツナーは，「通行地役権の場合に**生じるのが常である**ぐらいの時間**よりも長い**時間，通路が使われないままであれば」と言っています）。この見解は，勿論，裁判官の非常に自由な裁量は避けられないものの，正しいように**思われる**」
　かくして，取得時効にとっての占有概念と占有保護にとっての占有概念とは異なることになります。前者にとっては，いわゆる，元の関係を再現する単なる**可能性**という全く一般的な定式が放棄され，その再現の**現実性**が必要となります。後者にとっては，その定式は維持されています。このように，取得時効の前提条件と占有保護の前提条件との統一性が放棄されていますが，この統一性については，絶え間ない uti という要素を特示命令の占有の場合にも転用するという方法によって再びこれを作り出すことが，最も自然なことではないでしょうか。なにしろ，このことは特示命令についての正文の中で常に強調されているからです（290頁〔注32のこと〕）。しかしながら，そうなると，上述の定式は全く駄目になってしまったと言うようなものでしょう。
　ウンターホルツナーは，以前，取得時効に対してもこの定式の完全な結論を導き出していました：「無論，**取得時効期間**の**全期間**中，権利行使の機会がこなか

ったとしても，**占有の取得**という**唯一の事実**は，権利行使のために十分であり得るであろう」——こうして，10年前に最初で最後の権利行使がなされた取得時効によって役権が発生するのです！

36) l. 3 § 6-10 de itin. (43. 19), l. 1 § 37 de aq. (43. 20), l. 2 § 3. l. 3 Si serv. (8. 5). 以前は，占有取得特示命令によって救われていました。l. 2 § 3 de int. (43. 1).

37) **Savigny**, System des heutigen römischen Rechts, V, § 239〔以下〕の有名な理論である。消費貸借に基づく訴えへの適用は292頁：「訴権消滅時効の開始は**不可能**である。訴権消滅時効は懈怠を前提とする。では，ここでは，どこに懈怠が見られるのであろうか」。293頁：「ここでは，訴権の原因，すなわち侵害が存在しない」。この制度の明確な目的とユスティニアヌスの明確な規定——この規定は，まさしく構造的な観点が間に入ることによる，訴権のそのような永遠化に対し行く手を遮ることとなるのです：(l. 1 § 1 Cod. de ann. exc. 7. 40 : jubemus **omnes personales actiones, quas verbosa quorundam interpretatio extendere** extra metas triginta annorum **conabatur**, triginta annorum spatiis concludi〔朕は，多くの者が言辞を尽くした**解釈により**，30年の〔消滅の〕期間を**延長しようと企てている，あらゆる対人訴権が30年で消滅するものであることを命ずる**〕)——は，侵害という観点を貫徹する法学理論の関心に対し何の役に立つというのでしょうか。この**法律**は，成立した訴権 actio nata の**概念**に対し，何の力も有していないのです！

38) **Kierulff**, Theorie des gemeinen Civilrechts, S. 349.

39) 古法の使用取得による所有権消滅は，不動産の場合は2年，動産の場合は1年でした。不行使による不動産役権の消滅は2年であり（この期間は，スクリボニウス法 lex Scribonia によれば，使用取得にも適用されたのでしょう。），用益権の消滅は，不動産と動産の相違により，2年と1年でした (l. 13 Cod. de serv. 3. 34)。占有保護の期間は，不動産の場合は（不動産占有保持特示命令 interd. uti possidetis) 1年，動産の場合は半年（動産占有保持特示命令 interd. utrubi），役権の準占有の期間は1年でした（この1年 **hoc anno**, 290頁注〔注32のこと〕を参看）。これらの期間がこのように決められたことの根底にある考え方は，極めて明白ですが，しかし私の知るところでは，これまでははっきり認識されてこなかったものなのです。すなわち，権利は占有の2倍の強さを持ち，不動産は動産の2倍の強さを持つということです。それに従い，**動産の占有保護は不動産所有権**の保護の期間の4分の1となるのです。

40) **Savigny**, a. a. O., S. 541：「例えば，森の中にある物を置き忘れ，後になってその物のことをはっきりと思い出した場合，その物の占有を失ってはいない」

41) 拙著 „Grund des Besitzesschutz", S. 177 における私の言葉。

42) プフタの表現です。注34を参看。

43) 埋蔵物の有名な定義：cujus non exstat memoria, ut jam dominum non habeat.
44) 例えば，**Puchta**, Pandekten § 135 Note c の言葉を参照。すなわち，l. 11 Cod. unde vi (8. 4) におけるユスティニアヌスの極めて思慮深い革新については，「全く恣意的な規定」，そしてまたカノン法が行なった，それに劣らず承認に値するその規定の拡張については，「カノン法はこのような恣意の軌道の上を進んでいた」。ここで両者が犯したと言われている違反は，本文で書いた違反と比べると，実に些細な事柄であったのです。
45) l. 2 § 17, l. 7 Ne quid in loco publ. (43. 8).
46) 直前の注の章句参照。
47) これが，今日までローマ法の理論家の支配的見解です。この見解に対し，私は私の Jahrbücher VI, S. 97 ff. で異議を主張しましたが，無駄でした。私見によれば，新築異議申立が存在しているというただそれだけのことで，すでに正しい道に導いてくれることになったはずです。役権認諾訴権と役権否認訴権が同じ目的のために十分であったとすれば，一体，新築異議申立ては何の意味があったのでしょうか。私としては，この不健全極まりない見解とはあくまでも闘い続けようと思います。そして，私の目下の著作が現代の概念法学のこうした過ちの実態を明らかにすることに貢献するものと，私は期待を持っています。
48) **Röder**, Grundzüge des Naturrechts oder der Rechtsphilosophie, Abt. II, Aufl. 2, Heidelberg 1863, S. 91：「確かに，大抵は，あらゆる種類の厚かましさ（例えば，好奇心旺盛に根掘り葉掘り質問すること，勧誘もないのに玄関に立ち入ること等々）は繊細な良俗・生活様式に対する違反としてしか看做されないし，この点についての判断は，専らすべての教養人に委ねられている。しかしながら，同時に，この厚かましさは，疑いなく**権利**を侵害しており，そしてすべての**法的手段**（――この著者は，これをどのようなものとして考えていたのでしょうか）によって，また必要とあらば，その被害者自身によって阻止されて然るべきものである」。これによって侵害される権利というのは，その節の見出しでは，「独自の生活をする権利ないしは**自己との交友**の権利」となっています。この交友ということは，困難なものである上に，事情によっては，価値をほとんど持たないものと言ってもよいでしょう――囚人までも自己との交友〔の権利〕を持っているのですよ！　この権利の侵害になるものとしては，「煩わしい来客による**時間窃盗**，厚かましい**和解首謀者**（特に法律上，裁判上のそれ）もまた挙げられ，一番最初の関係者による申し出を待つことなく，姦通，強姦，猥褻行為を理由に，職務上，仕事を進めることさえも挙げられる」（92頁）。自然法は冗談ごとではなく，誰一人として自然法の諸規定に違反していないと自信をもって断言できる者はいない，と考えられているのです。「たとえ正しい見解であるとしても，他人の理解力にとってあまりにも高級過ぎて理解できない見解を，我々の精神的優越の

無遠慮な貫徹によって押し付けることは，厳密に解すれば，これに当たるのである」

　この著者は，自然法違反に関して，非常に発達した目を持っています。94頁では，**精神的**厚かましさに属する前述の事例群に，**肉体的**厚かましさ等々の例として以下のことが付け加えられています。すなわち，「多くの産院において妊婦に対し淫らな公認の診察をすること，兵役義務者等に対するすべての不必要な身体検査，密輸者と推定される者に対する税関官吏による身体検査，あるいは粗暴な監獄吏による囚人——特に女性の囚人——の身体検査」と言うのです。確かに，後者の場合，すべての密輸者と囚人は進んで署名して同意することでしょう。そもそも，彼らにとっては，実定法よりも自然法の方がはるかに都合がよいのだと，私は考えています。

49) **Röder**, a. a. O., S. 98 では，「兵役義務という口実による移住の妨害」も挙げられており，そして，〔この妨害は〕「公民権に起因する義務は，公民権を手放しさえすれば，もはや誰一人として持つことはできない」という論拠によって片付けられています。この他に，国家権力が私法上の平等に反して犯した数多くの違反については，144頁で取り扱われています。例えば，郵便事業独占，鉱業独占，塩専売，煙草専売。自然法が完全に実現するに至るまで，世の中はさぞやひどく変わってしまうことでしょう！

50) **Röder**, Grundzüge des Naturrechts oder der Rechtsphilosophie, Abt. II, Aufl. 2, S. 202.

51) これは，Röder からの引用ではなく，あるイギリスの判決の内容であって，F. Stoerk の Methodik des öffentlichen Rechts (**Grünhut**, Zeitschrift für das Privat= und öffentliche Recht der Gegenwart XII, 1, S. 142) の注の中で引用されているものです。「哨所で眠ってしまい，それ故に——これは，軍律法案 Mutiny-Bill に含まれていた特別規定が作られる前の話である——処罰されてしまったある兵士による異議申立てについての有名な判決である。この処罰は，『およそいかなるイギリス人も，巡査と夜警を除き，夜間，睡眠することまでは禁じられていない』という理由で，取り消された」

52) これに次のような注が付けられています。「ヴァルンケーニッヒ Warnkönig は，確かに，**歯**を保護してはいるが，**髪**を失うことは認めており，たとえ髪を刈られないことを望んでいる場合であっても，少なくとも契約によって髪を刈る**権利**を取得させようとしている。だが，これは首尾一貫していない。髪を刈られない権利は，いかなる者からも奪われ得ないのであり，ドイツ語でも，„Lassen Sie mich ungeschoren〔私の髪を刈らないで下さい〕"〔12〕という言い回しがあって，この中でこの権利が認められている。この言い回しの歴史的起源は，他人の髪をその人の意思に反して刈ろうという試みをする者が時折存在したことに由来して

いるということは明らかである」。そんな試みをする者なんて，いかに珍しいことでしょうか！

# 第四部

## 再び地上で
いかに改善さるべきか

これまで私に付き合ってきて下さった読者が今日のドイツのローマ法学か _337_
ら私と一緒に見てきた光景は，読者諸氏の気持ちを心地好くするものではあ
りません。その光景は歪められたものであるとか，その光景は肖像画家では
なく，諷刺画家によって下絵が描かれたものであるとか，こういった非難を
受ける準備はすでに私の心の中にはできています。私としては，この光景は
的を射たものであると考えています。真面目が冗談を引き継ぐことになるこ
の第四部では，洗練された表現方法に従えば，おそらく多数の人々にとって
冗談，機知，ユーモアの遊びとしか考えられないことを，私は正真正銘，真
面目に表明したいと思います。私が「概念法学」，すなわち今日のローマ法
学におけるスコラ学に対して試みた攻撃は，私にとって真面目以外の何物で
もありません。そして，私がその攻撃をする際に冗談，ユーモア，嘲弄と
いう武器と諷刺文を使った時，それは真面目そのものだったのです。という
のは，私は，それらの武器が最も効果的であると考えたからです。そのよう
な武器を用いて償いをしないで済む人は誰もいないということを，私は知っ
ています。そして，私にはその覚悟ができております。私がそれを甘受する
のは，このことに対して私が鈍感であるからではなく，むしろ，私に対する
顧慮を二次的なものとすることが私の義務であると考えているからです。も
う何年も前から，私は私たちのローマ法学が歩んできた道，そして私が若い
頃に同じように彷徨い歩いた道は正しい道ではないという確信を抱いていま
した。私は，就中，私自身の体験からそのことに気が付いていました。**プフ** _338_
**タ**が私にとって正しい法学の方法論の師であり，模範であった時代が，そし
て私がまるでその模範の上を行くぐらい深くその方法に囚われていた時代が
ありました。私には，いまだに，この方法の精神の中でその構想の概略が描
かれた一連の仕事があります。そうした仕事の中には，着手したばかりのも
のもあれば，かなり進展したものもあります。例えば，物についての理論で

は，私は，形式と実体，統一体，同一性，様式等々の純粋形式的なカテゴリーをもってローマの物権法を厳格に論理的に築くことができると信じていました。それから，損害賠償論では，**現存する**有価物の評価についての私たちの法源の判断を，**滅失した**かあるいは**給付**されていない有価物の評価に用いる，すなわち私の考えでは損害賠償論に用いるのであって，損害賠償論を論理的に議論の余地のない命題，換言すれば，Xはプラスの記号を持っていようがマイナスの記号を持っていようが同じ値であるという命題を基礎にして作るのである，と考えていました。二つの理論を立法によって具体化する場合には，先験的・論理的構成という利益とは別の観点が考慮されるべきだということについて，当時，私は全く知りませんでした。そして，私の考え方や演繹的方法の持つ説得力を理解できない親しい実務家たちのことをいかに見縊っていたか，私はいまだにそれを覚えています。要するに，あの時代の私ぐらい，論理的な方法論の狂信者はほとんど誰もいなかったかもしれません。当時，私が発表した研究業績は，とりわけ Jahrbücher für die Dogmatik des heutigen römischen und deutschen Privatrechts（第1巻，1857年，第1号，「我々の課題」）は，この点についてのたくさんの痕跡を示しています。ところが，この時，私の思想に転向が起きたのです。その転向は，内面からではなく，外的な刺激によって起きました。つまり，この転向は，私がいつも探し求め，育み，そして自分のために利用していた実務家たちとの活発な交流に起因していましたし——法科大学判決団と法的鑑定書の発行の要請が私に与えてくれ，かつ私が以前支持していた見解[1]を適用することによって驚愕し，後退することが稀ではなかった私自身の実務的活動の機会に起因するものでしたし——さらにまた最後には，この点はあまり重きはないかもしれませんが，私が全生涯を通じて実施し，そして私の目では教師自身にとって不健全な理論的見解を正す最も有益な矯正策の一つを含んでいるパンデクテン演習に起因していました。拙著 „Geist des römischen Rechts" の第4冊目（1865年）において，私はその時初めて「論理的なものへの崇拝」や「机上の弁証法」に対して公然と攻撃の槍を構えたのです（59節）。この時，私の名

前こそ出してはいませんでしたが，前に掲載した「今日の法学についての親展の書簡」(1861年以降) の中で，すでに私はそれを行なっていたのです。

単に否定的なものでしかない異議で終わらず，これを正しい道の実定的な指示へと至らせる必然性があると認識することによって，私は，叙上の著作を差し当たり脇に置いて，まさしくこのような課題を対象とする „Zweck im Recht" についての著作に着手する気になったのです。私が私の生涯の課題と見ていた仕事，そして継続し完結させるためのすべての準備が調っていた仕事から離れることは，私にとって容易なことではありませんでした。しかし，私はそれを私の義務と考えました。そして，この義務を履行する際，„Geist des römischen Rechts" を完結させれば „Zweck im Recht" に着手して完結させる場合よりもはるかに大きな感謝と賞賛を私の専門領域の仲間から得られるであろうことを確信しても，私の思いを絶つことはしなかったでしょう。現在への実際的関心は，私にとって過去への歴史的研究の関心よりも高かったのです。いずれにしても，もし私が，前者の方向が有益であることを示すことに成功すれば，後者の領域で私に割り当てられた果実は収穫されずに残ったままとなっているかもしれません。私の目には，前者の成功はあまり高い代償を払わなくても手にすることができるものと思えたのです。

　同じ考え方は，今，執筆しているこの著作を刊行する際にも私の導きの星となっています。この著作を刊行すれば月桂樹よりももっと多くの刺草(いらくさ)が私に与えられることになることは，私はよく承知しています。しかしまた，その刊行の影響が大きなものとなるであろうことも承知しております。それだけに私は，刺草を与えられてもそれは甘受することにいたします。この著作は，何年もの間，自ら呪縛の下(もと)にいた一人の男の産物であり，この男は他の人々をこの呪縛から解放しようとしているのです。自ら奴隷であった者は，奴隷的状態とは何かということを知っています。かつて私は，今，私の闘いの相手である傾向を最も熱心に主張していた者であっただけに，まさに私こそがその傾向と闘うその任に相応しい人間なのです。いずれにしても，私はその傾向に対して厳罰を科しましたが，そのことについて人々がどのように

判断するにせよ，判決言渡しをする権限は，私が持っているのであって，これを疑う者は誰一人としていないでしょう。もし実務家の口から非難や異議——それらは私に対して出されていないわけではありません——が出されるとすれば，実務家だからこそ，その立場からは理論に従うことができないのだと言って，こうした非難や異議の道徳的な重みを殺ごうとしたでしょう。ところが，私自身は理論家です。従って，私にはこのような抵抗の方法は通じません。私と対決しようとする者は，私の権限を咎め立てる道を選ぶのではなく，むしろ私が浴びせた非難は事実に即せば根拠を欠くものであるということを実証するより他ないのです。私が加えた非難については，この著作の多くの箇所でたくさんの典拠を示してその根拠を明らかにしました。今度は，人々の方で，それらの典拠は私の判断を正当化する根拠として相応しくないことを，私に対して証明することになります。私は，20年来集めてきた，ギリシア神話の豊饒の角[1]から幾つかの見本を選び出したにすぎません。従って，人々がそれらの見本では十分でないと言うのであれば，私には，それら以外にも非常に多くの他の見本を出して，閉じた目を開こうともしない人の目を開かせる手立ても残っています。この著作に対して浴びせられたその他の批判，加えて私としてはこの著作の批判者に対してお返しする必要もない批判はすべて，この著作の効果を発揮させるためにはまさにそのように書かれなければならなかったのだと考えて，私はこれで善しと考えています。

　その効果とは。笑いによって周りの人たちを味方に引き込むことでしょうか。勿論ですよ！　私はそれを望んでいるのです。ところが，この効果は別の効果——この別の効果こそが，私にとって何よりも大切なのです——を上げるための手段としてのみ使われるのです。真面目な事柄を茶化すことは難しいことではありません。最も崇高，かつ最も神聖なものは，これまで物笑いの種になることから身を守ることはできませんでした。自分自身の精神のみをひけらかそうとし，機知の花火を有効に使おうとするのは，まさに不道徳な軽薄さ以外の何ものでもありません。その場合，この軽薄さが放った爆

竹とかロケット花火が他人の価値ある財産に火を付けるかどうかは気にかけることはないのです。ところが，光を当てて物事の欠陥とか欠点を余すところなく明らかにし，これによってこれらを認識し，改善することは，これとは別の問題です。まさにこの点だけを，私は狙っていたのです。私たちのローマ法理論は変わるべきであり，事実変わらなければなりません。これまでのようなやり方ではやっていけません。私たちのローマ法理論は，概念をもってする正しい計算を最高の目標とする法の数学である，という幻想を捨てなければならないのです。

　魅力的なんですよ，この幻想は。そして，この私ほど，強くこの幻想の魅力を自ら経験した者は誰もいませんでした。私はかつて，この幻想の中に専ら法学の学問的性格を探し求めていました。つまり，純粋に実定的なものが精神的圧迫となって私の上に伸し掛かっていましたが，そうした圧迫からの解放をその幻想の中に探し求めていたのです。何か永続的なもの，確固たるもの，それ自体として真なるものを求める私の学問的欲求に満足を与えることがなかった——今日もそうですし，明日もそうです——実定的なものという低次の世界から，私は，立法者の力が届かない，自分自身の中で静止している概念という高次の世界へと脱出しました。その後，私は，その時に陥ってしまった誤りを悟ったのです。

　私が実定的なものという呪縛から私自身を解放してくれたと考えた概念はすべて，ローマ人によって論理的に濃縮した形に，すなわち概念からなる形に仕上げられた実定法規の堆積と何か異なるものだったのでしょうか。本質的に所有物取戻訴訟 reivindicatio に基づいているローマの所有権概念が，実定的性質を有していたということはないのでしょうか。所有物取戻訴訟は，所有権概念によって論理的に要請されるのでしょうか。そうだとすれば，所有物取戻訴訟のない所有権というものは，刃のないナイフと同様に，考えることができないでしょう。このようなことを考える者は，私たちの現代法の下では自己の誤りを正すことになるかもしれません。所有物取戻訴訟の問題は，純粋に合目的性の問題であり，それ故動産に対して所有物取戻訴訟を無

条件に認める必要はさほどなく，むしろ逆に，私たちの今日の取引法の立場からは，それは誤っていると，私は考えています。役権の準占有は，ローマ法理論によって概念上明確にされているが故に有効性を持つことができると言うのでしょうか。またもや合目的性の問題です。この問題は，最小限に言ってもいろいろな意味で答えることが可能です。人々がしばしば耳にせずにはいられないように，債権に基づく訴えは債務者本人に対してのみ行なうことができるのであって，第三者に対してはこれを行なうことができないということは，債務の**本質**の中にあるのでしょうか。故意に債務者から債務の目的物（例えば，債務者に貸した物，無償で貸した物，債務者のところに寄託した物，債務者が購入した物）を取得した第三者に対して債権者は訴訟を提起することができる旨の規定が法律の中に置かれたときは，一体どうなるのでしょうか。理論の上では，この訴えは悪意に関する訴権 actio de dolo の観点から説明されるかもしれません。しかし，ここでは債権者は債権に基づく請求を根拠としてのみその第三者に対する訴えを手に入れるという事実は，依然としてなくならないのです[2]。そして，ローマ人は自ら，このように概念が姿を変えたたくさんの例を私たちに提供してくれているのではないでしょうか。ローマ人は，用益権を消費可能な物に拡張し，担保権を権利に拡張しています。今日の時代の概念法学者であれば，そんなことはあり得ないよ，用益権も担保権も物における権利 jura in re であって，いずれの権利も物というものを**概念上**必要不可欠な前提条件としているのだ，と述べることでしょう。ところが，このようなことが**実際**に起きているのです。ローマ人の場合，なぜそのようなことをするのか，彼らはこれを理解していたのであり，実際彼らはうまくこれをやって退けていたのです。実際に立法者が必要不可欠と考えていた法規に対して，概念上不可能であるとか，矛盾であるとか，誤っているといった異議を挟むことは，法学者が自分自身を糾弾する最悪の弾劾なのです。不完全な法学的思考の非難は，彼自身に跳ね返ります。その非難は，彼の概念能力が現実の世界を把握し得ないということの白状以外の何ものでもなく——単なる精神的な破産宣告——，しかも同時に，彼は概念というもの

——この概念そのもののために，彼はこうした不可侵性の返還請求をしているのです——の真の性質をよく理解していないことも，これまた矛盾なく証明しているのです。というのは，もし概念の真の性質を理解していたとすれば，概念には新しいもの——彼はこれが入り込むことを拒絶しています——と同じくらい，実定的かつ歴史的なものが含まれていること，そして単に慣習だけが受け継がれてきた古いものを新しいものとは別の形で出現させることを，彼は知っていなければならないからです。ローマの法学者が「概念違反」をどこまで許容していたかについては，私はすでに（300頁）適切な例を使って明らかにしました。すなわち，彼らは，占有者の死後，占有が消滅したのに取得時効を進行させ続けているのです——もしも現代の立法者が敢えてそのような規定を置こうとすれば，彼はどれほど中傷，非難を受けることでしょうか。

　従って，概念というものが，一度(ひとたび)そこにあるという単にそれだけの理由から，転覆不可能な論理的真実性の有効性を要求できるのではないかというのは，一つの欺瞞です。概念は，その出所(でどころ)となっている法規とともに存続し，消滅するのです。法規がもう適さないという理由で取り除かれれば，概念もまた消えてなくなるか，あるいは姿の変更を受け入れなければなりません。これは，品物が別の品物と交換されたり，又は大きさが変わった場合にその品物を入れるための容器が捨てられたり，拡大又は変形されなければならないのと同じことです。そして，法学はこの革新に逆らうのではなくて，逆にその革新を喜んで歓迎すべきなのです。なぜなら，法学は革新されることによって新たな概念形成活動の機会を獲得するからです。

　一度(ひとたび)受け入れられた概念が，受け入れられた以上は，それに由来するすべての結論も絶対的に受け入れるべきだとしてこれを求める権利があってもよいのではないかというのも，まさしく欺瞞です。矛盾のない思考は美しいものです。ところが，数学以外のどのような学問においても，そのような思考が働く余地は法学におけるほど広くはないと言っていいでしょう。そして，法学がそれなりの才能を持っているすべての人々を昔から惹きつけ，これか

らも絶えず惹きつけていくであろうあの異常なほどの魅力は，まさにこの点に起因するのです。私が今でも思い出すのは，大学での勉学が終わった後，大学での職に就く準備をするために，ローマ法源を読むことに没頭していた頃のことです。ローマ法源を読むことが，私にとっていかに無上の楽しみを与えてくれたことでしょうか。私は，私がこの時までに知っていた事柄のどれをもってしても足下にも及ばない精神的世界が明らかになった気がしていました。外海に向かって舵をとる船乗りのように，前方には壮大な海，上には天，新鮮で活力を与えてくれる海の空気を思う存分吸い込んで，陸にある窮屈なすべての枷や束縛から解放されて，完全に自分自身の力とコンパスに身を任せている気分でした。ところが，まさにこの自由，すなわち自分自身の思考——この思考が，それ以前に他の人々によって考えられていた事柄すべてによって行く手が阻まれたというよりも，むしろ活気づけられていたのです——の目の前にあるこの広い空間，まさにこれこそが，うっとりさせる魅力とともに，大きな危険を孕んでいたのです。つまり，砂州や顕礁に衝突して最終目的地に到着しない危険を孕んでいたのです。船乗りと比較してみると，二重の点で，つまり船乗りは仕向け港に到達しなければならないという点，そして定められたコースから逸れることを**回避**し，砂州や顕礁を**回避**しなければならないという点で，理論家にぴったり当て嵌まるのです。船乗りは，心の赴くままに外海を航行するばかりでなく，**上陸**もするのであり，この航海は，彼が**降ろした積み荷**によって採算が合うものとなっていなければなりません。ところが，まさにこの点こそ，私が概念法学に対して非難を浴びせる点なのです。つまり，それは長い航海の後ようやく辿り着いたその時に実際の**積み荷**，すなわち生活にとって価値のある積み荷を降ろすことができるかどうかという点は全く気にすることなく航行しているのではないかという非難です。概念法学は，概念を極めて厳格に追求したがために，〔概念について〕非常に精緻に先鋭化された区別をするに至りました。その結果，概念は，これを使用することになる実務家の手の中では壊れてしまうようになりました——概念法学は，概念という荷を降ろすだけで，それをどのよう

に使うのかということは実務家に任せているのです。しかし，実務家は概念を放置したままにするのです。それは，実務家には使えない理論的底荷に他ならないからです――航海全体が無駄だったのであり，それを行なった人に対して，そして同じようにいつもこれに喜悦を感じている人たちに対して欣喜雀躍させるかもしれない理性の遊びでしかなかったのです。ところが，これは生活にとってはいかなる果実をも生み出しませんでした。あるいは，理論が論理的演繹という方法で，全く不合理であるが故にあらゆる適用結果を嘲笑う法的命題――例えば，以前に（58頁以下）諷刺した見解では，全財産の担保化に際して担保権の優先順位は，個々の財貨が〔全体〕財産の中に入った日付によって決まりました――を獲得した場合，実際に事態は異なるものとなるのでしょうか。また，法律上明言されている制度の目的と矛盾している場合――例えば，前に（292頁）言及したサヴィニーの見解では，権利侵害がないが故にある特定の訴えは消滅時効に罹りません――は，どうなるのでしょうか。もし理論が常に直進するということを頑強に主張しなければ，理論の進み行く針路が間違いだったことに気付かせ，そこから引き返させるのは，まさにこうした砂州や顕礁に他ならないのです。実務上不合理な結果，あるいは文言上明確にされた法律の意思との矛盾へと至る教条的な定式化と抽象化は，これらの定式を定立する際に間違いがあったにちがいないとの判決を自分自身に対して言い渡しているのです。一つの定式，例えば占有を**事実性**から完全に分離し，現実性の全くない単なる再現**可能性**に基づいて，自然人の場合には一生涯，法人の場合には（296頁）永遠に占有を継続させるというサヴィニーの定式は，まさにこれ故に申し分のない本末転倒ぶりを示しています。そして，その定式の創始者が生涯にわたってこの定式を固守し続けた場合，そればかりでなく，この定式が学説においても大方の賛同を得ることができた場合には，このことは，人々が法の実際の目的を完全に見失ってしまったことの証明となるのです。実務の世界においては，結果は計算問題の式を確かめるものです。つまり，結果が間違っていれば，計算式に誤りがあるはずです。計算式は，再度，検算し直されなければなりません――実

際の結果は，理論的思考の矯正策の役目を果たさなければならないのです。

こうして私は，今日の概念法学——私はこう呼んでいます——というレッテルに関わる問題点に触れました。およそ法学は，すべて概念というものを使用します。法学的思考と概念的思考は同じ意味であり，従ってこのような意味ですべての法学は概念法学です。何はさておき，ローマ法学がそうなのです。まさしくこのことについては，今さら付け加えるべきことは何もありません。それにもかかわらず，私がここで何か付け加えるとすれば，それは今日の法学のあの誤りという点です。つまり，今日の法学は，法というものを，実際の最終目的と法の適用可能性の諸条件を無視して，論理的思考，すなわち何でも自由にでき，魅力と目的を内に秘めている論理的思考を確認するための一つの対象としてしか見ていないということです——法は，論理的発展のための競技場であり，思考の手練に最も長けた者に対してシュロの葉が与えられる，精神の体操のための競技場以外の何ものでもないのです。

では，いみじくも法学に見られるような実務的な学問において，そのような誤りは何に由来するのでしょうか。これに対する返答に窮する人は，誰もいないでしょう。すなわち，この誤りは，**理論と実務**の対立，あるいはもっと正確に言えば，二つの異なった職能階級——そのうちの一方は，主として理論を司り，もう一方は，実務を司ります——という形をとった**外面的な**対立形態に起因しています。実務的な学問はいずれも，理論と実務という内的な対立を孕んでいます。しかも，それは**客観的には**イメージの中で，適用されるべき規則，原則，専門的技巧の総体をこれらの適用行為と区別できるという意味においてであり，さらにそればかりでなく，**主観的**にすら，個人一人ひとりについて見れば，個々人の才能あるいは〔受けた〕専門教育は様々であるという意味においても，内的な対立を孕んでいるのです。理論的知識はたくさん持っているけれども，実務的な能力及び判断力は僅かしか持っていない実務家——この人たちは，すべての有能な実務家から非常に恐れられている，実務家の中の「学識者」です——が存在しますし，逆に理論的知識は僅かしか持っていないけれども，卓越した，これぞ実務家の中の実務家とい

う人たちも存在するのです[3]）。

　確かに，両者の関係が自然に展開していけば，両者の職業は統一に向かって結び付きます。ここでは両者は，非常に活発に相互交流を行ない，この交流の中で彼らは相互に支援し合い，刺激を与え合い，そしてバランスを維持し合うのです。両者が別々の職種へと分離したのは，何が原因なのでしょうか。その理由として，**教育**への関心が挙げられていました——法学の分野における**理論家**は，**教師**から身を転じた人々でした。これらの人々の出自は，その与えられた余暇と社会的地位のお蔭で学問的な関心から法の深奥まで入り込んだ研究をすることが許された人々——学問的隠遁者ではなく，むしろ実務活動に追いまくられた中で法を研究の対象とすることが可能となっている人々なのです。このような現象は個別の現象であって，生活環境の中ではいかなる外的強制も受けることはありません。ところが，教師の活動は外的強制を受けるのです。教師の活動が外的強制を受けるのは，次のような場合です。つまりそれは，法の範囲や理論の発展が伸展したために，新人がこれらを習得するに際し，単なる個人的な勉学という方法とか，実務の生活をしている者の許での実務修習という方法ではもはや不十分であることが明らかとなった場合です。ローマでは，共和制末期がこのような時代でした。それまでは各人が令名高い法学者の許で受けていた実務修習（dem instruere）から，この時代に至り理論的な面の入門授業（das instituere）が分離したのです。最初は，純粋に私事として，つまり生徒と教師の一時的な関係として行なわれていたのが，後には永続的で，確固とした関係のものとなり，公的な教育施設という形で，ラベオとカピト，そして彼らの後継者による有名な法学派という形で組織されていきました。

　このように，独立した職業のための教育活動が分離したことは，ローマ法理論の発展にとってそれほど不都合な結果をもたらすことはありませんでした。むしろ逆に，古典法学において最高潮に達したローマ法理論のかの有名な飛躍は，この分離によって始まったのです。私の考えでは，この事実の重要性はほとんど強調されていません。私が見る限り，この事実は，ローマ法

学の歴史の中の転換点を示しているのであって，ローマ法学の実務的時代から真正な法の学問への移行を意味しています。口頭によるものであれ，文書によるものであれ，教えるということに随伴して，種類は何であれ，あらゆる知識に何らかの強制——知識それ自体に強制が存在することは決してありません——が迫ってくるのです。すなわち，知識を正確かつ綿密に**定式化する**という強制です。よく知られているように，何かを知るということと，それを他の人にはっきりと分からせることとは，別のことです。後者の課題の中に，先ずは自分自身が完全に分かっていなければならないという強制があります——多かれ少なかれ不知の状態，単に感じているだけの状態，あるいは生半可に知っている状態から，知覚あるいは完全な知の形態への昇格です。docendo discimus〔教えることによって学ぶ〕という〔セネカの〕言葉は，教えるためには自らさらに学習しなければならないという意味ではなく，むしろ，教えることを通じて，多かれ少なかれ自分自身の中で不明確なままの事柄を自らもっと明らかにすべきだという意味なのです。ドイツ語の中の似たような，しかも極めて適切な言い回しとしては，**sich klar schreiben**〔書くことで明確にする〕というのがあります。私自身，この言い回しの真実性を数え切れないぐらい経験しています。私が何年もの間，胸の中に温め，頭の中で整理してきた考えについてであっても，それを文字にして明確に表わした時に初めてその考えを完全に意のままにした，ということを再三再四，経験してきました。私の確信するところによれば，数多くの天分豊かな人々の心の中には，予感，着想，直観が眠っていたのです——世間がこの人たちのことを覚知することは決してありませんでしたけどね。こうしたものが，もし外的強制によって世の中に出ることを強いられたとすれば，その心の持ち主に対しては非常に高い栄誉がもたらされたことでしょう。おそらく人間の内面では，外的自然におけると全く同じぐらい多くのものが失われているのでしょう——ほんの僅かの種が芽を出すのです。そして，それは成長してみると群がり茂る雑草の種であった，ということが少なくありません。これに対して，高貴な種は地上における厳しい状況のために腐ってしまうか，又

は路上で干涸らびてしまうのです。

　以上のことが正しいとすれば，職業教師は，たとえ彼の知識の範囲と深さに関して他の人よりも劣っているとしても，知識の**形態**に関しては，他の人よりも優れています。彼の職業は，彼の資本を，いわば常に通貨で現在化しておくこと，つまり現金在庫を持ち合わせておくことを彼に強制するのです。ところが，彼の職業は彼の投下した資本を固定し，現金化を困難としてしまいます。法律実務家の強みは，即座の**使用**が確実かつ容易であることであり，法学理論家の強みは，容易かつ適切に**定式化**する能力です。職業というものは，このような点で，確かにそうするよりほか仕方がないとしても，決定的な影響を及ぼします。同じ人間であっても，ある職業的地位にいるときは，別の職業的地位にいるときとは別人となるのです。だからと言って，目指す方向は何であれ，生まれながらの才能の影響は見誤ってはなりません。もっとも，極めて稀な場合にのみ，並はずれた才能が存在することはあるでしょうが。

　ところが，教育職が力を発揮するのは，**個々人**に対してだけではなく，**学問**に対しても力を発揮します。教えることによって学ぶということの諸条件に関する個々人の経験は，学問にも役に立つのであり，これによって学問は独特の要素を取得して充実したものとなります。私はこの要素を手短かに，**教授法的**要素と呼ぼうと思います。**実務家**であれば，彼が自由に駆使できる知識や考え方を**持っている**ことで満足するかもしれません。彼はこれらの知識や考え方を自家薬籠のものとしており，いつ，いかなる時でも持ち合わせている知識の蓄えから必要なものを選び出すことができるのです。ところが，**教師**は学徒に伝えようとしている事柄をすべて，**学ぶという目的**に適った形に整えておかねばならないのです。

　この目的の達成は，**少しずつ**，そして**体系的に**習得することにかかっています。

　画家が油絵を描く場合，初めから一つ一つの構成部分を完全に塗り上げていくことはせず，むしろ最初は輪郭を描き，それから下塗りをして，最後に

ようやく一つ一つの部分を仕上げていきます。それと同様に，本物の教師もまた，いきなり一つ一つの理論に取り掛かって講義の中でその理論について細部に至るまで展開することはせず，むしろ，理解の前提条件となる知識，考え方，概念を知ることによって理解に向けての準備をすることになるでしょう。ローマの法学は，この課題を，今日の日までいまだに私たちのものとして残っている「**法学提要 Institutionen**」[4]という形で解決しました。ギリシア人によってもたらされたこの教授方式の登場は，ローマの法の学問の体系的な発展にとってこの上なく重要なことだったのです。この教授方式によって，法の**教授法的叙述方式**が法律や告示の注釈という形をとった純粋**実務的叙述方式**に与(あずか)って力となりました。そして，この時まで法に欠けていたもの，すなわち**内的体系性**が法にもたらされたのです——これは，学問的認識にとっての一つの進歩であり，この進歩の持つ極めて重要な意味については，私がここで詳しく述べるまでもないことです[5]。これと最も緊密な関係にあるのは，法の中の対立を鮮明に限界づけることでした。すなわち，あらゆる規律にとってこの上なく重要な区分と，それから，簡潔かつ的確に纏められた原則及び定義の編成です——**一つ一つのもの**を学問的に洞察し，これを意識的に理解することに関する一つの進歩であり，この進歩は**関係全体**を認識するための体系性よりも多くの意味を持っているのです。

今まで述べてきたことを纏めると，ローマ法を学問的に完全なものへと形作ることと，今日の時代に対するローマ法の価値は，専らではないにしても相当部分は，ローマ法が**学校を通り抜けてきた**という事情に基づいているということです。このことにより，ローマ法の実際の適用がどれほど容易なものとなったかについては，大陸の法律家の置かれた状況をイギリスの法律家のそれと比較すれば誰でも容易に納得し得るものです。大陸の法律家は，大学における比較的短い勉学期間で法全体について確実に我が物とするのですが，イギリスの法律家は各自それぞれが固有の専門家であって，法全体をうまく処理できる人は誰もいないのです。その理由は，ローマ法は学校を通り抜けていたのに対し，イギリス法はそのようなことはなかったからです。

今となってようやく，そのような最初の試みが行なわれています。それにしても，イギリス法学はイギリス法をローマ法及びそこから派生している大陸法の域にまで高めるには，それこそやるべきことが無数にあることでしょう——学校は，実際の生活にとって採算がとれるものなのです！

しかし，そうは言っても，学校は**まともな**学校でなければなりません。私は今，理論と実務との間の関係の核心に触れています。実際的な学問の場合，理論は，誤った道に入る意志がなくても，実務と絶え間なく接触していなければなりません。ローマにおいては，法学の場合，まさにそうだったのです。私たちは，非常に著名なローマの法学者のうちの多くの者が，教師としての活動と実務の活動を揆を一にさせていたことを知っています[6]。

キリスト教徒の皇帝時代になってようやく，こうした職の二重性が終わりを告げます。教育職は，今日と全く同様に，専ら教育のための職業，つまり生活のための一職業となり，教師は国家権力によって任用され，かつ報酬が支払われるようになりました。ところが，この時，学問は終わったのです。この時代に属する学問的著作は一冊だにありません。そして，学校が実務に与える影響力がいかになくなったかは，実務がその理論的な支点を専ら数百年も前の時代の著作にのみ探し求めていたという事情から，はっきりとこれを読み取ることができるのです——このことは，当時の理論にとって貧困の証明 testimonium paupertatis であり，これ以上酷い状態というのは考えることができません。

よく知られているように，現代ヨーロッパにおけるローマ法の再生は**理論**により始まりました。ローマ法が実務的有効性を持ったのは，他でもない，学校のお蔭だったのです。この時から，ローマ法にとって**二つの**利益の衝突が始まりました。すなわち，片や**純粋に学問的な**利益，つまり古代の何か別の断片と同じ純粋な姿にローマ法を再現するという利益と，片や**実務的な**利益，つまり生活という目的のためにローマ法に光沢仕上げをするという利益の衝突です。個々人，時間，そして民族によって様々であるとしても，ある時はこの方向が，またある時はそれとは別の方向が支配的となります——振

り子の振れを思い出させます。手短かに特徴づければ、近代の法学は、注釈学派の時代に**学問的**方向で始まると、後期注釈学派の時代に専ら**実務的**方向に向かいました。それから、学問が再び眠りから目を覚ますと、その間に手に入れたあらゆる方策を全身全霊を尽くして駆使し、しかし同時に、同じように専ら**学問的**方向に再び向かい始めたのです——これは、ローマ法の学問的認識にとっての計り知れないほどの奉仕ですが、しかし実務生活の利益を疎かにするという犠牲を払って得られるものです。後期注釈学派の著作がクヤキウス Cujacius とかいう人の時代になってもなお、昔ながらの有効性を主張し、そしてこの上なく見窄らしい駄作が幾度も版を重ねて市場に溢れることがあったという事実は、この学問が生活の必要に対処し得ないものとなっていたという事実を何よりも証明しています。案の定、その反動が訪れました。それも純粋に学問的な法学の革新の光景が、**2度**も繰り返されたのです。1回目は、前世紀初頭に**オランダ**において、2回目は、今世紀の初めに**ドイツ**において起こりました。理論法学における優位は、二つのロマン民族、つまり2回優位に立った経験を持つイタリア人と、このような関係においてまさに敵なしの民族であるフランス人から、ゲルマン民族、つまりオランダ人とドイツ人へと移ったのです。

355　このように、私たちに対して恒常的に移り変わる光景をはっきり見せてくれるロマニスト法学の時代について些かなりとも概観することによって、ローマ法が古代の断片という性格と近代法の構成要素という性格の二重の性格を持っていることから発生した様々な取扱い方法の対立について私が先に述べた主張が明らかとなるでしょう。二つの全く逆の取扱い方法が定期的に入れ替わるというこの現象は、ローマ法の近代史に特有のことなのです。その現象は、世界の他のいかなる法においても繰り返されることはありませんでした。他のあらゆる学問におけると同様に、法の学問においても、いろいろな方向性と方法が入れ替わることがあるのかもしれません。その発展は、学問が、ある時代には高い所に、また別の時代には低い所にといった波の形で私たちに示してくれるのかもしれません。しかし、二つの取扱い方法のこの

ような対極的な対立——そのうちの一方の方法は，対象が同じであっても，他方の方法が追求するものとは全く別の目的を追求しています——は，ローマ法の近代史が私たちに示してくれているように，他に比類を見ることのないものであり，今後ともそれが変わることはないでしょう。この対立の鋭さはルネッサンスの時代に極点に達しており，その程度はと言えば，最も卓越した著作であっても，一方の方向が追求していた目的に関して，他方の方向においてはほとんど価値がないぐらいだったのです。クヤキウスの著作をもってしても，ローマ法を生活の中で適用しなければならない人にとってはほとんど役に立ちませんでした。これと同じように，バルトルス Bartholus とバルドゥス Baldus の著作をもってしても，ローマ法を学問的に認識することとローマ法の精神に入り込むことが重要である人にとってはほとんど役に立たなかったのです。二つの方向性が達成しようと努力していた目標の相違は，対象の取扱いについて全く異なる方法を内に含んでいたために，対象は様々な姿となって，再度認識することはもうほとんどできなくなっていたのです。

　私たちの今日の時代は，この二つの方向性は一体化されるべきであるという認識に至っております。現在における大学の教育は，純然たるローマ法とその歴史的発展による考え方を学徒に提供すること，つまり法源研究を通じてローマ法の精神の中へと学徒を導き入れることを目指しているのみならず，ローマ法を生活の中で適用することができるようにすることも目指しています。ローマ法の学問的にして，文献学的な取扱い方法を前者の方向で開始したことは，**サヴィニー**の不朽の功績としていつまでも残ることでしょう。よく知られているように，これは，彼の『占有権 Recht des Besitzes』(1803年) によって行なわれました——これは，24歳になるかならないかの一人の男によって成し遂げられた第一級の学問的作業であり，後に至り，ローマ法の解釈学的取扱いにとっての指導的な模範かつ規範となった著作です。これは，学問の歴史の中で，新しい章の飾り大文字を構成する類稀な著作の一つです。しかも，この著作が精神的な創造物として卓越したものであるだけ

に，これまでの伝統と縁を切って完全に自立して，自らの道を歩もうとするこの若者の独立性と能力は，なお一層感嘆に値します——それにもかかわらず，この著作は，実務的基準で考えると，全く不健全な著作なのです。論じられている関係についてこれを現実的に見るということはなく，そしてその著作の中で展開されている諸命題をどのように適用するのかも一切考慮されることなく書かれています。それらの諸命題を個別具体的に実施し，そして効果を確かめる試みは，どこにも書かれていません。サヴィニーは，それまで法源の中の事例群からほとんど一歩も出ていないのです。もし彼がそれをしていたとすれば，それらの諸命題があらゆる確実な適用を嘲笑っていることに気付いたにちがいなかったでしょう。それらの諸命題は，蠟のように柔らかく，ゴムのように弾性に富んでいます。これらを使えば，やりたいことは何でも達成することができるのです。それ故に，彼は，外見上すべて法源と接触していたにもかかわらず，ローマの理論の再現はしませんでした。そして，学説における比較的新しい進歩によって，サヴィニーの基本的諸命題は次々と間違っていたことが証明されました——構造全体がほぼ破壊し尽くされました。占有が生活の中で持っている実際の機能に対して全く無関心でいること——私はこの点をその著作の根本的な誤りであると考えています——は，その著者が，拡張された占有保護（占有回収の訴え Spolienklage と最簡単訴訟手続き Summariissimum）に関する制度の近代的形成全体に対して否定的な態度をとっているという事実から明らかです。逃れようとしても逃れられない時代の要求の中にこの近代的形成の根拠があったにちがいないという考えは，彼の頭の中には全く欠落しており，彼はその近代的形成を，単にそれはローマ的ではないということであっさりと片付けてしまったのです——「近時の法学者の誤謬である」(327頁)——そして，**ブルーンス Bruns** が初めて，„Das Recht des Besitzes im Mittelalter und in der Gegenwart" (1848年) という模範的な著作の中で，サヴィニーによって完全に黙殺されたこの側面に正しい光を当てるという貢献をしたのです。このことは，**永続的な価値**という点でサヴィニーの業績をはるかに凌ぐ一つの業績だと思いま

第四部　再び地上で　385

す。
　サヴィニーがこの著作の中で提示した亀鑑は，善き面も悪しき面も後世の人々にとって決定的なものとなりました[7]。毎年，新たに，ローマ法についての文献が刊行されています。その際，人々は驚嘆しながら，それらの著作の著者が全力を傾注して解決しようとしている諸問題はいずれも，一体，どんな目的を持ち，どんな価値があるのかしら，と自問するのです。どんなに少なく見積もっても，法の適用のために，ということはありません。では，授業のためですか──いいえ，この問いに対する返答は後に（360頁）行ないます。理論がますます生活というものを見失っています。理論は，法があたかも理論のために存在しているかのように，つまり遣り甲斐のある対象は論理的思考のために存在し，サーカスは弁証法的＝アクロバット的曲芸のために存在しているかのように振る舞うのです。
　そのような誤りは，どのようにして可能となったのでしょうか。私たちは，改善の見込みがあるかという問いに答えることができるようになるためには，その原因について知る必要があります。
　私の考えでは，このような結果を惹き起こすものとして二つのものが存在し，しかもその結果は，この両者が共に作用して初めて発生したということです。その二つというのは，理論家が専ら**教育職**に従事しているということと，彼の学術的活動及び著作活動が捧げられる**対象**，つまり**ローマ法**の特異性です。この二つの原因のいずれも，片方だけでは不十分だったことでしょう。ドイツの私法，商法，刑法，訴訟〔法〕，国家法そして教会法の教師もまた，専ら教育職に従事している者です。法科大学判決団の廃止以来，鑑定という稀な場合を除けば，彼らには，実務的活動をする機会は，ロマニストと同様に与えられていません。ところが，これらの領域では，実務的活動の端緒が開かれていなかったわけではないとしても，概念法学は定着することができませんでした。どうしてできなかったのでしょうか。理由はこうです。つまり，これらの領域は，私たちの時代の激しい動きの流れの真っ只中にいるからであり，毎年毎年，理論がその存在を知り，そして判断を下さなけれ

ばならない新たな問題や事実が出されているからです。理論は，望むと望まざるとを問わず，実務的＝立法的見地に高められています。これらの領域のほとんどのところで最も重要な立法面の革新は，理論家が予めその点について意見を述べる機会や緊迫感を持つことがなければ導入されることはありませんでした。焦眉の時事問題が，彼らに対して常にその所持する知識を生活のために用いるという遣り甲斐のある機会を提供しています。そして，これらの領域のうちの幾つかの領域において新しい素材が異常なほどたくさん流れ込んでいるということ，そしてその素材を学問的に整序しなければという気持ち，あるいは一つの分野全体を全く新たに築き上げなければという気持ち——これらがすでに，自らの力と時間を無益な諸問題のために浪費する危険から理論家を守ってくれるのです。これらすべての領域では，ロマニストの領域において日々の生業となっているような種類の諸問題で時間を浪費することはありません。人々は，もっと重要なことをしなければなりません——猟で獲物を狩ることができる者は，蚊を捕まえる誘惑に駆られることはないのです。

　ところが，ロマニストの状況はこれといかに違っていることでしょうか。利息についての改定といった原理的にあまり重要でない幾つかの革新を除けば，立法を求める時代の流れはローマ法の傍(かたわ)らを跡形もなく通り過ぎていきました。ローマ法は，およそ誰からも邪魔されることのない安らぎを享受しています。ローマ法の信奉者のところに歩み寄ってくる新しい問題などないのです。ローマ法の信奉者が参加しなければならない時事問題もありませんし，彼が形作らなければならない新しい素材もありません——ローマ法信奉者にとっては，万事が古いものの儘なのです。ローマ法の解釈学には，注釈学派の時代からすでに何千という理論家たちが齷齪(あくせく)として取り組んできた課題，問題，困難な事柄以外のものは存在しません。すでに幾度となく解釈学者の手練(しゅれん)の業(わざ)を誘発してきた，法源の中の難しい，あるいは互いに矛盾する章句が，今日に至ってもいまだに理論家たちの綱領の役割を演じています。そして，いまだにそれらの章句と新たに取り組む人々が存在するのです。重

大かつ重要な課題の欠如——これは，ローマ法理論が患う病です。重要な事柄は，すでに行なわれてしまったのであり，実務的＝解釈学的な点でいまだに残っている収穫物はごく僅かなものでしかありません。十分な研究対象，つまり重大な問題が理論家に不足していること，そして理論家は，自分は著述家であるということを証明するために，生活にとって何の意味もなく，ただただ机上の問題の関心だけを必要とするような問題に手を伸ばさなければならなくなっているということ，それが理論家にとって非常事態なのです。私は，法学の授業にとっての机上の問題の重要性を過小評価しているわけではありません。しかし，私たちの伝統的な法概念について最も些細で，しかも最も繊細な点にまで入り込んで行なわれた分析——こうした分析は，概念を完全に拒否したら生命が尽きてしまうことが少なくありませんでした——が，**教授法的な**，あるいは**教育上の**点で何がしかの進歩をもたらしたのでしょうか，私はそんなことは少しも考えておりません。むしろ私は，その逆であったと確信しています。この関係の単純にして具体的な形態は，複雑で極めて技巧的な形態に席を譲って放棄されています。たとえ完全には正しくないとしても，容易に把握でき，かつ適用できるという計り知れないほどの利点を提供する概念と定義は，表向きあるいは実際に正確であってもこうした利点を全く欠いている概念と定義によって取り替えられているのです。私の考えによれば，**合目的性**という視点は，どんな授業にとっても，勿論，法学の授業にとっても，唯一決定的な視点です。私は，授業の目的を**無に帰せしめる厳密性**よりも，授業の目的を**促進する非厳密性**の方が好きです——逆説的に言えば，本物の教師は，然るべき場所で，徹底的に行なわないという勇気を持っていなければなりません。教師が学徒に手渡す楽器が欠陥のあるものであっても——その学徒がその楽器を用いて，もっと完全な楽器を使う場合よりも上手に演奏できるようになるのであれば，それは，授業の目的にとって長所となるのです。私自身，すでに何年か前から，このような考慮に基づいて授業を行なってきました。そして，この経験から，私はこのような方法こそが正しい方法であることを知るに至りました。私は，今日の法学が法

的根本概念についての詳細な批判及び分析というやり方で明るみに出したと思っている事柄の大部分は，これを授業の目的のために用いることは全くできませんでした。この学問がこのような方向で費やしていた精神的な力の浪費は，私見によれば，一度として**学校**にとって割に合うものではなかったのです。

　その浪費が生活にとっても，学校にとっても割に合わないものであれば，一体，何のためのものだということが問われることになりましょう。私には，次の回答以外考えられません。すなわち，このような研究に喜びを見出す人々のためでしかないということです。私自身は，その種の人々には属していません。法の学問に対する私の関心が歳月とともに弱まっていったわけではありません。いやそれどころか，自分の力を法で試すこと，そして法をその全体の大きさと重要性の中で認識するために自分なりの寄与をすること――そうしたことより高度の喜びを，つまりそうしたことより高尚な人生目標というものを，私は知りません。さらにまた，今の私があるのはすべて，そしてこれまで私が成し遂げてきたことはすべてローマ法のお蔭です――ローマ法が最初の瞬間から私に及ぼした影響力と魅力は，何ら失っておりません。ところが，私が，自分が30年間に新たに手に入れたものは何だったのかと自問するとき――はっきり言っておきますが，私はローマ法史についてではなく，ローマ法解釈学について言っているのです――，すべてが一切消え去って，つい私は，このほんの少しのことを身につけるために費やさなければならなかった時間を悔やみ，そして同時代に非常に豊富な収穫物を得た他の学問分野を妬みの眼で見てしまうのです。私は，以下の告白を胸の中に秘めておくことはできません。すなわち，私が喜びを失ったのは，ローマ法に対してではなく，そしてまたローマ法特有の学問的講義に対してではなく，むしろ今日のローマ法文献に対してなのです。私は，今日のローマ法文献が私にもたらす大抵の著作を好きになることができません。もし私がもっと若かったならば，私は別の専門を選んだことでしょう。来るべき時代は，ローマ法という今のところほとんど生産性のない土地から，取扱い方を変えるこ

とによって，例えば立法政策的取扱い方や比較による取扱い方によって豊富な収穫を手に入れるのではないでしょうか。誰がそれを言おうとするのでしょうか。いずれにしても，現在の収穫物では，骨折りや苦労のし甲斐がほとんどありません。それは，日照りの年の秋の二番刈りの干し草です——この二番刈りの干し草は，見窄らしい上に枯れており，そのごく僅かの干し草にはたくさんの雑草が混ざり込んでいます。その価値について価値あるものと錯覚するのは，自らその仕事に全身全霊で打ちこみ，その仕事に尊崇の念を抱くことを当然と考える人々だけだということになるのです。

　ローマ法という土地からの収穫のこのような不毛性は，ある程度まではこの土地自体に責任があります。実務的＝解釈学的な点で，そして解釈上の点で，この土地は，新しい法源——何はさておきガイウスです——の発見によって付け加わった資源が根本的に利用し尽くされた後となっては，ほとんど使い果たされたも同然です。一つの点においてのみ，この土地はなおも収穫物を与えることができるような観を呈していました。そして，このことによって私は，今日の概念法学を生み出したわけではないものの，今日の概念法学に対して極めて力強い後押しをすることになった理由を指摘したことになると思っています。概念法学だけは，新しい作業の可能性をなおも開いていました。そしてさらに，概念法学は，このような新鮮さの魅力と別の魅力とを一致させてくれていたのです。それは，自由な，独立した，自己陶酔するような思考という魅力であり，手短かに言えば，弁証法の誘惑的な魅力です。歴史は，学問がこのような危険に屈してしまったことがどれだけあるかを教えてくれています。スコラ学，イエズス会士のカズイスティッシュな倫理的著作物，タルムード[2]に関する著作物は，不毛性と牽強附会性に関して私たちの概念法学をはるかに凌ぐ数々の例を提供してくれています。概念的な思考，概念を構成する思考，そして厳格に結論を導いていく思考が所を得ている領域を挙げるとすれば，それはまさに法の領域です。そして，まさしくローマ法の領域において，法はその最も輝かしい誇るべき業績を持っており，その実際的価値を証明したのです。従って，概念法学はローマの法学者の手

本によって覆われているように思えます。すなわち，ローマの法学者が概念法学に対して与えた先例に従っているだけのように思えるのです。事実，そのように見えるのです。〔ところが〕実際には，事態は全く異なります。ローマの法学者が結論を出す過程でとっていた態度は，専ら実務的必要性によって彼らが阻止されない限りにおいてのみ事を進めるというものでした。彼らは，法的論理に際しては，常に生活から目を離すことはなかったのです。今日の概念法学には，このような配慮がありません。それはひたすら驀地（まっしぐら）に進んで行きます。最終的に法の**適用**という目的と全く相容れない結果に辿り着くとしても，自分自身の不能性の中で自ら破滅に至るとしてもです——ローマとは異なり，法的論理はもはや生活のために存在するのではなく，生活が法的論理のために存在するのです。

　法学の本質にそれ自体備わっている方法のこのような誇張は，つい最近のことです。私見によれば，それは，すでに述べたように，**サヴィニー**がその処女論文において始めたものなのです。抽象的な概念展開と帰結というやり方で獲得される諸命題を生活に対して適用することの可能性について無頓着でいること——これこそが，今日の概念法学の基本的な特徴です。ローマ法学のように，法学が生活の真っ只中にあった場合には，このように生活の要請に対して無関心でいることはできませんでした。ところが，私たちの今日の理論家は，法を**適用**しなければならないのではなく，単に**教え**さえすればよいのです——まさにこの点に，理論家が自分たちの理論の適用可能性を考慮しなくても済む理由があるわけです。

　ではここで，どのようにして事態を変えるべきなのでしょうか。もし理論家が同時に，弁護士とか裁判官とかいった実務的職業に就くことが実現可能であるならば，その方法が見つかったことになるでしょうし，実務家は理論家を暴走させないことになるでしょう。イタリアでは，目下これが通常となっています。私がイタリア旅行中に知り合いになった，ほとんどのイタリア人教授は，弁護士であるか，あるいはどこかの裁判所に任用されていました。ところが，この状態は望ましい状態ではありません。教授職によって生活し

ていくことができない理論家のために，実務家がパンを作らなければならないのです。そして，実務家は理論家から時間を奪うのです。二つの職業の非両立性は，優秀な教師が正教授職を投げ捨てて，ひたすら弁護士業に従事することを余儀なくされるという事態にまで至ったのです。

　従って，私たちのドイツや他のほとんどの国々において続いている，理論家と実務家という職業の分離は，理論家を生活から引き離すものであるにもかかわらず，長所であるように思われます。そして，私はそれは将来においても維持されるものと考えます。もっとも，両者の統合は，別の実務的学問——例えば医学——においては，実現可能であることが証明されています。そして，医学の中の実務的な部門の教師，つまり臨床講義担当講師と外科医が通常の実務家に譲歩しなければならないなどということは全くなく，まさに彼らは世間の多大なる信頼を享受して，これにより偉大な理論家であると同時に偉大な実務家でもあり得るということの証拠を提供しています。では，何故に，法学者にとって，——あるいは，私はここでロマニストだけに注目しているので——ロマニストにとって，同じことができないのでしょうか。何故に，法学者は，同時に裁判官か弁護士であることはできないのでしょうか。その理由はこうです。すなわち，彼の研究領域は，臨床講義担当講師や外科医のそれと比べて比較にならないほど高度の**歴史的性質**を有しているからです。後二者は，現在の地上に2本足で立っていますが，ロマニストは，一方は現在に，もう一方は過去に足を置いているのです。そして，つい先ほど引き合いに出したイタリアにおける法の教師の学問的に困難な状況と貴重な法史的業績——ローマ法及びゲルマン法の領域における彼らのドイツ人の同僚は，誇るべきこのような業績を持っているのであり，これらの業績は，完全に自由な学問的余暇によってのみ可能となったのです——この二つを併せ考慮すると，私は二つの職業の分離には疑いなく有利な点が残っていると思います。

　ところが，私たちがこのような制度を変更不能のものとして受け取るとすれば，理論家にとって有利な点とともに与えられている不利な点を解消する

にまでは至らないとしても，ある程度まで和らげる方法が見出されないのかという問いが，やはり提起されてくるのです。これこそが，私が大いに取り組んできた一つの問題であり，以下において，この点について私が考えた見解を述べることにいたします。

三つ，方法があり，それはいずれも，これにより成果が上がるものと，私が期待しているものです。

第一の方法は，実務のための準備 Vorbereitung の法定期間中に，**理論家が実務の道を通過すること**です。言い換えれば，試補試験に合格した者だけがローマ法及びいずれ制定されるであろう民法の私講師として許可されることになります。学問的軌道に乗るのが遅れる点は，その者が実務的なものの見方を持ち合わせることによって埋め合わせられます。そして，このような軌道が予定されている者はまた，彼の実務活動の時代にすでにその軌道に乗る準備のための十分な時間と機会を見出しているのです。

解釈学的側面と法史的側面というローマ法の二つの側面の外的な分離については，私たちの大学の授業計画はまだこれを知っておりません。ロマニストは，この二つの側面の責任を負わなければなりません。それ故に，ロマニストに対しては，この二つの側面を志向する任務を果たすことが求められることになります。その傾向が彼をますます法史的側面の方へと引っ張っていくとしても，すでに獲得している実務的な法の見方が，この点でも彼にとって大いに助けとなることでしょう。私は，現在の法を理解している者のみが，すなわち実務的なものの見方と生活の要求についての判断〔力〕を持ち合わせている者のみが，過去の法を把握することができると確信しています。あまりにも数多くの法史的見解が極めて不健全そのもので，しかも見当はずれであると私が看做すのは，結局のところ，それらの見解の主張者にこうした前提条件が欠けているからに他なりません。

第二の方法は，**学問的な法の勉学**についてですが，その実務的最終目的の達成を当然必要とするといった形でこの法の勉学を形成することです。〔とは言っても〕このことは，講義で取り上げられた法的命題を実際の事件や設

例を使って絶え間なく例証し，それを通じて純粋理論の講義を適切に整序するという意味ではありません——というのは，それは**望まれ得る**ものでしかなく，**強制**され得るものではないからです。それは，実現させるか，無視するかが一人ひとりの教官の意志に委ねられている儚い願望以外の何ものでもありません。ところが，理論的な講義を実践的演習，つまりパンデクテンにとってはいわゆるパンデクテン演習 Pandektenpraktika あるいは民法演習 Civilpraktika によって補完することは，これを**強制**することができます。すなわち，**制度**として**保証**が可能となるのです。私がこれを求めるのは，受講生のためだけではなく，**教官**のためでもあります——理論一辺倒に対する矯正策としてなのです。教官は，彼が教授したことを自ら使ってみるべきです。そうすれば，教授したことが使用に適しているかどうかが分かります。その時，教官は抽象的に区別することと，彼が具体的に**認識**する際に何を手掛かりとすべきかについて釈明することとは別問題であることに納得することでしょう——〔そして，〕何かを**思い描く**ことは理論家にとって実に簡単なことであるが，何かを**証明する**ことは当事者にとって実に骨が折れるということ，**論理的正確性**に対して責任を負うことと，結果の**実務的適切性**に対して責任を負うことは別の問題であることに納得することでしょう。ここでは，私は経験に基づいて話をしているのです。40年以上も前から私は，そのようなパンデクテン演習を行なっていました。そして，それがいかに私を啓発してくれたか，私には賞賛の言葉もありません。これによって，法的命題，概念，区別が出てきたときには常にそれらをある具体的な事例に適用して説明し，そしてそれらを試験に耐え得るものにすること，手短かに言えば，**抽象的な思考**を**カズイスティッシュな**思考によって点検すること，これが私の第二の天性となったのです。

　ところが，教師が法律事件と教師自身によるその法律事件の解決を講述するだけでは，能事足れりとするわけにはいきません。教師自身にとっても，また受講生にとっても，そのような演習は，両当事者間の極めて活発な相互交流によってのみ，つまり絶えず意見の交換を継続することによって初めて

その価値を獲得するのです。教師は，自分の主張に対する反論とその反駁の試みに**耐え**なければならないだけでなく，むしろそれを**挑発**しなければなりません。すなわち，教師は，教師と受講生がさながら裁判官団の構成員であるかのように，受講生と**同じ**立場に立たなければならないのです——教師の外的権威ではなく，理由付けの内的重みが教師にとって専ら決定的影響を持つものでなければなりません。そのようなやり方でこの演習が行なわれて初めて，その演習は両当事者にとって等しく有益かつ刺激的なものとなるのです。これこそが，今日まで最高の魅力を私に与えてくれているものなのです。演習を行なうことは，私にとっていつも一つの喜びです。私は常に演習によって学んでいます。そして，私は有能な受講生を通じてそれまで私が思いもしなかった視点に気付いたことが幾度となくあったという告白を押し隠すつもりはありません。

　勿論，このような演習は，教官にとって不愉快なことも伴います。教官は，教官という高台から降りてこなければならず，そして質問者と被質問者の役割を交換し，さらに彼が心の中で準備ができていない質問が浴びせられることも覚悟しておかねばならないからです。教官は，確実，かつ正確な知識を自由自在に駆使できるようにしておかなければならないのは当然として，さらにいつ，いかなる時でも，その知識を，大きな仕掛けも長い演繹もなしに，極めて簡潔に，そして極めて明確に，受講生から出された質問に適用する術(すべ)を心得ていなければなりません。ところが，このような演習は，誰も喜びはしない不本意なことを教師に求めてくるものであるだけに，国家官庁によってその必修化が図られるべきでしょう。ローマ法の教官は，大学教員資格 venia legendi の付与の条件として，このような演習の実施の予告義務を負うものとすべきです——また，実務的教科を他人に教えるのに適任であると自分で思っている人でも，その教科を自ら適用する能力のあることを文書で証明すべきです。ロマニストが齢を重ねて精神の柔軟さと活発さを失うに至り，その結果，受講生のためにもそして自分自身の満足のためにも，演習を首尾良く実施できなくなるまさにその時にはこの演習の辞退が許されるとして

も，それまでは誰一人としてこのような演習の実施を免除されるべきではないでしょう。演習は，ロマニストの誰もが通り抜けなければならない試練であるだけでなく，彼自身を，そして大学の正しい授業という利益を理論一辺倒という危険から守る不断の矯正策でもなければならないのです。

　私が提案する**第三の方法**は，これまでの**法学の試験制度**を改革の対象にすることです。それも二つの方向においてです。つまり，第一は**試験のやり方**について，第二は**試験委員会**の組織についてです。

　およそ何であれ試験の目的は，受験者がその専門に関する知識について必要な程度有しているかどうか，試験実施当局がこれについての確信を得ることにあります。分野が違うということによって，つまり歴史，言語学，何らかの自然科学のような理論的な分野であるか，あるいは医学，神学，法学のような実践的な分野であるかによって，試験制度は違ってきます。後者のような分野の場合，受験者は，十分な理論的**知識**は勿論のこと，それを正しく**適用**する能力を持っていることも示さなければなりません。医学と神学については，すでにこれが行なわれています。すなわち，医学生は，病床，解剖台の脇で，あるいは産院において，自分の臨床試験に合格しなければならず，神学生は，説教と教義問答を行なわなければなりません。法律家の場合だけが，大抵のドイツのラントでは最初の試験が専ら理論のみを対象としているのです。プロイセンでは，筆記試験において通常，理論的なテーマが与えられます。ハノーファー（ツェレ）においてだけは，以前いつも行なわれていたように，なおも時折，訴訟記録が選ばれています。私の知るところでは，口述試験においても，全般的に言って同じく理論の方向性が維持されています。最初の試験で法律事件が提示されることは極めて珍しいと言ってよいでしょう——従って，私たちの今日の法学の理論的な特質は試験においても繰り返されているのです。

　この制度は全く誤ったものであると，私は見ています。そして案の定，この制度の悪い果実が現われました。若い法律家の素養が不十分であることについての実務家の嘆きは，討議の対象となっています。そして，私自身，博

士学位のための口述試験における試補見習の試験のときに、この点に関して次のような経験をしたことがありました。つまりそれは、ローマ法については幾ばくかの機械的に形作られた定義や区分に関する知識は完璧であるのに、およそ法的なものの見方や確固とした知識となると、まるでこれを持ち合わせていない男が、どうして国家試験に合格できるのかと、呆れ驚くような自問をさせられたという経験でした。こんな具合に国家試験に受かることが可能だとすれば、その試験は、試験に値しない試験をやっているようなものなのです。

　では、どのようにすれば救われるのでしょうか。

　この目的のために、ここ数年来、数人の理論家から、大学での法学研究は3年から4年に延長した方が良いという提案がなされてきました。私は、この提案に対しては断じて賛同はできません。私は、3年という時間で、全く十分であると考えています。ただ言うまでもないことですが、私は、その3年の間、男子が学生としての義務を果たし、そして志願兵の兵役——この兵役に就けば勉学時間をほとんど失ってしまいます——に就かない、ということを前提としています。私の主張は、試験官として、かつまた演習担当者としての〔私の〕長年の経験が裏づけとなっています。大学での勉学期間が最も長い青年は、きまって最も出来の悪い人々でした。逆に、大学での勉学期間が3年に満たなかった人々を試験した経験から、私は、その人たちを知識の範囲、知識の堅実かつ確実さ、そして与えられた事例に対して自らの知識を適用する能力について高い評価を与えざるを得なかったということがありました。勉学期間の延長は、私見によれば、無能な人々に利益をもたらすだけでしょう。彼らに当初から予定されている**無為**の時間が、1年間延長されるだけのことです。そして、能力のある人々はこの1年の報いを受けねばならなくなるでしょう——能力のある人々にとっては非常に重苦しく、かつ理由のない措置であり、無能な人々にとっては効果のない措置ということになるのです。そのような問題については、経験だけが裁くことができるのです。抽象的、先験的見地からは、その問題に答えることができません。私の長年

の経験——この経験という点では，他の理論家でこの私に勝る人はいないでしょう——から，私は，勉学の延長という提案は完全に誤った措置であり，冒険であると，断言して憚りません。きっと人々は，その提案の無目的性と無価値性について即座に納得することでしょう——この措置は，患者が新鮮な空気と運動を必要としているのに，ベッドで寝ているように命じようとする医師の指示と同じものであるように，私には思われます。

　実務に就く非常に多くの法律家が十分な素養を持ち合わせていないのは，**勉学期間の短さ**にその責任があるのではなく，むしろ**大学の勉学制度と試験制度**に責任があるのです。両者は同一の疾病に罹っています。つまり，専ら理論志向の反復現象が流布し，法の勉学の実務的使命を等閑(なおざり)にするという疾病です。

　**大学の授業**はこの疾病に対してどのような対策を講じることができるのか——これについては，私は先に（366頁）詳しく述べました。つまり，実践的演習がこれです。学生としてであれ教師としてであれ，演習というものを身をもって知らない者は，演習の価値について全く判断できません。演習によって初めて学生は，これまでに習得した事柄の理解が真に明確なものになり，彼の持っているものが一層確実なものとなるのです。実際上どのような判断がなされるかに関心を持つことによって，理論に対する関心も生まれます。能力のある人は，法学から収穫を得て，法学を愛するようになります。私自身，学生時代にこうしたことを数多く経験しました。法学に対する理解の目は，民法演習によって初めて開かれました。この民法演習を，私はゲッティンゲンで，当時の私の師であり，その後は同僚で，かつ忘れられない友人となったテル Thöl のところで受講したのです——これが，私の学問生活における転換点となりました。この時から，私はそれまでは感じることのなかった魅力を法学に対して持つようになったのです。同じことは，私は講師として受講生たちとの関わりの中でこれを経験し，そしてこの経験を毎年新たにしています。

　そこで，法の勉学の改革についての私の持論 ceterum censeo を言うとす

れば，こうなります。すなわち，医学生や神学生のように，法律家の場合も，実践的演習を**必修**に高めるべきであるということです。

　次に，私は**法学の試験**の改革についての提案にいきたいと思います。

　プロイセンにおけるこれまでの筆記試験制度について，私は全く誤ったものであると考えています。これはもう虚飾そのものではありませんか。受験者が提出する答案は，その者の法的素養を全く保証するものではありません。このような素養を全く欠いている者もまた，ハンドブックや文献の力を借りて，一つの答案を完成させます。そして，その答案はその種のものとして当然に要求され得る諸条件を完全に満たすものなのです。では一体，それは重要な技能なのでしょうか。彼が歩いて行かねばならない道は，彼に対して示されています。彼はただその道を踏み外しさえしなければよいのです。素材の体系的配列，ありとあらゆる様々な見解，著名な著述家によるそれらの見解に対する批評，章句の解釈，文献史上の考証資料の全部──すべてが彼の前に用意されており，彼は自分のものとするためには手を伸ばしさえすればよいのです。課題全体が，他人の解決策についての報告ということに縮減されています。そして，受験者は様々な見解のうちのどれを採るとしても，常に著名な大家を見出し，その大家の陰に自分を覆い隠すことができ，試験官は試験官で，その大家の見解に同意しようとしまいと，その大家〔の見解〕に敬意を払わなければならないということになるのです。

　この点についても，私は理屈抜きで経験に訴えます。私は，博士学位のための口述試験において試補見習たちの論文審査に従事したことがあります。その論文には，非難すべき箇所は何一つありませんでした。しかし，口述試験になると，その筆者にはあらゆる法的素養が完全に欠如していることが露呈されたのです。私は，似たような経験をしたことがあって，それは学生が懸賞問題を解いていた際に，時折，経験したものでした。個々のテーマに全力を傾注してその問題を解くことは，専門教育全体の費用で贖われていたのです。学生たちの間に見られるそのような論文の見せかけだけの価値については，人々は歴史の試験の中で似たような経験をしていました。要するに，

出来栄えの良い演習レポートと口述試験における驚くべきほどの無知——学問の菓子はあっても，日々のパンがないのです。

　だから，何の保証もないこのような理論的課題なんか，どっか行ってしまえ！，ということになります。でも，それにもかかわらず，このような課題を捨ててはならないのではないかという場合に備えて，ある経験をお伝えしようと思います。それは，テーマの選択に際して時折起こる，ほとんど信じられないような失敗について，私が経験したことです。私が知る機会を得たテーマというのは，受験者がやれば数週間で済むのに，最も熟達した理論家にとってはその２倍，３倍の月数を必要とするぐらい困難を極め，かつその展開に時間を要する類のものでした。そうです，私は，相続人としての使用取得 usucapio pro herede に関する一つの問題を思い出したのです。私自身，その問題を全く理解することができませんでした。そして，その問題に対して試験官が満足するような回答をした受験者は，私に次のように教えてくれました。つまり，この受験者がベルリンの**ブルーンス Bruns** に助言を求めようとしたら，ブルーンスのもとでは同じことが起きていたというのです。そのような不正を防止するためには，どうしてもその種のテーマであることを変えるべきでないと言うのであれば，テーマは司法省の審査及び承認を要するものとすべきではないでしょうか。ここで私が念頭に置いているテーマは，ただ単に試験官がそのテーマの難しさとその範囲の広さについて少しも知らなかったが故に出題されたのであると，私は確信しています——試験官はそのテーマを伝聞でしか知らなかったのです。このテーマを本当に知っていたならば，彼はそれを出さなかったでしょうし，きっと彼自身，そのテーマを論じることが全くと言っていいほどできなかったことでしょう——課題の難しさについて知らない人だけが，解けないものを解けると思い，そして難しいものを簡単だと思ってしまって，課題の選択を誤ってしまうのです。

　では，あの理論的論文に代わるものとして，何があると言うのでしょうか。その実務的無価値性についてこれまで私が述べてきたことが正しいとすれ

ば，それを中止しても，欠陥が生じることは全くありません。それで，筆記試験を完全に止めてしまうことができますし，このことにより試験官と受験者に与えられる自由な時間を使って口述試験の時間を前より長くすることが可能となるでしょう。このことは，これまでの試験制度と比べると，非常に価値のある改善をすでに含んでいると思います。長くなった口述試験のみで受験者の学力の達成度についての判断ができない人こそ，無能の試験官にちがいないということになります。私は，筆記試験を止めないことを善しとする根拠を一つだけ見つけました。それは，戸惑いとか不安を思い遣るということです。つまり，そのような重圧の下では，能力のある受験者であっても，口述試験の場ではこのような障害がない場合に得られる結果よりも悪い結果となってしまうことが稀ではないということです。筆記試験は，このような影響の危険を排除します。ところで，私見によれば，試験官が人間味のある，経験豊富な人である場合は，その影響は大したことがありません。従って，このように考えると，筆記試験は，口述試験特有の，受験者にとって不利となる事情を埋め合わせるもの，ないしはその矯正策として維持されるべきものということになりましょう。

　ところがこれは，試験制度がこのようなものであるということ，つまり試験というものに求められている保証がひとえに試験制度によって実際に与えられているということを前提とした場合の話です。そして，この場合というのは，私の知る限りたった一つの制度しかありません。つまり，簡単な筆記試験の課題を出し，受験者が監督官のいる試験室で，文献という補助手段を用いることなくこれを仕上げなければならないようにするのです。16年以上も前のことですが，私はそのような筆記試験の価値——勿論，これは監督官付きの試験を厳格かつ厳密に運用することが条件となります——をギーセンにおける試験委員会の委員であったときに知りました。そのような筆記試験の結果は，決して私を失望させるものではありませんでした。それは，常に口述試験において確認されたからです。

　言うまでもないことですが，問題は複数問存在しなければなりませんし，

短い拘束時間で解答できるように（ギーセンでは，2時間でした。）精選された ものでなければなりません。ギーセンでは，ローマ法から3題出題され，それらはすべての問題と同様に，委員会の同意が必要とされていました。そのうちの1問目は，私の場合，いつも法律事件でした。それも，目的に適う程度の簡単な事件です。2番目は，解釈学的課題です。その課題については，私は，比較的少ない文字数で処理可能な一連の個々の問題にこれを分解していました。3番目は，時には法史的問題，時には法源の章句の解釈でした。法律事件の処理と法源の章句の解釈は，いつも私に，その人物の法学の素養を判断する上で最も信頼できる拠り所を与えてくれました。この二つは，定義，法原則及び法史的注解を単に機械的に暗記するだけで事足れり，というわけにはいかないものだったのです。その知識は確実なものでなければならず，その人物は二つの課題を解くためには，その知識の適用能力がなければならなかったのです。能力のある受験者でも，この二つの問題，つまり実務的な問題と解釈の問題では，いつも苦しんだことでしょう。他方で，能力のない受験者は，それらの問題を最も恐れていました。いずれの受験者も共に，彼らの真の実力が別の問題〔つまり，解釈学的問題〕とそれらの問題とでは同じように現われるはずがないことは分かっていました。その実務的価値については，これですべてが言い尽くされています。

　その上，第1回目試験の従来の筆記試験を監督官付きの試験に取って代えれば，結果的に，それに関わる両当事者にとっても相当な時間の節約という利点が生じることになるでしょう。現在のところ，筆記試験が完了するのに6週間かかっています。さらにそれに，試験官が答案に目を通すのに約4週間かかります。私の考えでは，監督官付きの試験が完了するのに2日もあれば全く十分でしょう。私の知るところでは，オルデンブルグでは受験者が一日中，監督官付きの試験で管理されているようですが，私はこれが正しいとは思えません。ギーセンでは，監督官付きの試験が各問題ごとに2時間続き，この時間内は受験者はその場所を離れてはいけないということになっていました。午前中に，監督官付きの試験が二つ課され，最初の筆記試験が終わる

と，受験者に多少でも活力回復のための機会を与えるために小休憩となりました。午後は，監督官付きの試験が一つだけ予定されていました。監督官付きの試験の数は，ギーセンでは14課題ありましたが，私はこんなに必要だとは思いません。私は，6課題もあれば十分であるように思います。つまり，ローマ法から2題，ドイツ私法又は商法から1題，民事訴訟〔法〕から1題，刑法から1題，国家法又は教会法から1題です。試験官がこれらの答案に目を通すのに必要となる時間は，少なくともこれまでの3分の1に縮減されることになるでしょう。

　私は，これまで第一の法学試験のみを念頭に置いてきました。私の改正提案を二者択一の形で纏めるとこうなります。すなわち，これまで行なわれてきた全く価値のない筆記試験を完全に廃止し，これを以前よりも時間を長くした口述試験に取って代えるか，あるいはこれを，そもそも試験というものに期待されている保証を唯一提供し得る監督官付きの試験に変えるのか，ということです。

　第二の試験，つまり試補試験に対しても，私は理論偏重の課題の除去を提案したいと思います。このような課題を論じることは，並はずれた能力のある人々に対しては自己の力を有利に示す機会を与えるかもしれません。〔ところが〕経験上，これは学力の達成度についての確かな試金石にはなりません。そして，受験者自身はそれを試験の中で最も簡単なものと見ており，他方，判決案を練り上げるために交付される訴訟書類については，これを最も恐れているのです。私の目から見れば，この理論偏重の試験は純粋に**装飾的**目的の意味しかありません。それは，試験に対して学問的という虚飾を与えているのです。これにより，受験者の実際的能力ばかりでなく，十分な学識も問題としているのだということが強調されるというわけです。それは，実際的学問においては知識の**適用**が知識の最も確実な尺度ではないとか，そしてまた口述試験は理論に耽る機会を十分に与えるものではないとか，──あたかもこうしたことを言っているかのようなものなのです。第二の試験においても第一の試験の時と全く同様に，理論偏重の課題は現実の意味と価値を

持たない一つの純粋な装飾品でしかすぎません。それが導入され，維持されているのは，適用**欠く**理論を真の学問と公言し，かつ適用**するにあたって**理論から理論という名を否定する——こうした人々の口からしか出てこない非学問性という非難を，真実を見抜かずに恐れているからに他なりません。このような人々は，受験者が第一の方向における能力，つまり受験者の「理論面の素養」の存在を実証するのがいかに容易であるか，こういうことを想像だにしたことがないように見受けられるのです。

ところで，プロイセンにおける第二の試験は非の打ち所がないものと，私は思います。それは，判決文の起案については，さらに一層期限を延長し，その起案のために訴訟記録を割り振り，そして口述試験における研究報告のために口述試験の前3日間で訴訟記録を交付するというものであって，この割り振りと交付という二つの制度はその人物の実務的有能性と法的判断〔力〕を確かめるという目的に完全に適っています。そして，口述試験はその者の理論面の知識の範囲，堅固さ，確実さを確認するための十分な機会を与えてくれるのです。

それに対して，プロイセンにおける**第一の試験**は，私の多くの経験からすれば改めるべき点が非常にたくさんあると言わざるを得ません。すでに上で述べたように，私は何人もの人々を試験してきました。その人たちは，その試験に合格はしましたが，法律家としてのあらゆる教養が欠けており，ローマ法上の最も基本的な概念，例えば占有と所有権を区別することさえできなかったのです。そのような浅学非才な者でも合格が可能だという試験は，全く無益なものとして制度化されているにちがいないのであって，このことは説明の必要もないことです。その原因は，どこにあるのでしょうか。試験官があまりにも寛大だからでしょうか。おそらく，そのことも時には一役買っているかもしれません。しかし，決定的な原因は試験の**やり方**が間違っている点にあると，私は見ています。その理由は，一つは，試験官の未熟さにあり——この点については後でもう一度，触れるつもりです——，いま一つは，第一の試験は純理論的な試験であるから，習得した事柄の適用を確かめるよ

うな問題は第一の試験と関係ないではないかという先入観にあります。試験官に任命された実務家は，試験〔問題〕をできる限り理論的なものにし，作為的に理論家気取りをすることによって初めて自分の任務を果たせるものと思っています。彼は，自分自身が〔実務家という〕**適任**の試験官であることを否定して，それと引き換えに〔理論家という〕**不適任**の試験官と取り替えるのです。〔そして，〕彼は，抽象的な事柄という頭の中でしか考えられない高みに自分自身を置いて，定義とか区分などなどについての返答を求めます。彼は，自ら完全に安心して立っている地上，つまり法的命題の適用という地に身を置いて試験するということはしないのです。

　私は，第一の試験においては，筆記試験でも口述試験でも，法律事件が欠けていてはならないと考えます。〔しかも，〕当然のことながら，難しい事件であってはならず，法の勉学を真剣に行なった者であれば誰でも判断でき，また判断できなければならないような簡単な事件でなければなりません。ある法的命題を，与えられた事件に適用することができる者のみが，つまり抽象的な区別を具体的に認識できる者のみが，それを完全に習得した者なのです。他のすべての事柄は，全くの見せかけであって，価値のないものです。法におけるすべての抽象的なものは，まさにそれが具体的なものによって現実化されるためにのみ存在しているのであって，その抽象的なものを具体的又はカズイスティッシュな形で再認識することができないか，あるいは与えられた簡単な事実にそれを適用できない者は，そのことですでにその抽象的なものを実際には理解していないことを示しているのです。

　その場合，一つの，あるいは複数の法律事件には，私見によれば，さらに法源のある章句——私が考えているのは，ローマ法大全ばかりでなく，商法典，刑法典，民事訴訟法の章句も含みます——を解釈する機会が付け加わらなければなりません。ある法律事件を判断することと，法律を解釈すること——これこそが，実務法律家の二つの任務であって，法学の実務の道を歩み始めることを志願している者にとっては，この二つの任務は，神学生にとっての説教，医学生にとっての病床での診察や解剖台での剖検と同じく，避け

て通ることができないものなのです。学術的な理論的な仕事は，将来の理論家，つまり教授資格論文を書く私講師に固有な事柄です。将来の実務家は，少なくとも初心者に要求され得る限りで，彼の職業に特有の任務を処理することができるということを示すべきです。彼が理論面の勉学によってそれができるようにならないのであれば，その責任は，理論面の勉学か，あるいは彼自身にあることになります——理論面の勉学が彼にそのための機会を提供しないのであれば，その勉学に責任があり，これまで個々の大学でそのような状態になっていなかったとすれば，勉学〔の仕方〕は変更されなければならず，そして事実，変更されているのです。彼が目の前に与えられた機会を利用しないのであれば，彼自身に責任があることになります。

　試験の**方法**に変更が必要であるということについては，すでに私見を縷々述べてきましたので，次に，先ほど指摘した（368頁）第二の点に行きたいと思います。すなわち，**試験委員会の組織**についてです。

　この点に関して私が行なおうとしている提案が実際に実現可能なのかということになると，率直に言って，私は全く期待していません——この提案は財政的な点で挫折することでしょう。まさにそれ故に，私は，——外的理由もあって擱筆を急がなければなりませんが，このことを完全に無視するとしても——その提案についてもっと詳しく説明する必要はないと考えます。私は，ここで述べなければならない事柄を簡潔な命題という形に纏めてみます。そうすることで，私の述べたいことが正しいか否か，そのことの吟味が容易になるのです。

　1．試験の価値はすべて，試験官の適格性にかかっている。

　2．試験官の適格性は，試験官の知識の範囲と確実性で決まるばかりでなく，相当程度，試験するということの熟練度によって決まる。

　3．試験するということは，一つの難しい技術であり，これは試験することについて生まれつきの才能を持ち合わせている人ですら訓練によってようやく習得できるものである。

　4．熟達した試験官だけが，適格性を持つ試験官である。このような試験

官だけが，見せかけだけの知識と本物の知識とを区別する術を心得ている。彼は，経験から，間違った解答がなされた場合に直ちに，その受験者が表現を間違えたにすぎないのか，あるいは事の本質をそもそも分かっていないのかを見抜くことができるのである。このような適格性を持つ試験官は，能力のある者に対しては誤りを改める機会を与え，無知の者に対しては彼の無知を赤裸々に曝け出させるのである。

5．それ故に，試験官には，このような技術を学ぶ可能性が与えられなければならない。試験官を一時的な期間のみ任命することは，試験官にとっても，受験者にとっても，また試験の目的にとっても同じく弊害である。

6．正しい任用のあり方は，試験官を永続的に任用することである。

7．試験官は，その他の職業上の仕事が免除されていなければならない。試験官は，学問の進歩を追求するための時間を持たなければならない。そして，そのこと以上に，彼に対しては，自立した徹底的な学問的研究をする可能性が与えられなければならない。

8．このようにして組織された試験委員会は，理論と実務の間の中間項をなしている。実務の中で教育を受け，そして経験と，この経験のお蔭で可能となった実務の目によって武装したことで，この試験委員会の構成員は，理論的研究を行なうために彼らに認められている余裕時間を使って，業績の著述を通じて理論に対し有効な影響を及ぼす資格を持つのである。彼らは，二つの面で彼らの任務を遂行する能力があることから，将来，法解釈学にとって決定的な権威となるであろう。解釈学の理論家は，実に並はずれた才能をもってしても理論と実務の均衡をとることができないとすれば，こうした面で，試験委員に対し第二の地位に後退することになり，法史においてだけは相変わらず大学の理論家が第一の地位に留まり続けることになるであろう。

私のこのような予言が同じ専門領域仲間の感情をいかに害することになるか，私はこれを承知しています。将来，解釈法学における第一の地位を実務家に与えることを約束するといった大胆な行為は，学問からの離反であるとの非難を私に浴びせるのに十分でしょう。この非難は，私はこれを進んで甘

受することにしましょう。本書を拠り所にして私を断罪する人々が現われ出ることでしょうが，その非難は彼らの前に置くことにしましょう。臆病な人々の心を落ち着かせるために，私の予言は，これらの臆病な人々と私が生きている間は実現しないだろうということを付け加えておきます——実現の見込みがある唯一の予言は，これです。すなわち，**事態は何も変わらないでしょう**！

私は，このような見通しを立てたからと言って〔提案を止めるという〕心の迷いが生じることはありません。私の改革提案をさらに続けます。

9．優れた実務法律家の中から選ばれる年配の構成員——彼らには，俸給と官位を上げることで，これまでの職位を辞めても試験委員会の構成員になりたいという気持ちを起こさせなければならないであろう——と共に，知識と才能が卓越した若手の試補や裁判官を，一時的に試験委員会の中に派遣すべきであろう。彼らが適格であるとの証明がなされれば，試験委員会に残り，適格であるとの証明がなされないか，あるいは彼らが実務の中に戻りたい意志があれば，在職年限という留保条件付きで彼らに退任の自由を認めておくのである。このような人々に対しても，従前より高い俸給と相応する高い地位を与えておかなければならないであろう——試験官であるということは，栄誉と見られなければならず，並はずれた能力と力量に対する賞賛と見られなければならない。

10．試験委員会が理論と実務との間に立つという中間的地位は，両者にとって利益となるはずである。教えることに厭きて，自分自身又は他人の満足のために教育職を続ける能力や気持ちをもはや感じていない大学教官に対して，試験委員会は，教官を辞して試験官となる可能性を開くべきある——これは，その教官にとっても，また授業にとっても有益である。逆に委員会は，法学部に対し，委員会から〔教官を〕募集する可能性を与えることになるのである。文献学的業績によって頭角を現わしてきた委員会の若手構成員であれば，民法，民事訴訟〔法〕，刑法といった法学解釈学のすべての分野において天性の教授となることであろう。このことによって，目下，法学の教授職

の任命に際し,かなり顕著に感じられている適切な人材の欠如〔という問題〕が予防されることになろう。医師の場合にも,実際の医師の地位から教授職へ招聘されるということは何ら稀なことではない——何故法律家の場合に同じことが起きないのであろうか。最も有能な人こそ,最良の人である。この最も有能な人が最良の人であることを妬む者は,自ら最良の人になればよいのである。そして,法学部における将来の私講師は,試験委員会の中の才能豊かな,そして文献学に関して定評のある試補又は区裁判所裁判官若しくは地方裁判所裁判官が自分たちにとって危険なライバル——将来の私講師は,自らの**価値の高い業績**によってこれらの者に対抗するものとならなければならない——となることを知り,かつこのことを肝に銘じておくべきである。学部は,教える人の利益よりも授業という利益を上に置くものであるから,そのような競争はただただ歓喜の声でこれを歓迎することとなるだろう。そして,学部があまりにも度量が小さいか,あるいは虚弱であるがために,並の大学教授に有能な非大学教授に対する優位性を認めてしまうとしても,最高の官庁であれば,正しい選択をするだけの分別を持っているであろう。

　11. 第一の試験のための試験委員会の数は,これまでに比して大幅に減らさなければならない。おそらく,委員会は一つだけ設置するのが望ましいであろう。そして,この唯一つの委員会は,様々な部会を構成するに足る大きなものでなければならない。このように委員会を一つの場所に集中させておくことは,次のような利点を提供してくれるはずである。すなわち,個々の部会の構成が定期的に入れ替わることによって,現在は完全に欠落している評価基準が均一のものとなるのである。このようにして,第一の法学試験は,この点で第二の試験のレベルに高められることになろう。

　私の提案は,これで終わりとします。しかし,結びの言葉はまだありません。第三部と同じように,これを結びの言葉とします。すなわち,**私は夢を見ていたのです**。でも,私はこの二つの夢を見たことを後悔してはいません——なにしろ,この二つの夢は,多分,何か良いことを惹き起こすことになるでしょうから。

## 第四部　原注

1)　公表されているものとしては，例えば，拙著 „Abhandlungen aus dem römischen Recht" (Leipzig 1844) S. 59, 71 において，二重に売却された物が毀滅した場合に売主が二重に売買価格の支払いを要求できるかという問題について，その要求を支持したものがあります。〔私の〕Jahrbücher III, S. 451 における拙稿の中でお伝えした事件は，私がかつて法科大学判決団で判断しなければならなかったものですが，この事件が私の目を開かせてくれたのです。そして，以前，私が支持していた見解を撤回する内容の言葉（450頁）をここに載せないわけにはいきません。その言葉は，公然と新しい進路を歩む最初の一歩となったものです。すなわち，「生じる結果と災禍，つまり，法源の中に読み取られるか，あるいは帰結から読み取られると思われる法命題が生活の中で惹き起こす災禍に頓着せずに，純理論的な観点からその法命題で満足することと，その法命題を適用することとは，実際は別の事柄である。不健全な見解は，その人自身はいつも健康であるとしても，そのような試験に耐えられるものではない」

2)　例えば，ローマ人のところでは，パウルス訴権 act. Pauliana——贈与の場合，被告の人格の中の悪意 mala fides を前提条件とさえしません——，信託遺贈者 Fideikommissar の物の占有委付 in rem missio（私の Jahrb. X, S. 514），擬似債権者の第三者に対する保護，l. 14 pr. quib. ex caus. (42. 4)。このような**権利の挫折**——私はこう名付けました——については，私の Jahrb. X, S. 318-331 参照。私はそこで，結論として，「現行法上，人に対する訴権 act. in personam を債務の目的物の悪意取得者に拡張することが定められていた期間は，それほど長くなかったであろう」という確信を述べました。

3)　こうした対立は，民族全般についてさえも，繰り返し起きています。——私の判断によれば，例えばフランス人とイタリア人は，実務＝法学的才能については私たちドイツ人よりもはるかに優れています。

4)　私は，この名称を挙げるだけにしておきます。玄人筋であれば，同じものに対してもっと別の名称が存在することを知っています。例えば，「準則集 libri regularum」，「入門書 elementa」，「定義集 definitiones」，「法学入門 encheiridia」です。マスリウス・サビヌス Masurius Sabinus による「市民法論全3巻 libri tres juris civilis」もまた，この種のものであったと思われます。

5)　これについては，私は，拙著 „Geist des R. R." III, 2, Aufl. 4, S. 330 で述べました。

6)　**F. P. Bremer**, Die Rechtslehrer und Rechtsschulen in der römischen Kaiserzeit, Berlin 1868 という貴重な著作において証明されています。

7)　**プフタ**によって一層これが推し進められたことを，私は前に，示したことがあります（330頁〔原書330頁にある第三部の注34〕）。

# 訳　　注

はしがき
〔1〕　原書は「第11巻」となっているが，これは誤植である。

第一部
〔1〕　プロイセン裁判所新聞第3巻初出時には，この場所に次のような注が付されていた。「もっとも，このことはすでに行なわれている。小紙ですら，第1巻（44号，1859年9月28日）に，法学の『紀行書簡 Reisebriefe』を掲載した。つい最近も，ウィーンの „Gerichtshalle" と „Tribüne" が，同じく，法学の紀行書簡を載せた。編集部による注」
〔2〕　「閑暇 Nebenstunden」という形態を採っている書物として，Cramer, Wetzlarsche Nebenstunden（訳注〔4〕参照），「法的考察 Rechtliches Bedenken」という形態を採っているものとして，Jodocus D. H. Temme, Rechtliches Bedenken üder die Verlegung und Vertagung der Preußischen Nationalversammlung,「論究 Erörterungen」という形態を採っているものとして，Anton Friedrich Justus Thibaut, Erörterungen über das Römische Recht 及び Friedrich Mommsen, Erörterungen aus dem Obligationenrecht,「私見 Unvorgreifliche Gedanken」という形態を採っているものとして，Gottfried Wilhelm Leibniz, Unvorgreifliche Gedanken betreffend die Ausübung und Verbesserung der Teutschen Sprache 等をそれぞれ挙げることができる。
〔3〕　プロイセン裁判所新聞第3巻初出時には，この場所にも次のような注が付されていた。「直前の注〔訳注〔1〕で指摘した注のこと〕参照。編集部」
〔4〕　クラーマー Johann Ulrich von Cramer. 1706年11月8日，ウルム Ulm で生まれ，1752年に帝室裁判所の Assessor になり，1755年から79年にかけて，『ヴェツラルの閑暇 Wetzlarsche Nebenstunden』を執筆した。クリスチャン・ヴォルフ Christian Wolff（1679-1754）の弟子として有名。1772年6月18日，ヴェツラル Wetzlar で没した。なお，ヴェツラルは，所在地を転々としていた帝室裁判所の最後の所在地である。
〔5〕　第1回大会は，1860年8月にベルリンで開催された。
〔6〕　12月2日のルイ・ナポレオンによるクーデター：1851年12月2日にルイ・ナポレオン（後のナポレオン3世）が，アウステルリッツの戦勝とナポレオン1世の戴冠式の記念日を期して起こしたクーデター。イタリア語訳及びスペイン語訳に従い，「12月2日」というのは，このような意味と考えられる。

〔7〕 跛の悪魔というのは，ル・サージュ Le Sage, Alain René（1668-1747）が1707年に発表した作品『跛の悪魔 Le Diable boiteux』に出てくる悪魔アスモデのこと。

〔8〕 クリノリンスカートは，鋼鉄や鯨骨で張り拡げた硬布製スカートのことで，19世紀中頃に流行した。

〔9〕 プロメテウスの粘土像：Prometheus は，ギリシア神話に現われる文化的英雄で，巨神族の一人イアペトス Iapetos の子。粘土を捏ねて，人間を作った。

〔10〕 ホムンクルスは，ゲーテ Goethe（1749-1832）の『ファウスト Faust』第2部に出てくる人造の小人。ヴァーグナー教授が化学の力で人間を創造する実験を行ない，ついにガラス瓶の中でホムンクルスを作ることに成功する。

〔11〕 アトラス Atlas は，イアペトスの子でプロメテウスの兄弟。ギリシア神話で，神々と戦った罰として，極西の地で天を双肩に支えることを命ぜられた巨神。

〔12〕「ギリシアの神々」は，シラーが1788年3月に発表した詩。

〔13〕 法螺吹き男爵というのは，Karl Friedrich Hieronymus von Münchhausen（1720-1797）のこと。ミュンヒハウゼン男爵はプロイセン軍の士官で，ロシア軍に加わり，トルコ軍と戦った。彼は，座談の名手として，自分の武勲に法螺をまぜて吹聴した。それをラスペ Rudolf Erich Raspe が記録して，1785年にロンドンのスミス社から出版した。翌86年，ビュルガー Gottfried August Bürger（1747-1794）が，ラスペの英語版をドイツ語に翻訳し，88年，ラスペ版にない逸話を盛り込んで『ミュンヒハウゼン男爵の奇想天外な水路陸路の旅と遠征，愉快な冒険』と題して出版した。本書に出てくる自分の髪の毛を引っぱって，沼から抜け出した話は，ラスペ版にはなく，ビュルガーが付け加えたもの。邦訳としては，新井皓士訳『ほらふき男爵の冒険』（岩波文庫）があり，その70頁にこの話が出てくる。なお，イェーリングはこの逸話がお気に入りのようで，『法における目的』第1巻第1部第1章でも，この話を持ち出している。

〔14〕 ポーサ侯爵というのは，シラーの戯曲「スペインの王子ドン・カルロス Don Carlos, Infant von Spanien」（1787年）に登場するスペインの貴族。第三幕第十場で，ポーサ侯爵がイスパニア王フィリップ2世に思想の自由を認めるように懇願する（佐藤通次訳（岩波文庫）136頁以下）。

〔15〕 マンティウス Eduard Mantius は，卓越したテノール歌手。1806年1月18日，Schwerin で生まれ，1874年7月4日，Ilmenau にて没。

〔16〕 ティティウス Titius，マエウィウス Mävius，アウルス・アゲリウス Aulus Agerius は原告等に相当する人物の場合によく使われる名前である。

〔17〕 クロルの冬園は，1840年，ブレスラウ（1945年までドイツ領で，現在はポーランド領）に，クロル Kroll が創設した最初の公営の冬園。

〔18〕 呪われた法文というのは，学説彙纂第12巻第6章38法文のこと。その解釈が

難解であることから,「呪われた法文」と呼ばれる。
〔19〕 クィントゥス・ムキウス・スカエウォラは,95年に執政官を務めた人物。
〔20〕 犬に関するペスルニア法というのは,Pauli Sententiae 1, 15, 1 にのみ登場する lex である。一説には,ソロンの法を意味するとか,ペスラヌスなる人物の提案にかかる平民会議決と言われているが,詳細は全くもって不明である。
〔21〕 ヴィンフリート Winfried というのは,ベネディクト会修道士で,「ドイツ人の使徒 der Apostel der Deutschen」と呼ばれた聖ボニファティウス Bonifatius の本名。672/73年に生まれ,754年6月5日に没した。
〔22〕 ガンス Eduard Gans (1798?-1839) は,ヘーゲルの愛弟子。„Das Erbrecht in weltgeschichtlicher Entwicklung. Eine Abhandlung der Universalrechtsgeschichte (In 4 Bänden)" が有名。
〔23〕 スフィンクス Sphinx は,ギリシア神話で,頭は女で翼のあるライオンの胴体を持った怪物。テーベ Thebes の町外れの岩の上に座り,通行する人に「朝は4本足,昼は2本足,夜は3本足,しかも,足の多い時ほど弱いものは何」という謎をかけて,解けない者を殺した。
〔24〕 ホフマン Ernst Theodor Amadeus Hoffmann (1776-1822) は,ドイツの司法官,詩人,小説家,作曲家。『悪魔の霊液』は,1815年に第1巻を,1816年に第2巻を発表した長編小説。
〔25〕 アレクサンドリアのクレメンス教父 Clemens Alexandrinus, Titus Flavius (150頃-215頃) は,ギリシアの神学者。20歳頃,キリスト教に入信。豊富な哲学的教養を持っていた。
〔26〕 オート Od:自然科学者で実業家のカール・ライヘンバッハ男爵 Karl Freiherr von Reichenbach (1788-1869) が動物磁気の研究をした後,電気,磁気,熱,光の中間にある,敏感な人間の神経だけが認識できる新しい力を発見したと考え,それをオートと呼び,世の注目をひいた。ライヘンバッハ男爵は,パラフィンとクレオソートの発見者として,また隕石収集家として有名。オートに関する数冊の著作がある。例えば,„Odisch-magnetische Briefe" (1852年)。
〔27〕 以上の記述は,Lassalle, S. 513 f.
〔28〕 原書35頁は「51号」となっているが,誤植であろう。
〔29〕 ロラン Roland (?-778) は,カール1世の十二勇士の一人で,中世フランスの叙事詩「ロランの歌 La Chanson de Roland」の主人公。もっとも,ロランが歴史上実在したという唯一の証拠は,アインハルト Einhard (770頃-840) の著した『カール大帝伝 Vita Caroli Magni』(830頃) の一節で,ロランがロンスヴァルで死んだとしている点のみである。
〔30〕 バヤール Bayard, Pierre Terrail (1476-1524) は,フランスの軍人。シャル

ル8世，ルイ12世，フランソア1世の3代にわたりイタリア戦争に参加し，ドイツ，スペイン，スイスの軍と戦って戦功をたてた。「無怖畏で一点の非の打ち所もない騎士」と称された。ガッティナラの会戦で重傷を負い，ついで死没。

〔31〕 これは，シラーの詩「ギリシアの神々 Die Götter Griechenlandes」の一節で，2行目の原文は「瀕死の人 Sterbenden の枕べに立つことなく」となっており（木村謹治訳『シラー選集(1)』（冨山房，1941年）9頁），イェーリングが Strebenden に変えたのである。また，詩の原文では，„Vor das Bett des Sterbenden" と，Vor が使われている。

〔32〕 これは，勅法彙纂の最後の3巻のこと。すなわち，第10巻，第11巻，第12巻のこと。

〔33〕 これは，学説彙纂第24巻第3章から第38巻までのこと。

〔34〕 註釈学派が学説彙纂を七つの部分に分けている。そのことを言っている。

〔35〕 学説彙纂のうち，刑法について書かれた部分。第47巻と第48巻の部分のこと。

〔36〕 この二つのケースは，いずれも不動産と不動産の付合の場合である。

〔37〕 スペイン語訳69頁訳注によると，クラッデラダーチュ Kladderadatsch は，1848年にダヴィド・カリシュ David Kalisch によって創刊された諷刺週刊誌である。ベルリンで発行され，主に政治的諷刺を内容としていた。この雑誌に登場する架空の人物の中で，シュルツェ Schulze とツヴィッカウアー Zwickauer が人気を博していたという。

〔38〕 この第四信は，ドイツ裁判所新聞第5巻21号には，「第五信」として掲載された。イェーリングは，その理由を述べるために，この書簡の冒頭の第1段落で以下のような長文を記していた。

「私がこの書簡を第四信ではなく，第五信としなければならないのは，あなたが私にとんでもないことをしてくれたためです。あたかも私があなたにお送りするものはすべて『今日の法学についての親展の書簡』であるにちがいないとか，あるいは到着した文書が重要であるかのように，あなたが，（昨年の58号，59号における）匿名氏の直近の心情の吐露に対しこれまでの表題及び連続した連載番号を付けてしまったからです。そして，私の考えるところによれば，何と言ってもそのテーマは，先行する3通の書簡の中で扱われていたものとは非常に異質なものであったはずです。あるいは，あなたにはこのテーマが非常に『法学』のような味がした*ために，この有益な寄稿を没にすることは今日の法学に対する強盗であると，あなたは見ていたのでしょうか。もし多くの人々が保証するぐらいの親切さが私になかったならば，私は，あの事実に全く目もくれず，第四信を2

回掲載しなければならないという気まずい状態にあなたを陥れたことでしょう。しかしながら，私がこのようにしてまるまる一通分の書簡を利益として得，結果的にお約束の1ダースの書簡を一層早く終えることになるという点を考慮して，前述の事実を追認しようと思います。そして，私がこれまでの書簡の中で示してきた計画的な心積もりに対し，この事実が影響を及ぼすことはありません。この点，かの法史家は，突風や小間使いといった形の偶然の出来事によってローマ法史の体系的配列に対してなされた干渉を承認して受け入れたのですが，私はかの法史家ほど従順ではありません。あなたはこの話を印刷に回さなければなりませんが，実はこれが，私の一連の書簡に干渉を加えたあなたへの刑罰ということになりましょう。

＊　そんなことは全くありません。編集部による注。」

ちなみに，ドイツ裁判所新聞第5巻21号掲載時には，「匿名氏による今日のドイツ法学についての親展の書簡」という表題となっていた。

〔39〕　ダナエ Danae は，ギリシア神話で，アルゴス Argos の王アクリシオス Akrisios の娘で，黄金の雨に身を変じたゼウス Zeus と交わって，ペルセウス Perseus を産んだ。

〔40〕　一般抵当権 Generalhypothek は，債務者の全財産の上に成立し，債務者の現在及び将来の総財産から優先弁済を受ける抵当権で，ローマ法以来，特殊の債権について認められていた。

〔41〕　この Sausewind という語には，(1)荒れ狂う風，疾風という意味とともに，(2)落ち着きのない人という意味がある。

〔42〕　対位法というのは，二つ以上の独立した旋律線を複音楽的に同時に組み合わせる作曲技術のこと。二つ以上の異なった旋律が同時に歌われることになる。

〔43〕　カデンツァというのは，終止の前に挿入される技巧的で自由な装飾楽句のこと。

〔44〕　Schmul も Itzig も，いずれも「ユダヤ人」という意味がある。ユダヤ人が金貸しであったことを念頭に置いて，こうした名を使ったものと考えられる。

〔45〕　これは，「ワルツの父」と呼ばれるヨハン・シュトラウス（父）Johann Strauß (1804-1849) が1832年に作曲したワルツ。

〔46〕　原文の „Die blaue Donau" は「美しく青きドナウ」のことであり，これは，「ワルツ王」と呼ばれるヨハン・シュトラウス（子）Johann Strauß (1825-1899) が1867年に作曲したワルツ。第四信初出時にこの部分は „mein letzter Seufzer in Spandau" と書かれていたが，この曲（？）については不明である。イェーリングが本書の刊行にあたり，有名な „Die blaue Donau" に書き改めたと考えられる。

〔47〕　これは，シラーの詩「ポリクラテスの指環 Der Ring des Polykrates」の一節である（木村謹治訳，前掲『シラー選集(1)』156頁）。ただし，原文では，この二つの文の間に「彼はエジプト王に話しかけた」という文章が入る。

〔48〕　これは，シラーの戯曲「オルレアンの処女 Die Jungfrau von Orleans」序幕第四場の一節であるが，2行目の原文は「お前たち仲良しの平和な谷よ，左様なら Ihr traulich stillen Täler lebet wohl」である（関泰祐訳，『シラー選集(5)』（冨山房，1944年）179頁）。

〔49〕　「ライネケ狐」は，1498年に北ドイツのリューベックで出版されたずるい狐の物語。その「第一之書」の冒頭で王が法廷を開き，多くの動物がラインケの犯罪行為を訴え出る。本文は，そのことを念頭においていると考えられる。

〔50〕　カールスバートの温泉水：カールスバート Karlsbad は，チェコ西部の有名な温泉地で，飲む温泉である。

〔51〕　ディオスクロイ Dioskuroi とは，ゼウスの双生児のカストル Kastor とポリュデウケス Polydeukes の総称である。カストルは調馬師として，ポリュデウケスは拳闘者として優れていた。

〔52〕　„Jahrbücher für die Dogmatik des heutigen römischen und deutschen Privatrechts" のこと。1857年に第1巻が刊行される。C. F. von Gerber と R. Jhering が編者であったため，„C. F. Gerber u. R. Jhering's Jahrbücher" と呼ばれる。

〔53〕　前述のように，第四信を他者が書いたという事情から，「第六信」として掲載された。そして，第5巻35号掲載時には，「第六信」という表題のところに編集部による次のような注が付されていた。「この書簡は，その内容から分かるように，第4回法曹大会開催前に公刊されることが予定されていた。しかし，残念ながら，私共の手元に届いたのがその後だったのである。編集部」

　　これは，この第5巻35号が1863年9月2日号であったのに対して，第4回法曹大会の開催日が同年8月28日であった（ドイツ裁判所新聞第5巻36号9月9日号148頁）ことに基づく。なお，同紙36号148頁の第4回法曹大会開催報告の記事によると，イェーリングは，（書簡の本文では，「残念ながら今回の法曹大会には出席できない」と書いてはいるものの）その法曹大会に出席していたようである。そして，出席者の名前の中にあるヒアーゼメンツェルは，ドイツ裁判所新聞編集者のヒアーゼメンツェルのことであろう。

〔54〕　Seneca, Epistolae VII, 8 参照。

〔55〕　ディオの『ローマ史 Romaike Historia』とは，ローマの歴史家 Cassius Dio Cocceianus（150頃-235頃）が書いた80巻からなる歴史書のこと。

〔56〕　Ambrosius Theodosius Macrobius のことと考えられる。4世紀頃のローマの文筆家，哲学者。

〔57〕 この語句は，訳注〔53〕で述べた理由から，初出原文では「第六信」となっていた。
〔58〕 スペイン語訳86頁訳注によると，ピープマイヤー Piepmeier は，政治諷刺の中心的人物で，ブルジョア議会を滑稽に描いたヨハン・ヘルマン・デットモルド Johann Hermann Detmold（1849年，フランクフルト・アム・マインで刊行）の作者である。
〔59〕 鉄製家畜引受契約というのは，農地の用益賃借人が農地の属具である家畜を評価額で引き受け，評価額で返還する義務を負う契約で，山田晟教授は，評価額が変わらないから „eisern"（鉄製）というのであろうか，とされている（『ドイツ法律用語辞典改訂増補版』190頁）。イェーリングが，「鉄製の家畜」が必要と言っているのは，勿論，冗談である。
〔60〕 これは，瑕疵担保訴権のことである。
〔61〕 ベル Bell, Andrew（1753-1832）とランカスター Lancaster, Joseph（1778-1838）は，いずれもイギリスの教育家で，19世紀初めから中葉にかけて行なわれた学級教授法の一形態。モニトリアル・システム monitorial system，あるいは助教法と呼ばれる。生徒のうちで比較的優秀な者を選んで，助教 monitor とし，他の生徒への教授を行なう（『新教育学大事典第6巻』より）。
〔62〕 前述のように，第四信を他者が書いたという事情から，「第七信」として掲載された。
〔63〕 これは，仮面舞踏会用の絹コートのこと。
〔64〕 これは，ある者が匿名で本誌第1巻2号の153頁から164頁にかけて „Briefe eines Unbekannten über die heutige Deutsche Jurisprudenz; Extra seriem" というタイトルの文章を載せたことに基づいている。この手紙は，ライプツィッヒの消印で編集部に到着した，と153頁の編者注に書かれている。
〔65〕 ハウフ Wilhelm Hauff（1802-1827）は，ドイツの小説家。童話作家として有名である。そのハウフが，1826年に『月の中の男 Der Mann im Monde』という作品を「H. クラウレン H. Clauren」という名で発表した。H. クラウレンというのは，当時の名だたるベストセラー作家であった宮廷顧問官カール・ホイン Carl Heun の筆名であった。ちなみに，本名である Carl Heun の文字を並び替えると，H. Clauren という筆名が出来上がるのである。以上の事情については，種村季弘『偽書作家列伝　学研M文庫』（学習研究社，2001年）39頁以下参照。
〔66〕 前述の理由から最初の原文では「第五信」となっている（315頁）。
〔67〕 同様の理由から最初の原文では「第六信」（315頁）。
〔68〕 Horatius, Carmina IV, 12, 28参照。
〔69〕 モストというのは，ブドウの搾り汁でまだ十分発酵しきっていないもの。

〔70〕　キュヴィエ Cuvier, George Léopold Chrétien Frédéric Dagobert（1769-1832）は，フランスの比較解剖学者，古生物学者，動物分類学者。身体のすべての器官が他のすべての器官と機能的に連関している（例えば，食肉獣は食肉に適した消化管を持ち，鋭い歯，よく見える眼を兼ね備えている。）ことに注目し，動物を分類した。この方法を古生物学に応用し，死滅した種の一部分の骨から，その種の全体像を復原することを可能にした。ラマルク Lamarck（1744-1829）の進化論を否定し，天変地異説に与した。

〔71〕　リービッヒ Liebig, Justus von（1803-1873）は，ドイツの有機化学者。1831年，炭素の分析法を創始して有機化学の研究が高まったため，有機化学の父と称されている。化学器具のリービッヒ冷却管も有名。

〔72〕　原書3頁では「16日」となっているが，これは誤植である（本書冒頭口絵参照）。

〔73〕　Verhöhnungだと「嘲弄」の意味となる。

〔74〕　この注はブラケットで囲まれていないが，初出時にはなかったものである。

〔75〕　この注もブラケットで囲まれていないが，初出時にはなかったものである。なお，ヒアーゼメンツェル Assesor Hiersemenzel は，「裁判所新聞」の編集者である。

〔76〕　原書89頁では „Nr. 26" と書かれているが，これは誤植である。

〔77〕　この注も，初出時には存在しなかった。この書簡が「第七信」として掲載されたときは，「第一シリーズ Erste Serie」というサブタイトルが付されていた。民事訴訟法の書簡と刑事法の書簡が「第二シリーズ」，「第三シリーズ」として発表されていたのであろう。

〔78〕　カントは，その著『人間学』第34節の中で，記憶について述べた文章に付した注で，次のように述べている。すなわち，「たとへば絵入聖書のやうな絵入の入門書や，のみならず絵入りで解説したローマ法令全書綱目のごときものさへ，自分の生徒を，以前よりも愚昧にする無智な教師の覗きからくりである。後者については，かうした方法で記憶に委ねられた de heredibus suis et legitimis なるローマ法規類纂の標題がその例となりうる。すなはち最初の語は，海老錠のついた箱，二番目は豚，三番目はモーゼの二つの表によって図解されてゐたのである」（坂田徳男訳，岩波文庫，1952年刊，110頁）。学生にとって読みやすくするためと考えられる絵入りの法学書は，カントの生きた時代に存在していることが分かる。

第二部

〔1〕　本書収録に際して，イェーリングは，ところどころ省略しており，初出時の3/4ぐらいの分量になっている。

〔2〕 これは，ゲッティンゲン大学の正式名称である。
〔3〕 シルダ Schilda は，スペイン語訳121頁訳注によれば，この町の住民は愚か者ということで世に広く知られていたとのことである。なお，シルダという地名は，原書49頁にも登場している。
〔4〕 雪女とは，城中で不幸を予言する幽霊のこと。
〔5〕 ハイドンが1772年夏に作曲した「交響曲第45番嬰ヘ短調『告別』」のこと。ウィーンへ帰りたいという楽員たちの気持ちを表現するために，最終章で次第にパートが減ってゆく構成になっている。
〔6〕 五月酒とは，クルマバ草で芳香を付けた葡萄酒のこと。
〔7〕 「マリーア・マグダレーナ」は，フリードリッヒ・ヘッベル Christian Friedrich Hebbel (1813-1863)が1844年に完成させた（初演1846年）3幕の悲劇。ヘッベルは，19世紀を代表するドイツの劇作家で詩人。
〔8〕 原文は，
　「美(うるは)しき世界よ，今は何処(いづこ)。ふたたび帰り来れ，
　　自然のいみじき開花期よ！
　　ああ，汝(なんぢ)の不可思議なる痕跡は
　　今はただ詩歌のまじの国に生けるのみだ。
　　野は荒涼として悲しみ，
　　何処にも神は見えず，
　　噫(ああ)，かの生命に満ちたる姿(すがた)より
　　残るは，ただ影にすぎないのだ。」
である（前掲・『シラー選集(1)』（木村謹治訳）11頁）。
〔9〕 ヘルデンテノールとは，オペラで，華麗さと量感をもって，英雄的な役を歌うのに適したテノールのこと。
〔10〕 ここは些か大げさな表現と思われるが，原文は „einige Jahrtausende" であり，原典のママ。
〔11〕 復活したイエスがマリアに向かって言った言葉（ヨハネによる福音書20・17）。
〔12〕 訳文は，日本聖書協会発行『聖書』より。
〔13〕 スペイン語訳149頁訳注によれば，イェーリングは，そのころ暴露された考古学上の偽の発見のことを言っているのである，との注釈が付けられている。これはどうやら，以下のことを意味していると考えられる。
　先ず，サンクニアトン（前14-前13世紀頃）というのは，トロイア戦争前にフェニキアについて調査し，9巻に及ぶ『フェニキア史』を書いたと言われている伝説的な人物である。その原典は失われたが，そのギリシア語訳の序文の一部が，教会史家であるカエサレアのエウセビオス Eusebios (264頃-340？)

の著作に引用されているという。ところが，1835年になって，ギリシア語訳の『フェニキア史』全9巻が保存されているという手紙が著名な歴史家のことろに舞い込み，1837年にはそれが出版されるに至った。何人かの碩学たちは，本物であることを信じて疑わなかったが，しかし，実はこの書は，ポルトガルのペレイロなる人物とゲッティンゲン大学に在学中のフリードリッヒ・ヴァーゲンフェルトの手になる偽書であったのである。次に，シモニデスというのは，コンスタンティン・シモニデスのことと考えられ，彼は1850年代に，ヨーロッパの様々な都市に現われて，ホメロスの手稿やエジプト王統譜に関する著作など，失われたはずの古文書・古書を大量に持参して，売り歩いていた人物である。彼の古典語力は，ヨーロッパの諸大学の学者をはるかに凌駕していたという。以上について詳細は，前掲・種村『偽書作家列伝』160頁以下及び177頁以下参照。

〔14〕 債権者が拿捕による法律訴訟手続きを実行すれば，債務者は，拿捕の結果，債権者に付与された者として奴隷類似の地位に陥り，自ら異議を出して争うことができず，執行を免れるためには，弁済するか又は保証人の介入を求めることが必要であった。

〔15〕 サムエル記下第12章。

〔16〕 詩篇33・9。訳文は，日本聖書協会発行『聖書』より。

〔17〕 4人の福音書記述者とは，マタイ，マルコ，ルカ，ヨハネを指す。

〔18〕 牛，馬，驢馬、騾馬が手中物であった。

〔19〕 シェイクスピア「ハムレット」第二幕第二場に出てくる言葉（スペイン語訳159頁訳注参照）。

〔20〕 十二表法第八表21参照。

〔21〕 船田享二『ローマ法第5巻』（岩波書店，1972年）60頁参照。なお，後の補遺Ⅱ416頁にもある。

〔22〕 十二表法第八表2。

〔23〕 大数の法則：硬貨投げにおいて表が出る確率も裏が出る確率も，いずれも1/2であり，サイコロを投げるとき出る目の平均は $(1+2+3+4+5+6)/6 = 7/2$ である。これは，経験的な事実と考えられており，実験や観測を繰り返し行なえば，このような経験的事実は検証できると考えられる。この経験的な法則を一般的に定式化したものが大数の法則である。『岩波数学入門辞典』（岩波書店，2005年）より。

〔24〕 フリウス法は，遺贈又は死因贈与によって1000アス以上の額を取得した者に対して4倍額について拿捕手続きの実行を規定し，マルキウス法は，制限を超える利息を取り立てた債権者を被告とする超過額返還請求のために拿捕手続きを規定していた。

訳　注　421

〔25〕　ソフォクレス（前496頃-前406頃）は，古代ギリシアの悲劇作家で，古代ギリシア三大悲劇詩人の一人。
〔26〕　呉茂一訳『アンティゴネー』（岩波文庫）24頁参照。
〔27〕　フリジア法というのは，802年に記録されたフリジア部族法のこと。
〔28〕　兄弟であるエテオクレスとポリュネイケスは，王位をめぐって争い，刺し違えて共に死ぬ。後を継いだ彼らの叔父クレオン王は，エテオクレスは手厚く葬ったが，来攻した側のポリュネイケスの葬儀を禁じて，死骸を野に棄てておく。彼らの妹であるアンティゴネーが，死骸に土砂をかけて埋葬する。この場面のことを言っているのである。
〔29〕　不法侵害については，十二表法第八表4参照。
〔30〕　十二表法第八表2。
〔31〕　原書152頁のI.はl.の誤植である。
〔32〕　nomen arcaria とは，出納簿への記入をもって発生する債権のこと。この arcaria とは「木箱の」を意味する。
〔33〕　この注は，1880年の初出時には，存在しなかった。
〔34〕　この注も，1880年の初出時には，勿論，存在しなかった。
〔35〕　ギリシア神話で，その目を見た者を石に化する力を持つ女の怪物。ゴルゴーが3人姉妹のことを指し，そのうちの一人がメドゥーサである。
〔36〕　非所有者たる譲渡人から握取行為を通じて譲渡を受けた物が追奪された場合において，譲受人が譲渡人に担保責任を追及するための訴権のこと。

第三部
〔1〕　レテ Lethe は，ギリシア宗教・神話における冥界の川の名。レテは「忘却」という意味。冥界に下った亡者は，この川の水を飲み，この世の生活におけるあらゆる出来事を忘れるものと考えられた。ウェルギリウス Publius Vergilius Maro（前70-前19）の叙事詩『アエネーイス Aeneis』第6巻703行以下では，新しい肉体を得て転生しようとする霊魂が前生のことを忘れるためにこの川の水を飲むとされている。
〔2〕　ドイツ語で Haare spalten と言えば，「些末なことを詮議だてする」という意味がある。この段落の最後の文章は，まさしく皮肉の文章と理解できよう。
〔3〕　この Verbohrte という単語には，「凝り固まった」，「頑固な」という意味もあるため，次の霊魂の発言に繋ってゆく。
〔4〕　ラテン語の lar は，家の守護神という意味である。
〔5〕　Cartesius はデカルトのラテン名。フランス語だと，René Descartes（1596-1650）。
〔6〕　これはおそらく，ベンガル花火のことであろう。すなわち，劇場で用いたり

信号に用いたりする，鮮かな持続性の青色燈。
〔7〕 プロテウス Proteus は，ギリシア神話で，自在に姿を変える海神。予言の能力を持っていたが，知っていることを明かすのが嫌で，火や水や獣の姿など様々な形に姿を変えて，予言を求めてやって来る者から逃れようとした。
〔8〕 もっとも，正確には，10回目の相続ということになると，$5^{10} = 9765625$ であり，11回相続が起きないと1000万人は超えない（$5^{11} = 48828125$）。
〔9〕 第四部344頁参照。
〔10〕 これは，皇帝フェルディナンド1世のスローガンである。
〔11〕 「魔王」は，ゲーテが1782年に発表した詩で，シューベルトの作曲によって広く知られている。8節からなり，その第4節の末文が本文で使われている。第4節は次の通りである。

　　　「お父さん，お父さん，あれが聞こえないの
　　　　魔王が小声であんな約束しているよ——
　　　　怖がるな，我が子よ，怖がるな
　　　　枯れ葉が風に戦ぐのだよ——
　　　Mein Vater, mein Vater, und hörest du nicht,
　　　Was Erlenkönig mir leise verspricht?——
　　　Sei ruhig, bleibe ruhig, mein Kind!
　　　In dürren Blättern säuselt der Wind.——」

〔12〕 これには，「私をそっとしておいて下さい」の意味もある。

第四部

〔1〕 クレタ島の洞窟に匿われていた赤子のゼウス Zeus は，山羊アマルテイア Amaltheia の乳で育つ。その山羊の角からは神酒ネクタルと神々の食物アムブロシアが溢れていた。その角の1本が折れ，赤子ゼウスの世話をしていたニンフたちは，ゼウスのために果実で満たした。この角は，望むがままに欲する果実で満たされる力を持っていたという。これが「豊饒の角 cornu copiae」であり，「アマルテイアの角」とも呼ばれる。
〔2〕 これは，ユダヤ教の教典である。

## 訳者あとがき

　原著書の著者ルードルフ・フォン・イェーリング (1818-1892) が19世紀ドイツを代表する卓越したパンデクテン法学者であり，「概念法学 Begriffsjurisprudenz」という言葉を作り出し（本書376頁参照），当時のドイツのパンデクテン法学の学問的傾向を根底から批判し，自己の立場を積極的に理論化して，「目的法学」，「利益法学」の祖と仰がれていることは，あまりにもよく知られているところである（イェーリングの年譜については，山口廸彦『イェーリングの法理論』(信山社，2001年) 附録73頁以下が詳しい)。『権利のための闘争 Der Kampf ums Recht』,『ローマ法の精神 Geist des römischen Rechts』,『法における目的 Der Zweck im Recht』等々，21世紀の今日の日本においてもいまだに読み継がれている数々の著作群からは，まさしく世紀の偉大な碩学と表しても決して過言ではないであろう。

　そのイェーリングが1861年から匿名で発表したのが，本書第一部に収録されている6通からなる「今日の法学についての親展の書簡」であった（本書冒頭の口絵参照）。これらの書簡は，当時の主流をなしたパンデクテン法学の方法論と法学の在り方について，時には警抜無比，時には抱腹絶倒，時には諧謔抜群の毒舌を交えながら根底から批判する文章で綴られている。そして，その矛先は法学教育や試験制度の在り方にまで及び，法曹養成のあるべき姿が語られている。それらの「書簡」ととともに，(匿名ではないものの) 口語体の語りによる「あるロマニストのお喋り」，書き下ろしの第二部IV，第三部及び第四部などを「卓抜した美文家として」(Karl A. Mollnau, Archiv für Rechts- und Sozialphilosophie, Bd. 76/4, 1990, S. 571) 書き上げ，一冊に纏められたのが本書『法学における冗談と真面目』である。

　原著書の外国語への翻訳としては，管見するところ，スペイン語訳とイタリア

語訳があるだけのようである。

① スペイン語訳，1933年版：Román Riaza, Jurisprudencia en broma y en serio, Madrid 1933, Editorial Revista de Derecho Privado.（もっとも，この書では，第二部補遺と第四部は訳出されていない。）

② スペイン語訳，1987年版：Tomás A. Banzhaf, Bromas y veras en la ciencia jurídica: Un presente navideño para los lectores de obras jurídicas, Madrid 1987, Civitas.

③ イタリア語訳：Giuseppe Lavaggi, Serio e faceto nella giurisprudenza, Firenze 1954, Sansoni.

これら3種のうち，②のスペイン語訳と③のイタリア語訳は，邦訳に際して参考とした。本書訳注において，「スペイン語訳」，あるいは「イタリア語訳」とある場合，これらを意味している。とりわけ，②のスペイン語訳からは，原文の正確な理解のために学ぶところが大きかったことを記しておきたい。

先ず初めに，『法学における冗談と真面目』という表題について述べておくことにする。イェーリング自身，「はしがき」において，第一部から第三部までが「冗談」で，第四部が「真面目」である旨を述べているが，「冗談」という語句と「真面目」という語句を対にして用いることは，イェーリングの独創になるものではない。すでに，1522年に刊行されたヨハネス・パウリ Johannes Pauli の『冗談と真面目 Schimpf und Ernst』という書が存在しているのである（邦訳として，名古屋初期新高ドイツ語研究会訳『冗談とまじめ』（同学社，1999年））。そこでは弁護士や裁判官の腐敗ぶりが描かれていて，かのグスタフ・ラートブルフ Gustav Radbruch もその著『法学入門 Einführung in die Rechtswissenschaft』においてこの書を引用しており（碧海純一訳『ラートブルフ著作集 第3巻 法学入門』（東京大学出版会，1974年）198頁。そこでは，第124話と第125話が引用されている。）イェーリングも，パウリの『冗談と真面目』の存在を知っていたことは十分に予想されるところである。イェーリングが原著書の書名にこの名称を選んだのも，このような法史的背景があったものと思われる。

訳者あとがき　425

　イェーリングが1861年から「プロイセン裁判所新聞」に匿名で連載するにあたり，「書簡」という形態を用いている。そして，第一信の冒頭で，法学以外の様々な学問領域において「書簡」が存在しているのに，法学の分野ではこれが最初の試みである旨の自負が述べられている（本書3頁）。確かに，ヴォルテールVoltaire による『哲学書簡 Lettres philosophiques』，モンテスキューMontesquieu が匿名で刊行した『ペルシア人の手紙 Lettres persanes』，チャアダーエフ Chaadaev による『哲学書簡 Lettres philosophiques adressées à une dame』，リービッヒ Liebig による『化学書簡 Chemische Briefe』があり，また「書簡文学」ないしは「書簡体小説」と呼ばれる手紙形式の小説が，17世紀以降フランスを中心にこぞって生み出されていた。全編手紙のみの本格的な書簡体小説では，作者が客観的記述を放棄して，手紙の書き手に一人称で語らせるという特徴があった。イェーリングは当然にこれらのことを知っていたはずである。これらを念頭におきつつ，誰に対しても冗談と皮肉を浴びせることができるためには，「匿名氏からの書簡」という形態が彼にとって最も適切であったのであろう。

　第一部に収録されている「匿名氏からの書簡」が1861年に初めて公刊された点は重要である。なぜなら，イェーリングが1859年頃に経験したとされる，法学の方法に関する「転向」の直後とも言える時期であったからである。本書第四部原注1（本書409頁）で述べられているように，イェーリングは，二重売買がなされた場合（多重売買でも同じ）において売買目的物が減失したときに，債権者主義に従って複数の買主に対して代金を請求できるのかという問いが切っ掛けとなって，結論は抽象概念からのみ引き出されるべきものではなく，実際の適用結果が正義に適い，現実的な目的に即して妥当であるか否かを考慮して導き出されるものであることに気付くことになる。従って，いわゆる彼の「転向」の意義をどの程度重視するかについては争いがあるものの，まさしくこの「匿名氏からの書簡」が「転向」後のイェーリングにとって初めて見解を開陳し，実際の裁判の場において理論をその通り用いることができない例を指摘しつつ，手探りながらも今後の法学研究のあるべき姿を探り始めるための一文であったと言い得るのである。

若きイェーリングがプフタ Puchta を師と仰ぎ，民法学の研究をしていた頃に，実生活から離れたところで，しかも実生活とは無関係な形で擬制，体系化，演繹といった形式論理的操作を用いて法規から概念を抽象し，その構成によって具体的結論を得ようとする傾向，すなわち概念法学的傾向が一般的となったのは，当時の時代状況，とりわけ予測・計算可能性という資本主義的要請によるものであった（田村五郎『概念法学への挑戦』（有信堂，1958年）35頁以下）。就中，ニュートン力学を背景に持つ実証主義的世界観が思想界を支配していた18世紀から19世紀にかけての自然科学・数学の発展は，当然，当時の法学に対して大きな影響を与えていたのである。

　誤解を恐れずに言えば，近代市民社会の担い手である市民にとっては，「あるべき」ものには用がなく，「ある」もののみが重要であった。当時，「ある」ものと言えば，科学の発達であった。この時代は，イギリスの産業革命の原動力となった自然科学や技術が様々な分野で目覚ましい進展を見た時代であった。以下，実例を挙げよう。手織工の生産スピードを早めるために発明されたケイ Kay の飛杼（とびひ）（1733年），その飛杼のお蔭で織工の作業能率が上がったため紡ぎ工の作業がそれに追いつかなくなり，紡績機の改良という時代の要請を受けて出現したハーグリーヴス Hargreaves のジェニー紡績機 Spinning Jenny （1764年），及びアークライト Arkwright の水力紡績機という工場用機械の誕生（1769年），ワット Watt が発明した蒸気機関の，カートライト Cartwright による織機の動力への利用（1785年）といった技術の進歩が生産量を驚異的に増加させていった。

　こうした事態と併行して，製鉄技術や物理・化学の分野の研究においても飛躍的な発展が見られた（例えば，マイアー Mayer，ジュール Joule によるエネルギー恒存の原理等）。また，コペルニクス Copernicus の地動説は，約300年の間，いわば一つの仮説にすぎなかったが，1838年から39年にかけてベッセル Bessel が恒星位置の視差変動の観測に成功したことで完全に証明された。続いて，1846年9月にガレ Galle によって海王星が発見された。これは，天王星に及ぼす太陽の引力などの計算結果と天王星の実際の運行との食い違いから他の惑星の存在が予想され，そして計算で求められた方向にガレが望遠鏡を向けた結果からの発見であっ

た。これらの例は，進歩の象徴とも言える自然科学・数学の手法に倣うことで背後にある普遍的法則を知ることができることを，そしてまた，今現在は未知の事柄であっても，計算によって存在なり，結論なりを予測することが可能であることを世に知らしめるものであった。

　これを法学，就中，民法学において見れば，抽象的概念の構成と論理的操作により結論が得られるのであるから，数学的手法により概念を探究して体系的に整理しておくことがまさしく法学の進歩を可能にするものであり，かつこれが法学の最重要課題であったということになる。サヴィニー Savigny の言う「概念による計算」の言葉を待つまでもなく，法学の課題は数学の公理発見と揆を一にするものであった。イェーリング自身も，「私はいつも，法学というものは法の数学だと思っていました。法学者というものは，数学者が数値で計算しているのと同じように，概念による計算をしているのです。結果が論理的に正しいものでありさえすれば，その先のことなどには法学者は気にする必要がないわけですよね」(本書307-308頁) と語っている。こうして当時の民事法学者たちは，「概念による計算」に基づいて数学の公理に比すべき原理・原則の発見のために概念の探究に精を出していたのである。

　そもそもこうした概念の操作自体は，法学にとっては，時代を超えて必要不可欠の学問的営為である。事実，当時，意思表示理論を作り上げたり，物権概念と債権概念を明確にした（1804年のフランス民法が他人物売買の無効を規定した（1599条）のに対し，1900年のドイツ民法や1898年の日本民法は他人物売買が有効であることを前提としているのは，19世紀ドイツにおいて物権概念と債権概念が明確に区別されたからであると言い得るであろう）のは，まさしくパンデクテン法学の功績であった。しかし，その概念操作が実生活と遊離してしまっているところに大きな問題があったのである（小林直樹「利益法学」，『法哲学講座第四巻』（有斐閣，1957年）所収，264頁。なお，山田晟教授は，パンデクテン法学者といっても「実際の結果に無関心であったのではない」とされているが，「実益のない概念の確定に苦心する傾向はあった」とされる（山田晟「ドイツ普通法理論」，『法哲学講座第三巻』（有斐閣，1956年）所収，172頁以下）。いわゆる自動包摂機械という批判は，この点について的を射た批判であった。イェーリン

グは，概念天国にある様々な機械を説明したり，ボヴィグスという架空の動物の存在までをも論証してしまった学者がいたことなどを例に挙げ，冗談という毒舌を織り交ぜながら，実生活との遊離を見事なまでに描き出している。まことに，ここには名文家イェーリングの面目躍如たるものがある。

　イェーリングの概念法学批判は，その法学理論や法学方法論にとどまらず，さらにそれを生み出す土壌ともいうべき大学の法学教育の在り方にも及んでいる。彼の法学教育論には，彼の提唱する目的法学が貫かれている。彼は次のように述べている。「私の考えによれば，合目的性という視点は，どんな授業にとっても，勿論，法学の授業にとっても，唯一決定的な視点です。私は，授業の目的を無に帰せしめる厳密性よりも，授業の目的を促進する非厳密性の方が好きです——逆説的に言えば，本物の教師は，然るべき場所で，徹底的に行なわないという勇気を持っていなければなりません。教師が学徒に手渡す楽器が欠陥のあるものであっても——その学徒がその楽器を用いて，もっと完全な楽器を使う場合よりも上手に演奏できるようになるのであれば，それは，授業の目的にとって長所となるのです」(本書387頁)。そして，彼は理論的な講義よりも実践的演習の不可避的必要性を強調してやまないのである。法学教育における演習の重要性，そして演習を行なうに際し教師は一段高い地位から降り，学生と同じ目線で学生と議論をすることの必要性，どのような議論展開になろうとも，小難しい理論で学生をごまかすことなく，具体的事例という説得力をもって反論・説明することの大切さ——これらの指摘は，時代を超えて，いつの時代であっても色褪せることはないであろう。また，空想力を使ってではあるが，本書第二部においては実際の事件の当事者の立場に立って物事を考える思考が展開されている。こうした思考は，法文の立法趣旨を考える場合は勿論のこと，判決における法解釈に際しても実際の事件当事者のことを考えて検討を行なうことを可能とするものであり，法学研究や法学教育の学習の場においても裨益するところ極めて大なるものがある思考と言えよう。

　今日，確かに，イェーリングが批判した概念法学の形式論理主義は著しく退潮

し，法解釈の在り方も大きく変容している。しかし，法解釈における概念法学的な思考は，今なお依然として我が国にも存在していることは否定できない事実である。こうした思考は，時代を超えて，法律家という職業に身を置く者に常に宿るものであって，法律家はともすれば，こうした思考の危険に陥りかねないことを自省，自戒しておかねばなるまい（田村五郎「法律家の思考に宿る危険」白門23巻11号（1971年）28頁以下）。ここでは，ごく最近の最高裁判所による民事事件判決を例にとって考えてみたい。

　先ず，平成21年（2009年）4月28日の最高裁判所の判決を見てみよう。これは，被害者の遺族が損害賠償請求をしたのが不法行為からおよそ27年後であったがために，不法行為に基づく損害賠償請求権に関して民法724条後段が定める期間制限の適用の是非が争われた事件である。

　民法724条後段の不法行為の時から20年という期間制限については，その法的性質が除斥期間なのか，消滅時効なのか等をめぐって学説上の争いがあった。最高裁判所は平成元年（1989年）に，当時の通説（加藤一郎『不法行為〔増補版〕』（有斐閣，1974年）263頁）に従って，最判平成元年12月21日民集43巻12号2209頁で明確に除斥期間であると判示し，そして除斥期間であるが故に，一定の時の経過により法律関係が確定するのであって，除斥期間の主張が権利濫用・信義則違反であるという主張は，主張それ自体が失当であるとして，文字通り形式的・画一的に解決した（最判平成2年3月6日裁判集民事159号199頁も同旨）。こうなると，とにかく不法行為の時より20年を経過してさえいれば，賠償請求権は消滅し，常に加害者側が救われることとなる。

　ところが，最高裁は最判平成10年6月12日民集52巻4号1087頁で，こうした解釈が制限されることがあることを認めたのである。すなわち，予防接種法に基づく集団接種を受けた乳児が精神障害や知能障害等を伴う寝たきり状態になったため国家賠償等を求める訴えを提起したが，それが予防接種から22年2ヶ月経過した後であったという事件において，被害者は不法行為（国側の過失）が原因で心神喪失の常況となり，しかも心神喪失の常況であるが故に権利行使ができないという点に注目し，正義・公平の理念から被害者を保護するために，724条後段の

効果を制限する判断を示した。ここでは，上記平成元年判決を引用して724条後段は除斥期間であって消滅時効ではないとしつつも，時効の停止の法文の一つである158条（心神喪失の常況にあるのに法定代理人を有しない場合に時効の停止を認める法文）の法意を用いて，被害者救済を図ったわけである。

　さらに，今年の平成21年（2009年）4月28日，最高裁は，もう一つ724条後段の効果が制限される場合があることを認めたのである。すなわち，殺人犯が遺体を自宅床下に埋め，自宅周囲をブロック塀やアルミ製の目隠しで囲むなどして誰からも気付かれないようにしておいたところ，土地区画整理事業で立ち退きを迫られたため，その発覚を恐れた殺人犯が26年後に自首したことで，被害者の殺害が明らかになった事件であった。この事件において，被害者の遺族が損害賠償請求をしたのが不法行為（殺害行為）から26年8ヶ月後であったがために，不法行為に基づく損害賠償請求権に関して民法724条後段が定める期間制限の適用の是非が争われた。最高裁は，またもや上記平成元年判決を引用して724条後段は除斥期間であると述べながらも，加害者が被害者の相続人において被害者の死亡の事実を知り得ない状況を殊更に作出したがために相続人がその事実を知り得ずに20年が経過してしまった点に注目し，正義・公平の理念から724条後段の効果を制限すべきとした。そして，時効の停止の法文の一つである160条（相続財産に関して相続人が確定しない場合に時効の停止を認める法文）の法意を用いて，被害者救済を図ったのである。

　これらの最高裁判決を本書と関係ある範囲で考察すれば，次のようになろう。最高裁は，724条後段の法的性質を除斥期間であると解することで，形式的・画一的処理を図った。この見解は通説でもあったから，疑を容れる余地もなかったであろう。従って，こうした解釈は，まさしく実際の適用結果のことは考慮せずに，とにかく法文及び理論を貫徹する解釈姿勢であると言えよう。しかしながら，平成10年判決と平成21年判決は，最高裁が自ら確立した除斥期間であるとの原則をそのまま適用すると，正義・公平の理念に反すると考えられる結論となる事件を対象としていたために，実際の結果を重視する判断を示した（この二つの最高裁判決は，除斥期間としながらも，被害者救済の道を開けるために，158条及び160条という

法文の趣旨を借りてくる手法を採っている。これは，法文が想定していない事柄にもその法文の趣旨を用いようとする態度であるにすぎないから，法文から一般命題を引き出そうとする，イェーリングの「高次の法学」の作業は行なわれていないと考えられよう。「高次の法学」及び「転向」後のイェーリングの解釈手法に関して，笹倉秀夫『法思想史講義 下』（東京大学出版会，2007年）151頁以下も参照）。このこと自体は，やみくもに理論を貫徹することなく実生活にも目を向けたわけであるから，支持されるべきであるとしても，724条後段を除斥期間であるとする点は変更しないがために，かなり無理な解釈をせざるを得ない事態となっている。すなわち，平成元年に最高裁が除斥期間という理論をそのまま貫徹させる立場を採ったところに問題の出発点があったわけである。ここに，現状への安住姿勢を見て取ることはできないであろうか。現存するものの重視は，先例墨守の姿勢に陥りやすい傾向がある以上，法律家は常に，現実の絶え間ない社会的・経済的・思想的変化を敏感に捉える力を研ぎ澄ましておかなければならないということを，今一度確認する必要があるのではあるまいか（田村・前掲「法律家の思考に宿る危険」33頁以下参照）。

　鶏が先か，卵が先か。概念法学そのものの問題性は，イェーリングにとって当然，大学の法曹教育や試験制度の問題であり，さらにはもっと広く法律の職業にかかわる社会全体の問題であった。特に第一部の第五信「法学教育及び試験の改革についてのフォルクマルの提案」において展開されている，「冗談」の衣でつつまれた彼の批判は，これまた彼の面目躍如たるものがある。彼はフォルクマル提案の第五についての修正案として次の提案をしている。すなわち，「実務法律家にとって常に必要な知識の点検，すなわち試験は，その時々に繰り返し行なわれなければならない。しかも，年齢や地位は，一切これを考慮しない」。ここにあっては，「司法大臣ですら例外ではないのです」。「すべての国家官吏，実務法律家及び法学者に対して分け隔てなく試験を広げることは，法律の前での正義と平等の勝利でなくて何でありましょう」（本書86-87頁）か。なんと大胆で，無謀ともいう挑戦的な提案であることか。
　彼の概念法学に対する挑戦は，概念法学の法理論や法学方法論に対する挑戦に

とどまらず，概念法学を生み出す法学的社会環境を破壊し，これを改革するための挑戦を志向するものであった。それは，まさしく新しい法学の「運動」の旗揚げともいうべきものであったのである。しかし，当時の法学の世界はイェーリングの挑戦に対し無視ともいうべき冷淡さで応じた。イェーリングの諷刺は，法理論の世界では，ほとんど誰からも喝采を浴びることはなかった。しかし，法実務の世界ではそうではなかった。ここでは，大反響が巻き起こり，実務界は概念法学という軛からの脱出を熱狂的に歓迎したと言われている（フリチョフ・ハフト著，平田公夫訳『正義の女神の秤から』（木鐸社，1995年）206頁，208頁）。その意味で，イェーリングは法史上，19世紀後半から20世紀にかけて，エールリッヒ Ehrlich, カントロヴィッチ Kantorowicz やフックス Fuchs, そしてジェニー Gény やサレイユ Saleilles 等によって提唱されることになる自由法運動の橋渡し的役割を果たしたと言えるであろう。

　今，私たちは，この「訳者あとがき」を書き終えるにあたって，人の出会いの有難さに心から感謝の念が湧いてくることを，率直に語っておかねばならない。
　人との出会いは不可思議なものである。同じように，本との出会いも不可思議なものである。人と人，人と本，この出会いは何か不可思議な縁で結ばれているように思えてならない。私たち2人の訳者と原著書との出会いも，本書公刊までの長い歳月を振り返るとき，その感慨を禁じ得ないものがある。
　イェーリングのこの著書の存在を最初に教えて下さったのは，田村五郎先生であった。その後，先生は，1971年，「法律家の思考に宿る危険」という小品ではあるが，珠玉の論文を発表された。この論文の中で，先生は「ながい引用だったが，まだ本書の邦訳がないので，紹介をかねて訳出した」と注に記されているように，原書247頁から254頁（本書281-288頁）の相当分を抄訳され，法律家の思考に宿る概念法学的＝伝統的法律学の形式論理主義を厳しく指摘された後，「まだまだ伝統的法律学の亡霊が執拗に法律家たちの世界をうろつきまわっているようにみえる。悲しいことに，わたくし自身もこの亡霊につきまとわれているひとりなのである」と論じられ，この自省を結びの言葉として論文を擱筆されている。

先生のこの論文に出会うことがなければ，本原著の邦訳という挙に出ることもなかったであろう。田村先生の学恩に衷心より感謝を申し上げたいと思う。

そして，それと同時に，私たち訳者 2 人にとってもお互いの出会いがなければ，本書の公刊を見ることはなかったであろう。私たちの翻訳作業は，着手以来，十数余年の長い歳月が流れている。その時の流れの中で，私たちの学問と生活の環境の様々な変化があったが，それに打ち負かされることなく，遅々ではあったが，弛まず，学ぶことの至福を満喫しつつ続けられていった。私たち 2 人の出会いには，時と環境の困難を超克していく何か大きな力，"something great" が働いていたようにしか思えないものがある。私たちは，その力によってイェーリングに魅せられていったのではないかと思うにつけ，これもまた人の出会いの有難さに心から感謝せずにはおられないのである。

本書を出版するにあたって，お世話になった方々は数限りない。本書冒頭の口絵は Preußische Gerichtszeitung, Jahrg. III, Nr. 41, 26. Juni 1861, S. 161-163 であり，Universitäts- und Landesbibliothek Darmstadt 所蔵のものである。このマイクロフィルムの入手に際しては，法政大学文学部の菅沢龍文教授のお手を煩わせた。ローマ法に関連する語句の調査及び訳語確定に際しては，中央大学法学部の森　光准教授の助力をいただいた。出版作業の一般管理の労をとられた日本比較法研究所の関口夏絵氏ならびに編集を担当された中央大学出版部の小川砂織氏に心から御礼を申し上げたいと思う。

　　2009 年 6 月

眞　田　芳　憲
矢　澤　久　純

# 索　引

## ア 行

アエリウス・センティウス法
  (lex Aelia Sentia) 40
アエリウス法書（jus Aelianum） 146
アキリウス法（lex Acilia） 40
アクィリウス法（lex Aquilia） 40
アスヘル（Asher） 101
アッピウス・クラウディウス
  (Appius Claudius) 143, 144, 191, 246
アティリウス法（lex Atilia） 40
アテルニウス・タルペイウス法
  (lex Aternia Tarpeja) 176
アルンツ（Arndts） 287
按察官訴権（actiones aedilitiae） 77
アンチゾイフェルト
  (Anti = Seuffert) 92, 104
遺言に関するフリウス法
  (lex Furia testamentaria) 144
遺産占有回収に関する特示命令
  (interdictum quod legatorum) 142
一般抵当権 51
委託事務管理人（procurator） 347
犬に関するペスルニア法
  (lex Pesulania de cane) 16, 146
ウァッリウス（Vallius） 207
　──法（lex Vallia） 207
ウァレリウス・プロブス
  (Valerius Probus) 194
ウァロー（Varro） 137, 138, 171, 300
ヴァンゲロウ→フォン・ヴァンゲロウ
ウィルギーニア（Virginia） 191, 246
ヴェヒター（Wächter） 287
ウォコニウス法（lex Voconia） 253
ウォルムニウス（L. Volumnius） 144
雨水阻止訴権
  (actio pluviae arcendae) 194
ウルピアヌス（Ulpianus） 15

ウンターホルツナー
  (Unterholzner) 359
公の暴力に関するユリウス法
  (lex Julia de vi publica) 248
教えることによって学ぶ
  (docendo discimus) 64, 378
オッピウス法（lex Oppia） 253
オルキウス法（lex Orchia） 253

## カ 行

ガイウス（Gajus） 15, 126, 134, 153,
  170, 192, 206, 220, 300, 389
外国人担当法務官
  (praetor peregrinus) 201, 347
海中に出現した島
  (insula in mari nata) 128
解答権（jus respondendi） 107
概念による計算 307
概念法学 374, 376, 385, 389
海浜権（Strandrecht） 142
加害訴権（actio noxalis） 194
加害動物委付に関する訴訟
  (actio de pauperie) 77
学説彙纂第二書（infortiatum） 40
確定額（certa pecunia） 211
確定貸金額返還請求訴訟
  (condictio certae creditae pecuniae)
    212
確定物（res certa） 211
家産（familia） 18, 21
　──買得者（familiae emptor） 301
　──分割訴訟
  (judicium familiae erciscundae) 192
果実収取に関する訴権
  (actio de glande legenda) 194
嫁資返還の担保
  (cautiones rei uxoriae) 264
火審（Feuerprobe） 222, 229, 230

索引 437

| | |
|---|---|
| 河中に出現した島 | |
| 　（insula in flumine nata） | 127 |
| 神に捧げられた者（homo sacer） | 185 |
| 神に捧げられたるもの（Sacertät） | 239 |
| ガルヴァヌス（Galvanus） | 100 |
| カルプルニウス法（lex Calpurnia） | |
| | 211, 212 |
| 管財人（magister） | 158 |
| ガンス（Gans） | 17 |
| カント（Kant） | 281 |
| 監督官付きの試験 | 400 |
| キケロ（Cicero） | 138, 155, 158 |
| 希望に対する権利 | 18 |
| 希望売買（emptio spei） | 14 |
| 希望への担保権 | 18 |
| 休止している相続財産→相続財産 | |
| 境界確定訴権 | |
| 　（actio finium regundorum） | 336 |
| 境界確定訴訟 | |
| 　（judicium finium regundorum） | 192 |
| 共同連帯 | |
| 　（Korrealobligation） | 7, 283, 289 |
| 恐怖の書（libri terribiles） | 40 |
| 共有物分割訴訟 | |
| 　（judicium communi dividundo） | 192 |
| キンキウス法（lex Cincia） | 253 |
| 金鷲亭（goldene Ente） | 117, 135, 167 |
| クィンティリアヌス（Quintilian） | 138 |
| クィントゥス・ムキウス・スカエヴォラ（Quintus Mucius Scävola） | 16 |
| 探湯（Kesselfang） | 224, 230, 275 |
| 組み込まれた建築材料 | |
| 　（tignum junctum） | 331 |
| クヤキウス（Cujacius） | 100, 101, 382 |
| クラーマー（Cramer） | 4 |
| クラウレン（Clauren） | 89 |
| グリュック（Glück） | 96 |
| 軍律法案（Mutiny-Bill） | 362 |
| ゲーテ（Goethe） | 345 |

| | |
|---|---|
| 決闘 | 224, 275 |
| ゲリウス（Gellius） | 245 |
| ケルスス（Celsus） | 148 |
| 現行盗（furtum manifestum） | 153, 194 |
| 権利に付着した権利 | 283, 336 |
| 行為に付着した権利 | 9 |
| 行為の上の権利 | 9 |
| 行為を求める権利 | 9 |
| 拘束行為（Nexum） | 16 |
| 荒蕪地（ager desertus） | 128 |
| 護民官（Tribun, Volkstribun） | |
| | 200-202, 207, 212 |
| コルネリウス法（lex Cornelia） | 253 |
| 　不法侵害についての―― | |
| 　（lex Cornelia de injuriis） | 249 |
| コルンカニウス（Coruncanius） | |
| | 155, 172, 203 |

サ 行

| | |
|---|---|
| ザールマン（Salmann） | 301 |
| 最簡単訴訟手続き | |
| 　（Summariissimum） | 61, 355, 384 |
| 債権譲渡 | 338 |
| 採光〔を妨げない〕役権 | |
| 　（servitus luminum） | 16 |
| 祭祀（sacra） | 133, 303 |
| 再出頭保証問答契約（Vadimonium） | |
| | 16 |
| 裁定人（arbiter） | 193, 194 |
| ――手続き（arbitria） | 193, 194 |
| 裁判官が職務上与えた損害に関する訴訟（Syndikatsklage） | 79 |
| 裁判手続請求の手続き | |
| 　（Provoctionsverfahren） | 228 |
| 再問答契約（restipulatio） | 212 |
| サヴィニー（Savigny） | |
| | 56, 89, 158, 287, 315, 346, 351, |
| | 355, 357, 359, 383, 390 |

差押えによる法律訴訟
　（legis actio per pignoris capionem）
　　　　　　　　　　　　　192, 195
三巻書（tres partes）　　　　　　40
サンクニアトン（Sanchuniathon）
　　　　　　　　　　　　　　　168
三人審判官（triumviri capitales）
　　　　　　　　　　　201, 204, 272
頭格に関する――
　（triumviri capitales）　　　　222
ジェームズ・ボズウェル
　（James Boswell）　　　　　　163
自権相続人（sui heredes, suus）
　　　　　　　　　　　　　28, 132
四肢破壊（membrum ruptum）
　　　　　　　　　　　　　193, 242
四足動物の与えた損害に関する訴権
　（actio de pauperie）　　　　　194
自主権者たる地位（Suität）　　　29
執筆権（jus scribendi）　　　　　107
市民担当法務官（praetor urbanus）
　　　　　　　　　　　　　　　201
シモニデス（Simonides）　　　168
収去権（jus tollendi）　　　　　333
自由人の骨を折ったこと
　（os fractum）　　　　176, 239, 242
12折り判本（Duodez）　　　　100
16折り判本（Sedez）　　　　　100
受託者（Treuhänder）　　　　　301
シュリーマン（Schliemann）　　300
シュレジンガー（Schlesinger）　46
準アクィリウス訴権
　（actio legis Aquiliae utilis）　　248
準占有　　　　　　　322, 356, 357
準用益権（quasiususfructus）　　336
使用取得　　　　　　　　　　　139
小タルクイニウス（Tarquinius）　246
ショーペンハウアー
　（Schopenhauer）　　　　　　281

所有物取戻訴訟（reivindicatio）
　　　　　　　　　　　　　329, 371
シラー（Schiller）　　　10, 36, 131
シリウス法（lex Silia）　　211, 212
神官（Pontifices）　　　　　　　136
真実存在（Ge-ist）　　　　　　281
神審　　　　　　　　　　　218, 220
神聖賭金（sacramentum）
　　　　　　　　　170, 177, 218, 220
――による法律訴訟
　（legis actio sacramento）
　　　　　　　　　　　170, 176, 218
新築異議申立（operis novi nunciatio）
　　　　　　　　　　　　　　　334
ジンテニス（Sintenis）　　　　　53
審判人（iudex）　　156, 193, 194, 248
――申請による法律訴訟
　（legis actio per judicis
　　postulationem）　　　　192, 194
――手続き（judicia）　　　　　193
――又は裁定人申請による法律訴
　訟（legis actio per judicis arbitrive
　　postulationem）　　　　　　193
水審（Wasserprobe）　　　222, 229
水流の変化により土地となった河床
　（alveus derelictus）　　　　　127
誠意契約（contractus bonae fidei）211
正講義（collegia publica）　　　64
聖山への退去
　（secessio in montem sacrum）　190
成熟期に近づいた者
　（pubertati proximus）　　　　79
成熟者（pubes）　　　　　　　　79
聖職者遺産権（Spolienrecht）143, 266
制定されるべき法律（lex ferenda）
　　　　　　　　　　　　　　　319
聖ヒエロニムス（Hieronymus）　135
セクストゥス・アエリウス・パエト
　ゥス（Sextus Aelius Pätus）　146

窃盗訴権（actio furti） 142
セネカ（Seneca） 150
宣誓 176, 223, 224
戦争での先占（occupatio bellica） 124
占有回収の訴え（Spolienklage）
　　　　　　　　　353, 355, 384
ゾイフェルト（Seuffert） 92
総財産の公売（bonorum venditio）
　　　　　　　　　　　　248, 263
総財産の譲与（cessio bonorum）
　　　　　17, 21, 140, 150, 248, 301
相続財産（Erbschaft） 133
――回復請求
　（hereditatis petitio） 206
――回復の訴え
　（hereditatis petitio） 142
――取得能力（capacitas） 103
――奪取罪
　（crimen expilatae hereditatis）155
――の使用取得
　（usucapio hereditatis） 163
――を構成する物の先占 129
休止している――
　（hereditas jacens） 10, 141, 283
相続人としての使用取得
　（usucapio pro herede） 154, 399
訴訟罰 213, 215
ソフォクレス（Sophokles） 223, 227
損害予防訴権（actio damni infecti） 194

### タ 行

胎児 12, 18, 79
多子特権（jus liberorum） 103
多書特権（jus librorum） 104
代訟人（cognitor） 347
拿捕による法律訴訟
　（legis actio per manus injectionem）
　　　　　　　　　　　　170, 176

単純拿捕（manus injectio pura） 208
通告による法律訴訟
　（legis actio per condictionem）
　　　　　　　　　　　　192, 211
ディオ（Dio） 64
ディディウス法（lex Didia） 253
デカルト（Cartesius） 307
適法な占有者（justus possessor） 352
鉄製家畜引受契約
　（contractus socidae） 77
テル（Thöl） 397
同害報復 264
頭格に関する三人審判官→三人審判官
土地債務 336
ドネルス（Donellus） 100
トマジウス（Thomasius） 308

### ナ 行

ナタン（Nathan） 181
何ぴとも，一部を遺言により相続さ
　せ，一部を無遺言により相続させ
　て死ぬことはできない
　（Nemo pro parte testatus, pro parte
　intestatus decedere potest） 17
ニーブーアー（Niebuhr） 135
25歳に達した成熟者（major） 79
25歳未満の成熟者（minor） 79
呪われた法文（lex damnata） 16

### ハ 行

ハイゼ（Heyse） 267
敗訴没収金（Succumbenzgeld）
　　　　　　　　　170, 176, 218
ハイドン（Haydn） 130
ハウフ（Hauff） 89
パウルス（Paulus） 15
罰金（multa） 210, 212, 215

| | | | | |
|---|---|---|---|---|
| 馬匹購入金（aes equestre） | 272 | | ２つ折り大型本（Folianten） | 99 |
| 馬匹飼養料（aes hordearium） | 272 | | プットカーマー（Puttkamer） | 135 |
| パピリウス（Papirius） | | | ブッホホルツ（Buchholz） | 98 |
| | 146, 201, 209, 210 | | 不動産役権 | 323 |
| ──法（lex Papiria） | | | プフタ（Puchta） | |
| | 171, 201, 207, 209 | | | 15, 44, 53, 89, 287, 357, 367 |
| バヤール（Bayard） | 32 | | 部分部分に切り刻むこと | |
| バルドゥス（Baldus） | 383 | | （in partes secare） | 244, 254 |
| バルトルス（Bartholus） | 383 | | 不法行為（delicta） | 238 |
| 破廉恥（Infamie） | 39, 250 | | 不法侵害 | 176, 242 |
| 犯罪（crimina） | 239 | | ──訴権 | 353 |
| パンデクテン演習 | | | ──についてのコルネリウス法→ | |
| （Pandektenpraktika） | 393 | | コルネリウス法 | |
| 反パピニアヌス文（Antipapinian） | 40 | | 評価的──訴権 | |
| ひげに関する布告 | | | （actio injuriarum aestimatoria） | 248 |
| （edictum de barbis） | 342 | | 不法な占有者（injustus possessor） | |
| 非現行盗（furtum nec manifestum） | | | | 352 |
| | 153, 194 | | 不融通物（res extra commercium） | |
| ビスマルク（Bismarck） | 137, 288 | | | 352 |
| 跛の悪魔 | 6 | | フラウィウス（Flavius） | 143, 203, 267 |
| 評価的不法侵害訴権→不法侵害 | | | ──法書（jus Flavianum） | 143 |
| ファイン（Fein） | 96 | | フリードベルク（Friedberg） | 266 |
| ファンニウス法（lex Fannia） | 253 | | フリウス・カニニウス法 | |
| ファビウス法（lex Fabia） | 248 | | （lex Furia Caninia） | 40, 253 |
| ファルキディウス法（lex Falcidia） | 253 | | フリウス法（lex Furia） | 207, 253 |
| 夫婦財産共同制 | 12 | | フリジア法 | 224, 244 |
| フェストゥス（Festus） | | | プリニウス（Plinius） | 209 |
| | 138, 171, 201, 209, 220, 271, 300 | | ブルーメ（Bluhme, Blume） | 135 |
| フォルクマル（Volkmar） | 63 | | ブルーンス（Bruns） | |
| フォン・ヴァンゲロウ | | | | 168, 352, 384, 399 |
| （v. Vangerow） | 39, 44, 53 | | 兵士給与金（aes militare） | 272 |
| 複式訴訟（judicium duplex） | 234 | | ヘーゲル（Hegel） | 340 |
| 不行使（non-usus） | 323 | | ベール（Bähr） | 46 |
| フシュケ（Huschke） | 17, 182 | | ベッカー（Bekker） | 353 |
| 不正な利得による使用取得 | | | ヘッセ（Hesse） | 113 |
| （usucapio lucrativa） | 153 | | ヘッベル（Hebbel） | 131 |
| 不正な利得による相続人としての使用 | | | ベル＝ランカスターの授業方法 | 87 |
| 取得（usucapio pro herede lucrativa） | | | ヘロドトス | 190 |
| | 130, 132, 150, 160 | | ボヴィグス（Bovigus） | 182 |

索 引 441

| | |
|---|---|
| 妨害継続に対する占有保護 | |
| 　（possess. ordinarium） | 61 |
| 妨害樹枝剪除に関する訴権 | |
| 　（actio de arboribus caedendis） | 194 |
| 法学臨床講義 | |
| 　（juristische Klinik） | 63, 72 |
| 法科大学判決団 | |
| | 322, 353, 368, 385, 409 |
| 法的鑑定書 | 368 |
| 保証人（Praedes） | 16, 204 |
| 母胎（venter） | 79 |
| ──管理人 | |
| 　（Curator ventris nomine） | 110 |
| ホフマン（Hoffmann） | 23 |
| ポリビウス（Polybius） | 252 |
| ボルゲージ（Borghesi） | 209 |
| ポンポニウス（Pomponius） | 146 |

マ　行

| | |
|---|---|
| 埋蔵物（thesaurus） | 329 |
| マクロビウス（Macrob） | 64 |
| マルキウス法（lex Marcia） | 207 |
| ミューレンブルッフ | |
| 　（Mühlenbruch） | 96 |
| 民会可決法（lex lata） | 319 |
| 民法演習（Civilpraktika） | 393, 397 |
| 無記名証券 | 11, 338 |
| 無罪の宣誓（Reinigungseid） | |
| | 224, 226, 230 |
| 無主物先占 | 123 |
| モムゼン（Mommsen） | 139 |
| モルシュタット（Morstadt） | 268 |

| | |
|---|---|
| モンテスキュー（Montesquieu） | 3 |
| 問答契約（stipulatio） | 16, 212 |

ヤ　行

| | |
|---|---|
| 8つ折り判本（Oktavbände） | 100 |
| ユスティニアヌス（Justinian） | |
| | 95, 99, 130 |
| ユリウス法（lex Julia） | 253 |
| 容仮占有（precarium） | 283 |
| 羊群返還請求訴訟 | 206 |
| 幼児（infans） | 79 |
| ──の域を脱した者 | |
| 　（infantia major） | 79 |
| ──の域を脱して間もない者 | |
| 　（infantiae proximus） | 79 |
| 4つ折り判本（Quartanten） | 100 |

ラ　行

| | |
|---|---|
| ラサール（Lassalle） | 23, 31 |
| 濫訴の宣誓（juramentum calumniae） | |
| | 176, 215 |
| リウィウス（Livius） | 138 |
| リキニウス法（lex Licinia） | 253 |
| レーアー（Löhr） | 111 |
| 連帯債務 | 8 |
| ロラン（Roland） | 32 |

ワ　行

| | |
|---|---|
| 私に触ってはいけない | |
| 　（noli me tangere） | 152, 164 |

訳者紹介

眞田芳憲(さなだよしあき)
　1937年　新潟県に生まれる
　1959年　中央大学法学部卒業
　現　在　中央大学名誉教授，政法大学比較法研究所(中華人民共和国) 客員教授
　専　攻　ローマ法，比較法学，比較法史学，イスラーム法

主要著訳書
『西洋法制史』(1973年)
『イスラーム法の精神』(1985年)
『イスラーム法と国家とムスリムの責任』(1992年)
『現代日本法』(監修・共著，中国政法大学出版社，1995年)
『法学入門』(1996年)
F. H. ローソン『イギリス法の合理性』(共訳，1965年)
P. ヴィノグラドフ『中世ヨーロッパにおけるローマ法』(共訳，1967年)
F. H. ローソン『英米法とヨーロッパ大陸法』(共訳，1971年)
A. Z. ヤマニー『イスラーム法と現代の諸問題』(1980年)
M. アサド『イスラームの国家と統治の原則』(1989年)
　その他訳書多数

矢澤久純(やざわひさずみ)
　1971年　長野県に生まれる
　1995年　中央大学法学部卒業
　2001年　中央大学大学院法学研究科博士課程後期課程修了
　現　在　北九州市立大学法学部准教授，博士(法学)
　専　攻　民法

主要著訳書
『今日の家族をめぐる日仏の法的諸問題』(共訳，2000年)


法学における冗談と真面目

日本比較法研究所翻訳叢書 (57)

2009年7月30日　初版第1刷発行

訳　者　眞　田　芳　憲
　　　　矢　澤　久　純

発行者　玉　造　竹　彦

発行所　中　央　大　学　出　版　部
〒192-0393
東京都八王子市東中野742-1
電話042(674)2351・FAX042(674)2354
http://www2.chuo-u.ac.jp/up/

© 2009　　ISBN978-4-8057-0358-8　　大森印刷

## 日本比較法研究所翻訳叢書

|  |  |  |  |
|---|---|---|---|
| 0 | 杉山直治郎訳 | 仏蘭西法諺 | B6判（品切） |
| 1 | F. H. ローソン<br>小堀憲助他訳 | イギリス法の合理性 | A5判 1260円 |
| 2 | B. N. カドーゾ<br>守屋善輝訳 | 法の成長 | B5判（品切） |
| 3 | B. N. カドーゾ<br>守屋善輝訳 | 司法過程の性質 | B6判（品切） |
| 4 | B. N. カドーゾ<br>守屋善輝訳 | 法律学上の矛盾対立 | B6判 735円 |
| 5 | P. ヴィノグラドフ<br>矢田一男他訳 | 中世ヨーロッパにおけるローマ法 | A5判（品切） |
| 6 | R. E. メガリ<br>金子文六他訳 | イギリスの弁護士・裁判官 | A5判 1260円 |
| 7 | K. ラーレンツ<br>神田博司他訳 | 行為基礎と契約の履行 | A5判（品切） |
| 8 | F. H. ローソン<br>小堀憲助他訳 | 英米法とヨーロッパ大陸法 | A5判（品切） |
| 9 | I. ジュニングス<br>柳沢義男他訳 | イギリス地方行政法原理 | A5判（品切） |
| 10 | 守屋善輝編 | 英米法諺 | B6判 3150円 |
| 11 | G. ボーリー他<br>新井正男他訳 | 〔新版〕消費者保護 | A5判 2940円 |
| 12 | A. Z. ヤマニー<br>真田芳憲訳 | イスラーム法と現代の諸問題 | B6判 945円 |
| 13 | ワインスタイン<br>小島武司編訳 | 裁判所規則制定過程の改革 | A5判 1575円 |
| 14 | カペレッティ編<br>小島武司編訳 | 裁判・紛争処理の比較研究(上) | A5判 2310円 |
| 15 | カペレッティ<br>小島武司他訳 | 手続保障の比較法的研究 | A5判 1680円 |
| 16 | J. M. ホールデン<br>高窪利一監訳 | 英国流通証券法史論 | A5判 4725円 |
| 17 | ゴールドシュティン<br>渥美東洋監訳 | 控えめな裁判所 | A5判 1260円 |
| 18 | カペレッティ編<br>小島武司編訳 | 裁判・紛争処理の比較研究(下) | A5判 2730円 |
| 19 | ドゥローブニク他編<br>真田芳憲他訳 | 法社会学と比較法 | A5判 3150円 |

## 日本比較法研究所翻訳叢書

| | | | |
|---|---|---|---|
| 20 | カペレッティ編 小島・谷口編訳 | 正義へのアクセスと福祉国家 | A5判 4725円 |
| 21 | P.アーレンス編 小島 武司編訳 | 西独民事訴訟法の現在 | A5判 3045円 |
| 22 | D.ヘーンリッヒ編 桑田 三郎編訳 | 西ドイツ比較法学の諸問題 | A5判 5040円 |
| 23 | P.ギレス編 小島 武司編訳 | 西独訴訟制度の課題 | A5判 4410円 |
| 24 | M.アサド 真田 芳憲訳 | イスラームの国家と統治の原則 | A5判 2040円 |
| 25 | A.M.プラット 藤本・河合訳 | 児童救済運動 | A5判 2549円 |
| 26 | M.ローゼンバーグ 小島・大村編訳 | 民事司法の展望 | A5判 2345円 |
| 27 | B.グロスフェルト 山内 惟介訳 | 国際企業法の諸相 | A5判 4200円 |
| 28 | H.U.エーリヒゼン 中西 又三訳 | 西ドイツにおける自治団体 | A5判 (品切) |
| 29 | P.シュロッサー 小島 武司編訳 | 国際民事訴訟の法理 | A5判 (品切) |
| 30 | P.シュロッサー他 小島 武司編訳 | 各国仲裁の法とプラクティス | A5判 1575円 |
| 31 | P.シュロッサー 小島 武司編訳 | 国際仲裁の法理 | A5判 1470円 |
| 32 | 張 晋藩 真田 芳憲監修 | 中国法制史(上) | A5判 (品切) |
| 33 | W.M.フライエンフェルス 田村 五郎編訳 | ドイツ現代家族法 | A5判 (品切) |
| 34 | K.F.クロイツァー 山内 惟介監修 | 国際私法・比較法論集 | A5判 3675円 |
| 35 | 張 晋藩 真田 芳憲監修 | 中国法制史(下) | A5判 4095円 |
| 36 | G.レジエ他 山野目章夫他訳 | フランス私法講演集 | A5判 1575円 |
| 37 | G.C.ハザード他 小島 武司編訳 | 民事司法の国際動向 | A5判 1890円 |
| 38 | オトー・ザンドロック 丸山 秀平編訳 | 国際契約法の諸問題 | A5判 1470円 |
| 39 | E.シャーマン 大村 雅彦編訳 | ADRと民事訴訟 | A5判 1365円 |

## 日本比較法研究所翻訳叢書

| | | | |
|---|---|---|---|
| 40 | ルイ・ファボルー他<br>植野妙実子 編訳 | フランス公法講演集 | A5判<br>3150円 |
| 41 | S. ウォーカー<br>藤本哲也 監訳 | 民衆司法——アメリカ刑事司法の歴史 | A5判<br>4200円 |
| 42 | ウルリッヒ・フーバー他<br>吉田 豊・勢子 訳 | ドイツ不法行為法論文集 | A5判<br>7665円 |
| 43 | スティーヴン・L. ペパー<br>住吉 博 編訳 | 道徳を超えたところにある法律家の役割 | A5判<br>4200円 |
| 44 | W. マイケル・リースマン他<br>宮野洋一 他訳 | 国家の非公然活動と国際法 | A5判<br>3780円 |
| 45 | ハインツ・D. アスマン<br>丸山秀平 編訳 | ドイツ資本市場法の諸問題 | A5判<br>1995円 |
| 46 | デイヴィド・ルーバン<br>住吉 博 編訳 | 法律家倫理と良き判断力 | A5判<br>6300円 |
| 47 | D. H. ショイイング<br>石川敏行 監訳 | ヨーロッパ法への道 | A5判<br>3150円 |
| 48 | ヴェルナー・F. エブケ<br>山内惟介 訳 | 経済統合・国際企業法・法の調整 | A5判<br>2835円 |
| 49 | トビアス・ヘルムス<br>野沢・遠藤 訳 | 生物学的出自と親子法 | A5判<br>3885円 |
| 50 | ハインリッヒ・デルナー<br>野沢・山内 編訳 | ドイツ民法・国際私法論集 | A5判<br>2415円 |
| 51 | フリッツ・シュルツ<br>眞田芳憲・森 光 訳 | ローマ法の原理 | A5判<br>(品切) |
| 52 | シュテファン・カーデルバッハ<br>山内惟介 編訳 | 国際法・ヨーロッパ公法の現状と課題 | A5判<br>1995円 |
| 53 | ペーター・ギレス<br>小島武司 編 | 民事司法システムの将来——憲法化・国際化・電子化 | A5判<br>2730円 |
| 54 | インゴ・ゼンガー<br>古積・山内 編訳 | ドイツ・ヨーロッパ民事法の今日的諸問題 | A5判<br>2520円 |
| 55 | ディルク・エーラース<br>山内・石川・工藤 編訳 | ヨーロッパ・ドイツ行政法の諸問題 | A5判<br>2625円 |
| 56 | コルデュラ・シュトゥンプ<br>楢崎・山内 編訳 | 変革期ドイツ私法の基盤的枠組み | A5判<br>3360円 |

＊価格は消費税5％を含みます。